endorsed by
edexcel

Edexcel French for A Level

Robert Baylis
Christiane Salvador
Tim Swain

Robert Baylis would like to thank the following:
Catherine Turner, John Turner, James Turner, George & Ann Baylis, Dr David Evans, Charlotte Khan, Nicholas Mair, Kevin Jepson and Catherine Juyol.

Orders: please contact Bookpoint Ltd, 130 Milton Park, Abingdon, Oxon OX14 4SB. Telephone: (44) 01235 827720. Fax: (44) 01235 400454. Lines are open 9.00–5.00, Monday to Saturday, with a 24-hour message answering service. Visit our website at www.hoddereducation.co.uk

First published in 2002 by
Hodder Education,
Part of Hachette Livre UK
338 Euston Road
London NW1 3BH

This second edition first published 2008

Impression number 5 4 3 2 1
Year 2012 2011 2010 2009 2008

Cover photo © David Jackson/Alamy
Illustrations by Ian Foulis
Typeset in Bembo 12/14pt by Amanda Easter Design Ltd
Printed in Italy

A catalogue record for this title is available from the British Library

ISBN: 978 0340 968635

Contents

A2

Grammar and exam tips found on ***Dynamic Learning Student Edition CD-ROM*** (free with this book)

Introduction

You will see the following symbols throughout *Edexcel French for A Level*:

Reading exercise

Speaking exercise

Listening exercise

Writing exercise

Grammar and exam tips found on ***Dynamic Learning Student Edition CD-ROM*** (free with this book)

Extra exercises found on ***Dynamic Learning Network Edition CD-ROM***

Edexcel French for A Level is an advanced course in French which will:

- add to your enjoyment of French
- widen your knowledge of the French world
- give you a rigorous preparation for A level.

There are 12 *unités*, which take you through the Edexcel French A level course: *Unité* 1 is transitional, and bridges the gap between GCSE and advanced work, *Unités* 2–6 correspond to AS level and *Unités* 7–12 to A2. All grammar explanations and exercises are to be found on your ***Dynamic Learning Student Edition CD-ROM***, which comes free with this book. These grammar sections are clear and comprehensive and have been designed to allow you to progress at a steady rate, with more difficult and important points revisited to allow practice and consolidation and to ensure they are fully understood.

Edexcel French for A Level covers systematically all the areas you require in order to succeed at Edexcel French A level: each of the *unités* is based on a topic or topics from the Edexcel specification, and contains a range of tasks which will help you acquire the knowledge, structures and vocabulary that you need for the examination. In addition to taking your language to an advanced level, the exercises that you will complete contain the sort of questions that you will come across in your examination. In addition to this, clear explanations of each component of the Edexcel AS and A2 examinations are provided on your ***Dynamic Learning Student Edition CD-ROM***, with worked examples to assist progress.

To reap the maximum benefit from the course, you need to be interested in taking your French to an advanced level, be prepared to study independently and be highly-motivated. ***Edexcel French for A Level*** provides a platform for this process. Finally, remember that:

- The best way to learn is to explore the language and discover it for yourself.
- Higher level study requires advanced strategies for learning. Be prepared to acquire them!
- Don't be afraid to make mistakes. The essential thing is to become confident in the language.
- Get into the habit of learning vocabulary every week.
- Improve your skills by reading and listening to French regularly, even for a short while. Look at French magazines and surf French internet sites; this book will prompt you to do so.
- Communicating with others in Spanish is fundamental to the process of learning.

Bon courage!

UNITÉ 1

La famille et vous

Terrain examen

see Dynamic Learning

Une famille moderne?

On s'échauffe

★ Vous souvenez-vous de vos études GCSE? Vous avez sans doute étudié «la famille» et vos rapports au sein de la vôtre. Dans cette partie préliminaire nous allons réexaminer la famille d'une façon différente. Qui sont vos parents et vos amis et comment restez-vous en contact?

Faites les présentations

1 **De plus en plus utilisés, Facebook et plusieurs autres sites web vous permettent de rester en contact avec un grand nombre d'amis. Vous pouvez aussi vous faire plus d'amis en «cliquant» sur le lien «ajoute à mes amis». On peut mettre toute sorte d'informations sur sa page. Regardez cette fiche personnelle de style Facebook, et répondez oralement aux questions qui suivent.**

http:// www.facebook.com

facebook

Coordonnées:
Fiche personnelle:

Nom:	Sophie Clais.
Date de naissance:	À toi de deviner!
Ce que j'aime:	le poisson, le chocolat l'anglais.
Ce que je n'aime pas:	le lycée, les tomates et l'hypocrisie.
Adresse:	Je viens de déménager et mes vraies amies connaissent l'adresse!
Scolarité:	1ère ES, Lycée Louis Pasteur, Paris. Matières favorites: l'espagnol et l'anglais.
Palmarès / réussites récentes:	Je viens de remporter le «star ac» de mon lycée avec mes amies Christine, Aude et Farida. Je suis trop contente parce qu'enfin les juges ont reconnu notre qualité!

Mon blog:

Salut!

C'est moi! J'habite Paris depuis cinq ans et je me suis fait beaucoup d'amis dans mon quartier, au début au Collège La Fontaine et plus récemment au Lycée Louis Pasteur: salut les filles de 1ère ES! Je viens d'apprendre ce que je vais faire pour l'été prochain: après une longue attente je viens d'être acceptée pour le voyage scolaire à Montréal au mois de juillet afin de pouvoir perfectionner mon anglais avant de partir pour Londres au mois d'août. Je meurs d'impatience d'y aller! Si vous êtes à Londres, laissez-moi un message et on peut se revoir!

1 Quel âge a Sophie?
2 Selon ce portrait, quelle sorte de personne est-ce?
3 Trouvez-vous ce portrait réaliste et vraisemblable?
4 Où habite-t-elle en ce moment et depuis quand?
5 Qu'est-ce qu'elle vient de faire?
6 Utilisez-vous un site web comme celui-ci? Pourquoi / pourquoi pas?

Vocabulaire utile	
un lien	a link
ajouter	to add
se faire des amis	to make friends
un palmarès	a list of awards, record of achievement
vraisemblable	likely, plausible

2 **A. Discussion: Faites une liste des avantages et des inconvénients des sites «sociaux» sur Internet. Soyez prêt à les justifier devant la classe!**

B. Vous écrivez une lettre à un(e) de vos ami(e)s où vous dites ce que vous pensez des sites «sociaux». Écrivez entre 100 et 120 mots.

Langue: *Depuis* see Dynamic Learning

Langue: *Venir de* + infinitive see Dynamic Learning

La famille: arbre généalogique

3 **A. Avec un(e) partenaire, présentez votre famille et quelques aspects de votre vie. Voici quelques questions pour vous stimuler à la réflexion et peut-être à la découverte...**

- Où êtes-vous né(e)?
- Avez-vous toujours vécu dans la région où vous habitez maintenant?
- Vos parents, ont ils déjà déménagé? Pourquoi?
- Que font-ils dans la vie?
- Que faisaient vos grands-parents?
- Qu'est-ce que vous venez de faire pendant vos vacances?
- Comment restez-vous en contact avec vos amis?

B. Écrivez une courte réponse en français à chaque question, et essayez d'utiliser *depuis*, *venir de* et les adjectifs possessifs autant que possible!

4 **Écrivez un paragraphe d'un minimum de 30 mots pour répondre à chacune des questions suivantes:**

1 Qu'est-ce que c'est, la famille moderne? Y a-t-il des différences entre votre famille et la famille de vos grands-parents?
2 À votre avis, qu'est-ce qui est le plus important, votre famille ou vos copains? Pourquoi?
3 De quelle façon utilisez-vous votre ordinateur ou votre téléphone portable pour communiquer avec vos copains et votre famille?

5 **Écoutez cet entretien qui présente une famille très différente de celle que vous venez d'entendre. Il s'agit d'un entretien entre un magazine de jeunes et un couple emblématique d'un phénomène croissant. Écoutez et répondez aux questions suivantes:**

1 Quel âge Josiane et Kélvin ont-ils?
2 Qu'est-ce qu'ils viennent de faire?
3 Comment leur vie changera-t-elle d'ici 3 mois?
4 Quelles étaient les circonstances de leur rencontre?
5 De quelle façon Josiane mène-t-elle une double vie?
6 Quelle était la réaction des amis de Josiane?

Langue: Possessive adjectives

see Dynamic Learning

Langue: Gender and plural of nouns

see Dynamic Learning

Qu'est-ce que c'est donc, la famille et l'amitié?

On s'échauffe

★ Avec qui est-ce que vous vous entendez le mieux? Avec votre famille ou avec vos amis? Pourquoi?

1 **Mes amis et ma famille – ce n'est pas évident! À chaque étape de la vie on rencontre des gens différents.**
Regardez les photos à la page suivante et les phrases qui les accompagnent.
A. Faites correspondre chaque photo avec la légende appropriée.
B. Répondez aux questions qui suivent:

- Décrivez ce que montre chaque photo.
- Pourriez-vous décrire la réaction de vos parents face à de tels amis?
- Croyez-vous que vos parents seront dérangés par votre choix?
- Vous inquiétez-vous de ce que vos parents pensent de vos amis?

a 

b 

c 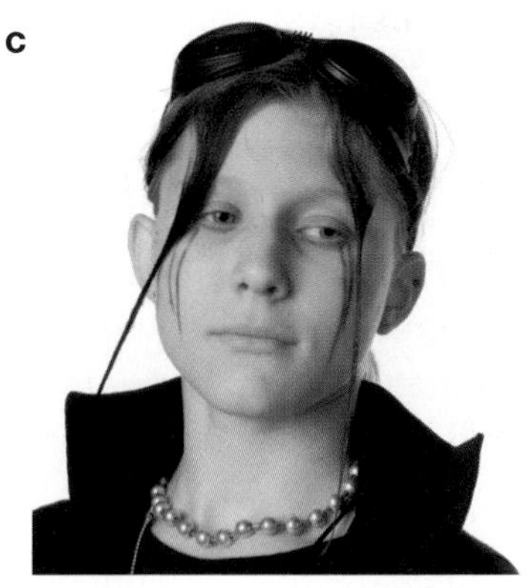

d 

e 

1 Phase d'adolescence
2 Mon premier amour
3 Sur le terrain: excellent; en salle de classe: moyen
4 Copains de fac
5 Les copains d'enfance

L'amitié et les amis

2 **Posez les questions ci-dessous à un(e) partenaire et faites un résumé de leurs idées en un maximum de 100 mots.**

- Où est-ce que l'on se fait des amis?
- Décrive-moi ton / ta votre meilleur / meilleure ami(e).
- Est-ce que tu le / la considère plus important(e) que ta famille? Pourquoi / pourquoi pas?
- Ton / Ta petit(e) ami(e) idéal(e) serait...

Vocabulaire utile	
l'amitié	friendship
le foyer	family home
une légende	caption (photo)
un(e) copain (ine)	a friend
un(e) petit(e) copain (ine)	a boy/girl friend

3 **Au cours d'une émission de radio sur l'amitié, cinq jeunes racontent ce que ça représente pour eux.**
A. Note their definitions of friendship in less than 80 words of continuous English.
B. Donnez votre avis sur l'amitié et décidez si vous êtes d'accord avec leurs idées.

***Pour*: agreeing**

Je suis d'accord avec...	I agree with...
Je pense comme lui / elle...	I think like him / her...
Il me semble raisonnable de + infinitif	It seems sensible to + infinitive

***Contre*: disagreeing**

Je ne suis pas d'accord avec...	I don't agree with...
Je suis contre cette idée...	I am against this idea...
Je ne pense pas que ce soit...	I don't think that this is...

Langue: Present tense

see Dynamic Learning

4 **A. Lisez le témoignage de Sophie, répondez aux questions et racontez ensuite votre expérience personnelle. Choisissez un frère, une sœur ou un(e) ami(e) et expliquez pourquoi vous vous entendez bien.**

Sophie

J'ai un bon rapport avec mon frère. Je le connais et je le comprends toujours, sans doute parce que nous avons vécu les mêmes expériences ensemble à la maison. Nous avons les mêmes idées, parce que mes parents nous ont transmis les mêmes valeurs. Même quand on n'est pas d'accord, je lui fais confiance. Je peux tout lui dire. Nous avons l'impression de faire partie d'une unité. C'est très agréable, cette impression de solidarité. Je ne le vois pas très souvent, mais je lui envoie des mails et je lui téléphone tous les week-ends.

1 Pourquoi Sophie et son frère s'entendent-ils si bien?
2 Expliquez l'expression «je lui fais confiance».
3 Si vous avez une sœur ou un frère, comparez votre rapport à celui de Sophie et son frère.

B. Exercice de grammaire

1 Find in the text examples of:

a) definite (*le*, *l'*, *la*, *les*) and indefinite (*un*, *une*, *des*) articles
b) singular and plural nouns
c) verbs in the present tense from the text, along with their infinitives and English translations.

Langue: Pronouns

see Dynamic Learning

Les liens d'amitié

On s'échauffe

★ Est-ce qu'il est possible de rester ami avec quelqu'un quand on ne se voit pas très souvent? Comment peut-on garder le contact?

1 **En famille, ou avec des amis, on se raconte tout et rien. Il est plus difficile de garder cette intimité lorsqu'on ne partage pas les mêmes expériences. Il y a bien sûr la poste et le téléphone. Mais il est toujours plus rapide et parfois plus agréable de recevoir un texto ou un mail.**
Le mail ci-dessous vient d'Hélène (1ère ES) qui parle de ses expériences de «la nouvelle» au Lycée La Croix.

Salut!
Je m'appelle Hélène et je me souviens du jour de septembre où je me suis installée en France pour la deuxième fois. Il faisait froid et il bruinait un peu. Je venais de rentrer dans mon pays natal après une longue absence. Mon père et ma mère sont diplomates et ils venaient de finir une affectation à Madagascar. En fait, j'habitais à l'étranger depuis l'âge de cinq ans et la France n'était qu'un souvenir bien vague: visites aux grands-parents et aux oncles lointains avant l'âge de cinq ans.

Je crois que ma première journée au Lycée La Croix était l'un des pires moments de ma vie. Je suis arrivée une semaine après les autres élèves à cause d'un malentendu entre mes parents et le lycée. Toutes les classes étaient faites et tous les autres lycéens semblaient se connaître vraiment bien. De plus, les profs ne savaient pas quoi faire avec moi: j'étais «la jeune fille de l'étranger». Comme vous voyez, ils n'étaient pas tellement ouverts ou accueillants non plus.

Je vous raconte une conversation assez typique avec quelques-uns de mes camarades de classe pendant cette première semaine:

«Alors tu viens d'où?»
«De France à l'origine. Comment t'appelles-tu?»
«Comment ça, ça ne fait longtemps que tu habites en France?»
«Bon, mes parents travaillent beaucoup à l'étranger et maintenant on a déménagé ici.»
«Ouais [d'un ton sarcastique] elle vient de l'étranger... comme elle est gentille de nous rendre visite... écoutez les filles, voici notre petite fille étrangère!»

À ce moment-là, normalement j'entendais les autres qui commençaient à ricaner. Pour eux, le spectacle venait de commencer.

«Non, pas du tout, je te jure que j'aime être ici...»
«Comme elle est gentille!»

Cette forme de harcèlement était normale pendant les trois premières semaines. Même les professeurs, qui étaient pour la plupart très gentils, ne m'aidaient pas vraiment. Heureusement, je suis devenue amie avec une des filles les plus populaires du lycée: après cet affreux départ dans la vie française, maintenant la vie va beaucoup mieux!

2 **A. Lisez le mail d'Hélène et trouvez au moins dix formes des verbes réguliers et irréguliers. Complétez le tableau suivant:**

Verbe dans le mail	Infinitif	Sens
tu viens de	venir de	to come from, to have just
sont	être	to be

B. Mettez ces verbes dans quelques phrases courtes et traduisez-les.

Exemple:
Ils viennent de quitter la France. They've just left France.

3 **Vous avez peut-être trouvé que le mail d'Hélène vous rappelle vos premiers jours dans un nouveau endroit: un voyage scolaire, chez des amis, dans un pays étranger. Quel mode de communication préférez-vous utiliser dans les situations suivantes?**

1 Quand vous êtes loin de vos parents et vos amis.
2 Lorsque vous acceptez une invitation à une boum.
3 Quand vous allez plaquer votre petit copain / petite copine.

- le téléphone
- le mail
- une conversation face à face
- le portable, les textos
- la lettre personnelle

Préparez un petit exposé pour justifier votre choix.

Infos utiles: *Tu* ou *vous*?

Vous

As a general rule, you should call all adults *vous* unless they are one of your close relatives or a family friend. If you're not sure, it's always better to err on the safe side and use the *vous* form, and wait for them to ask you to call them *tu*.

To do this, they might say «*On se tutoie, maintenant*» (see below).

Tu

It is normal to use the *tu* form for close friends, children, or people who are roughly your age, and animals. If you use *tu* to an adult without their permission, it can seem very rude.

Stick to either *tu* or *vous* when talking to the same person.

Call me *tu* or *vous*

Tutoyer – to use the *tu* form when talking to someone.
The phrase *On se tutoie*?: "Shall we call each other *tu*?" is useful and can help break down the *vous* barrier!
Vouvoyer – to use the *vous* form.

Langue: Pronouns 2: *y* + *en*

see Dynamic Learning

Le mariage: un concept démodé?

On s'échauffe

★ Avez-vous assisté à des mariages dans votre famille? Aimez-vous ce genre d'occasion? Pourquoi?

Sondage et avis: le mariage et vous à l'avenir

1 **Choisissez vos réponses aux questions ci-dessous et n'oubliez pas de les justifier.**

1 Choisiriez-vous de...
- vivre en concubinage avec votre partenaire.
- vous marier.
- rester célibataire.

2 Votre partenaire idéal(e) serait...
- excentrique.
- charmant(e).
- beau / belle.
- extraverti(e).
- ... (à vous de remplir ce trou).

3 Le mari devrait...
- changer les couches de bébé.
- partager les tâches ménagères.
- payer les factures.
- attendre que son dîner soit prêt.

4 L'idée d'avoir des enfants...
- me fait peur.
- m'attire beaucoup.
- serait tout à fait naturelle.
- est un de nos devoirs humains.

5 Je voudrais me marier parce que...
- c'est pratique.
- je serais heureux / se.
- je voudrais avoir des enfants.
- je voudrais faire des économies.

Vocabulaire utile	
une couche de bébé	nappy
vivre en concubinage avec...	to live together without being married
les tâches ménagères	household tasks
la raison pour laquelle...	the reason why...
tout à fait	quite, absolutely
X devrait...	X should...

A. Regardez ces statistiques qui parlent du mariage.

Mariages et taux de nuptialité			
		Âge moyen au 1er mariage	
	Mariages (en milliers)	hommes (en années)	femmes (en années)
1994	261,0	28,7	26,8
1995	262,0	…	…
1996	287,3	29,5	27,4
1997	291,3	29,7	27,6
1998	278,7	29,8	27,7
1999	293,7	29,9	27,8
2000	305,4	30,2	28,1
2001	295,9	30,2	28,1
2002	286,3	30,4	28,3
2003	282,9	30,6	28,5
2004	278,6	30,9	28,8
2005 (p)	278,0	…	…

p: données provisoires; …: résultat non disponible
Source: Insee, Bilan démographique; http://www.insee.fr/fr/ffc/figure/NATTEF02310.XLS
Mariages et taux de nuptialité

B. Exercice de compréhension: Lisez les affirmations et indiquez, pour chacune, si c'est vrai ou faux. Corrigez celles qui sont fausses:

1 L'âge moyen où les femmes se marient a baissé entre 2000 et 2001.
2 En l'an 2000, le nombre de mariages a dépassé 300,000.
3 En 2004, le mariage était plus populaire qu'en 1994.
4 Les hommes se marient plus tard que les femmes.
5 Les femmes sont, en moyenne, deux ans plus jeunes que leur mari.

3 **Et maintenant, c'est à vous! Qu'est-ce que vous en pensez? Est-ce que le mariage est une bonne idée? Regardez les questions ci-dessous pour vous aider à formuler vos pensées. Travaillez à deux en vous posant ces questions. Présentez vos conclusions au reste de la classe!**

- Quels sont les principaux avantages du mariage?
- Quels en sont les inconvénients?
- Est-ce qu'il est nécessaire que les époux / les gens qui se marient parlent la même langue?
- Faut-il pratiquer la même religion?
- Les différences de culture, empêchent-elles la compréhension mutuelle?

Phrases utiles	
je crois que	I believe that
je suis d'avis que	I am of the opinion that
je suis du même avis	I agree, I think the same
j'estime que	I am of the opinion that
je pense que	I think that
je constate que	I notice that
je ne suis pas d'accord avec l'idée que...	I'm not happy with the idea that…

Un mariage à la française: David et Charlotte – une vraie famille européenne en construction

4 **David a rencontré Charlotte quand elle était assistante de langue française à Londres. Après quelques années de vie de couple, David a demandé Charlotte en mariage et elle lui a dit «Oui», à condition qu'ils se marient en France dans le petit village du Tarn où elle a grandi.**

A. Faites correspondre les paragraphes A, B, C et D avec les images et mettez-les en ordre.

Le début

David: J'ai rencontré Charlotte quand elle était assistante de langue française au lycée où je travaillais. Originaire du Pays de Galles, j'étais à l'époque professeur de maths dans le sud-ouest de Londres. Je l'ai rencontrée à une boum de fin de trimestre: je l'avais déjà repérée dans la salle des profs mais mon français était lamentable alors je n'avais pas su parler avec elle… Heureusement, son anglais était bien meilleur que mon français et on s'est mis à parler!

Charlotte: Lors de ma première visite au lycée, j'ai vu un assez beau type, professeur de maths paraît-il. Il me semblait un peu éloigné du reste des professeurs et assez sérieux. Pas du tout mon truc, normalement! De toute façon on s'est mis à parler au pub et ensuite à la boum chez un des profs plus tard. Après quatre ans, voilà, nous sommes mariés!

A Le mariage et la cérémonie

Charlotte: Il fallait, à notre avis, un mariage décontracté, à la française et sans cérémonie religieuse. Nous avons décidé de réunir tout le monde le 6 août dans mon petit village natal dans le département du Tarn. Il fallait bien s'organiser.

Il faisait très chaud le jour du mariage. Après nous être tous rassemblés chez mes parents, à 14 heures nous nous sommes mis en route pour la mairie de mon petit village, à pied, bien sûr. Le maire nous attendait à la petite mairie carrée. Très sympa ce maire. Un ancien professeur, sociable et gentil. David l'avait rencontré plusieurs fois à la maison et comprenait plus ou moins son accent du midi! Il a très bien fait le côté légal et en l'honneur de nos amis anglophones a traduit tout ce qu'il disait! Son discours portait sur cette union qui représentait une sorte d'expression du nouveau monde européen: le pays de Galles et la France, les nouveaux concitoyens! Applaudissements. Le mariage était conclu.

B La fête

David: Un vin d'honneur pour tout le monde a suivi chez les parents de Charlotte. Un mariage, ça s'arrose! C'était bien de rester là à parler avec nos amis et toutes les générations unies. On les y a tous retrouvés! Le punch me semblait un peu trop fort, même pour nos cousins anglais et gallois! Ils en ont bu un peu trop me paraissait-il! Lorsque la chaleur du soleil a commencé à tomber un peu, le car qui devait nous emmener au Manoir pour le dîner est arrivé.

C Le dîner au Manoir

Charlotte: La réception au Manoir nous a beaucoup plu. Tout le monde s'y est amusé, grâce au champagne, aux musiciens occitans et au beau temps. Pratiquement au coucher du soleil, nous nous sommes mis à table pour le dîner de mariage. Le repas était long, cependant agréablement interrompu par des chants, des spectacles rigolos, et aussi par des discours de David et du garçon d'honneur – tous très amusants et sympas! Le spectacle dont je me souviens le plus était celui de ma sœur qui chantait avec ses amis des chansons du «Rocky Horror Picture Show». Pas tellement français mais un de nos spectacles favoris quand nous étions jeunes!

Après le dîner, la discothèque a commencé. On a passé la nuit a danser jusqu'à 2 heures du matin quand le car est arrivé pour nous ramener chez mes parents. La fête y a continué jusqu'à 4 heures pour certains et plus tard pour les jeunes. Tout le monde s'est bien amusé et la fatigue ne compte pas quand la fête est réussie!

1

2

3

D Le lendemain

David: Le dimanche, après une nuit assez courte, nous nous sommes tous réunis dans un restaurant où nous avons accueilli tout le monde pour le déjeuner. C'était bien de voir tout le monde de nouveau, même si tous n'étaient pas en pleine forme! Après le déjeuner on est allés à la rivière. On a eu de la chance, il faisait hyper beau et tout le monde en a profité! Baignade obligée!

Le soir, nous sommes revenus chez les parents de Charlotte pour un barbecue détendu sous un grand tivoli: nous avons parlé des deux journées chargées que nous venions de passer dans une atmosphère amicale et chaleureuse.

4

B. Répondez aux questions suivantes en français, en utilisant vos propres mots le plus possible.

1 Quelle sorte de mariage était-ce?
2 Pourquoi sont-ils allés à la mairie ensemble?
3 Décrivez les discours.
4 De quelle façon les spectacles ont-ils été reçus?
5 Comment la journée a-t-elle fini?

5 **Le bilan du mariage: Faites un résumé du mariage que vous venez de découvrir, en suivant les points clés ci-dessous. Écrivez un minimum de 200 et un maximum de 220 mots.**

- David et Charlotte, comment se sont-ils rencontrés?
- Quels étaient les moments importants du mariage?
- De quelle façon ont-ils fait la fête et qu'est-ce que vous en pensez?
- Repérez-vous des différences entre les mariages traditionnels britanniques et ceux des Français?

Langue: Order of pronouns see Dynamic Learning

Langue: Negatives see Dynamic Learning

Disputes: le conflit familial

On s'échauffe

★ Dans toutes les familles, il peut y avoir des différences d'opinion et parfois des disputes. Qu'est-ce qui provoque des disputes chez vous?

1 **Écoutez et lisez en même temps à la page suivante les témoignages de ces cinq jeunes qui parlent de leurs rapports avec leurs parents.**

2 **A. Faites une liste des expressions utilisées pour exprimer des aspects négatifs et positifs de la vie d'adolescent.**

Positif	Négatif
je m'entends très bien avec...	il est impossible de s'entendre avec…

Farida, 1re, Dijon J'ai de la chance! Je m'entends super bien avec ma mère et je la trouve très sympa et elle comprend tout ce que je voudrais faire et même elle pense un peu comme moi! Nous faisons beaucoup de choses ensemble et je me sens tout à fait à l'aise en parlant de n'importe quoi avec elle. Elle est là pour moi et j'apprécie beaucoup son opinion. Je lui demande son avis sur mes études, mes amies, et même sur les garçons! Avec les parents de mes autres amis, ce ne serait pas aussi évident que cela!

Ahmed, 2de, Aurillac Je viens d'entrer dans un nouveau lycée et je me suis fait de nouveaux amis qui sortent beaucoup tous les week-ends et parfois en semaine. Je voudrais m'intégrer en faisant tout, mais mes parents ne sont pas de mon avis. Ils me disent que je peux sortir un soir le week-end, mais pas du tout en semaine. Ils veulent que je fasse mes devoirs, que j'étudie sérieusement et que je réussisse à mes examens. Je suis d'accord avec eux mais ce qui m'agace c'est qu'ils ne me croient pas assez responsable pour organiser ma propre vie! Que faire?

Benjamin, T^{le}, 18ème arrondissement, Paris Mes parents travaillent au marché aux légumes à Rungis et ils se lèvent tous les jours très tôt pour y aller. Ils rentrent dans l'après-midi et normalement je ne les vois que pour une heure avant qu'ils se couchent vers huit heures. Ainsi ils me laissent me débrouiller pratiquement tout seul. C'est pas mal et je peux faire ce que je veux. Cependant, le contact parental me manque. Il est quasiment impossible de leur demander leur avis ou de parler avec eux à cause de leurs heures de travail. C'est bien dommage parce que je les aime bien et je voudrais qu'ils fassent partie de ma vie avant que ça ne soit trop tard.

Luc, 1re, Limoges Quant à moi et mes parents, c'est la galère! Nous ne nous entendons pas du tout. Je viens d'avoir 17 ans et pour fêter mon anniversaire je voulais sortir en boîte avec mes amis. Pas question d'aller au restaurant avec ma famille et mes grands-parents cette fois-ci! Quelle dispute! Mes parents ne font aucun effort pour me comprendre: selon eux, je m'habille comme un clochard et j'écoute de la musique affreuse et trop forte. Je ne les considère pas comme mes parents en ce moment, mais plutôt comme la police: ils essaient de m'empêcher de faire tout ce que je veux. Chez nous le dialogue ne passe plus!

Stéphanie, 2de, Amiens Pour moi et mes parents, mon adolescence semble se passer assez bien. Je suis la cadette de la famille et après avoir vu comment mes frères aînés ont lutté avec mes parents, je sais que je ne voudrais pas me battre avec eux du tout! Mes parents, de plus, comprennent que j'ai le droit de sortir avec mes amis et ils constatent que je fais des choses bien différentes d'il y a deux ans. Ils me laissent tout de même faire ce que je veux, et grâce à cette liberté, je deviens de plus en plus responsable.

B. Résumez les points de vue exprimés en anglais. Vous devez utiliser un maximum de 80 mots pour l'ensemble des quatre témoignages.

3 **Vous avez cinq minutes pour préparer un exposé d'une minute sur une des familles ci-dessus. Comparez cette famille à la vôtre. Utilisez les témoignages ci-dessus pour vous aider.**

Le Retour au Pays

4 **Dans ce poème, Jacques Prévert décrit une façon un peu extrême de régler des différends familiaux.**

A. Transcription, un texte à trous: Écoutez le poème une première fois et complétez les phrases ci-dessous en rajoutant les mots français qui manquent:

1 C'est un Breton qui _____ ________ _______ natal.
2 Il ne reconnaît personne. ___________ ____ ____ reconnaît.
3 Il entre dans une crêperie pour manger des crêpes, mais… _____ _____ _____ _____ _____ manger.
4 Et pendant des années, il __' ____ _______ ____ _____ faire.
5 L'oncle Grésillard qui _______ ______ à tout le monde.
6 Pense à toutes les choses ___' ___ ___ ____, toutes les choses...
7 Il essaie une nouvelle fois d'allumer une cigarette, mais ___ ___' ___ ___ _____ de fumer.
8 Et puis il ____ _____ le cou.

B. Résumé: Listen to the poem a second time and write a résumé in English. You should include the following information:

1 Where does the man go when he returns to his home town?
2 What problem does he encounter there?
3 What does he remember?
4 How has his uncle's prediction affected his life?
5 What do we learn about other members of the man's family?
6 What happens when he visits Uncle Grésillard?
7 What happens at the end of the story?

Infos utiles: Jacques Prévert (1900–77)

Well-known twentieth-century French poet. Wrote in accessible language about daily life in an often somewhat surreal and unexpected way.

La discipline engendre bien des disputes au sein de la famille

5 **À deux, écrivez un dialogue entre un père ou une mère qui se dispute avec son fils ou sa fille. Le fils ou la fille veut aller à la boum d'un étudiant qu'il (elle) connaît peu, y passer la nuit dans un sac de couchage par terre et ne rentrer que le lendemain après-midi. Jouez-le devant la classe!**

Vocabulaire utile	
tu blagues!	you're joking!
ce n'est pas juste!	it's not fair!
j'ai besoin de...	I have to…
interdire à quelqu'un de faire...	to forbid someone to…
je t'interdis de...	I forbid you to…
permettre à quelqu'un de faire...	to allow someone to…
je te permets de...	I allow you to…

Devenez-vous indépendant?

On s'échauffe

★ L'indépendance: qu'est-ce que c'est?

1 **Lisez le texte ci-dessous et complétez les phrases qui suivent avec le prénom du jeune: Pierre, Yousra ou Julie.**

Nous avons parlé avec trois adolescents à l'aéroport de Paris Charles de Gaulle au sujet de leur indépendance. Ils sont tous en seconde et partent aux États-Unis en échange scolaire.

Pierre

Oui, je me sens assez indépendant. Mes parents pensent que je suis assez responsable et ainsi ils me laissent prendre mes propres décisions moi-même. Je travaille bien au lycée (le travail n'est pas trop dur), je fais partie du club de rugby et mes amis semblent plaire à mes parents. Ils ne me posent pas beaucoup de questions et sont contents que je mène ma vie de ma façon. En bref, ils me font confiance et voilà pourquoi je les respecte.

Yousra

Parfois c'est difficile d'être la cadette de la famille. J'ai deux frères qui sont déjà partis en fac et je reste chez mes parents! Cela ne serait pas si difficile si mes parents comprenaient que j'ai 16 ans et que je voudrais mener ma propre vie. Ils m'interdisent de sortir en semaine, bon ça va, mais en plus, quand je sors le week-end, je dois toujours rentrer avant onze heures: c'est la galère! Comment pourrai-je devenir adulte s'ils me traitent comme un enfant? J'aime mes parents et normalement nous nous entendons bien mais sur ce point je sais que j'ai raison! Par conséquent, il me hâte de partir aux États-Unis!

Julie

Toutes mes copines me disent: «Tes parents sont si cools! Tu as de la chance, tu as le droit de faire n'importe quoi!» C'est vrai, je sors en semaine, je rentre tard (même au petit matin) et je m'amuse beaucoup, même trop. Pourtant, cette liberté commence à m'ennuyer un peu. En plus, mes études commencent à souffrir et mes notes sont en baisse: mes professeurs ne sont pas contents. Mes parents semblent ne pas s'intéresser à ce que je fais, où je le fais et avec qui! J'ai besoin de règles et de limites! Pour certains ce serait un rêve, mais pour moi, je me sens seule, abandonnée par mes parents, et j'ai l'impression que ma vie leur est égale.

1 ...est la cadette de la famille.
2 ...a le droit de faire ce qu'elle veut.
3 ...s'entend bien normalement avec ses parents.
4 ...a une structure dans sa vie.
5 ...se bat avec ses parents pour la liberté.
6 ...pensent que ses parents ont tort.
7 ...croit que ses parents ne lui font pas confiance.

2 **A. Imaginez que vous êtes un(e) ami(e) d'un de ces adolescents et que vous parlez ensemble de vos problèmes. Répondez aux questions suivantes:**

- Que pensez vous pensez de sa situation et de l'attitude de ses parents?
- Est-ce qu'il / elle est heureux (se)?
- Comment lui conseilleriez-vous de résoudre ses problèmes, s'il y en a?
- Y a-t-il des similarités entre sa situation et la vôtre?

B. Travail à deux: Imaginez que vous discutez votre liberté avec vos parents. Écrivez un dialogue en répondant aux questions / remarques parentales ci-dessous:

- Tu ne peux pas passer la nuit chez des copains.
- Quelle sorte d'alcool boiras-tu?
- Comment connais-tu ces amis?
- Il te faut rentrer avant minuit.
- Quelles sont les coordonnées des parents de ton copain / ta copine?
- À vous d'ajouter votre propre question.

Pas question de sortir ce soir! C'est mardi! Il faut que tu bosses. T'as tes devoirs! Et le week-end, on verra bien!

Phrases utiles	
avoir le droit de + infinitive	to have the right to…
avoir tort	to be wrong
avoir raison	to be right
devoir + infinitive	to have to…
pouvoir + infinitive	to be able to…
commencer à + infinitive	to begin to…
il me faut + infinitive	I have to...
je refuse de + infinitive	I refuse to…
c'est galère!	it's a real pain! (slang)
n'importe quoi	anything
ça m'est égal	I don't care, it doesn't matter to me
bosser	to swot (colloquial for *travailler*)

Droits et responsabilités

On s'échauffe

★ On se chamaille parfois avec ses parents mais aux yeux de la loi, quels sont les droits précis des jeunes? Qu'est-ce qu'ils peuvent faire et à quel âge? Est-ce qu'il vous est arrivé de transgresser la loi?

1 **Travail de recherche: Utilisez vos connaissances et visitez ce site web *www.droitsdesjeunes.gouv.fr* afin de remplir le tableau ci-dessous:**

	Les jeunes ont le droit de / d'…	**En France à l'âge de…**	**Au Royaume-Uni à l'âge de…**
1	boire de l'alcool		
2	acheter de l'alcool		
3	acheter des cigarettes		
4	avoir des rapports sexuels		
5	avoir accès aux moyens de contraception sans la permission des parents		
6	se marier (garçons)		
7	se marier (filles)		
8	conduire une voiture		
9	voter		
10	travailler		

2 **Regardez le tableau ci-dessus et décidez quels droits sont les plus importants.**

- **Mettez-les en ordre.**
- **Justifiez votre décision devant la classe.**

Phrases utiles	
le plus important c'est…	the most important is…
être en première place	to be in first place
être en deuxième place	to be in second place
arriver en dernière position	to come last
suivi par	followed by
ensuite	then, next
je mettrais…	I would put…

Regardez cette photo et écoutez la conversation. Répondez aux questions qui suivent:

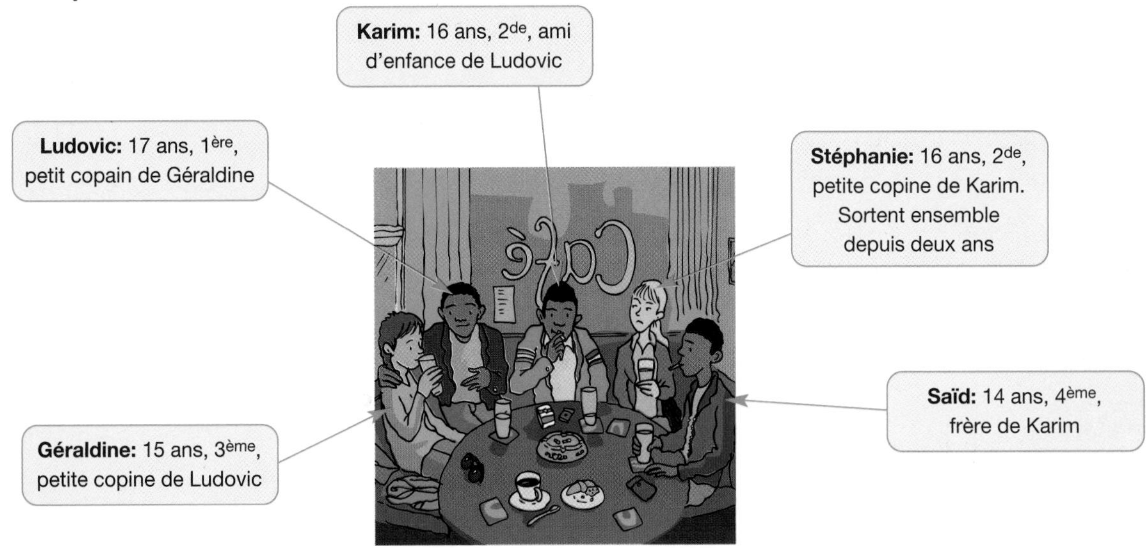

Karim: 16 ans, 2de, ami d'enfance de Ludovic
Ludovic: 17 ans, 1ère, petit copain de Géraldine
Stéphanie: 16 ans, 2de, petite copine de Karim. Sortent ensemble depuis deux ans
Saïd: 14 ans, 4ème, frère de Karim
Géraldine: 15 ans, 3ème, petite copine de Ludovic

Parmi ces jeunes...

1 Qui a le droit de voter?
2 Qui pourrait se marier sans la permission de ses parents?
3 Qui a le droit d'acheter des cigarettes?
4 Pour qui est-ce que le tabac est interdit?
5 Qui ne peut pas avoir de rapports sexuels?
6 Qui risque de transgresser la loi?
7 Quel couple trompe ses parents?
8 Qui trompe sa petite copine?
9 Qui a accès à la contraception à l'insu de ses parents?

Lisez ces expressions et trouvez leur équivalent en anglais.

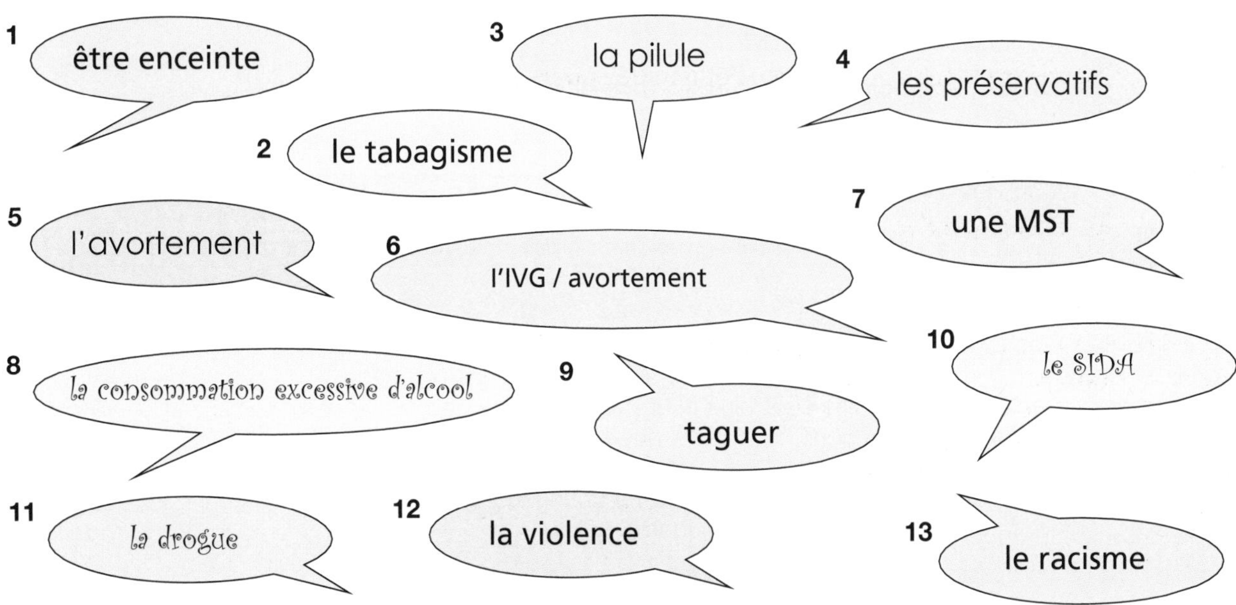

1 être enceinte
2 le tabagisme
3 la pilule
4 les préservatifs
5 l'avortement
6 l'IVG / avortement
7 une MST
8 la consommation excessive d'alcool
9 taguer
10 le SIDA
11 la drogue
12 la violence
13 le racisme

Vocabulaire utile	
l'IVG (l'interruption volontaire de grossesse)	abortion
l'avortement	abortion
enceinte	pregnant
l'embryon	embryo
avoir le droit de	to have the right to
se faire avorter	to have an abortion
un préservatif	condom
une capote	slang for condom
une maladie sexuellement transmissible	a sexually-transmitted disease
le SIDA	AIDS
l'ivresse	drunkenness
ivre	drunk
soûl	drunk
une beuverie	a drinking session
se droguer	to take drugs

Révolution ou évolution: la famille a-t-elle un avenir?

On s'échauffe

★ Au début du vingtième siècle, tout le monde savait ce qu'était une famille. Il y avait deux parents et leurs enfants qui vivaient ensemble dans la même maison. De nos jours, ce n'est plus aussi simple.
Est-ce que la notion de famille est périmée? Est-ce que la famille est toujours importante? Quel modèle de famille connaissez-vous?

1 **Regardez cet article et le tableau en face et répondez aux questions qui suivent.**

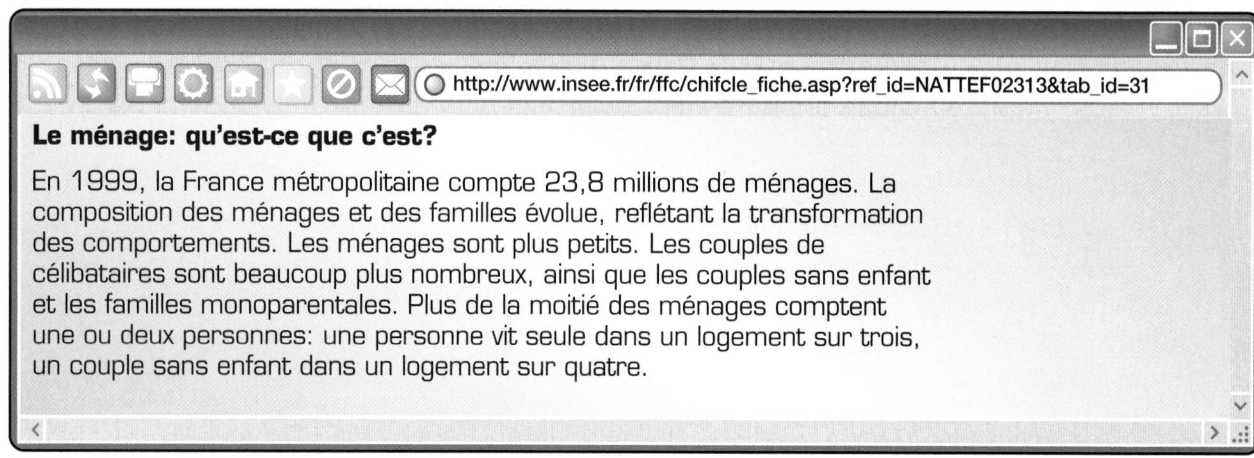
http://www.insee.fr/fr/ffc/chifcle_fiche.asp?ref_id=NATTEF02313&tab_id=31

Le ménage: qu'est-ce que c'est?

En 1999, la France métropolitaine compte 23,8 millions de ménages. La composition des ménages et des familles évolue, reflétant la transformation des comportements. Les ménages sont plus petits. Les couples de célibataires sont beaucoup plus nombreux, ainsi que les couples sans enfant et les familles monoparentales. Plus de la moitié des ménages comptent une ou deux personnes: une personne vit seule dans un logement sur trois, un couple sans enfant dans un logement sur quatre.

Structure familiale des ménages					
% de la population					
Structure familiale	**1968**	**1975**	**1982**	**1990**	**1999**
Homme seul	6.4	7.4	8.5	10.1	12.5
Femme seule	13.8	14.8	16.0	17.1	18.5
Famille monoparentale	2.9	3.0	3.6	6.6	7.4
Couple sans enfant	21.1	22.3	23.3	23.7	24.8
Couple avec enfant	36.0	36.5	36.1	36.4	31.5
Ménage complexe	19.8	16.0	12.5	6.1	5.3
Nombre de ménages (millions)	15.8	17.7	19.6	21.5	23.8

Champ: France métropolitaine.
Source: Insee, Recensements de la population
http://www.insee.fr/fr/ffc/figure/NATTEF02313.XLS

Vocabulaire utile	
un ménage	a household
monoparental	single parent

1 According to the article, what is the current trend as regards French households?
2 How large is the average French household?
3 From the table, what accounts for the increase in the number of households in France?
4 From the table, what accounts for the reduction in the percentage of families with two parents present in the household?

2 **Lisez les termes ci-dessous, trouvez leurs équivalents anglais et puis écoutez les définitions données dans l'enregistrement. Pour chaque définition, choisissez un des termes ci-dessous.**

1 L'union libre
2 Le célibat
3 Le divorce
4 Une famille monoparentale
5 Un couple biactif
6 La mutation
7 La décohabitation
8 La solidarité
9 Un point de repère
10 Un nid douillet

3 Lisez le texte ci-dessous et répondez en français aux questions qui suivent en utilisant le plus possible vos propres mots.

Dossier sur la famille

A Les statistiques concernant la famille sont au rouge...

Statistiquement, la famille ne ressemble plus guère au modèle traditionnel. Le nombre de mariages a diminué de plus d'un tiers depuis 1975, au profit de l'union libre ou du célibat. Dans le même temps, le nombre de divorces a doublé. Les familles monoparentales et complexes se sont multipliées.

On pourrait ajouter à cela le fait que les enfants voient moins leurs parents, car la majorité des couples sont biactifs. Et l'homme et la femme travaillent. Les jeunes voient aussi moins souvent leurs grands-parents, qui sont plus éloignés géographiquement. C'est le phénomène de la décohabitation des générations: les familles ne vivent plus ensemble.

B ...mais la famille reste une valeur essentielle.

Malgré la mutation qui s'est produite au cours des dernières décennies, la famille reste une valeur sûre pour les Français de tout âge.

- Elle est le lieu de l'amour et la tendresse, au sein du couple comme entre les parents et les enfants.
- Elle est le centre de la solidarité entre les générations.
- Dans une société sans repères, c'est dans la famille qu'on apprend les valeurs.
- La famille est comme un creuset où on forge ses idées et ses principes pour l'avenir.

Voilà pourquoi la famille n'est pas menacée.

C Les relations entre parents et enfants sont plutôt bonnes

Les enquêtes montrent que les relations avec les parents sont satisfaisantes: les enfants parlent plus volontiers à leurs parents (à la mère en particulier) qu'à leurs professeurs, par exemple.

Pour de nombreux enfants, la famille est un nid douillet dans lequel il fait bon vivre. Ils vivent d'ailleurs de plus en plus longtemps au domicile de leurs parents. Certes, les difficultés économiques expliquent largement cette cohabitation prolongée, mais elle ne serait sans doute pas possible en cas de mésentente.

1 Pourquoi le modèle traditionnel de la famille a-t-il changé?
2 Pourquoi est-ce que les enfants ont tendance à moins voir leurs grands-parents qu'auparavant?
3 Quelles sont les valeurs positives qui se transmettent au sein de la famille?
4 À votre avis, pourquoi est-ce que la société est maintenant «sans repères»? Qu'est-ce qui donnait les points de repères autrefois?
5 Dans quel sens la famille représente-elle un «nid douillet» pour certains enfants?

4 **Exercice de compréhension: Relisez le texte et indiquez, pour chaque affirmation, si c'est vrai ou faux, et corrigez celles qui sont fausses:**

1 En France, de plus en plus de gens se marient, même s'ils divorcent rapidement après.
2 Les générations ont tendance à habiter ensemble. Comme ça, les grands-parents peuvent garder les enfants quand leurs parents sont au travail.
3 Dans plus de 50% des couples, le mari et la femme ont tous les deux un emploi.
4 Selon l'article, c'est le rôle de la société en général de forger les valeurs.
5 Les enfants restent plus longtemps à la maison parce qu'ils n'ont pas assez d'argent pour s'installer ailleurs.

UNITÉ 

L'éducation, le monde du travail

Terrain examen

see Dynamic Learning

L'école en France

On s'échauffe

★ Que pensez-vous de votre école? La vie scolaire est très importante pour le reste de votre vie. À votre avis à quoi sert l'école?

Langue: Question words

see Dynamic Learning

Lisez le texte ci-dessous et répondez en français aux questions qui suivent.

Je me présente: Antoine Delmas

Je viens d'entrer au lycée Jean-Moulin à Poitiers. Ce qui me paraît différent par rapport à mes expériences au collège l'année dernière, c'est que les matières me semblent beaucoup plus intéressantes et que les professeurs me traitent plus comme un adulte: pour la plupart du temps du moins! Je fais partie d'une grande famille et j'en suis le benjamin. J'habite avec mes parents dans un grand appartement au centre ville. J'y habite depuis cinq ans, c'est-à-dire, après depuis que je suis rentré de la Réunion où mon père travaillait comme ingénieur. J'aimerais y retourner peut-être un jour.

J'ai passé mon brevet des collèges il y a un an et maintenant je suis très content de ma vie scolaire. Nous avons un foyer réservé pour les secondes jusqu'aux terminales où on peut travailler ou bavarder avec ses amis. J'espère choisir une filière scientifique et je préparerai pour mon bac S dès l'année prochaine. Mon lycée me convient beaucoup: les professeurs sont très compétents, les salles de classe sont très bien équipées et j'ai beaucoup d'amis. Pour le bac, il faut que j'étudie huit matières. J'aime les sciences, bien sûr, et les langues vivantes ne me posent aucun problème – il faut en avoir autant que possible, à mon avis, pour réussir dans la vie.

Quand j'aurai fini mes études au lycée, je voudrais me préparer pour le grand concours de l'ENS. Il me faudra suivre deux ans de classes préparatoires intensives qui s'appellent «hypokhâgne». Je ne sais pas ce que sera le résultat mais j'ai vraiment envie d'y aller.

Cependant, la vie adulte est bien lointaine et bien que je travaille beaucoup, j'ai l' intention de m'amuser un peu aussi – il n'y a pas que les études dans la vie, quand même!

1 Comment trouve-t-il son lycée et pourquoi?
2 Combien de matières étudie-t-il au lycée?
3 Qui est le plus jeune membre de sa famille?
4 Quand son père a-t-il quitté la Réunion?
5 Pourquoi voudrait-il aller à l'ENA?
6 Quelle est son attitude envers ses études?
7 Qu'est-ce qu'il pense de ses professeurs?
8 Que fera-t-il à la fin de cette année?
9 Quelles matières lui semblent importantes et pourquoi?
10 Croyez-vous qu'il soit content et pourquoi?
11 Où se trouve son appartement?
12 Aime-t-il voyager?

Vocabulaire utile

(il) me paraît	it seems to me, I think
par rapport à	in relation to
sembler	to seem
du moins	at least (adverb)
au moins	at least (amount)
après avoir / être + past participle	after doing...
une filière	pathway, channel
bac S	scientific bac
en ce moment-ci	now
à ce moment-là	then
l'ENA	*École nationale d'administration,* one of the *grandes écoles*
bien que (+ subjunctive)	although

2 Posez les questions 1, 2, 3, 6, 7, 8 à la page précédente à vos camarades de classe.

3 Antoine parle de son emploi du temps et de son lycée. Répondez aux questions suivantes:

1. Quelle est sa journée la plus chargée?
2. Pourquoi a-t-il choisi le bac S?
3. De quelle façon profite-t-il du vendredi?
4. Expliquez son opinion des langues anciennes.
5. Qu'est-ce qui suggère qu'il n'est pas content de ses cours de chimie?

Infos utiles: Le baccalauréat

Les heures	8am–5pm. Wednesday pm free 29–32 hours lessons per week
Les examens	*Brevet* (Year 10) = GCSE *Bac* (Year 13) = A levels
Les années	*Seconde* (Year 11) *Première* (Year 12) *Terminale* (Year 13)
Les choix	At the end of *3ème* pupils choose which two specialised subjects they will study in addition to the subjects that are common to all *seconde* pupils (see below).
Les matières en commun pour tous en seconde	*Français* *Histoire-géo* *Langue vivante 1 (LV1)* *Mathématiques* *Physique chimie* *Sciences de la vie et de la Terre* *EPS* *Éducation civique, juridique et sociale*
Le choix après seconde	*Bac Général:* *Bac L (littéraire)* *Bac ES (économique et social)* *Bac S (scientifique)*
Les combinaisons possibles de matières pour les trois bacs	**Bac L** *Langue vivante 2 + Langue vivante 3* or *LV2 + Langue ancienne* or *LV2 + arts* ***Bac ES*** *Sciences économiques et sociales (SES) + LV2* or *SES + Informatique de gestion et de communication (IGC) (+ LV2 coursework)* **Bac S** *LV2 + Mesures physiques et informatique (MPI)* or *LV2 + Initiation aux sciences de l'ingénieur (ISI)*
Le taux de réussite	3% 1945 25% 1975 62% 2004
Le coefficient	All subjects are weighted according to the type of *Bac* being taken. A *Bac S* would have more weight placed on Maths and Sciences than languages.
Les notes	Pupils receive an overall mark out of 20, that is an average of their subjects. 10 / 20: Pass 12 or 13 / 20: *Mention assez bien (AB)* 14 or 15 / 20: *Mention bien (B)* 16 & above / 20: *Mention très bien (TB)*

L'orientation

On s'échauffe

★ Vous avez trouvé difficile de choisir les matières que vous étudiez pour AS? Pourquoi avez-vous choisi le français? Et les autres?
Qu'est-ce que vous envisagez pour plus tard?
Comptez-vous faire des études supérieures ou allez-vous entrer directement dans la vie active?
Qu'est-ce qui influence vos décisions?

Le système scolaire

École maternelle (2–6 ans)
École primaire (6–11ans)

Collège (11–15 ans)
6ème (sixième), 5ème (cinquième)
4ème (quatrième), 3ème (troisième)

Lycée (15–18 ans)
2de (seconde) **(Antoine)**
1ère (première)
Terminale

Voie générale	**Voie technologique**	**Voie professionnelle**	**Voie professionnelle**
Qualifications: **Bac L** (littéraire) ou **Bac ES** (économique et sociale) ou **Bac S** (scientifique)	Qualifications: **Bac techno** **STI** **STT** **SM** **STL** **STA** **STPA** **BT**	Qualifications: **BEP (2 ans)** **(brevet d'études professionnelles)**	Qualifications: **CAP (2 ans)** **(certificat d'aptitude professionnelles)**
université (3–4 ans)	cours préparatoires aux grandes écoles (2 ans) une grande école ENS ENA (4 ans)	**Bac professionnel** **BTS** (brevet de technicien supérieur) **DUT** (diplôme universitaire de technologie)	
La vie active			

À chacun sa voie

Trois voies (générale, technologique et professionnelle) te sont proposées. Il va bien falloir choisir! Quelles sont leurs différences? Quels sont leurs objectifs respectifs? Comment y accéder?

La voie générale

Tes objectifs:

- Préparer, en trois ans, un bac général: L (littéraire), ES (économique et social) ou S (scientifique).
- Poursuivre des études supérieures, généralement longues (4 à 5 ans).

Pour la rejoindre:

- Tu passeras en 2de générale et technologique. En fin de 2de, tu choisiras précisément ta série de bac.
- Tu choisiras les deux enseignements de détermination de 2de les mieux adaptés au bac que tu envisages, ou qui te laisseront le plus large choix en fin de 2de.

La voie technologique

Tes objectifs:

- Préparer, en trois ans, un bac techno: STI (sciences et technologies industrielles), STT (sciences et technologies tertiaires), SMS (sciences médico-sociales), STL (sciences et technologies de laboratoire), STAE (sciences et technologie de l'agronomie et l'environnement), STPA (sciences et technologie du produit agro-alimentaire), hôtellerie, techniques de la musique et de la danse ou un brevet de technicien (BT).
- Pousuivre des études supérieures généralement courtes (2 ans ou plus).

Pour la rejoindre:

- Tu passeras en 2de générale et technique. En fin de 2de, tu choisiras ton bac techno et sa spécialité.
- En fonction d'un projet précis, tu choisiras les deux enseignements de détermination de 2de les mieux adaptés au bac que tu envisages.

La voie professionnelle

Tes objectifs:

- Préparer en deux ans un BEP (brevet d'études professionnelles) ou un CAP (certificat d'aptitude professionnelle).
- Avec un CAP, tu apprendras un métier précis pour entrer rapidement dans la vie active.
- Avec un BEP, tu pourras envisager une poursuite d'études, en bac pro notamment.

Pour la rejoindre:

- Tu dois choisir une spécialité de BEP ou de CAP.

1 **Préférez-vous le système français à celui de l'Angleterre? Utilisez les informations ci-dessous pour vous aider dans vos arguments.**

2 **Reliez les débuts de phrases à gauche aux fins de phrases à droite. Ensuite, traduisez les phrases en anglais.**

1 Un BEP te permet ensuite...
2 Si tu rêves d'études plus concrètes, sans pour autant négliger les matières générales...
3 Tu choisis deux «enseignements de détermination»...
4 Un CAP te permet...
5 Si tu t'intéresses à l'agriculture...

a un bac techno est pour toi.
b d'apprendre un métier précis à l'école.
c de continuer tes études ou de rentrer dans la vie active.
d il faut faire un bac techno STAE.
e pour te tester et pour t'aider à choisir ton bac en fin de 2de.

3 **Indiquez, pour chaque affirmation ci-dessous, si c'est vrai ou faux, et corrigez celles qui sont fausses:**

1 Personne ne quitte l'école avant le bac en France.
2 La seconde est plus ou moins pareille pour ceux qui vont faire un bac techno et ceux qui vont faire un bac général.
3 Le bac général exclut ceux qui sont forts en maths et en physique.
4 Un DUT est un diplôme qu'on passe à l'université deux ou trois ans après le bac.
5 On choisit sa série de bac au début de la seconde.

4 **Exposé: Vous allez faire une présentation du système du baccalauréat en France.**
Utilisez les informations ci-dessus et renseignez-vous auprès du site web gouvernemental (*www.education.gouv.fr*) pour vous aider. Soyez prêt à répondre aux questions détaillées!

5 **Voici trois élèves différents. Lisez leurs points de vue sur la vie scolaire et puis écoutez l'enregistrement. Pour chacun, faites un résumé des points suivants, en anglais:**

1 Emploi du temps et opinion là-dessus.
2 Est-ce que le lycée lui plaît? Pourquoi / pourquoi pas?
3 Les points forts et les points faibles de leur scolarité.

Caroline, 1ère S

J'aime la différence entre le lycée et le collège. Je me sens beaucoup plus à l'aise avec mes profs et je trouve le travail très intéressant et correspondant à mes besoins. Parfois il est difficile de m'organiser, mais normalement ça ne pose pas vraiment de problèmes.

Roger, 1ère L

Quand je finirai mes études au lycée, je voudrais me préparer pour le grand concours de l'ENS. Il me faudra suivre deux ans de classes préparatoires intensives qui s'appellent «hypokhâgne». Je ne sais pas ce qui en soit le résultat mais j'ai vraiment envie d'y aller.

Régis, 1ère bac pro

Au début de la seconde, j'étais totalement perdu. J'aimais la sécurité du collège où j'avais beaucoup d'amis parmi les 300 élèves qui y étudiaient. Je viens de me renseigner pour mon orientation un petit peu et de me décider à m'inscrire dans une école spécialisée où je pourrais apprendre à être moniteur de tennis ou de natation. Le sport c'est ma vie!

Infos utiles: L'argot

le verlan	"back slang" – words said backwards / *à l'envers* e.g. *un mec* ⟶ *un keum* (a bloke)
laisse béton	drop it (*laisse tomber*)
une meuf	a woman (*une femme*)
un keuf	a police officer (*un flic*)
un lépou	a police officer (*un poulet*) (slang)
les rempa	parents (*les parents*)

Langue: Ordinal numbers

see Dynamic Learning

Langue: Perfect tense

see Dynamic Learning

6 Avec un partenaire faites un jeu de rôle. L'un de vous va prendre le rôle d'un élève en seconde qui a du mal à décider quel bac il devrait faire. L'autre va prendre le rôle d'un conseiller d'orientation.
Le conseiller doit poser des questions à l'élève en utilisant les verbes au passé pour connaître ses expériences précédentes. Après, il lui donnera des conseils.

Phrases utiles	
quand j'étais jeune,	when I was younger
je voulais être...	I wanted to be...
l'année dernière	last year
j'ai travaillé chez...	I worked in...
je crois que...	I believe that...
je pense que...	I think that...
je croyais que...	I believed that...
je pensais que...	I thought that...
il me paraît que...	it seems to me that...
il me semble que...	it seems to me that...
il me paraissait que...	it seemed to me that...
il me semblait que...	it seemed to me that...
tandis que	whereas
pourtant	however
cependant	however
en revanche	on the other hand
tout comme	just as

Exercices: Les profs et les lycéens... see Dynamic Learning

Langue: Demonstratives see Dynamic Learning

La triche et la toile

On s'échauffe

★ Utilisez-vous Internet quand vous avez besoin d'aide pour faire un devoir? Est-ce que c'est de la triche? Ou simplement une façon intelligente de travailler?

Lisez le texte ci-dessous.

La Gruge sur le Net

La situation

Copier, coller. Grâce au web, le plagiat est devenu un jeu d'enfants. Quelques clics sur un moteur de recherche ou sur un site transmis par un webpote bien documenté, et ça y est, le tour est joué: voici une dissertation toute prête ou un exposé sur mesure.

«Sur un site d'échange de fichiers, j'ai pioché un travail qui collait pile-poil à ce que mon prof me demandait...», raconte David. Il a déjà oublié le nom du site...

Comment en est-on arrivé là?

Regardez cet exemple. Antoine Jandet est fondateur d'Alafac, une start-up qui constitue un vaste répertoire de travaux pour les étudiants. Des copies achetées à raison de 8 euros l'unité.

«Notre idée est de reconnaître les étudiants comme de vrais auteurs dont le travail a une valeur. Les devoirs sont sélectionnés par l'équipe, les informations qu'ils contiennent validées».

«En maths», dit Jérôme Castagnoni, le créateur d'une autre société, «nous offrons la correction complète. Pour les dissertations, un plan détaillé avec les idées à développer, les citations et une bibliographie. Ce genre de chose a toujours existé. Simplement avant, c'était les copains ou les parents.»

Remords?

S'il reconnaît que son site n'a pas de vocation pédagogique, Jérôme Castagnoni estime rendre service. «Les messages que nous recevons sont très souvent des appels au secours, des élèves complètement perdus qui ne comprennent rien au français, rien à la philosophie. Tous nos correcteurs sont des enseignants. Nous ne faisons pas les devoirs, notre but est d'épauler les étudiants, les lycéens, d'offrir un accès plus démocratique aux cours particuliers.»

Vocabulaire	
la gruge: la triche	cheating

A. Exercice de compréhension: Identifiez les verbes au passé. Faites une liste des verbes au passé composé et à l'imparfait, et des participes passés.

B. Lecture 1: Répondez aux questions suivantes:

1 Où peut-on trouver des dissertations toutes faites?
2 Pourquoi est-ce que David était particulièrement content de sa trouvaille?
3 Comment Antoine Jandet recrute-t-il des auteurs pour son site Alafac?
4 Comment Jandet assure-t-il la qualité du matériel publié sur son site?
5 Comment Jérôme Castagnoni justifie-t-il ce qu'il fait?

C. Lecture 2: Regardez ces mots tirés du texte. Trouvez la bonne définition qui correspond à chaque mot. Exemple: 1 – c.

	Mot tiré du texte		Définition
1	Le plagiat	a	une sorte d'ami, ou peut-être plus précisément, un cyber-ami
2	Un webpote	b	quelque chose qui correspond de façon très exacte
3	Piocher	c	on copie quelque chose, sans citer le nom de l'auteur original
4	Coller pile-poil	d	on offre un certain soutien à quelqu'un
5	Une citation	e	on trouve quelque chose, quasiment par hasard
6	Épauler	f	on utilise un court extrait de texte écrit par quelqu'un d'autre

La confession d'un tricheur

Il y a deux ans, j'avais à rédiger une dissertation pour l'histoire. Je me souviens qu'il s'agissait du code napoléonien. Le professeur nous a donné le titre avant les vacances de février. Cette année-là j'avais de la chance: mon ami Patrice m'avait invité à skier avec lui et sa famille à Tignes où ses parents ont un appartement. Je suis parti le vendredi soir avec eux et les devoirs que j'ai reçus cet après-midi même ont été vite oubliés. Après avoir passé une semaine nickel en faisant du ski et du snowboard je suis rentré tard le dimanche soir. Tout d'un coup je me suis rappelé ma dissertation. Quelle horreur! Il ne me restait que trois heures avant minuit et je savais que mes parents ne seraient pas contents de m'aider à ce moment-là. Que faire?

Je me suis décidé à trouver des informations sur Internet. J'ai allumé mon ordinateur, puis j'ai appuyé sur la touche «Internet» et j'ai commencé à cliquer sur plusieurs moteurs de recherche. Après une dizaine de minutes, j'avais trouvé ce que je cherchais – un site formidable qui s'appelait «Webprof.fr» ou quelque chose comme ça qui fournissait des dissertations «à la carte». Il ne me restait qu'à leur donner le titre, mon adresse e-mail et mes coordonnées de paiement «pay-pal». Facile. Je recevrais la copie dans ma boîte de messagerie le lendemain. J'ai failli appuyer sur la touche «envoyer» lorsque j'ai eu un doute: qu'est-ce qui se passerait si mon prof le savait et quelles étaient les punitions pour un tel acte de plagiat?

J'ai hésité et pendant de longues secondes je me suis demandé combien valait cette triche. Une dissertation bien écrite, et pleine d'informations appropriées, mais celle d'un «webprof» et non pas le résultat de mon travail. Finalement, je me suis dit que ça n'en valait pas la peine, du moins cette fois-ci.

Jérôme, 2de ES

Exercice de grammaire:
Identify the verbs in the past tense. Make a list of the verbs from the article that are in the perfect (*passé composé*) and the imperfect tenses, and translate them, as in the table below:

Example	Meaning	Infinitive
j'avais	I had, I was having	avoir

3 **Continuez l'histoire après la fin du deuxième paragraphe. Qu'est-ce que vous auriez fait? Écrivez au moins 100 mots.**

4 **À deux, faites un entretien en posant les questions suivantes:**

- As-tu déjà utilisé la toile pour votre travail?
- Et pour tes devoirs?
- Récemment, combien de fois as-tu fait des recherches sur Internet pour tes devoirs?
- Pourquoi l'as-tu utilisé?

Vocabulaire utile	
copier	copy
couper	cut
coller	paste
un fichier	file
cliquer	to click
un lien	link
rechercher	to search
une barre d'outils	toolbar
un fichier mouchard	cookie
un pare-feu	firewall
un navigateur web	web browser
télécharger	to download
un logiciel	a piece of software

5 **Écoutez cinq commentaires différents à propos de l'aide sur le Net. Pour chaque opinion exprimée, trouvez la phrase ci-dessous qui correspond le mieux. Il faut simplement écrire une lettre et un numéro pour indiquer vos réponses:**

Qui...?

1 reconnaît que les méthodes pédagogiques sont en pleine mutation?
2 accepte que le Net est très utile jusqu'à un certain point?
3 trouve le Net inadmissible dans le travail scolaire?
4 approuve l'initiative des élèves, tout en reconnaissant de graves problèmes pour les profs?
5 craint que l'ordinateur signale la fin de la pensée?

6 **Réécoutez l'enregistrement. Faites un résumé de leurs opinions et donnez votre propre opinion sur les leurs.**

Phrases utiles	
Il / elle dit que...	He / she says that...
Il / elle croit que...	He / she believes that...
À son avis...	In his / her opinion...
Je suis d'accord	I agree
Je trouve que...	I find that...

7 **A. Regardez l'image et répondez aux questions suivantes:**

- Décrivez la publicité.
- De quoi s'agit-il?
- Quelle image de l'école est-ce que cela donne?
- Quelle image du travail scolaire est présentée par la publicité?

B. Lisez le texte. Comment le texte essaie-t-il de présenter son message?

C. Exprimez votre opinion. Pensez-vous que cette publicité peut favoriser la réussite scolaire?

Vocabulaire utile	
au premier plan	in the foreground
à l'arrière-plan	in the background
en haut de	at the top of
en bas de	at the bottom of
à gauche	to the left
à droite	to the right
il s'agit de...	it's about...
il traite de...	it deals with...

Parfois, la vie est difficile

On s'échauffe

★ Avez-vous vécu de mauvais moments à l'école? Étaient-ils liés à la violence? Voyez-vous des types d'agression différents à l'école?

 **Lisez le texte ci-dessous et répondez en français aux questions qui suivent.**

Quand on parle de violence, on pense d'abord à une confrontation physique, brutale et parfois sanglante. Mais à l'école, la violence peut être très différente. Elle est plus subtile, plus sournoise et elle est difficile à cerner. En effet, elle ne passe pas par les actes, mais par les attitudes et les paroles. Il s'agit de la violence psychologique.

Qui sont les victimes de cette violence?

Souvent, c'est le faible: celui qui manque de confiance en lui, celui qu'on choisit en dernier quand on fait les équipes pour un match de foot; celui dont on ne s'occupe pas. Il est peut-être petit ou gros; il a les oreilles décollées; il a le malheur d'être différent.

Qu'est-ce qui se passe?

En règle générale, ce n'est rien de spectaculaire. C'est plutôt une accumulation de petits gestes. C'est toujours lui qu'on embête. On se moque de lui, on le bouscule dans le couloir, on lui lance de mauvaises remarques que le professeur n'entend jamais.

À la longue, il se replie sur lui-même. Il est systématiquement délaissé, isolé, exclu. Il souffre dans le silence et n'ose en parler à personne.

Que peut-on faire pour enrayer ce problème?

Tout d'abord, il faut reconnaître que le problème existe et que la violence psychologique est aussi grave que la violence physique. Ensuite, il faut encourager ces jeunes à parler, à exprimer leur mal. Il faut les écouter et les prendre au sérieux. Il faut de la patience parce que les victimes trouvent difficile de parler de leurs problèmes. Mais c'est seulement après cette ouverture qu'on peut commencer le travail de reconstruction.

1 Pourquoi est-ce que la violence psychologique est difficile à repérer?
2 Qui sont les victimes habituelles de cette forme de violence?
3 Comment cette violence se manifeste-t-elle?
4 Quelles sont les conséquences de cette violence sur la victime?
5 Pourquoi faut-il beaucoup de temps quand on essaie d'éliminer ce problème?

Vocabulaire utile	
brimer	to bully (school)
sournois	deceitful, underhand
cerner	to surround, define, delimit
en effet	indeed
en fait	in fact
au fait	by the way
embêter	to bother
se moquer de	to make fun of
se replier sur	to withdraw, fall back on oneself
aussi... que	as... as

Lisez ces extraits des lettres tirées des pages «Courrier du cœur» et répondez oralement aux questions qui suivent.

Suis-je brimée?

Tout le monde se moque de moi quand je réponds en classe. Par exemple, hier, nous étions en train de discuter de la Deuxième Guerre mondiale et j'ai répondu correctement à toutes les questions du professeur. Soudain, il m'a semblé que la classe entière a explosé de rire à cause de mes réponses. Je ne savais pas que ce que je venais de dire était si amusant. Je me sentais perdue et maintenant je n'ai pas envie de participer aux cours. Que faire?

Christine, 2de

Il m'a plaquée

Je viens de passer une semaine affreuse au lycée. Pendant tout l'été je sortais avec un beau garçon. Nous étions si heureux: on jouait au tennis ensemble, nous faisions de la randonnée en montagne et on sortait parfois en boîte. Je me sentais si heureuse. Cependant, dès la rentrée il ne me parle plus. Il me donne des excuses terribles lorsque je lui demande de sortir avec moi ou même en groupe et ma meilleure copine m'a dit hier qu'elle l'a vu avec une de nos camarades de classe au cinéma. Je me sens si perdue! Aidez-moi!

Charlotte, 2de

Mon ancien collège me manque

Mon ancien collège me plaisait beaucoup, je connaissais tout le monde, les professeurs étaient sympa et j'habitais tout près du collège. Mon père et ma mère sont tous les deux fonctionnaires et malheureusement nous avons dû déménager à Paris en août et bien sûr j'ai changé d'école. Je suis assez timide mais même après six mois je n'ai pas d'amis. Au début, cela me semblait facile parce que je me disais que je me ferais des amis un jour ou l'autre. Mais maintenant je m'inquiète, est-ce que c'est moi qui ai le problème ou est-ce la faute des autres lycéens?

Jean, 2de

Christine

1 Christine participait dans quelle sorte de cours?
2 Qu'est-ce qu'elle a fait?
3 Décrivez la réaction de la classe.
4 Pourquoi se sentait-elle si déprimée?
5 Racontez une expérience similaire que vous avez connue.

Charlotte

1 Qu'est-ce qui s'est passé pendant l'été?
2 Décrivez les sentiments que Charlotte ressentait pour son «beau garçon».
3 À la rentrée comment s'est comporté son copain?
4 Qu'a-t-il fait, selon une de ses camarades de classe?
5 Que pensez-vous de cette situation?

Jean

1 Pourquoi Jean aimait-il son ancien collège?
2 Pourquoi sa famille a-t-elle déménagé?
3 Quel a été l'effet du changement d'école sur sa vie?
4 Pourquoi a-t-il de la difficulté à se faire des amis?
5 À votre avis que devrait-il faire?

Infos utiles: Les magazines d'ados

Géo Ado	www.geoado.com
Muze	www.muze.fr
Science et Vie Junior	www.science-et-vie.com
Bien dans ma vie	www.biendansmavie.fr
Muteen	www.muteen.com
Spirou Hebdo magazine	www.tfou.fr/spirou-hebdo-bd.html
Phosphore	www.phosphore.com/index.jsp
Jeune et jolie	www.jeunejolie.fr
Les clés de l'actualité	www.clesactualite.com
Les clés de l'actualité Junior	www.lesclesjunior.com
L'Étudiant	www.letudiant.fr

 **Écrivez une lettre pour la page «Courrier du cœur» d'un magazine d'adolescent.**
Vous devez mentionner les points suivants:

- le problème
- quand cela a commencé et pourquoi
- ce que vous avez fait pour combattre ce problème
- comment vos amis vous ont aidé.

Langue: Demonstrative pronouns

see Dynamic Learning

Victimes de violence psychologique et physique

4 A. Écoutez les reportages de quatre jeunes qui font référence à des situations vécues en France très récemment. Pour chaque phrase ci-dessous, il faut identifier celui qui parle:

1 «Quand on n'est pas comme la moyenne, la vie devient un enfer à l'école.»
2 «Il vaut mieux être français dans les écoles françaises.»
3 «Quand on a quitté l'enceinte du lycée, j'ai commencé à avoir vraiment peur. C'était comme dans un film...»
4 «Chaque fois que je les oubliais, elles me frappaient.»
5 «Je ne savais pas à qui me confier, alors je n'ai rien dit.»

Lofti

B. Réécoutez l'enregistrement. Faites un résumé des opinions des quatre jeunes et donnez votre propre opinion des leurs, en utilisant autant que possible des pronoms et adjectifs démonstratifs (celui, celle...).

Exemple:
Celui qui a souffert...
Cette fille me semble...

Sophie

Paco

Pierre

La vie après l'ecole

On s'échauffe

★ Après l'école, qu'est-ce que vous voudriez faire? Vous allez tout de suite en fac, vous comptez voyager? Une année sabbatique est devenue un rite de passage au Royaume-Uni. Que faire avant d'aller en faculté?

Une année sabbatique ou un travail d'été?

1 **Lisez les projets de trois adolescents britanniques et écoutez ces jeunes Français. Comparez leurs rêves et répondez aux questions qui suivent.**

Salut, je m'appelle Roger et je suis en terminale à Limington Grammar School près de Birmingham. Cette année, je vais passer mes A levels. J'étudie les maths, le français et l'histoire. Après mes examens, je vais passer une année sabbatique à Paris où j'espère assister aux cours semestriels à la Sorbonne. Après avoir perfectionné mon français avec ces cours, je travaillerai comme moniteur à Chamonix ou je trouverai un emploi comme plongeur. Si je réussis mes A levels, j'irai à l'université d'Edimbourg où j'étudierai le français et l'histoire.

Bonjour ici c'est Natalie. Je suis élève dans un très grand lycée dans le Surrey. J'espère que je réussirai à mes examens de français, de psychologie et de d'histoire de l'art. Après avoir reçu mes résultats, j'espère voyager en Afrique et aller visiter des pays francophones comme le Maroc, la Tunisie et le Sénégal. En fait, je voudrais parler français en travaillant dans un orphelinat au Sénégal. Cette expérience m'aiderait, je crois, dans mes études de français et de politique à la fac de Sussex.

Marie-Chantal **Sophie** **Pierre**

Salut. Je m'appelle Claire. Mon lycée me plaît énormément, mais je crois que je suis prête à entrer en fac maintenant. Beaucoup de mes copines ont choisi de passer une année sabbatique avant d'aller en fac, mais moi, je voudrais commencer la vie quasi-adulte tout de suite. J'ai horreur de quitter l'université endettée et tout comme mes études dureront quatre ans avec un stage à l'étranger je me hâte d'y aller immédiatement. Si j'ai de bonnes notes, j'irai à l'université de Manchester où j'étudierai le français et l'espagnol. J'ai été toujours forte en langues et à l'avenir je voudrais être soit professeur de langues vivantes soit journaliste. Cependant, cet été je cherche du travail dans les Pyrénées où je compte travailler dans un camping ou dans un café. Je suis fanatique de l'escalade et de la randonnée et alors je voudrais monter au sommet de la Brèche de Roland.

A. Questions en français:

1 Comment Roger voudrait-il passer son année sabbatique?
2 Pourquoi, selon vous, espère-t-il passer une année en France?
3 Quelles sont les différences entre Roger et Natalie?
4 Quelles sont les raisons pour lesquelles Claire ne prend pas d'année sabbatique?
5 Avec lequel de ces trois Britanniques êtes-vous d'accord et pourquoi?

B. Questions in English:

1 Explain what Sophie plans to do after her bac.
2 Explain Pierre's outlook. Do you agree with it?
3 What sort of bac is Pierre studying for?
4 Why does Marie-Chantal want to stay in Aurillac?
5 In what way do the plans of the three French teenagers differ from those of the British teenagers?

2 **Répondez aux questions suivantes:**

- Quelles sont les différences entre ces six élèves?
- Croyez-vous que leurs points de vue différents expriment des caractéristiques nationales?
- Que pensez-vous de leurs projets?
- Que feriez-vous après votre bac?

3 **Les trois élèves français parlent plus en détail de leur vie et de leurs rêves. Après avoir écouté leurs témoignages, devinez qui parle et notez les informations supplémentaires.**

	Qui?	Numéro	Informations
a	Marie-Chantal		
b	Sophie		
c	Pierre		

Infos utiles: Diplômes et qualifications professionnelles

le DEUG	university second year diploma
une licence	BA degree
une maîtrise	master's degree
un doctorat d'université	PhD
un DUT	technical diploma (from Institut Universitaire de Technologie)
HEC	top French business school
un bac STAE	agricultural and environmental bac

4 **Après avoir étudié et discuté les profils personnels de ces six adolescents, vous avez décidé d'écrire un résumé de votre vie jusqu'ici, en un maximum de 140 mots.**
Mentionnez:

- ce que vous avez fait sur le plan scolaire
- les différences entre vos études actuelles et celles de GCSE
- pourquoi vous avez choisi vos matières pour A levels
- ce que vous voulez étudier en fac et pourquoi
- si vous aimeriez prendre une année sabbatique.

Gagner sa vie

On s'échauffe

★ Qu'est-ce que c'est le travail pour vous? C'est un devoir ou un plaisir? Quel genre de travail est-ce que voulez-vous faire plus tard dans la vie? Est-ce qu'il est suffisant de gagner beaucoup d'argent? Ou cherchez-vous autre chose dans votre futur métier?

Que voulez-vous faire?

A. Lisez ces six profils personnels et discutez les questions qui suivent avec un partenaire.

David, expert comptable, La Rochelle

Je trouve mon travail intéressant. J'ai toujours été fort en maths et cela m'aide beaucoup dans ma vie professionnelle. Je voyage beaucoup parce que ma compagnie a des filiales dans plusieurs pays d'Europe. C'est bien de voyager mais j'en ai marre des plateaux-repas des avions – pour moi c'est trop fade!

Charlotte, professeur de français, Nantes

Être professeur, c'est très satisfaisant. Je travaille dans un lycée et j'enseigne l'anglais. C'est drôle d'entendre mes élèves essayer de parler l'anglais. Nous partons souvent en voyage scolaire, ce qui leur plaît beaucoup. Dans deux semaines nous partirons à Londres. Cela leur fera du bien au niveau de la langue.

Julien, avocat, Grenoble

Après avoir fait un stage, dans un cabinet d'avocats d'affaires, j'avais toujour voulu être avocat. Les problèmes minutieux m'intéressent et j'aime les résoudre pour mes clients. Je voyage pas mal et un jour j'espère être juge. Mon travail, c'est ma passion!

Robert, informaticien, Chambéry

À mon avis, l'informatique c'est l'avenir et moi je suis très bien placé pour en profiter! Mon travail de vendeur de logiciels spécialisés pour l'industrie du film est celui que j'ai choisi dès mon enfance. Il me convient parfaitement. J'aime le contact avec les gens et l'informatique c'est très bien payé.

Jean-Luc, infirmier, Pau

Aider les autres c'est très important pour moi. Mon emploi me permet de travailler avec les gens malades et de soulager leurs souffrances. De plus, les horaires ne sont pas chargés et on est pas mal payé. Mon emploi est parfois difficile mais la plupart du temps, je me trouve satisfait à la fin de la journée.

Sarah, conseillère environnementale, Paris

Mon métier est quelquefois mal compris. Il faut souvent que j'explique ce que je fais comme travail. Je donne des conseils aux entreprises et aux gouvernements sur des problèmes environnementaux. Par exemple, j'écris des comptes-rendus et des stratégies de recyclage. Le travail est dur mais c'est celui que j'ai toujours voulu faire.

- Lequel de ces emplois vous attirerait? Pourquoi?
- Lequel de ces emplois vous attirerait peu? Pourquoi?

B. Dans quelles catégories se trouvent les six personnes? Lisez ces catégories différentes et reliez les idées exprimées aux résumés.

La conception sécuritaire

Pour beaucoup, le travail est important parce qu'il représente la sécurité. La routine journalière du travail est rassurante. Cette idée est très forte chez ceux qui se sentent menacés et se sentent vulnérables à cause d'un manque de formation, ou parce qu'ils habitent dans une région frappée par le chômage.

La conception financière

Chez les personnes attachées à la consommation, la vision du travail est simple: il s'agit avant tout de bien gagner sa vie, afin de pouvoir dépenser sans trop compter.

La conception affective

Cette vision du travail est répandue parmi ceux qui accordent une importance prioritaire aux relations humaines dans le travail et qui cherchent à s'épanouir.

La conception libertaire

Certains envisagent le travail comme une aventure. Ils sont attirés par la possibilité de créer et de réaliser un projet personnel. Ils sont ouverts à toutes les formes nouvelles de travail et sont par principe très mobiles.

2 **Les six personnes parlent plus en détail de leur emploi. Devinez qui parle et ajoutez des précisions sur les horaires, les avantages et les inconvénients de l'emploi, le salaire et ce qu'en pensent leur familles.**

	Qui?	Numéro	Précisions: horaires, avantages et inconvénients, salaire, opinion de la famille
a	David		
b	Charlotte		
c	Julien		
d	Robert		
e	Jean-Luc		
f	Sarah		

3 **Listen to four French people talking about their work. Make notes in English about what they consider to be important in their choice of career.**

Stéfan, antiquaire

Christine, PDG d'une petite entreprise

Alain, employé à la SNCF

Anne, assistante sociale

 Voici le CV d'un élève qui vient de quitter le lycée. Servez-vous-en pour écrire votre propre CV.

Nom:	Delmas
Prénom:	Roger
Adresse:	12, rue Lacépède, 75005 Paris
Téléphone:	01 42 31 56 17
Email:	delmasroger@wanadoo.fr
Date de naissance:	14 février 1989
Situation de famille:	célibataire
Nationalité:	française
Scolarité:	Collège Claude-Monet 1998–2003 Lycée Rabelais 2003–2006
Diplômes:	bac L, mention bien
Postes occupés:	Moniteur, colonie de vacances (juillet–août 2006) Réceptionniste, Club Med (juillet–août 2005) Moniteur de tennis, Club Med (juillet–août 2004)
Langues étrangères:	anglais (bon niveau), espagnol (niveau moyen)
Séjours à l'étranger:	vacances à l'île Maurice, en Italie, en France, en Espagne voyage scolaire aux États-Unis et en Angleterre échange à Londres stage linguistique à San Francisco (mai 2004)

5 Vous voyez cette annonce sur un site web. Après avoir lu cette annonce, vous vous décidez à poser votre candidature et à envoyer votre CV.

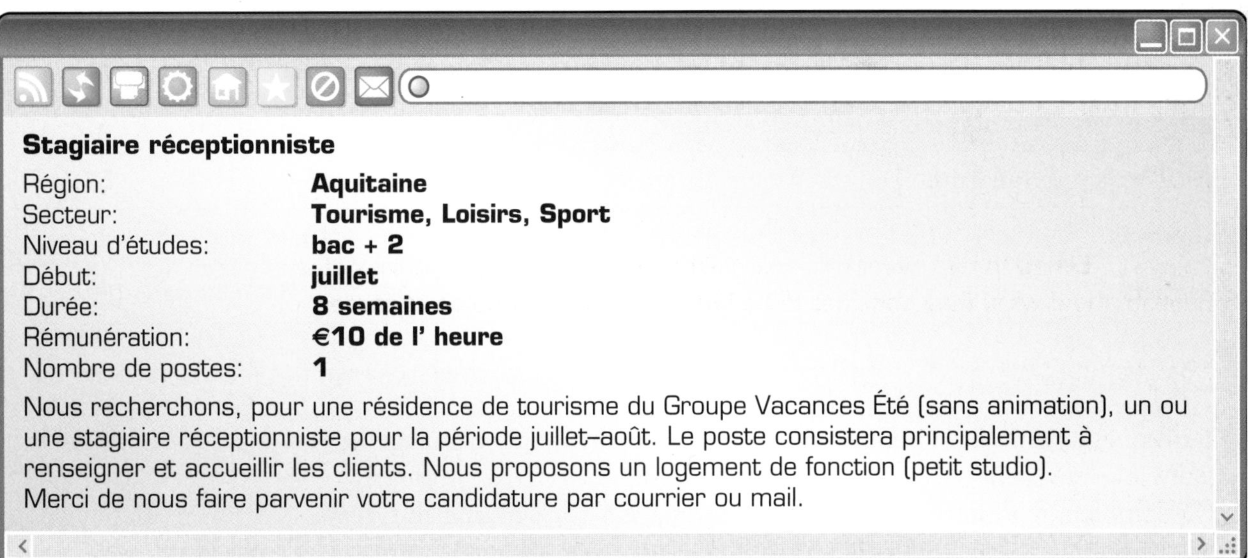

Stagiaire réceptionniste

Région:	**Aquitaine**
Secteur:	**Tourisme, Loisirs, Sport**
Niveau d'études:	**bac + 2**
Début:	**juillet**
Durée:	**8 semaines**
Rémunération:	**€10 de l' heure**
Nombre de postes:	**1**

Nous recherchons, pour une résidence de tourisme du Groupe Vacances Été (sans animation), un ou une stagiaire réceptionniste pour la période juillet–août. Le poste consistera principalement à renseigner et accueillir les clients. Nous proposons un logement de fonction (petit studio).
Merci de nous faire parvenir votre candidature par courrier ou mail.

A. Vous vous préparez très soigneusement et vous écrivez des réponses aux questions suivantes:

1 Parlez-moi de vos études.
2 Quels voyages avez-vous fait à l'étranger?
3 Que voudriez-vous faire à l'avenir?
4 Pourquoi cherchez-vous un emploi chez nous?
5 Quelles sont vos expériences dans le monde du travail?

À deux, jouez le rôle de l'employeur et du candidat. Cela pourrait être filmé.

B. Vous avez aussi des questions à poser au représentant du Groupe Vacances Été. Préparez au moins cinq questions pour votre partenaire.

Langue: Pluperfect

see Dynamic Learning

6 **Le chômage est un grand problème auquel beaucoup de jeunes Français doivent faire face. Regardez le tableau ci-dessous et répondez aux questions qui suivent.**

Nombre de chômeurs et taux de chômage			
	2005	**2004**	**2003**
Nombre de chômeurs (en milliers)	**2717**	**2734**	**2682**
dont: hommes	*1328*	*1330*	*1300*
femmes	*1389*	*1404*	*1383*
Taux de chômage (en %)	**9,8**	**9,9**	**9,8**
Hommes	9,0	9,0	8,8
Femmes	10,8	11,0	11,0
15–29 ans	17,3	17,4	16,7
30–49 ans	8,3	8,3	8,2
50 ans ou plus	6,7	7,1	7,2
Cadres et professions intellectuelles supérieures	4,9	4,8	4,1
Professions intermédiaires	5,5	5,9	5,0
Employés	10,3	10,2	9,1
Ouvriers	12,5	12,3	10,9

Champ: France métropolitaine, individus de 15 ans et plus.
Source: Insee, enquêtes sur l'emploi; http://www.ipsos.fr/CanalIpsos/articles/2135.asp

1 Dans quelle partie de la population constate-t-on le taux de chômage le plus élevé en 2005?
2 De combien le pourcentage du taux de chômage a-t-il diminué chez les 50 ans ou plus entre 2003 et 2005?
3 Auprès de quelle partie de la population le taux de chômage a-t-il augmenté le plus entre 2003 et 2005?
4 Quelle partie de la population est la plus stable par rapport au taux de chômage?
5 Expliquez les termes «cadres et professions intellectuelles supérieures».

7 **A. Écoutez ces cinq jeunes (Hélène, Karim, Aïcha, Aziz et Selim) qui parlent de leurs espoirs et de leurs craintes pour leur avenir professionnel, puis décidez qui veut...**

1. gagner beaucoup d'argent.
2. avoir une reconnaissance sociale.
3. trouver un emploi à contrat de durée déterminée.
4. avoir un métier qu'il / elle aime.
5. avoir la sécurité de l'emploi.
6. être une mère qui travaille.
7. trouver une ouverture dans le secteur de l'informatique.
8. travailler à temps partiel.
9. l'accomplissement personnel.
10. devenir cadre.

B. Faites un résumé en français de ce que Karim, Hélène et Aïcha pensent de leurs chances à l'égard de l'emploi. Êtes-vous d'accord avec ce qu'ils pensent?

Vocabulaire utile	
le taux de chômage	unemployment rate
le marché du travail	the job market
augmenter	to increase
diminuer	to reduce
une embauche	appointment, vacancy
les conditions de travail	working conditions
à temps partiel	part-time

Exercices: Le stress... see Dynamic Learning

La vie adulte

On s'échauffe

★ Que font-ils dans la vie, vos parents? Sont-ils contents dans leur travail? Avez-vous déjà fait un stage en entreprise? Comment est-ce que vous avez trouvé l'ambiance? Les gens autour de vous étaient-ils motivés par ce qu'ils faisaient?

Le travail n'est jamais sans problèmes.

A. Lisez les trois extraits de lettres qui présentent des situations bien différentes.

Malik, maître de conférence à Nantes

Pour moi, le boulot est toujours très intéressant, mais l'ambiance est pourrie. Le chef est parti à Toronto pour un an. Il a laissé derrière lui de petits scandales qui émergent chaque semaine. Ce chef en fait a tout du «petit chef»: motivations personnelles, menaces injustes et dissimulées, attitude de celui après qui il faut courir, haines contenues... Enfin, vous me comprenez. Avec mes collègues de l'école, on a demandé de voir un plan pour les promotions ou avancements. On nous a dit qu'au mieux, tout le monde serait payé l'an prochain! Heureusement que je me régale avec ce que je fais...

Claude, ingénieur à Paris

Tu te plains de la vie à Toulouse. Trop pantouflarde, tu dis. Alors, veux-tu essayer Paris? Je me lève à 5h45 pour prendre un café rapide, avaler un peu de pain, me préparer. Métro à 6h30. Il faut imaginer un métro bondé à craquer, plein de gens à moitié endormis ou déjà énervés. 1h30 de voyage. Au boulot à 8h. Ordinateur, courrier, mail, téléphone sans arrêt jusqu'au repas. Je fais attention de faire une bonne coupure pour reprendre un peu d'énergie. Souvent, l'après-midi, je vais sur place voir un chantier. Retour au bureau où je recommence mes plans. Si j'ai de la chance, je finis vers 20h. Alors, il est bien tard quand, enfin, je rentre chez moi.

Véro, secrétaire trilingue à Perpignan

Nous sommes arrivés à Perpignan il y a trois ans, deux mois avant la naissance d'Inès. Elle grandit: elle aura trois ans en fin de semaine. Le temps passe vite! Elle n'arrête pas de discuter, commenter, raisonner. Je travaille maintenant à temps partiel, ce qui me permet de profiter du mercredi pour m'occuper d'elle et de moi un tout petit peu! Il faut dire que je passais beaucoup de mon temps à courir, à stresser, à crier. Ce n'était pas bon pour la santé. Le temps partiel, c'est une qualité de vie fabuleuse même s'il y a des conséquences financières. Je n'aurai ni promotion ni augmentation de salaire mais au moins, je peux m'occuper de ma fille...

B. Qui a dit cela? Voici d'autres extraits des trois lettres. Devinez qui parle:

1 On a offert des primes à ses amis sans raison valable.
2 J'ai donc changé de rythme de vie. Sans cela, j'aurais craqué.
3 Ça ne met pas de beurre dans les épinards, à la fin du mois, mais je ne regrette pas la décision!
4 «Métro-boulot-dodo»? Vous pouvez enlever le dodo!!
5 Donc, pour l'augmentation de salaire, il faut attendre douze mois!

C. Répondez aux questions suivantes avec vos propres mots.

1 Combien de temps est-ce que Claude est absent de chez lui chaque jour?
2 Comment est-elle, l'ambiance dans le métro?
3 Qu'est-ce qui indique que Claude essaie de gérer son stress?
4 Fait-il le même travail toute la journée? C'est positif?
5 Qui est Inès?
6 Que fait Véro le mercredi? En quoi cela représente-t-il un changement?
7 Quelles sont les deux conséquences de ce changement?
8 Approuvez-vous le choix de Véro?
9 Malik aime-t-il son travail?
10 Qu'est-ce qui gâche le travail pour Malik?

UNITÉ 3

Les loisirs

Terrain examen

see Dynamic Learning

Langue: Adjectives

see Dynamic Learning

Exercices: Loisirs: êtes-vous actif ou passif?

see Dynamic Learning

Les médias et les traditions

On s'échauffe

★ Il y a une trentaine d'années les jeunes avaient beaucoup plus de temps à consacrer à la lecture, le «Walkman» n'était pas encore «né», et les consoles qui venaient d'apparaître étaient énormes et lourdes.
De nos jours, il y a toute une gamme de produits conçus pour remplir ses heures de libre. Comment vous considérez-vous? Un lecteur actif ou un consommateur passif?

Lisez-vous pour le plaisir?

- Combien de temps passez-vous à lire par semaine?
- Quelle sorte de choses lisez-vous?
- Entre la télé, l'ordinateur ou votre console et un bon livre, qu'est-ce que vous choisiriez?

2 **Trouvez deux publicités françaises (tirées d'un magazine ou d'Internet) pour des produits électroniques et préparez une présentation qui répond aux questions suivantes:**

- Quel est le produit?
- La publicité, de quelle façon marche-t-elle?
- Quell est le marché ciblé?
- La façon dont marche la publicité, vous semble-t-elle efficace?

Vocabulaire utile			
un caméscope	camcorder	une connection haut débit	broadband connection
un baladeur	walkman	un site web	a website
une magnétoscope	video recorder	Internet	internet
la mémoire	memory	un lecteur de CD / de DVD / MP3	CD / DVD / MP3 player
la vitesse	speed		
démodé(e)	old-fashioned	un (dessus de) bureau	a desktop
un logiciel	program, software	cliquer	to click
un téléphone portable / un portable / un mobile	mobile phone	convivial	user-friendly
		télécharger	to download
une console de jeux vidéo	video game console	exporter / envoyer	to upload
le minitel	old style French internet attached to home phone	un texto	a text
		texter	to text
		un podcast	podcast

3 **Écoutez ces quatre lycéens, Sandrine, Jeanne, Claire et Fatima, qui parlent de leurs loisirs préférés et de la lecture.**

Sandrine

Jeanne

Claire

Fatima

1 Pour chaque personne, faites le résumé des idées clés.
2 Faites correspondre les phrases qui conviennent le mieux aux jeunes que vous venez d'entendre.

L'idée	Qui?
La lecture me paraît plus utile que les nouvelles technologies.	
Je ne lis que pour poursuivre ma passion.	
Les nouveaux téléchargements de jeux sont très prenants.	
L'ordinateur a remplacé la lecture pour moi.	
La littérature, sous n'importe quelle forme, sera l'avenir.	
Je n'ai pas le temps de lire.	

Lisez le texte et répondez en français aux questions qui suivent.

La relation au livre change avec le développement de l'audiovisuel. Un rapport réalisé par le sociologue François de Singly pour l'Éducation Nationale a montré que les jeunes ont de plus en plus de difficulté à lire. C'est la longueur des livres qui représente l'obstacle le plus important. Le mode de culture imposé par l'audiovisuel, qui privilégie l'image par rapport aux mots et favorise les formats courts (clips), a transformé la relation au livre. Les jeunes trouvent à la télévision ou sur Internet ou dans les jeux vidéos une satisfaction plus immédiate que dans la lecture.

De plus, la pression exercée par les parents pour inciter leurs enfants à lire et à prendre du plaisir à cette activité aboutit souvent à l'effet inverse. Après l'audiovisuel, puis la lecture de la presse, celle des livres est donc concernée par la vague de fond du zapping. Certains éditeurs prennent en compte ces attitudes nouvelles, en proposant notamment des livres plus courts. Ce raccourcissement des formats de lecture est souvent associé à un prix bas, ce qui rencontre une autre demande forte en matière de consommation. La «littérature rapide» cherche à attirer les personnes pressées et les jeunes rebutés par la lecture.

1 Quel est le message central du rapport de Singly?
2 Quel est l'obstacle principal en ce qui concerne la lecture?
3 De quelle façon l'audiovisuel influence-t-il l'approche de la lecture?
4 Qu'est-ce que l'auteur veut dire par la «satisfaction immédiate»?
5 L'influence des parents est-elle forcément positive? Pourquoi (pas)?
6 Les éditeurs se sont-ils adaptés aux changements?
7 Quels sont les avantages de la littérature rapide?
8 Comparez le point de vue de l'article avec celui d'un des lycéens. Selon vous, est-ce qu'ils sont d'accord?

164 livres par ménage

5 **In spite of the influence of other media, the French are still big readers. Listen to this report about books in France and make a brief summary of it in English in less than 100 words. Then translate your summary into French. Use these points to help you structure your summary:**

1 the number of books per household
2 the differences in numbers of books according to profession
3 the differences according to geographical area
4 the popularity of different types of book (with the percentage of households in which they appear).

6 **Lisez-vous ou connaissez-vous quelqu'un qui lit ou lisait *Tintin*, *Astérix* ou une autre bande dessinée de langue française? Préparez un exposé sur un auteur francophone. Vous devez parler pour une minute et expliquer pourquoi vous l'aimez.**

Langue: Comparative and superlative see Dynamic Learning

La montagne

On s'échauffe

★ Contrairement à l'Angleterre, la France présente plusieurs régions de hautes montagnes. Avez-vous déjà visité les Alpes, les Pyrénées ou le Massif central? À quoi pensez-vous lorsqu'on parle de ces régions?

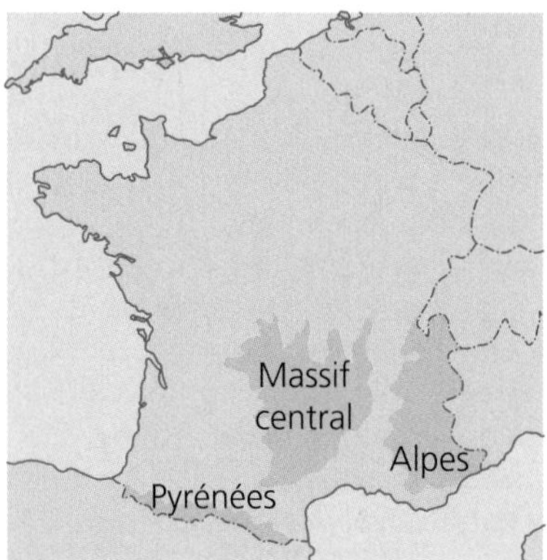

1 **Romain Mourier est de Provence, mais il est étudiant à Tarbes. Une des raisons pour lesquelles il a choisi d'y étudier est parce qu'il est un grand amateur de montagne, en hiver et en été.**

A. Écoutez l'enregistrement et trouvez dans le passage l'équivalent des termes suivants:

1 partir
2 étudier
3 seul
4 les grands amateurs
5 paisiblement

B. Listen again and make notes in English on what he says. You should include the following, in less than 80 words:

- what he is studying
- what he feels about the mountains
- why he goes on hikes on his own
- what he talks about with other walkers at the refuges
- what sort of skiing he likes and why
- what he does when it is raining (and what he thinks about that).

Balade jusqu'à la Brèche de Roland

2 **L'été dernier, Romain a passé un week-end à la montagne près du célèbre Cirque de Gavarnie. Il a écrit un petit journal de sa randonnée que vous pouvez maintenant lire.**

Vendredi 18, 14h	Je me suis mis en route au village de Gavarnie, à 1365m d'altitude, sous l'église. J'ai commencé la marche vers le Port de Boucharo et j'ai remonté la vallée des Pouey Aspé. Il m'a fallu 4h30 pour arriver à la vallée des Tourettes. J'étais entouré de mille couleurs, mille formes. Une véritable hallucination! J'ai mis beaucoup plus de temps que prévu car j'ai longuement admiré toutes les merveilles de la nature autour de moi.

Samedi 19, 11h	Je suis parti pour la Brèche de Roland vers 11h. Normalement, on met 2h30 pour y arriver, mais moi, j'ai abandonné le sentier. J'ai escaladé un moment et j'ai sué un bon coup. J'ai vu les sources des grandes cascades. C'était fantastique! J'en ai eu pour 4h car je ne me suis pas pressé. Enfin, j'ai débouché dans les splendeurs des moraines et des grands névés. Une dernière ascension m'a pris trois quarts d'heure et je me suis adossé au bleu du ciel, debout sur la Brèche à 2807m d'altitude! Fantastique.
Dimanche 20, 10h	Retour à Gavarnie. Il faut moins de 3h d'habitude. Je suis redescendu doucement, j'ai bu un thé au refuge. Ensuite, le brouillard est monté et je me suis dépêché. Je suis rentré par l'itinéraire difficile, le chemin des Sarradets, à la verticale presque! Quel chemin! Je suis revenu au village et en tout, pour cette dernière étape, il m'a fallu juste 2h15 car j'ai fait aussi vite que possible. Cette balade a peu duré mais elle était un délice. Difficile par contre pour les amateurs.

Répondez aux questions en français, en utilisant le plus possible vos propres mots.

1. Selon Romain, pourquoi a-t-il ralenti dans la première partie de sa randonnée?
2. Pourquoi Romain a-t-il abandonné le sentier?
3. Décrivez, en utilisant vos propres mots, ce qu'il a ressenti quand il est arrivé à la Brèche.
4. Sa descente était plus rapide que sa montée: pourquoi?
5. Après avoir lu son récit, comment pensez-vous qu'il se voit en tant que randonneur?

Langue: The article *de* and the preposition *à*

see Dynamic Learning

Le ski et la France

3 **La France est dotée d'un domaine skiable énorme. Lisez ce tableau et le texte ci-dessous.**

Abridged from http://www.insee.fr/fr/ppp/comm_presse/comm/cphcFRATOUR05.pdf

Les chiffres clés de la saison 2003-2004

	Nombre de station et centres de ski	Nombre de remontées mécaniques	Journées skieur (millions)
France	**308**	**3 865**	**54,8**
Autriche	255	3 016	49,9
Suisse	230	1 672	28,0
Italie	200	3 100	27,0
Allemagne	322	1 311	2,3
Espagne	24	338	5,5
Andorre	4	104	2,5
USA	494	3 004	57,1
Canada	267	1 001	19,1
Japon	752	3 051	55,0

Source: Les chiffers clés du tourism de montagne en France, Odit-France, décembre 2004.

http://www.insee.fr/fr/ppp/comm_presse/comm/cphcFRATOUR05.pdf

Un coup d'œil sur le tourisme d'hiver

La France compte 308 stations ou centres de ski avec 3865 remontées mécaniques, ce qui la place parmi les principaux pays européens de sports d'hiver.

La capacité touristique des stations de sports d'hiver françaises s'élève à plus de 2 millions de lits, dont 58% dans les Alpes et 54% en résidence secondaire. En 2004, la clientèle étrangère représente près de 30% des nuitées hôtelières.

La clientèle britannique est la plus importante avec 7,5% des nuitées, suivie des Belges (5,2%) et des Allemands (3,3%).

Si 38% des Français partent en *vacances* d'hiver, seuls 8,3% partent aux *sports* d'hiver et 7,7% font du ski. Ils privilégient des destinations nationales (87% des nuitées en 2003–2004, 96% pour les skieurs).

Quand ils partent aux sports d'hiver à l'étranger, les Français choisissent surtout la Suisse.

Les remontées mécaniques représentent un chiffre d'affaires total de 930 millions d'euros. Ce sont les Alpes du Nord qui concentrent l'offre et la fréquentation les plus importantes avec 56% des remontées mécaniques et 76% du chiffre d'affaires total. Les Alpes du Sud offrent 19% des remontées mécaniques mais ne reçoivent que 12% du chiffre d'affaires.

A. Indiquez si, selon le passage et le tableau, les phrases suivantes sont vraies ou fausses. Si la phrase est fausse, corrigez-la.

1 Le Japon compte le plus grand nombre de stations de ski au monde.
2 La France se trouve en deuxième place mondiale pour le nombre des remontées mécaniques.
3 La clientèle étrangère représente plus de 50% des nuitées hôtelières.
4 La plupart des skieurs français préfèrent rester en France.
5 Pendant ses vacances d'hiver, il est plus probable que l'on rencontrera un Belge qu'un Anglais sur les pistes françaises.

B. Répondez en français aux questions qui suivent, en utilisant le plus possible vos propres mots.

1 En quelle position la France se trouve-t-elle sur le plan des stations de ski au niveau mondial?
2 Quel pays a le plus gros CA, et pourquoi?
3 Quel pourcentage de Français ne partent pas en vacances d'hiver?
4 Selon vous, pourquoi sont les Britanniques les plus nombreux à partir en France pour les sports d'hiver?
5 Quelle région de ski française est la plus rentable?

Vocabulaire utile	
le CA (chiffre d'affaires)	turnover
compter	to have, count
une station de ski	ski resort
les sports d'hiver	winter sports
une remontée mécanique	ski lift
une nuitée	night
privilégier	to favour
provenir de	to come from
rentable	profitable
une piste	a track, trail, ski run
une augmentation de	an increase of
une baisse de	a decrease of
le taux de	rate of

4 **Après avoir lu les statistiques à la page précédente, écrivez une présentation pour persuader vos camarades de classe de partir faire du ski ou du surf des neiges en France.**
Rappel! Vous devez suivre ce plan:

- Introduisez le sujet.
- Exposez brièvement et justifiez votre opinion.
- Donnez les faits à l'appui de cette opinion.
- Faites un résumé de votre argument.

Phrases utiles	
il existe plus de... / moins de...	there are more... / less...
en ce qui concerne...	as regards...
au niveau mondial	on a world level
à l'échelle mondiale	on a world scale

Quel sport?

On s'échauffe

★ Le sport joue un rôle très important dans la mentalité d'un pays. Les Anglais n'oublieront jamais la Coupe du Monde de 1966. Ils en parlent toujours. C'était pareil pour les Français et la Coupe du Monde de 1998.
Que pensez-vous du sport? C'est important pour vous, ou préférez-vous les loisirs plus passifs?

Répondez aux questions ci-dessous.

- Quels sports pratiquez-vous?
- Quels sports aimez-vous regarder?
- Vous considérez-vous sportif(ve)?
- Combien d'heures par semaine consacrez-vous au sport?

2 **Sondage: Regardez le tableau ci-dessous qui démontre la popularité de certains sports en France. Répondez aux questions qui suivent en utilisant vos propres mots le plus possible.**

Les Français et le sport		
	2005 (p)	**Part des femmes parmi les licenciés en %**
Ensemble des fédérations françaises unisport et multisports	**15 773 985**	***34,8***
dont:		
Fédération française de football	2 162 349	*2,2*
F. f. de tennis	1 054 513	*32,1*
F. f. de judo-jujitsu et disciplines associées	557 616	*25,9*
F. f. d'équitation	513 615	*76,9*
F. f. de basket-ball	448 144	*39,8*
F. f. de pétanque et jeu provençal	379 937	*15.1*
F. f. de golf	368 746	*29,1*
F. f. de handball	364 429	*36,7*
F. f. de voile	285 290	*20,5*
F. f. de canoë-kayak	267 964	*25,5*
F. f. de natation	246 315	*56,1*
F. f. de gymnastique	245 301	*78,4*

F. f. de rugby	240 495	*3,1*
F. f. de karaté et arts martiaux	202 627	*29,0*
F. f. de randonnée pédestre	184 678	*61,6*
F. f. de tennis de table	178 621	*16,8*
F. f. d'athlétisme	175 549	*39,1*
F. f. du sport boules	e 158 252	*e 8,3*
F. f. de ski	155 848	*37,9*
F. f. d'études et sports sous-marins	148 514	*30,1*
F. f. de tir	129 897	*9,5*
F. f. de cyclotourisme	119 500	*16,5*
F. f. de badminton	108 762	*40,6*
F. f. d'escrime	106 877	*27,0*
F. f. de cyclisme	104 443	*9,8*
F. f. de volley-ball	101 870	*46,0*

e = estimation
Source: http://www.insee.fr/fr/ffc/chifcle_fiche.asp?tab_id=294

1 Selon le tableau, quel sport est le plus populaire parmi les licenciés? Expliquez pourquoi ce sport se trouve en tête de liste.
2 Quels sports sont les moins populaires chez les femmes en France? Pourquoi?
3 Dans quels sports remarque-t-on une quasi-égalité entre les hommes et les femmes?
4 Les sports d'équipe sont-ils plus populaires chez les femmes ou chez les hommes? Donnez une raison pour ce phénomène.
5 Considérez les dix premiers sports. Comment explique-t-on cette liste?

Vocabulaire utile	
un(e) licencié(e)	member (of a French sport federation)
une Fédération française de...	French... Federation / Association of...
la Fédération française de ski	Ski Club of France / French Skiing Federation

3 Entretien avec... des fanas de...

Écoutez l'enregistrement. Pour chaque personne, répondez en français aux questions suivantes en utilisant vos propres mots le plus possible:

1 Pourquoi pratique-t-il / elle ce sport?
2 Il / elle en fait depuis quand?
3 A-t-on besoin d'équipements spéciaux pour le pratiquer?
4 À quelle sorte de personne ce sport conviendrait-il le mieux, selon chacun de ces adolescents?
5 Expliquez de quelle façon deux d'entre eux profitent de leurs loisirs sportifs.

4 **A. Lisez le texte et répondez en français aux questions qui suivent, en utilisant vos propres mots le plus possible.**

La Coupe du Monde de foot 1998

Plus de deux millions de personnes sont licenciées à un club de foot en France, et c'est le sport qui est de loin le plus populaire. Les anciens succès en Coupe du Monde et en Coupe d'Europe n'ont fait qu'accentuer ce phénomène. Il est, d'autre part, soutenu par la télévision qui consacre trois fois plus de temps au sport qu'il y a vingt ans. Pour beaucoup de personnes, regarder le foot à la télé devient un substitut pour la pratique. Les sports que l'on regarde, et le foot en particulier, deviennent des spectacles.

Pour les Français, la victoire en Coupe du Monde a été un triomphe, pas seulement au niveau du sport. Il y a eu toute une gamme de sentiments et de réactions...

Des gosses de banlieue qui chantent «La Marseillaise» vous coincent en vous menaçant d'un drapeau tricolore et vous tombent dans les bras. La photo de Zidane, que l'on a vu si bien jouer, recouvre l'Arc de Triomphe. Un million de Français qui ont envahi les Champs Elysées chantaient: «Zidane Président!». Ce soir-là, la France était folle. Folle et belle. Le Président de la République a passé un mois à hurler, bras levés devant des milliards de téléspectateurs. Le Premier Ministre, que le grand public ne considérait pas comme grand sportif, affirme qu'il a été gardien de but, et les femmes, devenues des inconditionnelles du ballon rond, lui trouvent un attrait inattendu. La France des trois couleurs, ce soir, c'est la France Black-Blanc-Beur. Et si le football avait permis aux Français de réaliser leur plus vieux rêve, la fraternité?

1 Qu'est-ce qui indique que le foot est un sport très populaire en France?
2 Dans quel sens le foot est-il plus qu'un sport?
3 Après la victoire en Coupe du Monde, qui chantait «La Marseillaise»? Pourquoi était-ce surprenant?
4 Comment le Président a-t-il réagi pendant le tournoi? C'était normal?
5 Quelle influence la Coupe du Monde a-t-elle eu sur les femmes?
6 Qui était le grand favori de la fête?
7 Expliquez le concept de fraternité d'après l'auteur de cet article.

Vocabulaire utile	
de loin	by far and away
d'une part... d'autre part	on the one hand... on the other
coincer	to corner
menacer	to threaten
un / une inconditionnel(le) de	a devoted admirer of, fan of
un beur	second-generation North African living in France (slang)

B. Exercice de grammaire: Find at least five examples of the *passé composé* in the text. Write them down and translate them.
Create new sentences of your own using the examples you have found.

Examples:
«Les anciens succès en Coupe du Monde et en Coupe d'Europe, n'**ont fait** qu'...»
Former successes in the World and European Cups only got...

Ils ont fait du ski récemment.

Le rugby

5 **Bien que le foot soit le sport le plus populaire en France, le rugby, lui aussi, joue un rôle très important au niveau national depuis longtemps. La Fédération française de rugby (la FFR) a fêté les 100 ans de l'équipe de France avec un match contre la Nouvelle-Zélande. Il s'agissait d'une journée de fête qui a eu lieu au Centre National de Rugby et au Stade de France.**

Lisez l'article ci-dessous qui parle du premier match du XV de France, et répondez aux questions qui suivent:

http://www.lequipe.fr/Rugby/20060102_122920Dev.html

Rugby – Le centenaire du XV de France

Le capitaine Henri Amand et ses quatorze coéquipiers ouvrent l'histoire du XV de France. Le 1er janvier 1906 au Vélodrome du Parc des Princes et devant 3000 spectateurs, l'équipe de France reçoit les indomptables Zélandais qui deviendront Néo-Zélandais par la suite.

Avec 28 victoires en 29 matchs et 830 points marqués contre 39 encaissés en Grande-Bretagne, les All Blacks font figure d'ogre et le prouvent en s'imposant (38–8). Mais les Bleus, à l'époque en blanc, réussissent un exploit en marquant deux essais par le Lyonnais Cessieux et par Jérôme du Stade Français. Une vraie performance car l'équipe de Dave Gallagher n'a pas encaissé le moindre point à 21 reprises.

Et depuis 100 ans, la France et la Nouvelle-Zélande se sont retrouvées 41 fois avec une nette domination black: 30 victoires des Néo-Zélandais, 10 victoires des Français et un nul. Sans oublier le plus large échec du XV de France: (54–7) en 1999 à Wellington.

Et depuis 100 ans, l'histoire des Bleus s'est enrichie d'un coq en 1912 sur le maillot et d'un bilan de 329 victoires, 246 défaites et 30 nuls.

Et depuis 100 ans, le XV de France a enregistré une finale du Mondial en 1987 et quelques Grands Chelem lors du Tournoi des V puis VI Nations.

1 Où s'est joué le premier match du XV de France?
2 À l'époque, pourquoi est-il probable que les All Blacks aient fait peur aux Français?
3 Après 100 ans de compétition, lequel des deux pays s'est imposé?
4 Depuis 100 ans de compétition, comment décririez-vous le palmarès des «Bleus»?
5 Quelles ont été les victoires les plus importantes?

Langue: Relative pronouns see Dynamic Learning

Langue: Direct and indirect object pronouns and *y* + *en* see Dynamic Learning

Point Rencontre: le tennis et le parapente

On s'échauffe

★ Êtes-vous vraiment un grand sportif? Le sport pour vous, c'est faire quelques passes entre copains avec un ballon de foot, ou êtes-vous prêt à repousser vos limites physiques à la recherche de sensations fortes? Êtes-vous, finalement, un sportif pantouflard? Ou prenez-vous votre sport au sérieux?

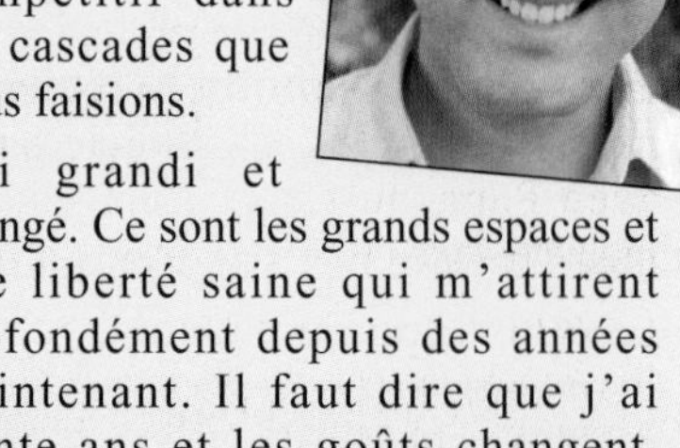

Jean-Michel

Je suis depuis toujours de nature intrépide, aventurière. J'adore les grands espaces, la nature, la liberté, les émotions fortes aussi. Je trouve un certain attrait dans le danger, les défis personnels et j'arrive à réaliser tous ces désirs avec certains sports.

Plus jeune, je faisais du canoë-kayak. À la belle saison, j'allais faire de longues descentes dans les gorges de l'Aveyron près de chez moi. Ce que je préférais bien sûr, c'était les rapides, les petites cascades qu'il fallait attaquer avec adresse pour ne pas chavirer. J'avais aussi une moto de cross. J'allais par les chemins de campagne exprès pour me faire peur. La vitesse était parfois grisante! Mes cousins, Marc et Laurent, avaient aussi des motos – cela ajoutait un peu d'esprit compétitif dans les cascades que nous faisions.

J'ai grandi et changé. Ce sont les grands espaces et une liberté saine qui m'attirent profondément depuis des années maintenant. Il faut dire que j'ai trente ans et les goûts changent, mûrissent, s'approfondissent.

1 **Lisez le texte et indiquez, pour chaque affirmation, si c'est vrai ou faux. Corrigez celles qui sont fausses.**

1 Jean-Michel a toujours été plutôt pantouflard.
2 Quand on est débutant en canoë, on risque de basculer.
3 Il n'est jamais compétitif.
4 Avec une moto de cross, la vitesse est peu intéressante.
5 Les goûts de Jean-Michel ont changé parce qu'il a maintenant plus de responsabilités.

Deux sportifs, deux sports différents

2 **Écoutez le reste de ce que Jean-Michel dit et remplissez les blancs.**

Je retourne maintenant dans les gorges de l'Aveyron où **1**________ du canoë autrefois, mais aujourd'hui, c'est par le ciel. **2**________ avec une aile delta **3**________, mais ce n'était pas très pratique à transporter. En plus, j'ai entendu plusieurs rapports sur les accidents et j'ai **4**________ évolué vers le parapente. Ça, c'est fantastique! Une immense aile en fibre et de forme rectangulaire **5**________ par des centaines de cordes fines qui **6**________ gonfler par le vent. Le passager est tenu à **7**________ ces fils par un harnais et l'aile se remplit d'air et prend son envol avec son passager! C'est merveilleux parce que c'est simple, naturel au possible, il n'y a pas de bruit et puis, toute une liberté devant soi. Le danger est limité aussi car, à moins de faire une très grave **8**________ de manipulation ou de s'envoler dans des conditions climatiques qui ne sont pas acceptables, l'aile ne peut pas se plier. Le week-end dernier, j'ai retrouvé des copains de Toulouse à St Antonin. Les conditions **9**________ parfaites et j'ai fait un vol de trente minutes survolant ces splendides gorges de calcaire, **10**________ un ciel bleu. Des émotions douces et fortes en même temps. Je vous recommande le parapente.

 A. Lisez le texte de Charlotte Larrière, qui parle de sa passion, le tennis.

Charlotte Larrière, 2de, Île de France

Je me souviens du jour où je me suis mise à jouer au tennis. J'avais quatre ans et mon père, ancien joueur de bon niveau, venait de m'acheter une raquette toute neuve. Bien sûr je savais ce que c'était et je voulais tout de suite jouer avec lui. Malheureusement, il faisait nuit et nous avons dû attendre le matin. Bien que j'aie beaucoup joué avec ma famille dans le jardin, jusque-là je n'avais jamais joué sur un court normal. Lors de ma première partie avec Papa, je me sentais un peu inquiète: le court me semblait si vaste!

En tout cas mes peurs étaient sans fondement et nous avons joué pour des heures et des heures: pour moi, j'étais au septième ciel!

À l'âge de six ans je venais d'avoir ma licence et je me suis inscrite à mon premier tournoi. J'ai gagné non seulement ma catégorie, mais aussi celle des 9 à 10 ans! Ça faisait le choc et même mon père se trouvait sans voix!

À partir de ce moment-là la compétition, les tournois et mon classement sont devenus ma vie. Rien sauf le tennis ne me disait grand-chose: je ne voyais plus mes amis (à part ceux qui jouaient au tennis) et je voyageais un peu partout en France et parfois à l'étranger. Âgée de 9 ans, j'ai joué dans la Coupe Europa (championnats d'Europe par équipes des 13–14 ans) et nous avons réussi à aller en phase finale! Je me suis trouvée face aux adversaires qui semblaient deux fois plus grandes que moi! Malheureusement nous avons dû nous incliner au troisième set 6–3 6–7 4–6. Quel dommage!

Mon père est mon entraîneur et ma mère s'occupe de ma santé. Quelquefois je trouve étrange que ma passion soit devenue la leur, mais je m'en réjouis! Le sentiment que je ressens lorsque je joue et je me bats contre une adversaire est très difficile à exprimer. Une sorte de légèreté s'empare de moi et rien n'est plus important: c'est moi, la balle et ma raquette!

Bien que j'aie l'intention de devenir joueuse professionnelle comme mon idole, Marion Bartoli, (finaliste dans les simples dames à Wimbledon en 2007) il faut que je continue ma scolarité jusqu'au bac. Quand j'aurai mon bac, je me considérerai prête à commencer ma carrière professionnelle. En ce moment, je trouve parfois dur de m'entraîner chaque jour pendant trois heures (une au gymnase et deux sur le court) mais mes professeurs comprennent ce que je veux faire: je suis aussi motivée que possible. Par exemple, si mon prof d'EPS me permet de m'entraîner pendant ses cours je serai vraiment contente! Mes parents aussi comprennent ma situation parfaitement et ils me donneront tout ce dont j'ai besoin. Avec un classement de –15, mon but de devenir joueuse à plein temps n'est pas si loin que ça! J'espère que tous mes rêves se réaliseront et d'ici trois ans je jouerai sur le court central aux Internationaux de France à Roland-Garros. Quel rêve!

B. Trouvez dans le passage de Charlotte Larrière l'équivalent des termes suivants:

1 j'ai commencé à
2 c'était le paradis
3 paraissaient
4 quelquefois
5 actuellement

C. Relisez le passage et résumez en anglais ce dont elle parle. Vous devez mentionner, en moins de 80 mots, les points suivants:

- ses débuts au tennis
- ses premières victoires
- le soutien de ses parents
- comment elle équilibre sa scolarité et son tennis
- ses aspirations pour l'avenir, avec des exemples.

Infos utiles: Le tennis en France

«Les internationaux de France» ou «le tournoi de Roland-Garros» ou tout simplement «Roland-Garros» est l'équivalent français au tournoi de Wimbledon, mais se joue sur la terre battue près du Bois de Boulogne à Paris.

4 **Travail de recherche: Regardez les images et préparez des réponses orales aux questions qui suivent.**

1 De quoi s'agit-il?
2 Quelles qualités personnelles faut-il avoir pour faire du parapente?
3 Quelles qualités personnelles faut-il avoir pour jouer au tennis?
4 Expliquez pourquoi il faut avoir une licence avant de pratiquer un sport en France.

Langue: Future

see Dynamic Learning

On sort: que faire?

On s'échauffe

★ Vous sortez souvent? Sortez-vous uniquement pour boire un pot ou aimez-vous découvrir autre chose? Pour quel genre de sortie est-ce que vous êtes vraiment enthousiaste?

1 **Écoutez cinq jeunes qui parlent de ce qu'ils ont fait vendredi dernier. Dans chaque cas, il faut décider si leur sortie était:**

1 une nouvelle expérience
2 un désastre
3 une grande réussite
4 une obligation
5 une déception.

Aïcha

Sandrine

Manu

Franck

Mathilde

2 **Exercice de compréhension: Avec les courriels, ou mails, il est facile de partager ses expériences de façon spontanée. Le texte ci-dessous est un mail de Rachid. Il raconte une sortie à un concert qu'il a beaucoup aimé. Lisez le mail et répondez en français aux questions qui suivent.**

De: *Rachid Adjas*

Sujet: *Un concert génial*

Salut!

Vendredi soir, on est allés au Zénith pour voir MC Solaar en concert. C'était la première fois que je le voyais en concert et je n'ai pas été déçu! Il a chanté toutes ses chansons célèbres et même quelques-unes que je connaissais très peu. Avant de raconter le concert, un peu d'histoire.

Claude M'Barali (MC Solaar) est né à Dakar au Sénégal en 1969. Très jeune, il est arrivé en France et il a habité dans la banlieue parisienne, à Villeneuve St Georges. Il s'intéressait beaucoup à la littérature, à la musique et à la télé et il a commencé à faire du rap lorsqu'il était ado.

Je le suis depuis longtemps et ça m'a fait grand plaisir d'entendre des chansons telles que «Caroline» et la célèbre «Bouge de là», avec ses rimes comiques. Bien que j'aime toute son œuvre, l'album que je préfère, c'est «Prose Combat» (pour lequel il a gagné un disque d'or) qui s'est vendu plus d'un million d'exemplaires. Il nous a ravis avec «Séquelles», «Obsolète» et «Nouveau Western».

On pourrait dire que son style est fluide et que ses paroles sont très intelligentes, bien construites, riches en métaphores, avec des rimes complexes marquées par l'allitération. De plus, j'oserais dire qu'à la différence d'autres rappeurs, ses textes ne sont pas violents et on ressent parfois l'influence des morceaux fluides des années 70. Il parle à tous et à toutes et je crois que c'est la raison pour laquelle il est si populaire, même dans les pays anglo-saxons! Il se préoccupe de la vie en général, de l'amour et parfois de la nostalgie. Une de mes chansons favorites, «Les temps changent», me rend toujours heureux et triste en même temps. Voilà son charme!

Il nous a divertis toute la soirée en nous donnant un message de paix et de liberté d'expression. Je vous conseille tous de l'écouter: dans un monde où rap rime avec violence et criminalité, c'est toujours bien de pouvoir écouter un chanteur qui continue la tradition française de raconter d'une façon sympathique la condition humaine.

À bientôt,

Rachid

1 Quel est le sujet principal de ce mail?
2 MC Solaar, où est-il né?
3 Qu'est-ce que vous apprenez dans ce mail sur la personnalité et les centres d'intérêt de MC Solaar?
4 Pour quelles raisons Rachid aime-t-il l'œuvre de MC Solaar?
5 Quelle a été la réaction de Rachid face à ce concert?

3 **Après avoir lu le mail de Rachid sur le concert, vous décidez d'écrire un petit article pour votre site web personnel où vous racontez un concert ou une sortie que vous avez fait récemment.**
Vous devez écrire entre 200 et 220 mots et inclure:

- où vous êtes allé
- de quelle sorte de groupe, personne, acteur / actrice il s'agissait
- des commentaires sur la musique
- avec qui et pourquoi vous êtes sortis
- vos réactions
- une description des lieux.

Interview avec MC Solaar

Travail de recherche: Juste avant le concert à Paris, MC Solaar a accepté de donner une interview à la radio.

- Travaillez avec un partenaire. L'un d'entre vous va prendre le rôle du présentateur, l'autre celui de MC Solaar.
- Il faut préparer vos questions (et les réponses) pour pouvoir présenter cet entretien. Vous pourriez même l'enregistrer!

Exercices de grammaire

A. Find the lyrics of MC Solaar's song «Les temps changent». (You will easily find a link by going to www.google.fr and searching for 'Les temps changent par MC Solaar'.) Note down the examples of the imperfect tense used in the lyrics, and their meanings.

Imperfect	Meaning
j'étais cool	I was cool

B. Say what you used to do when you were 11 years old, using the imperfect tense.

Quand j'avais onze ans...

a je / j'__________________________ du _____.
b je / j'__________________________ ski.
c je / j'__________________________ beaucoup à l'étranger.
d ma mère me ______________________ faire mes devoirs chaque soir.
e mes amis et moi ____________________ l'école.

Langue: Conditional tense

see Dynamic Learning

Langue: Future and conditional perfect

see Dynamic Learning

Le septième art et la radio

On s'échauffe

★ Avez-vous un passe-temps qui vous passionne tellement que vous voulez en faire votre gagne-pain? Rêvez-vous d'être célèbre dans le monde du sport, de la musique ou des films? Est-ce que de tels rêves sont réalistes? Ou est-ce qu'il vaut mieux ne pas avoir d'ambition?

Élodie, l'intello

1 **A. Écoutez Élodie qui parle de ses centres d'intérêt et de ses ambitions. Remplissez les blancs de ce résumé en écrivant la forme correcte du verbe:**

1 Les amis d'Élodie la ________________ l'intello. (surnommer)

2 Ils ne ________________ pas lire beaucoup, ________________ à la discothèque. (vouloir; préférer aller)

3 Les livres qu'Élodie préfère ________________ des idées intéressantes et ________________ la réflexion. (contenir; provoquer)

4 Les spectacles et le théâtre d'Avignon ________________ à Élodie. (faire envie)

5 Les groupes pop ________________ Élodie qui ________________ toujours le classique de préférence. (ne pas attirer; choisir)

B. Écoutez le témoignage d'Élodie une deuxième fois et répondez en français aux questions qui suivent.

1 Pourquoi Élodie est-elle surnommée «l'intello»?
2 Est-ce que ses activités sont communes parmi les gens de son âge?
3 Quelles sont ses matières préférées à l'école à votre avis?
4 Quelle sorte de livres aime-t-elle?
5 Qu'est-ce que c'est, un «roman à l'eau de rose»?
6 Pourquoi ne va-t-elle quasiment jamais à la discothèque?
7 Que fait-elle quand elle a les ressources financières?
8 Comment sait-on qu'elle a lu le livre *La Mandoline du Capitaine Corelli* de Louis de Bernières?
9 Que rêve-t-elle de faire?
10 Qu'est-ce qui suggère qu'elle n'est pas complètement dans la lune?

La radio française

2 **Regardez l'image ci-dessous et préparez des réponses orales aux questions.**

- Que voyez-vous sur l'image?
- Décrivez le garçon.
- Quelle est son ambition?
- Pourquoi est-il essentiel de rêver?
- Êtes-vous d'accord avec le message de cette publicité?

Infos utiles: Stations de radio

Radio France	www.radiofrance.fr/
France Info	www.france-info.com/
France Inter	www.radiofrance.fr/franceinter/accueil
RTL	www.rtl.fr
France Culture	www.radiofrance.fr/chaines/france-culture2/sommaire/
Music	
NRJ	www.nrj.fr/
RMC	www.rmc.fr/
Le Mouv'	www.radiofrance.fr/chaines/lemouv

Le septième art: le cinéma français

Le cinéma joue un rôle très important en France.
Jean Reno est une des vedettes les plus célèbres du cinéma français. Il a connu de grands succès non seulement en France mais aussi à l'étranger. Vous le connaissez sans doute pour ses films classiques comme *Le Grand Bleu* et *Léon* ou même pour ses tournages plus récents comme *La Panthère Rose* et *The Da Vinci Code*. On dit qu'il est l'acteur français le plus populaire du monde. Lisez cet extrait d'un entretien avec Jean Reno où il parle de sa carrière.

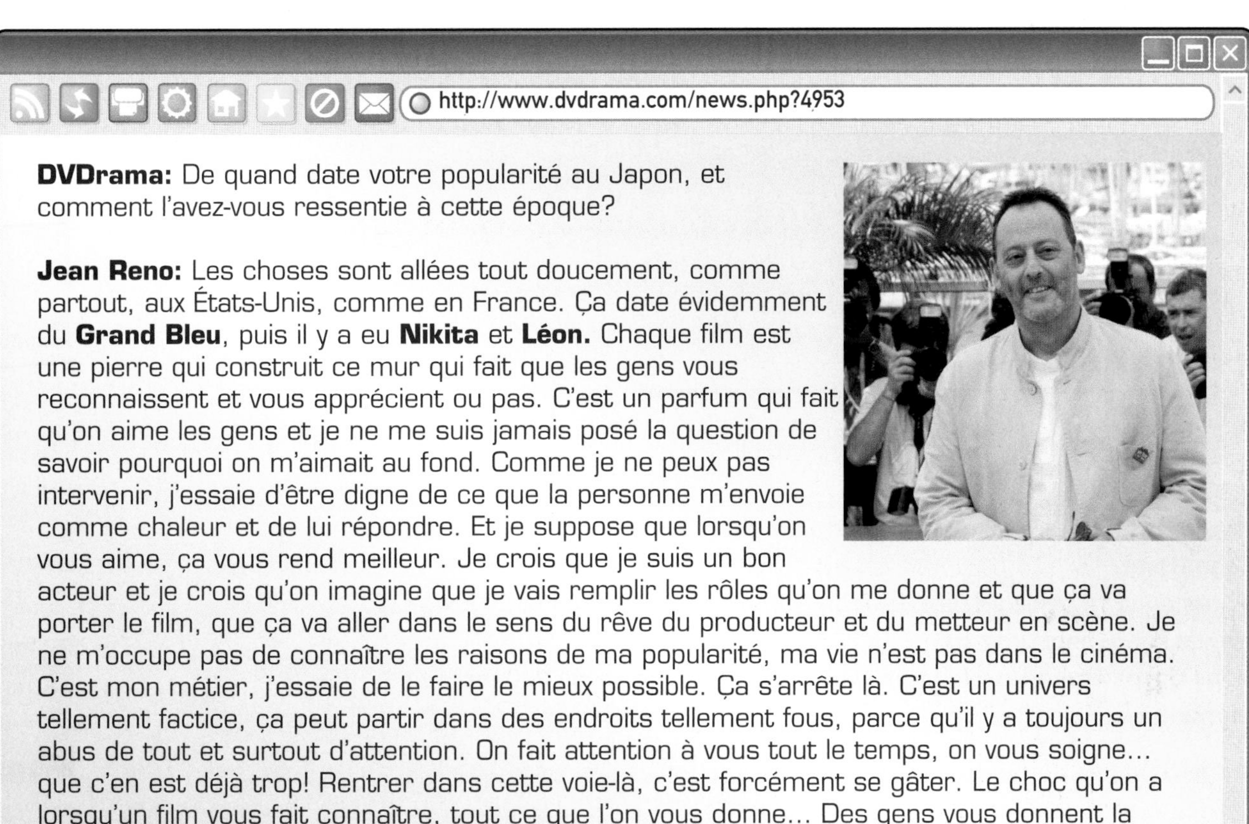

http://www.dvdrama.com/news.php?4953

DVDrama: De quand date votre popularité au Japon, et comment l'avez-vous ressentie à cette époque?

Jean Reno: Les choses sont allées tout doucement, comme partout, aux États-Unis, comme en France. Ça date évidemment du **Grand Bleu**, puis il y a eu **Nikita** et **Léon.** Chaque film est une pierre qui construit ce mur qui fait que les gens vous reconnaissent et vous apprécient ou pas. C'est un parfum qui fait qu'on aime les gens et je ne me suis jamais posé la question de savoir pourquoi on m'aimait au fond. Comme je ne peux pas intervenir, j'essaie d'être digne de ce que la personne m'envoie comme chaleur et de lui répondre. Et je suppose que lorsqu'on vous aime, ça vous rend meilleur. Je crois que je suis un bon acteur et je crois qu'on imagine que je vais remplir les rôles qu'on me donne et que ça va porter le film, que ça va aller dans le sens du rêve du producteur et du metteur en scène. Je ne m'occupe pas de connaître les raisons de ma popularité, ma vie n'est pas dans le cinéma. C'est mon métier, j'essaie de le faire le mieux possible. Ça s'arrête là. C'est un univers tellement factice, ça peut partir dans des endroits tellement fous, parce qu'il y a toujours un abus de tout et surtout d'attention. On fait attention à vous tout le temps, on vous soigne... que c'en est déjà trop! Rentrer dans cette voie-là, c'est forcément se gâter. Le choc qu'on a lorsqu'un film vous fait connaître, tout ce que l'on vous donne... Des gens vous donnent la parole ce qui est une chose énorme! Il faut extrêmement se méfier de ça! Ce qui est intéressant c'est ce qui vous a amené à faire du bon travail et ça, ce sont vos amis, c'est vous, les cours de théâtre, c'est votre vie, ce n'est pas le cinéma... Il ne faut pas l'oublier! Bien qu'on ne retourne pas au conservatoire du moins en anonyme, c'est clair. Tout ce qui brille n'est pas toujours de l'or. (rires)

A. Trouvez l'équivalent des mots ou des phrases suivants dans le texte:

1 demandé
2 quand
3 fait
4 comédien
5 songe
6 travail
7 artificiel
8 lieux
9 mené
10 on ne doit pas

B. Répondez à l'écrit aux questions qui suivent.

1 Quelle analogie Reno utilise-t-il afin d'expliquer sa carrière?
2 À quoi attribue-t-il sa réussite au cinéma?
3 De quelle façon considère-t-il son métier?
4 Être vedette pour lui, qu'est-ce que c'est?
5 Quelle impression est-ce que Reno donne de la vie d'un grand acteur dans cette conversation?

Infos utiles: Une sélection des films de Jean Reno

2006	Souris city, Henry Anderson
2005	The Da Vinci Code, Ron Howard
2004	La Panthère Rose, Shawn Levy
2004	L'Empire des loups, Chris Nahon
2004	Hôtel Rwanda, Terry George
2001	Décalage horaire, Danièle Thompson
1998	Ronin, John Frankenheimer
1996	Mission: Impossible, Brian De Palma
1993	Léon, Luc Besson
1993	Les Visiteurs, Jean-Marie Poiré
1991	Loulou Graffiti, Christian Lejalé
1990	Nikita, Luc Besson
1988	Le Grand Bleu, Luc Besson
1985	Subway, Luc Besson

Vous avez déjà entendu Élodie et vous avez lu l'entretien avec Jean Reno.
Après avoir regardé un film de Jean Reno, vous avez décidé d'écrire un article sur le septième art.
Vous devez écrire un minimum de 200 et un maximum de 220 mots et mentionner:

- les dangers d'une carrière dans les arts scéniques
- les avantages d'une carrière au théâtre
- les différences entre le cinéma français et le cinéma hollywoodien
- comment Jean Reno traverse la frontière entre le cinéma intellectuel et le cinéma populaire.

UNITÉ 4

Mode de vie

Terrain examen

see Dynamic Learning

Les Français et les repas

On s'échauffe

★ Les repas en famille autour d'une grande table symbolisent la France pour certains. Les mêmes traditions sont en train de disparaître en Angleterre à cause de l'influence de la vie moderne. Est-ce qu'il est important de se réunir en famille au moment du repas tous les jours?

1 **Posez les questions suivantes à vos camarades de classe et soyez prêt à y répondre vous-même:**

- Combien d'heures par jour passez-vous ensemble avec votre famille à table?
- Mangez-vous équilibré?

Un repas pour moi, c'est...

2 **Écoutez quatre jeunes qui parlent de ce que représente un repas pour eux.**

A. Écoutez Lucie et remplissez les blancs dans le texte:

Le repas, pour moi, ce n'est pas très **1**____________. L'idéal? Le MacDo avec les copains. **2**____________ rapide, on n'est jamais **3**____________, il y a une bonne ambiance. Et en plus, **4**____________ **5**____________ vaisselle. Les gens font tout un tralala pour manger, mais pour moi, c'est juste le **6**____________ de remplir mon estomac et **7**____________ calmer mon appétit.

B. Dans l'enregistrement, trouvez l'équivalent des mots ou des phrases ci-dessous:

1 quelqu'un qui n'est pas marié
2 végétarien
3 j'invite souvent des copains
4 je ne m'ennuie pas
5 un moment spécial
6 en passant les frontières
7 j'ai trouvé

C. Dans le tableau ci-dessous, indiquez pour chaque phrase qui parle.
Attention! Pour chaque phrase, il y a peut-être plus d'une réponse.

	Affirmation	Lucie	Yannick	Josianne	Philippe
1	Le repas est un moment de contact humain.				
2	Le repas doit être rapide.				
3	Le repas doit être équilibré.				
4	La table est un point de rencontre.				
5	Le repas doit être varié.				
6	La découverte est un facteur essentiel.				
7	Le repas représente le monde.				
8	Le repas est une occasion de convivialité.				
9	On mange pour satisfaire l'appétit.				
10	On devrait éviter la viande.				

3

A. Lisez vite le texte ci-dessous et répondez aux questions suivantes:

1 Mangez-vous équilibré?
2 Dans quelle catégorie?

À Table!

A Le temps qu'on passe à table est en train d'augmenter, mais les horaires et les menus sont plus flexibles qu'il y a vingt ans. Les repas sont de moins en moins à une heure fixe à cause des contraintes des foyers modernes. Les menus sont plus simples aujourd'hui: 8 personnes sur 10 ne prennent pas d'entrée, par exemple. Les plats froids sont plus fréquents. 56% des Français sautent au moins un repas ou mangent un sandwich au cours d'une semaine.

B On mange différemment. Au lieu des repas traditionnels, on mange des snacks. Les personnes les plus concernées sont les hommes entre 30 et 40 ans, et les enfants. (Il faut se rassurer quand même: les Français grignotent entre les repas quatre ou cinq fois moins que leurs cousins aux États-Unis.)
La table ne joue plus le rôle central: 32% prennent le repas de midi sans se mettre à table. En plus, les Français deviennent de plus en plus nomades: 70% prennent au moins un repas en dehors de la maison chaque semaine.

C L'intérêt pour l'aspect nutritionnel augmente. Chacun se sent responsable de sa santé et cherche à se maintenir en forme en faisant attention à ce qu'il mange. On recherche une alimentation équilibrée. Il y a une volonté croissante de ne pas grossir. Cette attitude est renforcée par les pressions sociales: sur le plan professionnel, une personne mince et en forme a plus de chances de réussir dans sa carrière. Résultat? On consomme plus de produits aux vertus préventives ou thérapeuthiques (vitamines, lait avec calcium ajouté, boissons au ginseng).

D La qualité gustative reste essentielle. Les Français refusent les compromis. Ils ne veulent pas grossir mais en même temps, ils ne veulent pas exclure le plaisir de manger. Ils détestent les contraintes: seuls 20% avouent limiter leur consommation de pain. La gourmandise n'est pas un défaut et on peut commettre quelques excès. Cette gourmandise va de pair avec un besoin de convivialité. Les repas de famille et de fête jouent un rôle croissant dans la vie des Français.

B. Les Français consacrent en moyenne 2h par jour aux repas. Peut-on dire que la société moderne, stressée, rapide n'a pas touché ce peuple à table? Relisez le texte pour en savoir plus.

C. Choisissez un titre qui correspond à chaque paragraphe.

Titres:

1 Grignotage et nomadisme
2 Toujours gourmand
3 Bon appétit, bonne santé!
4 Vivre moderne, manger moderne!

Vocabulaire utile	
le grignotage	nibbling
augmenter	to increase
de moins en moins	less and less
la gourmandise	greed
une alimentation	diet, feeding
au moins	at least (number, quantity)
du moins	at least (qualifying phrase)
la convivialité	social interaction, conviviality
croissant(e)	increasing
gustatif (ve)	of taste
un défaut	a fault, failing
éventuel (lle)	possible

D. Relisez le texte et indiquez, pour chaque affirmation, si c'est vrai ou faux. Corrigez celles qui sont fausses.

1 Les Français passent plus de 2h 30 min à table par jour.
2 Les entrées sont de plus en plus populaires.
3 Les heures des repas sont respectées.
4 Les Américains grignotent plus que les Français.
5 Les Français mangent toujours à la maison.
6 Les Français ont peur de grossir.

4 **Regardez les photos ci-dessous et préparez des réponses aux questions:**

- Que voyez-vous sur les photos?
- Quels aliments sont typiquement français?
- Quels aliments sont bons pour la santé?
- Comment classez-vous la cuisine de ces établissements?

5 **Écoutez ces quatre personnes qui parlent de leurs habitudes alimentaires:**

- Régis: mécanicien à Grasse
- Thomas: banquier d'affaires à Paris
- Véronique: professeur à Biarritz
- Françoise: avocat à Limoges

Indiquez, pour chaque affirmation, si c'est vrai (V), faux (F) ou pas mentionné (PM) dans l'enregistrement.

1 Régis mange toujours chez lui à midi.
2 Thomas déjeune trois jours sur cinq avec ses clients.
3 Françoise et Véronique vont parfois au gymnase au lieu de prendre le déjeuner.
4 Véronique se considère en forme.
5 Normalement, Françoise grignote toute la journée.
6 Régis croit qu'il mange aussi équilibré que sa femme.

6 **Les médias parlent beaucoup de l'obésité au Royaume-Uni et aux États-Unis. Le film *Super Size Me* a montré, d'une façon choquante, comment l'alimentation peut nuire gravement à la santé.**
Préparez vos réponses aux questions ci-dessous:

- Quel pourcentage des habitants du Royaume-Uni font de l'exercice au moins trois fois par semaine?
- Quelles sont les causes de l'obésité chez les adolescents?
- Quel pourcentage de familles prend au moins un repas par jour ensemble?
- Existe-t-il un problème d'obésité sur le plan national?
- Y a-t-il éventuellement des mesures que le gouvernement devrait prendre?
- Est-il important de manger équilibré?

Langue: Adverb formation

see Dynamic Learning

Sondage: mangez-vous équilibré?

7 **Répondez aux questions ci-dessous en ajoutant l'adverbe qui convient le mieux.**

Vous mangez ou buvez...?

	Aliment	jamais	rarement	de temps en temps	régulière-ment	tous les jours
1	de l'eau minérale					
2	du vin (avec modération)					
3	du café					
4	des légumes frais					
5	des fruits secs					
6	des yaourts					
7	du pain complet					
8	des fruits					
9	de la viande					
10	du poisson					

Résultats du sondage

1	J=0	Ra=1	De temps=2	Rég=3	Tlesjours=4	6	J=0	Ra=0	De temps=1	Rég=2	Tlesjours=4
2	J=0	Ra=1	De temps=2	Rég=2	Tlesjours=1	7	J=0	Ra=1	De temps=2	Rég=3	Tlesjours=4
3	J=0	Ra=1	De temps=2	Rég=3	Tlesjours=4	8	J=0	Ra=1	De temps=2	Rég=3	Tlesjours=4
4	J=0	Ra=1	De temps=2	Rég=3	Tlesjours=4	9	J=0	Ra=2	De temps=2	Rég=2	Tlesjours=0
5	J=0	Ra=0	De temps=1	Rég=2	Tlesjours=4	10	J=0	Ra=1	De temps=2	Rég=3	Tlesjours=4

Résultats:

- Si vous avez entre 35 et 40 points: Bravo! Vous avez un régime alimentaire équilibré dont vous pouvez être fier!
- Si vous avez entre 28 et 34: Pas mal du tout. Vous pourriez faire un petit effort et améliorer encore votre santé. Allez-y!
- Si vous avez entre 20 et 27: Vous ne vous intéressez pas vraiment à votre santé. Il faut essayer de ne pas être trop gourmand(e) ou paresseux (se). Vous avez encore du temps avant qu'il ne soit trop tard!
- Si vous avez entre 10 et 19: Vous risquez votre vie. Allez voir votre médecin tout de suite!

Langue: Adverbs: comparative and superlative see Dynamic Learning

Langue: Present subjective see Dynamic Learning

Exercices: La cuisine française see Dynamic Learning

La restauration rapide

On s'échauffe

★ Mangez-vous souvent dans un restaurant de fast-food? Quelle est l'attraction du hamburger pour vous?

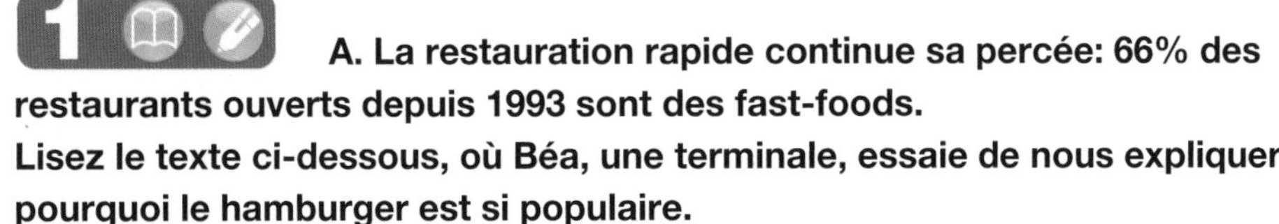

1 A. La restauration rapide continue sa percée: 66% des restaurants ouverts depuis 1993 sont des fast-foods.
Lisez le texte ci-dessous, où Béa, une terminale, essaie de nous expliquer pourquoi le hamburger est si populaire.

C'est certain, ce n'est pas par hasard. Regardez d'abord un hamburger: doux, rond, moelleux... C'est exactement ce qu'on veut, nous, les jeunes. En plus, il fait appel à plusieurs sens: il fait envie de le voir, mais il sent bon aussi. Et, en plus, il fait appel au toucher. C'est agréable de manger avec les doigts. Fini les couteaux, les fourchettes, le code à table: on peut se passer de toutes les règles de la bonne conduite avec le hamburger. C'est un peu retourner à l'enfance, sans se faire gronder. L'autre grand avantage du hamburger, c'est qu'on peut l'emporter. C'est bien parce que nous aimons bouger tout le temps. On veut être libre.
Une chose est certaine: nous ne pouvons pas critiquer le prix. Dans la société de consommation, certains se trouvent parfois exclus. Mais tout le monde peut se payer un hamburger. C'est égalitaire. Ça fait plaisir. Finalement, le hamburger, ça représente aussi les copains, la tribu moderne. Dans les restaurants traditionnels, on mange le plus souvent en famille, mais lorsqu'on va au fast-food, c'est avec les amis. C'est plus détendu. C'est fraternel, quoi. Vous voyez où je veux en venir? Moi je dirais que le hamburger est, dans un sens, typiquement français. Le hamburger représente très bien les anciennes valeurs françaises: liberté, égalité, fraternité!

B. Exercice de compréhension: Trouvez une phrase ou un mot dans le texte qui indique que:

1 Béa pense que la popularité du hamburger a été bien calculée.
2 Elle trouve que le hamburger est polysensoriel.
3 Elle ne mange pas forcément à l'intérieur du restaurant fast-food quand elle y va.
4 Elle trouve qu'un hamburger ne coûte pas trop cher.
5 Elle trouve l'ambiance du fast-food moins stressante que celle d'un restaurant traditionnel.

C. Répondez en français à ces questions en utilisant autant que possible vos propres mots.

1 À quels sens le hamburger fait-il appel?
2 Pourquoi Béa parle-t-elle de retourner à l'enfance?
3 Comment correspond le hamburger au style de vie des jeunes?
4 Pourquoi est-ce que Béa approuve du prix du hamburger?
5 Quelle est la grande différence entre les restaurants traditionnels et les fast-foods, d'après Béa?

Conversation avec José Bové

2 **Après avoir lu les arguments pour le hamburger, lisez cette conversation avec José Bové, agriculteur, ancien candidat présidentiel et militant en faveur d'une production alimentaire française saine. En 2000 il a organisé une manifestation qui a visé un restaurant de McDonald. Les manifestants ont démonté le restaurant qui était en construction.**

Depuis quand pensiez-vous vous en prendre à McDo?

Depuis 1990 et le problème des viandes aux hormones. La France refusait l'importation de ces viandes américaines. Mais l'organisation mondiale du commerce l'a condamnée. Nous voulions protester contre les hormones et le McDo nous semblait la cible parfaite.

Comment avez-vous préparé cette action? Comment s'est-elle déroulée?

Nous voulions une action au grand jour, avec beaucoup de monde et pas de violence. Nous voulions démonter le Mc-Do en construction. Nous l'avons fait tranquillement, dans la bonne humeur. C'était très facile et rapide car la construction était bien légère. Nous avons tout chargé sur une grande remorque et traversé la ville sous les applaudissements des habitants.

Cela ne correspond pas avec les revues de la presse...

Non, c'est bien vrai. Vous comprenez mon étonnement et ma consternation. On nous a accusé de «saccage», «d'un million de francs de dégâts». Rien de cela n'a été vérifié. C'était juste du scandale.

Avez-vous subi des représailles?

Oui, et des graves. Moi, je suis parti en vacances le lendemain, mais on m'a prévenu que les manifestants se faisaient arrêter par la police, et que cinq paysans avaient été amenés au commissariat. Tout a escaladé. Tout s'est dégradé. Tout a été exagéré. Quatre de ces hommes pacifistes ont été mis en garde à vue et après, ils ont été condamnés à faire de la prison. C'était d'une ironie incroyable et d'une injustice à vous fendre le cœur.

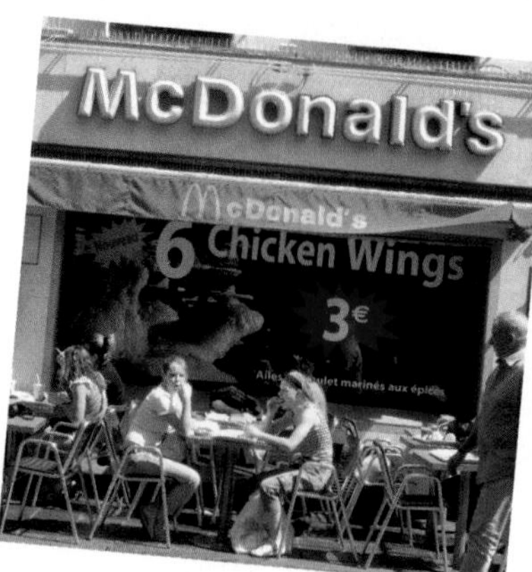

A. Faites correspondre les moitiés de phrases:

1	José Bové voulait...	a	protester contre l'importation de viande aux hormones.
2	Il a décidé...	b	a tout exagéré.
3	Selon lui tout...	c	de quelques concernés était tout à fait injuste.
4	La presse...	d	de manifester au grand jour, sans violence, avec beaucoup de gens.
5	Le traitement...	e	quatre des manifestants à faire de la prison.
6	On a condamné...	f	s'est passé tranquillement dans la bonne humeur.

B. Exercice de vocabulaire: Trouvez, dans le texte, l'équivalent des mots (ou phrases) suivants.

Example: paisiblement = tranquillement

1 s'attaquer à
2 paraître
3 se passer
4 public
5 pas solide
6 surprise
7 ne pas être conforme à
8 les conséquences
9 sérieux
10 devenir plus grave

3 **Qu'en pensez-vous? Écrivez au plus 30 mots pour chaque question.**

1 Que représente McDo pour vous? Vous l'associez avec la mauvaise viande?
2 Êtes-vous en faveur de l'action de José Bové?
3 Pensez-vous que Béa a raison de dire que le hamburger est typiquement français?
4 L'utilisation de la violence est-elle jamais justifiée?

4 **Débat: Travaillez avec un partenaire. L'un d'entre vous doit défendre le point de vue de Béa. L'autre doit présenter le point de vue de José Bové.**

Phrases utiles: La langue du débat	
être d'accord avec	**to agree with**
Bien entendu	Of course
Évidemment	Obviously
Effectivement	Exactly
Elle a raison de dire que...	She is right to say that…
Je trouve que son argument est tout à fait cohérent.	I find that her argument is entirely coherent.
J'accepte les grandes lignes de ce qu'elle dit.	I accept the general idea of what she says.
ne pas être d'accord avec	**to disagree with**
Non, pas du tout!	No, not at all!
Il n'en est pas question!	There's no question of it.
Absolument pas!	Absolutely not!
Je rejette catégoriquement ce qu'elle dit.	I categorically reject what she says.
Il me semble qu'elle a tort de dire...	I rather think that she's wrong to say…
Je ne suis pas de son avis parce que...	I don't agree with her because…

5 **Vous venez de visiter la France et vous voulez partager vos avis sur la cuisine française sur votre blog personnel sur «Facebook». Vous avez décidé d'écrire à peu près 200 mots pour exprimer la différence entre la cuisine traditionnelle et la restauration rapide, «le fast-food».**
Vous mentionnez:

- les expériences variées que vous avez faites dans différents établissements
- la fraîcheur des produits goûtés
- ce que vous avez appris sur l'évolution des goûts des Français
- l'avenir pour la cuisine française face à la mondialisation des habitudes alimentaires

Langue: Reflexive verbs

see Dynamic Learning

Langue: Perfect infinitive

see Dynamic Learning

L'alcool et les préjugés par rapport à la santé

On s'échauffe

★ Il est admis que la consommation de l'alcool exerce une influence néfaste sur les jeunes. S'ajoutant sa consommation aux préjugés par rapport à la nourriture, on aperçoit parfois de grands problèmes à l'échelle nationale.

A. Exercice de compréhension: Lisez l'article ci-dessous.

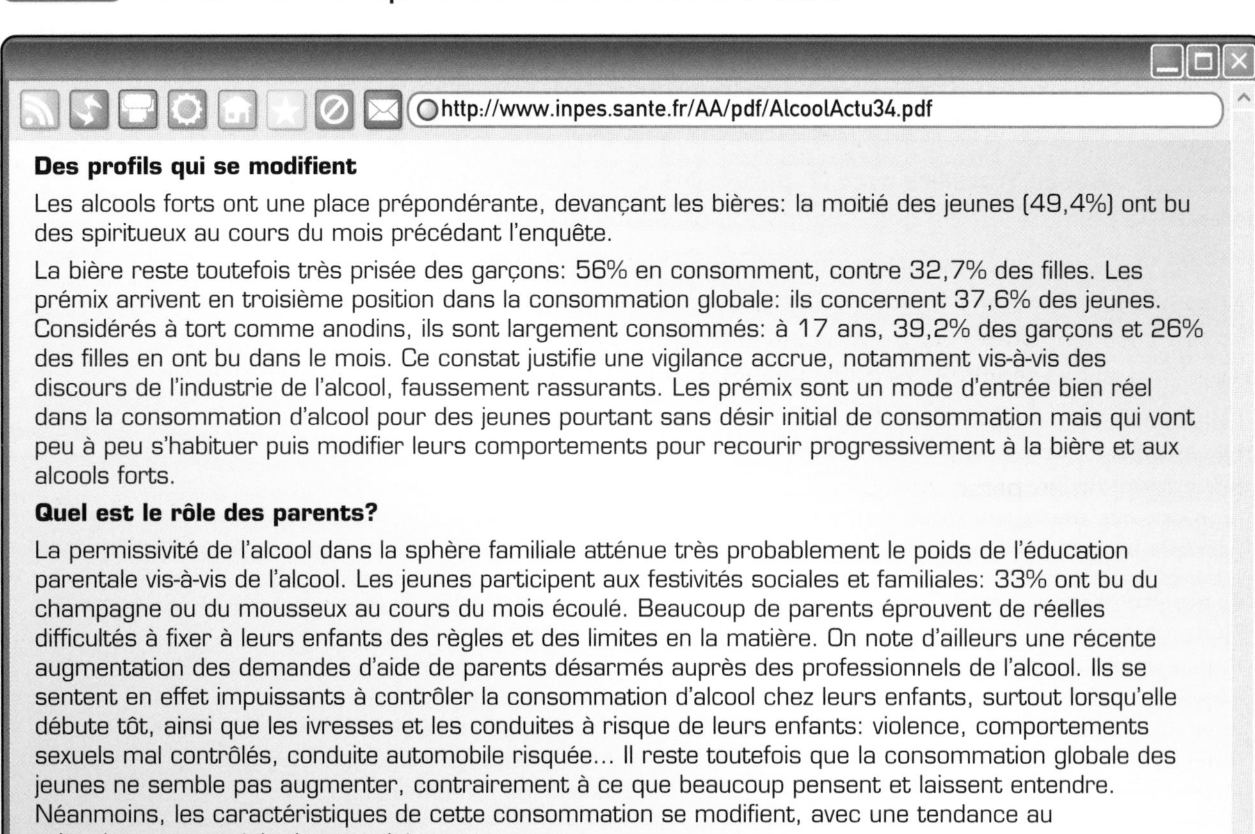

http://www.inpes.sante.fr/AA/pdf/AlcoolActu34.pdf

Des profils qui se modifient

Les alcools forts ont une place prépondérante, devançant les bières: la moitié des jeunes (49,4%) ont bu des spiritueux au cours du mois précédant l'enquête.

La bière reste toutefois très prisée des garçons: 56% en consomment, contre 32,7% des filles. Les prémix arrivent en troisième position dans la consommation globale: ils concernent 37,6% des jeunes. Considérés à tort comme anodins, ils sont largement consommés: à 17 ans, 39,2% des garçons et 26% des filles en ont bu dans le mois. Ce constat justifie une vigilance accrue, notamment vis-à-vis des discours de l'industrie de l'alcool, faussement rassurants. Les prémix sont un mode d'entrée bien réel dans la consommation d'alcool pour des jeunes pourtant sans désir initial de consommation mais qui vont peu à peu s'habituer puis modifier leurs comportements pour recourir progressivement à la bière et aux alcools forts.

Quel est le rôle des parents?

La permissivité de l'alcool dans la sphère familiale atténue très probablement le poids de l'éducation parentale vis-à-vis de l'alcool. Les jeunes participent aux festivités sociales et familiales: 33% ont bu du champagne ou du mousseux au cours du mois écoulé. Beaucoup de parents éprouvent de réelles difficultés à fixer à leurs enfants des règles et des limites en la matière. On note d'ailleurs une récente augmentation des demandes d'aide de parents désarmés auprès des professionnels de l'alcool. Ils se sentent en effet impuissants à contrôler la consommation d'alcool chez leurs enfants, surtout lorsqu'elle débute tôt, ainsi que les ivresses et les conduites à risque de leurs enfants: violence, comportements sexuels mal contrôlés, conduite automobile risquée… Il reste toutefois que la consommation globale des jeunes ne semble pas augmenter, contrairement à ce que beaucoup pensent et laissent entendre. Néanmoins, les caractéristiques de cette consommation se modifient, avec une tendance au rajeunissement et à la dangerosité.

B. Answer the following questions in English.

1 What is the drink of choice for young people?
2 In what way do boys' and girls' drinking habits vary?
3 What is the common misconception about "les prémix"?
4 What does the article call for from the drinks industry and why?
5 In what way does drinking at home prejudice a young person's drinking habits?
6 What sort of problems can arise due to excessive under-age drinking?

C. Trouvez l'équivalent des mots ou des phrases dans le texte.

1 dépassant
2 50%
3 alcools forts
4 à l'égard de
5 croissance
6 commencent
7 dangereuse
8 cependant

Vocabulaire utile	
prépondérant	predominant
devancer	to be ahead of, to outstrip
l'enquête	investigation, survey
priser	to hold something in high esteem
prisé	popular
un prémix	"alcopop"
global	overall, comprehensive
anodin	harmless, innocuous
un constat	an assessment, report
recourir à	to have recourse to, to turn to
écoulé	past
désarmé	disarmed
le rajeunissement	the "getting younger", modernisation, rejuvenation

Infos utiles: L'alcool et les jeunes

À 16 ans	les jeunes Français peuvent acheter de la bière ou du vin.
À 18 ans	les jeunes Français peuvent acheter des alcools forts.

2 **Travaillez avec un partenaire. Vous venez de lire l'article ci-dessus qui concerne l'évolution du comportement des habitudes changeantes des jeunes vis-à-vis de l'alcool. Avec votre partenaire vous devez faire une présentation sur l'alcool et les jeunes au Royaume-Uni et en France, intitulée «Les jeunes: moins de consommation régulière, augmentation des ivresses répétées». Utilisez l'article, le tableau ci-dessous et vos expériences personnelles.**

Consommation d'alcool*

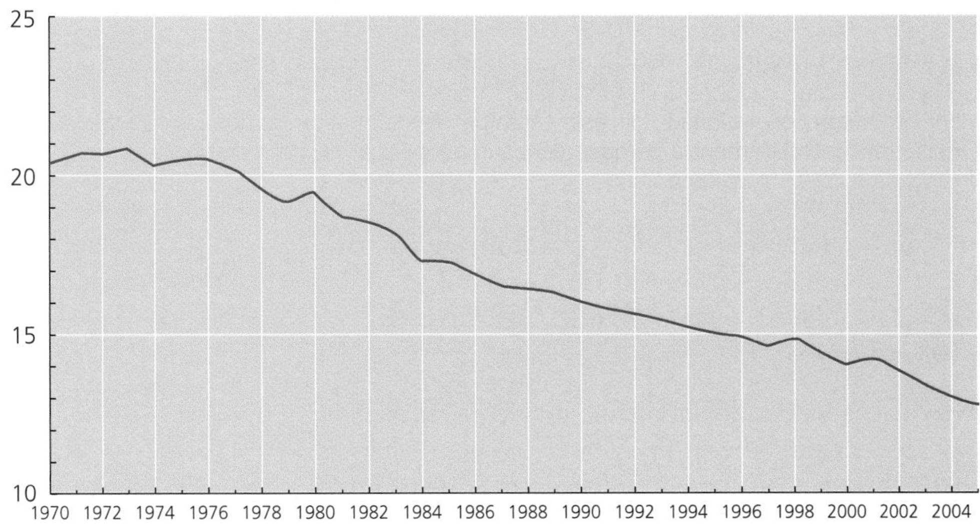

*Série révisée à partir de 1993

Source: Insee. http://www.insee.fr/fr/ffc/chifcle_fiche.asp?ref_id=NATTEF06219&tab_id=213

3 **En matière d'alimentation, les préjugés sont très nombreux. Voici certaines idées héritées de nos grand-mères ou lancées pour les besoins du marketing. Vous allez trouver également des faits. Vous vous-êtes bien informé sur ce qu'il y a dans votre assiette?**
Pour chaque idée fausse qui suit, choisissez la bonne riposte parmi celles qui figurent ci-dessous.

1 L'huile d'olive est l'huile idéale.
2 On ne peut pas se passer de sucre blanc.
3 Les enfants doivent manger de la viande tous les jours.
4 L'alimentation moderne apporte suffisamment de minéraux et de vitamines.
5 Grignoter est mauvais pour la ligne.
6 Pour maigrir, il suffit de diminuer les calories et de manger des protéines.

a Les Français manquent de vitamine B6, B9, D, E, de zinc... On devient plus vulnérable aux infections et à certaines maladies chroniques, surtout après 60 ans. C'est à cause des régimes à basses calories et de l'alimentation industrielle.

b Toutes les études montrent que 95% à 100% des personnes qui suivent un régime à basses calories ont retrouvé leur poids d'origine trois à cinq ans plus tard. Que faire?

- Manger beaucoup de fruits et de légumes, des glucides complexes, et peu d'aliments raffinés.
- Faire deux ou trois sorties physiques par semaine (marche, natation, vélo).
- Ajouter deux à trois heures de musculation par semaine.

c Il vaut mieux faire quatre à cinq petits repas que trois repas trop copieux. C'est ce que montrent des études chez les animaux. Les rats grignoteurs ont 22% de muscles et 8% de graisses. Il faut seulement essayer de garder le même nombre de calories.

d Certes, elle est très stable et on peut l'utiliser pour la cuisson, mais elle contient très peu d'acide alpha-linolénique. Alors pour l'équilibrer, il faut lui associer de l'huile de colza et de noix.

e Pendant des milliers d'années, l'homme ne le connaissait même pas. Puis, l'explosion: 3 kg par personne et par an en France au 18ème siècle, 25 kg dans les années 30 et 33 kg aujourd'hui. Mais l'excès (avec le manque de fibres) est lié à l'apparition du diabète.

f Les régimes végétariens sont souvent associés à une meilleure santé et sont adaptés à tous les âges, à condition de compenser certains déficits (fer, zinc, vitamine B12). On peut se contenter d'en manger deux à trois fois par semaine, ce qui aide à éviter les cancers.

Expert en diététique

Imaginez que vous donnez des consultations sur des régimes alimentaires. Quels conseils donneriez-vous aux clients suivants? Écrivez deux ou trois phrases dans chaque cas.

Exemple: Je suis méditerranéenne et donc je cuisine uniquement à l'huile d'olive.

L'huile d'olive a beaucoup de bonnes qualités, c'est vrai. Mais je vous conseille d'utiliser d'autres huiles aussi pour apporter tout ce dont vous avez besoin. Il faut trouver un équilibre et il y a d'autres bonnes huiles qui peuvent compléter l'huile d'olive. Personnellement, je suggère l'huile de noix et l'huile de colza.

1 Je mange pas mal de sucre parce qu'il me faut beaucoup d'énergie dans mon emploi.
2 Je donne de la viande tous les jours à mes enfants parce qu'ils en ont besoin.
3 Je n'ai pas besoin de faire d'exercice. Je réussis à garder ma ligne en surveillant les calories que je consomme chaque jour.
4 Je me sens fatigué, las et sans énergie. Pourquoi est-ce que j'ai perdu mon punch habituel?

5 **Écoutez le texte sur l'alimentation.**
Exercice de compréhension: Trouvez l'aliment mentionné dans l'enregistrement qui apporte les bienfaits suivants:

1 Ça lutte contre les inflammations et c'est aussi très bon pour la circulation sanguine.
2 Ça favorise l'activité du cerveau parce que ça stimule la matière grise.
3 Cela vous aide à vous endormir.
4 C'est une source d'oligo-éléments, mais il faut faire attention de ne pas en consommer trop.
5 Ça diminue le risque de crise cardiaque.
6 C'est un aliment qui fait énormément de bien au système digestif.
7 Ce sont des aliments qui protègent le corps contre le cancer.
8 C'est une source de vitamines, mais il ne faut pas en abuser.
9 C'est une source d'oligo-éléments et ça lutte aussi contre le cholestérol.
10 Ça vous donne un apport important de calcium.

Langue: Determiners

see Dynamic Learning

La toxicomanie

On s'échauffe

★ La toxicomanie est un fléau de notre société moderne qui nous touche tous. L'Europe et la France doivent faire face à ce problème d'une façon active et rapide.

1 **Regardez le tableau ci-dessous et répondez aux questions qui suivent en francais, en utilisant le plus possible vos propres mots.**

Estimation du nombre de consommateurs de drogues en France (2005) (millions d'individus)				
	Expérimentateurs	**Occasionnels**	**Réguliers**	**Quotidiens**
Alcool	42,5	39,4	9,7	6,4
Tabac	34,8	14,9	11,8	11,8
Médicaments psychotropes	15,1	8,7	...	...
Drogues illicites				
Cannabis	12,4	3,9	1,2	0,6
Cocaïne	1,1	0,2	...	
Ecstasy	0,9	0,2	...	...
Héroïne	0,4	...	...	...

Champ: estimation faite sur l'ensemble des 12–75 ans (46 millions d'individus en 2005), en France métropolitaine.
...: données non disponibles.
Source: Observatoire français des drogues et des toxicomanies.
http://www.insee.fr/fr/ffc/chifcle_fiche.asp?ref_id=NATTEF06216&tab_id=115

1 Quelle drogue attire le plus grand nombre de consommateurs réguliers en France?
2 Dans quel domaine repère-t-on la plus grande différence entre les expérimentateurs et les consommateurs occasionnels?
3 Quel pourcentage de la population a expérimenté avec l'acool?
4 Comment explique-t-on la même consommation chez les fumeurs réguliers et quotidiens?
5 Expliquez le terme «médicaments psychotropes».

2 A. Lisez les avis de ces quatre jeunes Français sur la drogue et leurs loisirs, et remplissez les blancs avec les mots qui conviennent le plus.

la consommation	moins	droguerais	aident	quelques-uns
te	me	entourent	illégale	droguais

1

Philippe, 2de, Limoges

Moi, je ne **1**__________ **2**__________ jamais: c'est une perte de temps, et un gaspillage d'argent. La drogue est **3**__________ et ça nuit gravement à la santé. **4**__________ de mes amis fument le haschisch et j'en ai vu les résultats: ce n'était pas beau à voir! Il faut que nous évitions la **5**__________ à tout prix.

2

Marie-France, 1re, Bordeaux

Les drogues douces, comme par exemple, la marijuana, m' **6**__________ parfois à me détendre un peu après une journée difficile. Je ne pense pas que ça soit un crime, et à mon avis l'alcool est beaucoup plus dangereux. Il faut que le gouvernement regarde de plus près les mythes qui **7**__________ la drogue et commence à considérer du **8**__________ sa légalisation.

3

Jean-Luc, Tle, Paris

En tant que sportif, la drogue et l'alcool ne me disent pas grand-chose. Certes, j'ai bu quelques verres de vin et de bière à des boums mais je n'en ai jamais trop bu. Quant aux stupéfiants je ne comprends pas la raison pour laquelle le gouvernement est si laxiste à l'égard de ce problème. La consommation est illégale et il semble qu'il ne fasse rien.

4

Élodie, 2de, Nice

Bien que je comprenne les arguments pour et contre la légalisation des drogues douces, je ne suis pas du tout d'accord avec l'idée que les drogues dures soient dépénalisées. En fait, un peu plus d'un tiers de la population des jeunes adultes ont fumé un joint. La toxicomanie est un des malheurs de notre société et il faut tout essayer pour la supprimer.

B. Faites un résumé des points clés des quatre lycéens, en écrivant 80 mots au plus.

C. Répondez aux questions ci-dessous.
Résumez le point de vue de Philippe. Est-il pour ou contre la consommation des drogues? Pourquoi / pourquoi pas?
Posez ces questions à votre partenaire:

- Avez-vous déjà fumé du haschisch? Si oui, combien de fois et pourquoi?
- L'alcool ou la drogue: lequel vous semble le plus mauvais? Pourquoi?
- Que pensez-vous de la légalisation des drogues douces?
- Expliquez ce que Jean-Luc veut dire par l'idée du «laxisme» du gouvernement.
- Un usager de drogues douces est un criminel aux yeux de la loi. Il en est de même pour un buveur régulier d'alcool?

3 **Écoutez Jean-Marc, un ami de Marie-France, qui parle de son ami et de sa dépendance. Reliez les phrases qui vous semble appropriées pour chaque partie de l'enregistrement.**

a	Avant de partir pour Lyon, Marie-France semblait...	**1**	était plus dangereuse qu'elle ne le croyait.
b	Après être arrivée à Lyon elle...	**2**	heureuse et en forme.
c	À son avis, la dépendance...	**3**	elle habitait chez ses parents.
d	Sa consommation des joints...	**4**	ne la touchait pas.
e	Il lui est arrivé de...	**5**	mener une vie normale.
f	Pendant sa période toxicomane...	**6**	prendre une drogue dure.
g	Après cette expérience elle est maintenant...	**7**	à être amis.
h	Jean-Marc et elle continuent...	**8**	s'est fait de nouveaux copains.

4 **Vous avez à faire un résumé pour expliquer à vos camarades de classe la situation actuelle de la consommation de la drogue en France. Vous pouvez mentionner:**

- la différence entre les «expérimentateurs» et les «occasionnels»
- comment, à votre avis, les «réguliers» deviennent les «quotidiens»
- votre avis sur l'expérimentation avec le cannabis en France
- les mesures que vous mettriez en place afin de réduire la consommation de drogues illicites.

Vocabulaire utile	
la toxicomanie	drug addiction
un stupéfiant	drug
en infraction	in breach
la lutte	struggle
un trafiquant de drogue	drug dealer
un dealer	drug dealer
la dépénalisation (de)	decriminalisation (of)
la légalisation	legalisation
la dépendance	dependancy

Langue: Indefinite pronouns see Dynamic Learning

Le tabagisme

On s'échauffe

★ Pourquoi les jeunes se mettent-ils à fumer? Fumez-vous? Pourquoi? Quels en sont les problèmes?

Consommation* et prix relatif du tabac

Consommation en grammes | Prix relatif, indice base 100 en 1970

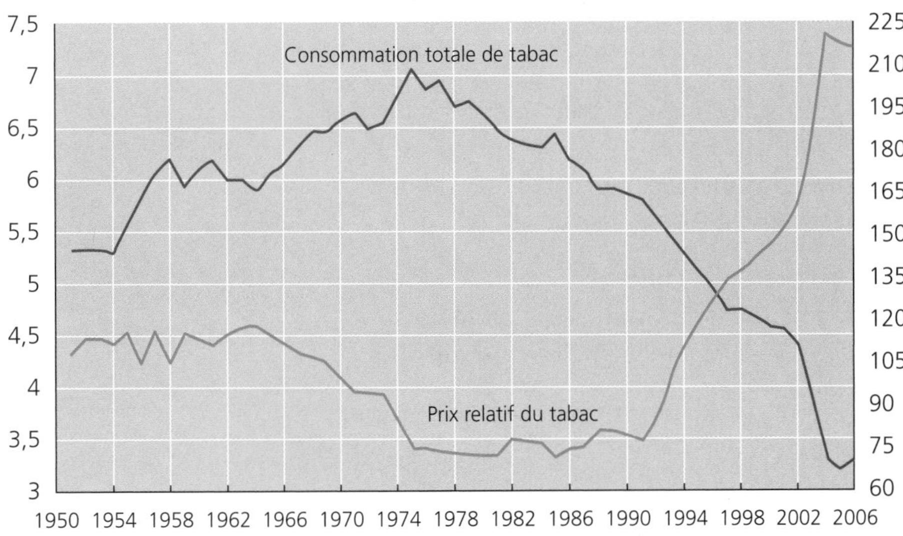

*par adulte de 15 ans et plus et par jour.
Sources: Insee; Institut Gustave Roussy.

Regardez le tableau ci-dessus et répondez aux questions qui suivent.

1. En quelle année la consommation de tabac se trouvait-elle à son maximum?
2. En quelle année le prix du tabac était-il à son maximum?
3. Quel est le rapport entre le prix et la consommation du tabac?
4. Comment peut-on expliquer l'augmentation du prix du tabac à partir des années 90?
5. À votre avis, le public est-il plus conscient des dangers du tabagisme aujourd'hui qu'il y a 30 ans? Pourquoi?

Lisez les textes et répondez aux questions qui suivent.

Je fume depuis quatre ans. Mes amis m'ont persuadée de le faire. Maintenant je suis accro et il me faut dix cigarettes par jour. De plus, je suis en infraction de la loi quand j'en achète à cause de mon âge: je n'ai que 15 ans.

Anne-Sophie, 2^{de}

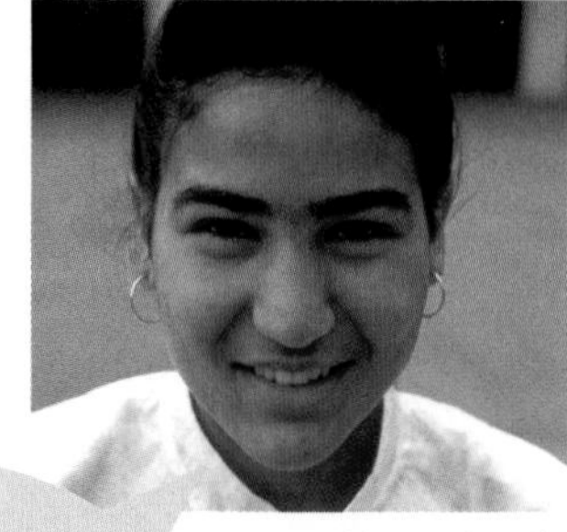

Mon père fumait une trentaine de cigarettes par jour et il est mort du cancer du poumon. Je n'ai pas envie de finir comme lui.

Marguerite, 1ère

Chaque fois que mes amis me proposent de fumer, je dis «Non». Parfois c'est très difficile et je me sens un peu isolé. Quand même, je sais que j'ai raison.

David, 2^{de}

Tout le monde fume chez moi. J'imagine que je suis un fumeur passif depuis ma naissance et donc je le trouverais difficile de m'arrêter. De toute façon j'essaierai l'année prochaine quand j'étudierai à Paris.

Nicolas, T^{le}

- Est-ce qu'ils sont en faveur de la cigarette ou pas?
- Donnez votre opinion sur leurs arguments.
- Justifiez vos réponses.

Pour ou contre le tabac?

3 **Préparez une présentation de 30 secondes sur le tabac. Vous pouvez inclure:**

- votre opinion sur le tabac chez les jeunes
- les risques pour la santé en général
- comment lutter contre le tabagisme chez les jeunes.

4 **A. Écoutez Christine, une lycéenne rentrant en 1ère, qui parle du tabac.**

Je viens de commencer **1**__________ fumer après les grandes vacances. J'étais en colonie et je **2**__________ dans un nouveau groupe d'amis qui fumaient beaucoup et pour m'intégrer j'ai décidé de faire comme eux. Bien que je ne **3**__________ pas fumer, j'ai vite appris après quelques **4**__________ réactions! Pendant le mois en colonie, je me suis fait beaucoup **5**__________ amis et je suis sûre que c'était à cause du fait que je fumais. Je **6**__________ sentais plus cool, plus adulte et bien sûr les garçons aiment ça! Pour moi, c'est un grand **7**__________ maintenant, je partage un moment spécial avec mes **8**__________ quand on va à la cafét. De plus, fumer m'aide **9**__________ garder la ligne et à travailler **10**__________.

B. Answer the following questions.

1 How does Christine think her parents would react if they knew she smoked? Why?
2 What is her view on passive smoking?
3 Why does she smoke?
4 Why can't she stop smoking?
5 Do you think she is a "social" smoker or is she an addict?

Vocabulaire utile	
fumer	to smoke
le tabac crée une dépendance	smoking is addictive
le tabagisme	tobacco addiction
le tabac	smoking, tobacco
une interdiction de fumer	a smoking ban
un(e) fumeur (-euse)	a smoker
une clope	a "fag"
nuire à	to harm
s'intégrer	to fit in

Lisez l'article et répondez aux questions en anglais qui suivent.

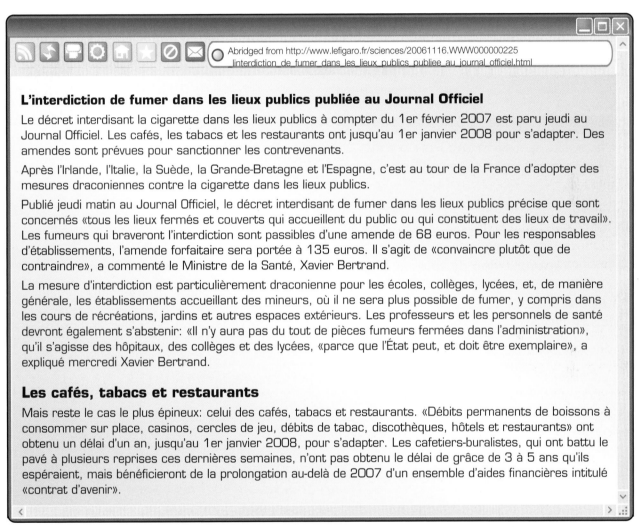

Abridged from http://www.lefigaro.fr/sciences/20061116.WWW000000225_linterdiction_de_fumer_dans_les_lieux_publics_publiee_au_journal_officiel.html

L'interdiction de fumer dans les lieux publics publiée au Journal Officiel

Le décret interdisant la cigarette dans les lieux publics à compter du 1er février 2007 est paru jeudi au Journal Officiel. Les cafés, les tabacs et les restaurants ont jusqu'au 1er janvier 2008 pour s'adapter. Des amendes sont prévues pour sanctionner les contrevenants.

Après l'Irlande, l'Italie, la Suède, la Grande-Bretagne et l'Espagne, c'est au tour de la France d'adopter des mesures draconiennes contre la cigarette dans les lieux publics.

Publié jeudi matin au Journal Officiel, le décret interdisant de fumer dans les lieux publics précise que sont concernés «tous les lieux fermés et couverts qui accueillent du public ou qui constituent des lieux de travail». Les fumeurs qui braveront l'interdiction sont passibles d'une amende de 68 euros. Pour les responsables d'établissements, l'amende forfaitaire sera portée à 135 euros. Il s'agit de «convaincre plutôt que de contraindre», a commenté le Ministre de la Santé, Xavier Bertrand.

La mesure d'interdiction est particulièrement draconienne pour les écoles, collèges, lycées, et, de manière générale, les établissements accueillant des mineurs, où il ne sera plus possible de fumer, y compris dans les cours de récréations, jardins et autres espaces extérieurs. Les professeurs et les personnels de santé devront également s'abstenir: «Il n'y aura pas du tout de pièces fumeurs fermées dans l'administration», qu'il s'agisse des hôpitaux, des collèges et des lycées, «parce que l'État peut, et doit être exemplaire», a expliqué mercredi Xavier Bertrand.

Les cafés, tabacs et restaurants

Mais reste le cas le plus épineux: celui des cafés, tabacs et restaurants. «Débits permanents de boissons à consommer sur place, casinos, cercles de jeu, débits de tabac, discothèques, hôtels et restaurants» ont obtenu un délai d'un an, jusqu'au 1er janvier 2008, pour s'adapter. Les cafetiers-buralistes, qui ont battu le pavé à plusieurs reprises ces dernières semaines, n'ont pas obtenu le délai de grâce de 3 à 5 ans qu'ils espéraient, mais bénéficieront de la prolongation au-delà de 2007 d'un ensemble d'aides financières intitulé «contrat d'avenir».

1 What is the purpose of the new law?
2 In what places does it apply?
3 What is the definition of a public place?
4 What measures have been put in place to ensure the law is adhered to?
5 Explain what Xavier Bertrand says in the third paragraph.
6 How does the law affect public buildings such as schools and hospitals?
7 What were tobacconists and café owners hoping for and what has been the result?

Vocabulaire utile	
à compter de	as from, with effect from
paraître	to appear
une amende	fine
c'est au tour de...	it's someone's turn
passible de	liable to, punishable by

 **Êtes-vous pour ou contre le tabac? Posez ces questions à un partenaire:**

- Avez-vous déjà fumé une cigarette? Pourquoi / pourquoi pas?
- À votre avis, pourquoi les gens fument-ils?
- Peut-on justifier l'interdiction de fumer dans les lieux publics?
- Un paquet de cigarettes coûte combien?
- Quelles sont les conséquences du tabagisme sur le plan médical?

 **Langue: Commands / imperatives** see Dynamic Learning

La santé en France

On s'échauffe

★ Les services de santé français sont renommés être parmi les meilleurs du monde. L'État français dépense 150 milliards d'euros chaque année pour la santé publique.

 **Regardez le tableau ci-dessous.**

Consommation de soins et le bien médicaux (milliards d'euros courants)							
	1995	**2000**	**2001**	**2002**	**2003**	**2004**	**2005**
Soins hospitaliers	47,6	52,7	54,8	58,0	61,5	64,6	67,0
Soins ambulatoires	26,8	31,2	33,0	35,4	38,0	39,6	40,9
Médecins	*13,0*	*15,2*	*15,7*	*16,8*	*17,9*	*18,5*	*19,0*
Auxiliaires médicaux	*5,2*	*6,3*	*6,7*	*7,3*	*7,9*	*8,4*	*8,9*
Dentistes	*6,0*	*6,7*	*7,3*	*7,7*	*8,2*	*8,6*	*8,7*
Analyses	*2,4*	*2,8*	*3,0*	*3,3*	*3,6*	*3,8*	*3,9*
Cures thermales	*0,3*	*0,3*	*0,3*	*0,3*	*0,3*	*0,3*	*0,3*
Transports de malades	1,5	1,9	2,1	2,3	2,4	2,6	2,8
Médicaments	18,5	23,6	25,5	26,9	28,6	30,1	31,3
Autres biens médicaux ★(1)	3,7	5,7	6,4	6,9	7,4	8,1	8,5
Consommation de soins et de biens médicaux	**98,0**	**115,1**	**121,7**	**129,5**	**137,9**	**145,0**	**150,6**

★Optique, prothèses, orthèses, petits matériels et pansements.
Source: Ministère de la Santé et des Solidarités, Drees, comptes de la santé (base 2000), http://www.insee.fr/fr/ffc/chifcle_fiche.asp?ref_id=NATFPS06302&tab_id=360

2 **Vous avez à préparer une présentation sur les services de santé en France. Utilisez les données dans le tableau et répondez aux questions:**

- Faites un résumé des dépenses dans les domaines les plus importants des soins et des biens médicaux.
- Expliquez la différence entre «les soins hospitaliers» et «les soins ambulatoires».
- Dans quel domaine trouve-t-on l'augmentation la plus grande entre 2004 et 2005? Pourquoi?
- Dans quel domaine trouve-t-on l'augmentation la plus faible entre 2004 et 2005. Pourquoi?
- Dans quel domaine remarque-t-on une augmentation de plus de 100%?

Vocabulaire utile

les soins	treatment, care
ambulatoire	outpatient
auxiliaire médical	medical auxiliary
une cure thermale	a course of hydrotherapy, water treatment
un médicament	a medicine, drug, remedy
les biens médicaux	medical goods
un pansement	dressing

3 **A. Lisez cet article et decidez si les affirmations qui suivent sont vraies ou fausses. Corrigez les phrases fausses.**

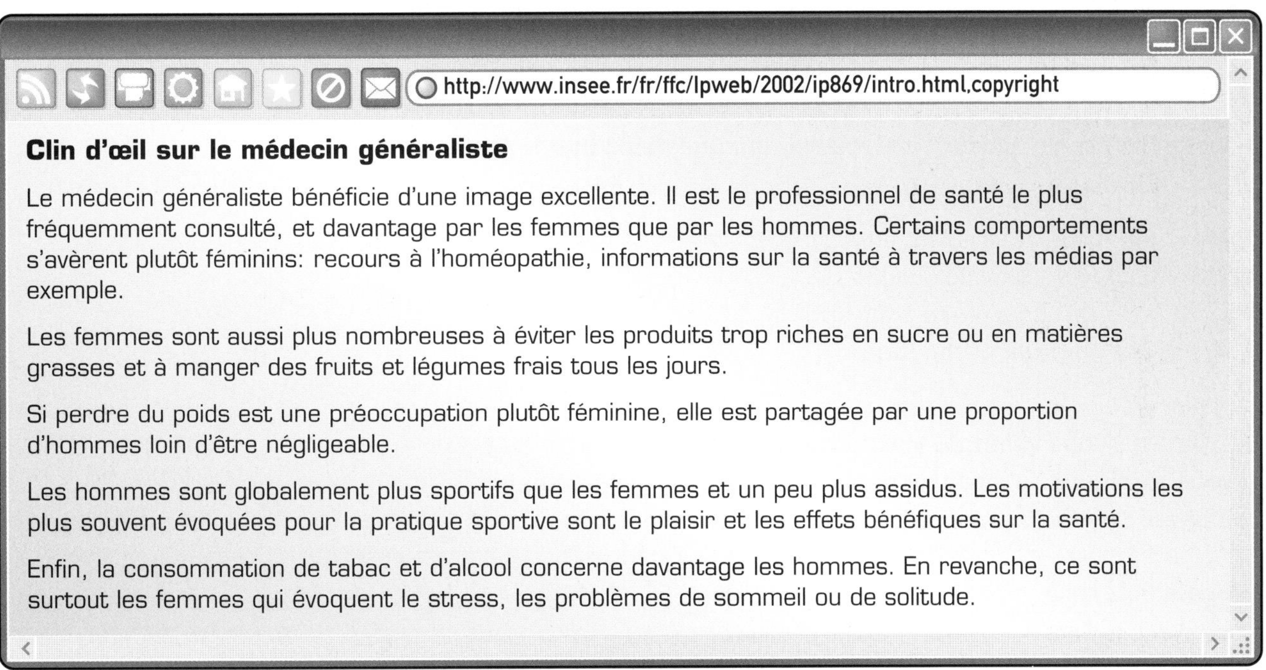
http://www.insee.fr/fr/ffc/Ipweb/2002/ip869/intro.html,copyright

Clin d'œil sur le médecin généraliste

Le médecin généraliste bénéficie d'une image excellente. Il est le professionnel de santé le plus fréquemment consulté, et davantage par les femmes que par les hommes. Certains comportements s'avèrent plutôt féminins: recours à l'homéopathie, informations sur la santé à travers les médias par exemple.

Les femmes sont aussi plus nombreuses à éviter les produits trop riches en sucre ou en matières grasses et à manger des fruits et légumes frais tous les jours.

Si perdre du poids est une préoccupation plutôt féminine, elle est partagée par une proportion d'hommes loin d'être négligeable.

Les hommes sont globalement plus sportifs que les femmes et un peu plus assidus. Les motivations les plus souvent évoquées pour la pratique sportive sont le plaisir et les effets bénéfiques sur la santé.

Enfin, la consommation de tabac et d'alcool concerne davantage les hommes. En revanche, ce sont surtout les femmes qui évoquent le stress, les problèmes de sommeil ou de solitude.

1 L'image du médecin généraliste est difficile à évaluer.
2 Les femmes consultent leur médecin plus que les hommes.
3 L'homéopathie est considérée comme une médecine plus «féminine» que les médecines «cliniques».
4 Aucun homme ne pense à son poids.
5 Les femmes font plus d'exercice que les hommes.

Vocabulaire utile

s'avérer	prove to be
le médecin généraliste	GP
assidu(e) (s)	diligent, regular
globalement	on the whole
avoir recours à	to have recourse to, resort to

B. Answer the questions that follow in English.

1 According to the article, which category of the population is more likely to consult their GP?
2 In what differing ways do men and women look after their health?
3 What are the motivating factors behind these two differing ways in which they look after their health?
4 What are the medical complaints that differentiate men and women?

Le point de vue des étrangers

4 **A. Écoutez ces deux extraits qui parlent des expériences hospitalières en France et au Royaume-Uni.**

B. Exercice de compréhension: Écoutez Édouard et indiquez, pour chaque affirmation, si c'est vrai ou faux. Corrigez celles qui sont fausses:

1 Édouard a eu une mauvaise expérience aux mains des médecins français.
2 Édouard a payé tout son séjour à l'hôpital.
3 Le chauffeur de la voiture qui a renversé Édouard ne s'est pas arrêté.
4 L'assurance maladie d'Édouard a payé 20% du coût de l'hôpital.
5 Les médicaments d'Édouard coûtent cher.

C. Listen to Yann's account and answer the questions that follow in English.

- When was Yann attacked?
- How did Yann react to his attackers?
- How badly was he wounded?
- How long did he have to wait until he was seen?
- What did he think of the food?

5 **Vous venez de vous casser la jambe en faisant du ski en France et vous expliquez au médecin géneraliste ce qui s'est passé.**
Vous avez *une minute* pour lui fournir tous les détails.

Vocabulaire utile	
l'assurance maladie	health insurance
les urgences	accident and emergency
les services de santé britannique	NHS
une ordonnance	a prescription

UNITÉ 5

En route

Terrain examen see Dynamic Learning

Exercices: Dossier vacances see Dynamic Learning

Langue: Position of adverbs see Dynamic Learning

Langue: Conditional clause see Dynamic Learning

Langue: Verbs and infinitive see Dynamic Learning

Pourquoi partir en vacances?

On s'échauffe

★ Réussissez-vous vos vacances? Ou êtes-vous parfois déçus? Avez-vous vraiment besoin de partir pour profiter des vacances?

Comment pourrait-on profiter des vacances?

Lisez les témoignages français et britanniques ci-dessous.

A. Choisissez le / la jeune britannique qui vous semble être le meilleur compagnon de voyage pour un(e) des Français(es) ci-dessous. Justifiez votre choix.

Le point de vue français:

1 J'ai découvert d'autres horizons, d'autres cultures en partant un mois en Afrique. *David, 16 ans, Paris*

2 J'ai appris à faire du parapente en suivant un stage dans les Alpes. C'était fantastique! *Caroline, 19 ans, Dijon*

3 Je me suis vraiment changé les idées en faisant le tour de quatre grandes villes espagnoles avec des copains. *Jean-François, 17 ans, Toulouse*

4 Je me suis bien fait bronzer en allant sur la Méditerranée. *Loïs, 18 ans, Thionville*

5 J'ai trouvé le calme et je me suis donc bien reposée quand mes parents ont loué un gîte dans le Massif central. *Aïcha, 15 ans, Lille*

6 J'ai vu les Pyramides de mes propres yeux en descendant le Nil en croisière. *Étienne, 22 ans, Genève*

7 J'ai perfectionné mon anglais en m'inscrivant à une école internationale à Oxford. *Constant, 21 ans, Bordeaux*

8 J'ai revu des amis pour la première fois depuis dix ans en me payant un billet d'avion pour le Québec. *Françoise, 24 ans, Berne*

9 J'ai vraiment épaté mes collègues au travail en leur disant que j'étais allé à Tahiti. *Paul-Henri, 23 ans, Neuilly*

10 Je me suis rechargé les batteries en restant à la maison. *Axel, 19 ans, Paris*

Le point de vue britannique:

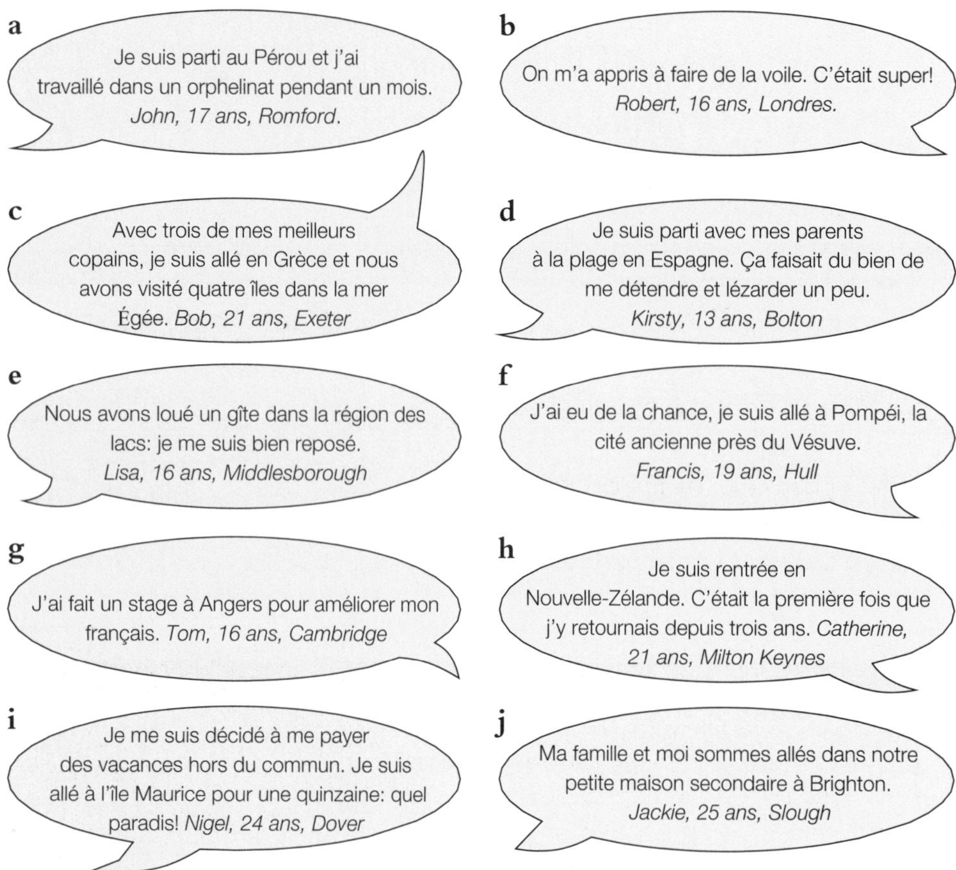

a
Je suis parti au Pérou et j'ai travaillé dans un orphelinat pendant un mois. *John, 17 ans, Romford.*
b
On m'a appris à faire de la voile. C'était super! *Robert, 16 ans, Londres.*
c
Avec trois de mes meilleurs copains, je suis allé en Grèce et nous avons visité quatre îles dans la mer Égée. *Bob, 21 ans, Exeter*
d
Je suis parti avec mes parents à la plage en Espagne. Ça faisait du bien de me détendre et lézarder un peu. *Kirsty, 13 ans, Bolton*
e
Nous avons loué un gîte dans la région des lacs: je me suis bien reposé. *Lisa, 16 ans, Middlesborough*
f
J'ai eu de la chance, je suis allé à Pompéi, la cité ancienne près du Vésuve. *Francis, 19 ans, Hull*
g
J'ai fait un stage à Angers pour améliorer mon français. *Tom, 16 ans, Cambridge*
h
Je suis rentrée en Nouvelle-Zélande. C'était la première fois que j'y retournais depuis trois ans. *Catherine, 21 ans, Milton Keynes*
i
Je me suis décidé à me payer des vacances hors du commun. Je suis allé à l'île Maurice pour une quinzaine: quel paradis! *Nigel, 24 ans, Dover*
j
Ma famille et moi sommes allés dans notre petite maison secondaire à Brighton. *Jackie, 25 ans, Slough*

B. Qui a le mieux réussi ses vacances à votre avis? Travaillez avec un partenaire pour trouver vos dix premiers exemples des vacances réussies parmi les Britanniques et les Français et mettez-les en ordre. Il faut être prêt à justifier votre classement.

Exemple:
«Je pense que c'est le numéro un qui a profité le plus de ses vacances. Il est allé en Afrique et il a découvert tout un pays, toute une culture. Pour moi, les vacances représentent l'aventure et la découverte. J'aime faire quelque chose de différent chaque année...»

Langue: Direct and indirect speech

see Dynamic Learning

Ma destination de rêve

A. Écoutez cinq Français qui parlent de vacances réussies. Trouvez dans les térmoignages l'équivalent des termes suivants:

1 j'ai visité
2 nous avons fait la connaissance
3 on devait
4 de bons vins
5 carte de crédit
6 deux semaines
7 on a passé la nuit à

B. Répondez en français aux questions suivantes, en utilisant le plus possible vos propres mots.

1 Quelles sont les différences entre les vacances de Nadia et Malek? Il vous faut en donner au moins trois.
2 Jusqu'à quel point pourrait-on classer les vacances de Malek comme une réussite? Justifiez votre réponse.
3 Julien, qu'a-t-il fait pendant sa «petite semaine»?
4 Quels sont les points forts des vacances de Joanna?
5 Comment Paul explique-t-il son week-end?

Langue: Present participle

see Dynamic Learning

3 **Travail de recherche: Vous venez de lire cet article dans le «Figaro Magazine». Vous décidez d'écrire un mail à un(e) de vos ami(e)s en leur demandant d'aller avec vous à Dalat et un peu partout au Viêtnam.**

C'est sur les hauts plateaux du centre du pays que se trouve Dalat, perché à 1500 mètres d'altitude. Jadis, les colons français aimant s'y détendre ont été attirés par le climat et le cadre pittoresque, entre lacs et chutes d'eau. De ce passé colonial, la ville a hérité ses villas coloniales dans lesquelles le groupe Six Senses Resorts & Spa vient d'ouvrir un hôtel. En offrant une piscine chauffée, bar à vin, galerie d'artisanat, spa... cet hôtel hors normes se pare des essentiels. Au menu des activités et excursions: Coffee Addicts Adventure pour les accros du café, balades à cheval et pique-nique au champagne, découverte de la ville en cabriolet des années 30, cours de yoga.

Pour en savoir plus: www.sixsenses.com

Chambre à partir de 120 € la nuit.

Réservations sur le site web et auprès des voyagistes Asia, Directours, Jet Tours et Kuoni.

Figaro Magazine, March 2007, p. 94

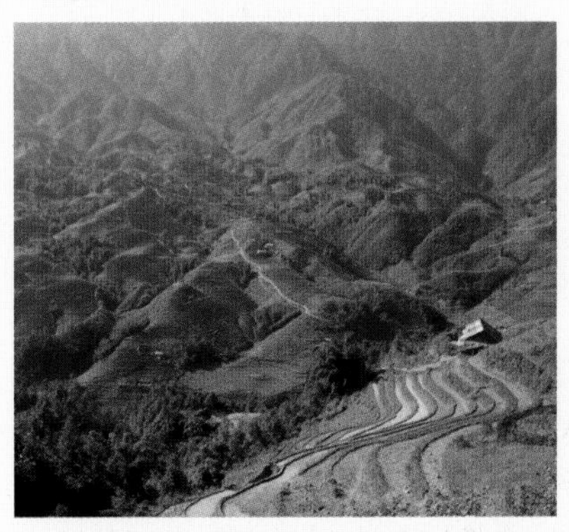

Vous devez mentionner:

- pourquoi vous voulez visiter le Viêtnam
- ce que vous espérez tirer du voyage
- un résumé de la période coloniale française au Viêtnam
- quelle sorte de vacances vous proposez – actives, délassantes, historiques...

Vocabulaire utile	
jadis	formerly, a long time ago
le cadre	surroundings, framework
se parer de	to adorn oneself with
un cabriolet	open-top car
auprès de	with, next to, close to, by

Écrivez un minimum de 200 et un maximum de 220 mots, en français.

4 **Travail de recherche: Comme le Viêtnam, il y a beaucoup d'anciennes colonies françaises au monde. Faites des recherches pour en savoir plus. Ce site web vous aidera: www.francophonie.org.**
Choisissez-en une et faites un exposé de deux minutes qui porte sur:

- son histoire avant l'arrivée des Français
- son histoire coloniale
- sa lutte pour l'indépendance
- la situation actuelle dans ce pays.

Comment partir? En famille?

On s'échauffe

★ Comment trouvez-vous vos vacances? Vous préférez partir en famille ou avec vos copains? Avez-vous vécu de mauvaises expériences en vacances?

1 **Vous venez de lire dans un magazine la triste histoire d'Isabelle Bourgeois, 16 ans, et ses grandes vacances.**

Tout a commencé au mois de décembre quand mes parents venaient de nous parler de nos vacances en famille pour l'été prochain. Ils nous disaient que cette année-là, nous allions faire du camping avec les Chevalier (la famille d'à côté) à Lacanau-Plage, un endroit assez isolé sur la côte Atlantique. Pour mes trois sœurs c'était le rêve parce que leurs meilleures amies étaient les trois filles cadettes des Chevalier. Quant à moi, j'avais d'autres projets en vue.

Un jour après l'école, j'ai commencé à en parler doucement avec ma mère:

- Tu sais, Maman, ces vacances d'été, Sandra vient de m'inviter avec sa famille à Annecy.

- Comment? J'espère que tu lui as dit «Non, merci».

- Bon, euh, en fait, Maman, je lui ai dit que ça m'intéressait beaucoup et que j'en parlerais avec toi et Papa.

- C'est hors de question. Nous partons en famille et avec les Chevalier: j'ai toujours cru que tu aimais bien Nathalie. Ce n'est pas vrai?

- Si, mais lorsque nous étions à la maternelle. Ça fait onze ans que nous ne nous voyons plus, à vrai dire.

- Alors, ce séjour ensemble sera une bonne occasion de refaire sa connaissance...?

La conversation a continué de cette manière jusqu'à ce que mon père soit rentré du travail. Il était de mauvaise humeur et s'est mis à dire que j'étais ingrate et qu'à mon âge, il aurait été super heureux de partir n'importe où avec sa famille...

Quelle horreur! J'ai entendu cet argument bien des fois et ça m'a déplu la première fois que je l'ai entendu!

Quelques semaines plus tard, et après de longues négociations où mes parents m'interrogeaient sur la famille de Sandra, ses amis, son frère Kévin (qui, à vrai dire, était une des raisons pour lesquelles je voulais partir avec eux...) on a trouvé un compromis: enfin!

Je partirais avec Sandra et sa famille pour les deux premières semaines des vacances et ensuite je retrouverais mes parents avec Sandra pour l'ultime semaine à Lacanau-Plage.

Annecy

Tout s'est très bien passé à Annecy avec Sandra. Nous nous retrouvions au bord du lac, les parents de Sandra étaient très décontractés sur le plan permission de sortir le soir et les autres jeunes nous ont beaucoup sorties à Annecy. Enfin bref, vacances réussies!

Un soir, nous avons toutes les deux repéré un grand garçon brun très beau. J'ai dit à Sandra qu'il serait mon «projet d'été». Elle semblait contente parce qu'elle sortait avec son petit copain depuis longtemps et moi, je venais de rompre avec le mien. Pas de concurrence.

«Vas-y!» m'a-t-elle encouragé.

On s'est mises au bar à côté de lui et on a fait semblant de l'ignorer: pas question de commencer une conversation avec un garçon, même à 16 ans! Il ne nous a pas aperçues et il est vite sorti. Quel dommage! Tant pis, il nous restait encore une semaine avant de partir.

Nous ne l'avons pas vu pour quelques jours et soudainement après une longue croisière en dinghy, je l'ai vu! C'était lui, seul, sur le ponton. Il m'a semblé qu'il me souriait. Je lui ai fait signe de la main et il a répondu d'un signe! Enfin, j'arriverais à parler avec lui...

En un clin d'œil il est parti et tout en remettant mes affaires de voile dans le coffre je l'ai vu de nouveau. Cette fois-ci, il n'était plus seul... il était avec Sandra. Non seulement était-il avec elle, se tenant par la main, mais ils étaient aussi en train de s'embrasser sans aucune pudeur devant tout le monde.

Je me suis sentie si laide, déçue et fâchée que je me suis plantée devant eux! Il a fallu quelques longues secondes avant qu'ils me remarquent là, devant eux. Ils se sont vite délacés et Sandra a commencé à balbutier...

«Is... Isabelle qu'est-ce que tu fais là, je peux tout expliquer, ce n'est pas ce que tu crois...»

«Ah bon» ai-je dit.

À partir de ce moment-là, les vacances étaient non seulement ratées mais aussi finies pour moi.

A. Exercice de compréhension: Trouvez dans le texte ci-dessus l'équivalent des termes suivants:

1 est arrivé
2 pour moi
3 les voisins
4 de cette façon
5 beaucoup de fois
6 se séparer de
7 tout d'un coup
8 semblait
9 je réussirais
10 modestie

B. Répondez aux questions en français, en utilisant le plus possible vos propres mots.

1 Quels projets pour l'été avaient les parents de Sandra?
2 De quelle façon Isabelle a-t-elle abordé son problème de vacances avec ses parents?
3 Comment son père a-t-il réagi?
4 Dans quelle mesure les parents d'Isabelle ont-ils accepté un compromis?
5 Pourquoi les deux filles semblaient-elles contentes du «projet d'été» d'Isabelle?
6 Décrivez la réaction d'Isabelle après avoir vu Sandra et le «beau garçon».
7 Pour Isabelle, quelle a été la conséquence de ce que Sandra a fait?

2 **Après avoir lu l'histoire d'Isabelle, vous décidez d'écrire un article pour votre école sur les vacances et les parents.**
Vous devez écrire un minimum de 200 mots et un maximum de 220 mots de français.
Vous devez mentionner les points suivants:

1 si vous aimez les vacances en famille et pourquoi
2 quels en sont les problèmes
3 comment vous jugez la différence entre les vacances avec ou sans vos parents
4 l'avenir des vacances pour votre génération.

Vacances en famille?

3 **Débat: À deux, vous avez à débattre le pour et le contre des vacances en famille. Prenez votre position et faites une liste d'au moins cinq arguments qui vous semblent confirmer votre point de vue. Présentez vos idées pendant une minute et puis, le débat, c'est parti! Utilisez les phrases à droite pour vous aider.**

Vocabulaire utile	
vous avez tort!	you're wrong!
oui, mais...	yes, but...
d'après moi	in my opinion
je suis d'accord	I agree
je ne suis pas d'accord	I don't agree
pour ma part	for my part
j'estime que...	I feel, consider that...
je suis de votre avis	I agree with you
je ne suis pas du tout de votre avis	I don't agree with you at all
je suis du même avis	I agree, I think the same
je suis d'un avis contraire	I disagree, think differently
je suis d'avis que...	I am of the opinion that...
mais non!	No!

Langue: Revision of questions
see Dynamic Learning

Langue: Revision of object pronouns
see Dynamic Learning

Les attractions touristiques en France

On s'échauffe

★ La France a tellement de sites touristiques à offrir qu'il est parfois difficile de décider quoi visiter.

1 **Regardez ce tableau et répondez aux questions qui suivent.**

Palmarès des sites culturels et récréatifs (en millions de visiteurs)			
		2005	**2004**
1	Disneyland Paris	12,3	12,4
2	Musée du Louvre	7,6	6,6
3	Tour Eiffel	6,4	6,2
4	Centre Georges Pompidou	5,3	5,4
5	Château de Versailles	3,3	3,3
6	Cité des Sciences de la Villette	3,2	2,8
7	Musée d'Orsay	2,9	2,6
8	Parc Astérix de Plailly	1,8	1,8
9	Parc Futuroscope de Poitiers	1,4	1,4
10	Parc zoologique de Lille	1,3	1,2

Source: http://www.insee.fr/fr/ffc/figure/NATTEF13501.XLS

- Quel est l'intérêt de visiter une attraction touristique?
- Pourquoi se trouve «Disneyland Paris» en tête de liste?

L'expérience de Christiane

2 **A. Écoutez l'enregistrement et indiquez, pour chaque affirmation, si c'est vrai ou faux. Corrigez celles qui sont fausses:**

1 Christiane voulait aller à Disneyland.
2 Sa famille l'a persuadée d'aller à Disneyland Paris.
3 Elle a détesté toute la journée.
4 Les queues l'ont beaucoup agacée.
5 Ses enfants ont tout essayé.
6 La nourriture était très coûteuse.

B. Écoutez de nouveau ce témoignage sur une visite à Disneyland Paris, et répondez aux questions en français:

1 Pourquoi Christiane ne voulait-elle pas aller à Disneyland?
2 Quelle était son impression sur la qualité de la construction?
3 S'est-elle ennuyée en faisant la queue?
4 Quels sont les deux endroits qu'elle a trouvés féeriques?
5 Elle a fait une seule critique. Laquelle?

Les parcs de loisirs en France

3 **Lisez les informations et décidez pour chaque paragraphe quelle est la question à laquelle il répond.**

Mickey, Astérix et le Futuroscope

A Les plus connus sont Disneyland, le Futuroscope et le Parc Astérix. Ce sont des parcs bien différents, avec des attractions variées. Par conséquent, ils attirent un grand public international.

B On peut expliquer leur succès de plusieurs façons. D'abord, on dit que le besoin de rêve, d'un retour à l'enfance, se ressent de plus en plus. Le parc vous permet d'oublier la vie réelle, le stress du travail ou de la scolarité. Ça fait une bonne coupure.

C Autrement, ça correspond parfaitement à un besoin d'aventure. On peut éprouver des sensations fortes dans un parc – sans, pour autant, avoir besoin de prendre des risques. On est en sécurité. Le cadre est chaleureux et sympa. Comme cela on se détend tout en étant stimulé.

D Dans un parc de loisirs, il y a quelque chose pour tout le monde. On s'y retrouve en famille. Ce n'est pas comme dans un musée où il ne faut pas faire trop de bruit, où il est interdit de courir, où beaucoup d'activités ne sont pas adaptées aux jeunes.

E Du moins quand il n'y a pas trop de monde. Il vaut mieux éviter les périodes de vacances, l'été surtout. Il faut choisir une journée en semaine en fin d'automne, par exemple.

1 Qui rend visite à ces parcs?
2 Pourquoi les parcs deviennent-ils plus populaires que les musées?
3 Quels parcs d'attractions trouve-t-on en France?
4 Quand est-ce qu'un parc est à son mieux?
5 Comment explique-t-on la popularité des parcs?

4 **Travail de recherche: Vous écrivez un rapport sur les parcs de loisirs français. Visitez les sites web des trois parcs de loisirs et répondez aux questions qui suivent.**

- www.parcasterix.fr
- www.futuroscope.com
- www.disneylandparis.com.

1 Entre les trois principaux parcs de loisirs en France, lequel (ou lesquels) choisissez-vous? Pourquoi?
2 Lequel, selon vous, est le plus «français»? Pourquoi?
3 Résumez «l'esprit» de chaque parc en moins de 50 mots.
4 Après avoir examiné les sites web, pourquoi Disneyland Paris est-il plus populaire que les autres parcs?
5 Dans quelle mesure trouvez-vous que la culture américaine envahit la France?

La route

On s'échauffe

★ Est-ce que vous conduisez? Pour beaucoup la voiture est une bénédiction mais pour d'autres c'est une menace dangereuse. Depuis 1990, la voiture est devenue de plus en plus importante pour se déplacer.

1 **Regardez ci-dessous le tableau de l'évolution des transports en France au fil des années et répondez aux questions qui suivent.**

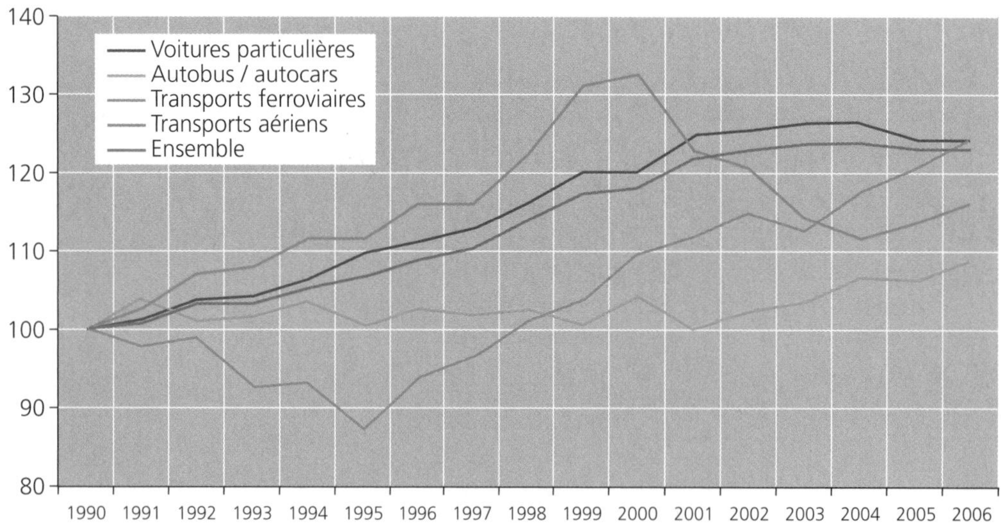

Sources: ministère de l'Écologie, du Développement et de l'Aménagement durables, DAEI-SESP; RATP; SNCF; DGAC. http://www.insee.fr/fr/ffc/chifcle_fiche.asp?ref_id=NATTEF13608&tab_id=286

1 Quels moyens de transport restent les plus et les moins populaires chez les Français?
2 Comparez l'évolution des transports aériens et des transports ferroviaires entre 1996 et 2006.
3 Quelle courbe explique le mieux l'évolution moyenne en ce qui concerne le transport au fil des années?
4 En 2006, le train commence à rivaliser avec la voiture. Essayez d'expliquer pourquoi.

2 **Écoutez Pascal, un lycéen en terminale qui vient d'avoir son permis de conduire. Faites correspondre les moitiés de phrases:**

1 On a le droit de
2 Il conduisait une moto dès
3 Il lui a fallu 35 heures de formation pratique avant de
4 L'épreuve théorique consistait en
5 Il a dû
6 L'épreuve pratique a
7 Pendant l'épreuve pratique il
8 L'inspecteur lui a demandé
9 Il a correctement répondu aux questions

a repasser le code de la route parce qu'il a commis 6 erreurs.
b posées par l'inspecteur.
c conduire un camion à 16 ans.
d un questionnaire de 40 questions à choix multiple.
e son 14ème anniversaire.
f passer l'épreuve pratique.
g a conduit dans des situations difficiles.
h de faire deux marche arrière.
i duré 35 minutes.
j passer le code à partir de 17 ans et demi.
k du code de la route.

Infos utiles: Les règles de la route

1893	l'année de l'introduction de la première épreuve française et mondiale pour la conduite des véhicules
14 ans	l'âge où on peut «conduire» une moto inférieure à 50 cm^3
17,5 ans	l'âge minimum requis pour passer le code
18 ans	l'âge minimum requis pour passer l'épreuve pratique
0,5 g	taux légal d'alcool par litre de sang en France
54,30%	le pourcentage de voitures d'un fabricant français (PSA (Citroën ou Peugeot) ou Renault) achetées en 2006 en France

3 **A. Lisez les informations ci-dessous. Il s'agit des mesures qu'on a prises pour améliorer la sécurité routière. Depuis le terrible record de 1972, quand 16 617 personnes ont trouvé la mort sur la route, on a pris toute une gamme de mesures.**

Travaillez avec un partenaire et mettez ces mesures en ordre d'importance. Il faut être prêt à justifier votre classement.

A On a amélioré la qualité du réseau routier. Il y a maintenant plus d'autoroutes et les routes nationales et départementales sont en meilleur état.

B On a rendu le port de la ceinture de sécurité obligatoire.

C On a limité encore plus la vitesse en ville. Autrefois on roulait à soixante à l'heure en ville; maintenant il faut rouler à cinquante.

D On a baissé la puissance moyenne des voitures. Il y a moins de gros moteurs sur les routes.

E On a instauré un permis à points. Il est maintenant possible de perdre son permis pour une accumulation de fautes mineures.

F On a lancé des campagnes successives sur la sécurité routière.

B. Exercice de compréhension: Lisez les témoignages personnels ci-dessous et indiquez, dans chaque cas, à quelle mesure ci-dessus ça correspond.

1 Je suis davantage conscient des risques quand je suis au volant.
2 Avant, je pensais que c'était une atteinte à la liberté personnelle, mais maintenant, je me rends compte que c'est nécessaire.
3 Depuis qu'on a construit la rocade, il y a moins de circulation au centre-ville. C'est moins dangereux.
4 Mon cousin a eu un contrôle en sortant d'une boîte de nuit. Il va certainement perdre des points.
5 On a plus de chance de pouvoir s'arrêter si un piéton surgit d'entre deux voitures stationnées.
6 J'ai acheté une Renault Twingo. C'est plus pratique en ville.

Vocabulaire utile	
un témoignage	an account
conscient	aware
se rendre compte	to realize
la rocade	bypass, ring road
un contrôle	a check, test

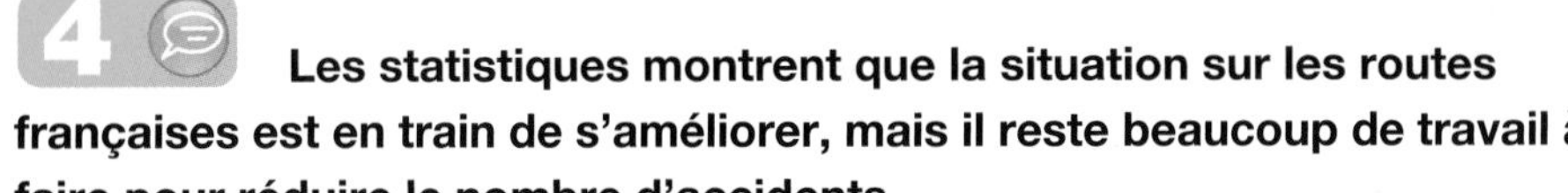

Les statistiques montrent que la situation sur les routes françaises est en train de s'améliorer, mais il reste beaucoup de travail à faire pour réduire le nombre d'accidents.

Préparez une présentation de deux minutes qui décrit la situation sur le plan des accidents, des blessés et des morts sur les routes en France. Vous devez:

- faire preuve d'une bonne compréhension des chiffres du tableau
- parler de l'évolution des taux d'accidents dès 1986
- expliquer comment et pourquoi le taux de mortalité a baissé depuis 1986
- mentionner ce qu'il faut faire pour réduire encore le nombre des morts sur les routes françaises.

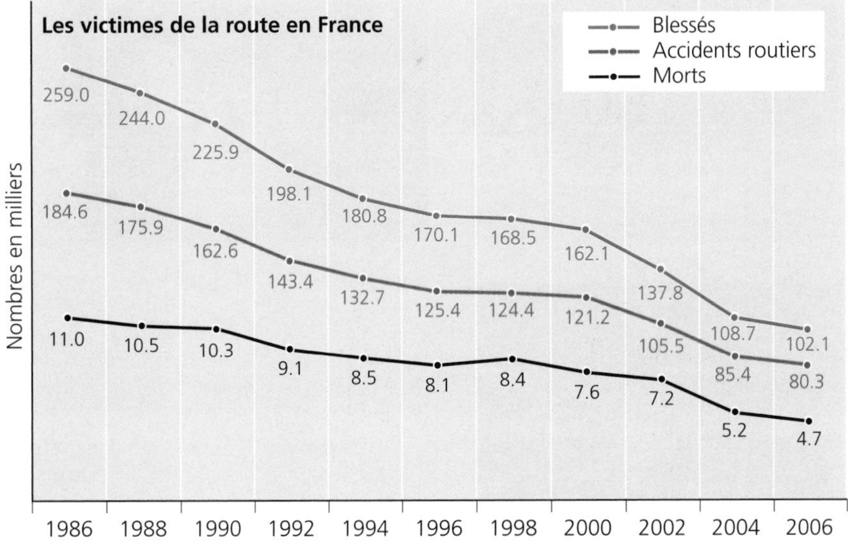

Phrases utiles	
le taux de	the rate of
le nombre de	the number of
les statistiques	statistics
par an	per year
augmenter de	to increase by
baisser de	to go down by

Langue: Passive

see Dynamic Learning

Les transports en ville

On s'échauffe

★ Quels sont les problèmes associés aux transports urbains? Est-ce que vous vous sentez touchés?

Lequel de ces modes de transport choisiriez-vous? Pourquoi?

2 Regardez ces extraits du site web de la Mairie de Paris (www.paris.fr) qui vous propose la voiture à Paris autrement.

http://www.paris.fr/portail/deplacements/Portal.lut?page_id=381
&document_type_id=5&document_id=19759&portlet_id=1199
mobizen
la voiture à la carte
http://www.paris.fr/
Une flotte de véhicules pour des déplacements courts et occasionnels, une prestation accessible 24h/24, 7j/7 en libre-service: c'est la fin des contraintes de l'entretien, de l'assurance ou du stationnement de sa voiture.
Découverte de l'auto partage, un mode de circulation en complément des transports publics, du vélo et du taxi.
Une voiture d'auto partage remplace en moyenne 8 véhicules particuliers. C'est autant d'espace de stationnement libéré. En plus, les utilisateurs de ce service réduisent de 20% leurs kilomètres en voiture (études ADEME – PREDIT).
Saint Paul, 18h à 22h
Choisir
Ouvrir
Partir

Répondez en français aux questions suivantes, en utilisant le plus possible vos propres mots.

1 Que propose la Mairie de Paris comme voiture?
2 Comment marche ce système?
3 Utiliseriez-vous ce système? Pourquoi / pourquoi pas?
4 Quels sont les autres moyens de transport en commun à Paris?

Vocabulaire utile	
le covoiturage	car-sharing
le métro	underground
le tramway	tram
le RER	overland train (Paris & suburbs)
la RATP	Paris transport authority

A. Lisez cet article qui décrit le péage urbain à Londres.

Londres
Rouler vert ou rouler cher

Agnès Britou (à Londres)

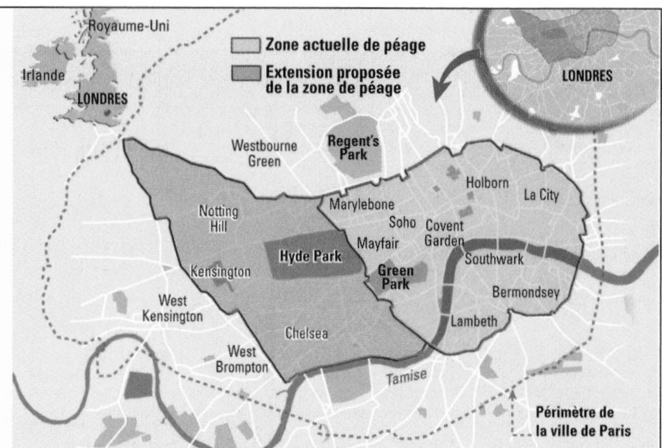

Entre les automobilistes de Londres et le maire Ken Livingstone, la guerre s'est déclarée. Le 19 février, le péage urbain a doublé de surface, englobant maintenant les quartiers chics de Chelsea et Notting Hill. Quand ce péage a été instauré en 2003, visant le cœur de Londres ainsi que le quartier des affaires, la décision avait été plutôt bien acceptée. Mais cette fois, 1,8 million de Londoniens ont protesté en signant une pétition sur le site du Premier ministre. Car c'est 12 euros par jour, week-end excepté, dont il faut s'acquitter, si l'on conduit dans la zone concernée. Les résidents bénéficient d'une réduction de 90% et certains véhicules sont exemptés, tels les taxis et les voitures écologiques. Pas question de passer au travers du filet: chaque plaque d'immatriculation est lue par des caméras; le conducteur qui n'est pas dans les bases de données devra payer une amende de 150 euros.

C'est le succès de la première zone de péage qui a décidé le maire d'aller plus loin. Les chiffres parlent d'eux-mêmes: un trafic réduit de 20%, les émissions toxiques réduites de 15%, 70 accidents de moins par an, 72% de cyclistes de plus sur les routes de la capitale depuis 2000. Ken Livingstone compte maintenant réduire le trafic de Londres, et inciter les Londoniens à emprunter davantage les transports en commun – en améliorant le réseau des bus, par exemple. «Grâce au péage urbain, Londres est la seule grande ville au monde à avoir réussi le passage de l'utilisation privée de la voiture à celle du transport public», dit-il.

... Une taxe visant les 4 x 4 pourrait être mise en place. Les tracteurs de Chelsea, comme on les appelle avec ironie, devraient payer 37 euros par jour pour circuler dans le centre de Londres. Pour le coup, les habitants des quartiers posh ne vont plus être contents du tout. À l'inverse, les concessionnaires de voitures écologiques se frottent les mains: ils enregistrent des ventes record.

Adapted from *Le Figaro Magazine,* 3 March 2007, p. 28.

B. Trouvez dans le texte l'équivalent des mots ou des phrases suivants:

1 les chauffeurs
2 les arrondissements
3 sauf
4 persuader
5 verts
6 heureux

C. Answer the following questions in English.

1 What happened on 19 February?
2 Explain how the latest change has been received.
3 How much would a weekly charge be to drive in the zone?
4 What has been reduced since 2000?
5 What is the Mayor's overall plan?
6 How is it envisaged that 4 x 4 drivers will be affected?

Vocabulaire utile	
la guerre	war
le péage	toll
instaurer	to introduce
s'acquitter de	to pay off a debt
bénéficier de	to receive, enjoy, benefit from
les données	data
emprunter	to borrow, take
davantage	more
le réseau	network
circuler	to get around, to run (transport)
rouler	to drive, to go (transport)
un concessionaire	dealer
se frotter les mains	to rub one's hands

Les agents encaisseurs

4 **Un journaliste pour un hebdomadaire local a entendu parler des agents encaisseurs à Dijon. Il téléphone à un responsable pour obtenir plus de détails.**

Exercice de compréhension: Écoutez leur conversation et indiquez, pour chaque affirmation, si c'est vrai ou faux, et corrigez celles qui sont fausses.

1 Il y a douze agents encaisseurs à Dijon.
2 Ils sont subventionnés entièrement par le maire.
3 Ils travaillent en relation avec le ministère des Transports.
4 Ils sont une forme d'horodateur.
5 Ils font payer les automobilistes qui garent leur voiture.
6 Il y a un seul tarif-forfait, ce qui est injuste.
7 Si l'automobiliste dépasse le temps prévu, il a une amende.
8 Si l'automobiliste stationne moins longtemps que prévu, la différence lui est remboursée.
9 Le système rencontre pas mal de problèmes en ce moment.
10 Il y aura peut-être des agents encaisseurs dans d'autres villes en France.

Vocabulaire utile	
un (e) encaisseur (se)	collector
un horodateur	parking ticket machine
garer, stationner	to park

Langue: Past historic

see Dynamic Learning

Deux roues

On s'échauffe

★ Habitez-vous en ville? Êtes-vous conscient de la pollution atmosphérique? Comment vous déplacez-vous en ville? Pensez-vous parfois au vélo?

1 **Écoutez l'entregistrement et répondez aux questions qui suivent à propos du vélo en France.**

1 Quelle est la cote de popularité du vélo en France?
2 Dans quels pays est-il populaire comme moyen de transport?
3 Dans quelles circonstances les Français risquent-ils de se servir d'un vélo en ville?
4 Est-ce qu'ils y prennent goût?
5 Les préoccupations écologiques influencent-elles l'utilisation du vélo? Pourquoi?
6 Pourquoi le VTT devient-il de plus en plus populaire?

Lisez le texte et regardez la publicité, puis répondez en français aux questions qui suivent.

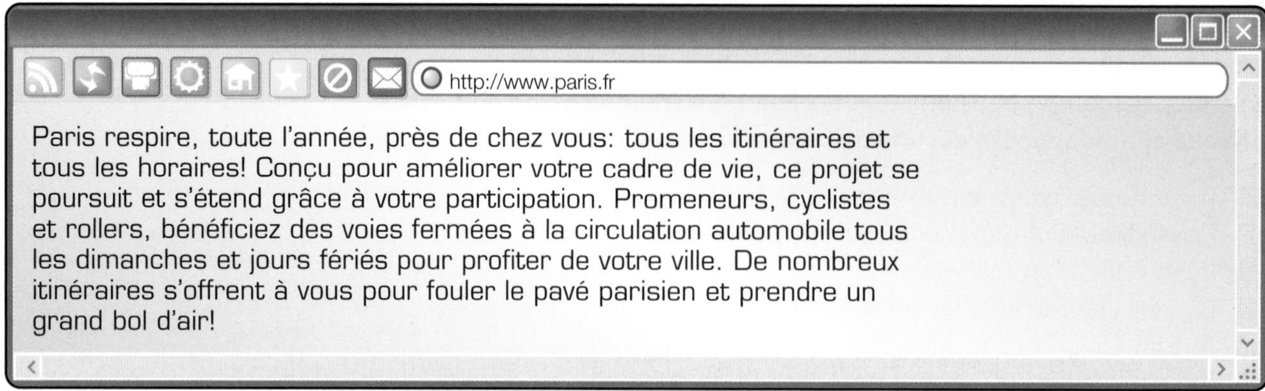

http://www.paris.fr
Paris respire, toute l'année, près de chez vous: tous les itinéraires et tous les horaires! Conçu pour améliorer votre cadre de vie, ce projet se poursuit et s'étend grâce à votre participation. Promeneurs, cyclistes et rollers, bénéficiez des voies fermées à la circulation automobile tous les dimanches et jours fériés pour profiter de votre ville. De nombreux itinéraires s'offrent à vous pour fouler le pavé parisien et prendre un grand bol d'air!

1 Que se passe-t-il à Paris?
2 Qui en profite? Pourquoi?
3 Expliquez autrement la phrase «Paris respire».
4 Que pensez-vous de cette initiative?

Regardez les chiffres ci-dessous et répondez aux questions.

Le vélo en chiffres

Le Tour de France a lieu chaque année au mois de juillet et les Français deviennent, pour un mois, les inconditionnels des deux roues. Il existe un grand rapport entre la France et le cyclisme mais au quotidien le vélo ne semble pas être très populaire.

«Le Club des villes cyclables» a effectué un sondage auprès d'un échantillon représentatif de la population française. Entre autres, on a posé deux questions:

- Quels moyens de transport utilisez-vous pour vos déplacements?
- Si vous aviez le choix, quel moyen de transport utiliseriez-vous pour vos déplacements quotidiens?

Moyen de transport	Utilisé	Le choix
La voiture	84%	45%
La marche à pied	45%	16%
Les transports en commun	24%	18%
Le vélo	14%	13%
La moto, le scooter, la mobylette	5%	6%
Autre	2%	1%

http://www.tns-sofres.com/etudes/pol/030403_velo.pdf

1 Expliquez pourquoi la voiture est le moyen de transport le plus populaire.
2 Après la voiture, quel moyen de transport les sondés souhaiteraient-ils utiliser le plus?
3 Selon ce tableau, les amateurs du vélo se sont-ils décidés à utiliser ce moyen de transport? Pourquoi?
4 Expliquez pourquoi un si grand nombre de sondés ne veulent pas marcher.
5 Analysez vos déplacements quotidiens: quels moyens utilisez-vous? Pourquoi?

4 **Depuis le démarrage du service «Vélib'» le 16 juillet 2007, plus de 2 millions de locations de vélo ont été effectués à Paris. Regardez l'extrait du site web www.velib.paris.fr et préparez des réponses aux questions qui suivent.**

http://www.velib.paris.fr

Vélib', la ville est plus belle à vélo

Utiliser Vélib'

Prendre un vélo dans une station, le déposer dans une autre, Vélib' est un système de location en libre-service très simple à utiliser et disponible 24 heures sur 24 et 7 jours sur 7.

Prendre un vélo

Pour prendre un vélo, rien de plus simple! Il vous suffira de vous identifier sur la borne, d'accéder au menu, et de choisir votre vélo parmi ceux qui seront proposés à l'écran. Et maintenant, retirez votre vélo!

Gagnez du temps!

Si vous êtes titulaire d'une carte Vélib' 1 an, vous pourrez retirer un vélo directement sur le point d'attache.

Déposer son vélo

Une fois votre trajet terminé, il vous suffira de déposer le vélo dans n'importe quelle station Vélib'. Vous venez de recevoir votre confirmation d'abonnement? Vous avez 45 jours pour activer votre compte Vélib'.

1 Faites une description des images du site.
2 Expliquez l'impression que les images voudraient présenter.
3 Comment le système marche-t-il?
4 Utiliseriez-vous un tel système au Royaume-Uni?

5 Deux cyclistes: Rachid et Pierre sont tous les deux cyclistes, mais dans des conditions très différentes. Écoutez leurs témoignages et puis décidez qui aurait pu faire chacune des affirmations ci-dessous. Est-ce qu'il s'agit de Pierre ou de Rachid? Ou est-ce ni l'un, ni l'autre?

1 J'habite une ville de taille moyenne.
2 Nous vivons dans un cadre rural.
3 J'aime garder la forme.
4 J'habite dans une des grandes agglomérations françaises.
5 La vitesse des voitures me fait parfois peur.
6 Les embouteillages sont rares.
7 Sous la pluie, ce n'est pas rigolo.
8 Le trajet prend moins d'une demi-heure.
9 Je fais du vélo pour me défouler.
10 Réduire la pollution, c'est important pour moi.

Le TGV

On s'échauffe

★ Prenez-vous le train? Régulièrement? De temps en temps? Jamais? Qu'est-ce qui influence votre décision de prendre ou de ne pas prendre le train?

La SNCF et le TGV: un peu d'histoire

1938
Le réseau ferroviaire est nationalisé et la SNCF (Société nationale des chemins de fer français) est fondée. Le réseau actuel s'étend sur 40,000 km de voies ferrées.

1981
Instauration des LGV (Lignes à Grande Vitesse), dont la première Paris–Lyon. La rame TGV no 16 établit le nouveau record du monde de vitesse ferroviaire à 380 km/h.

1990
La rame TGV Atlantique établit le nouveau record du monde de vitesse ferroviaire à 515,3 km/h.

1994
Ouverture du tunnel sous la Manche. Le 6 mai 1994, début du service commercial d'Eurostar.

2007
4 avril: La rame V150 pulvérise l'ancien record de vitesse sur rails à 574,8 km/h.

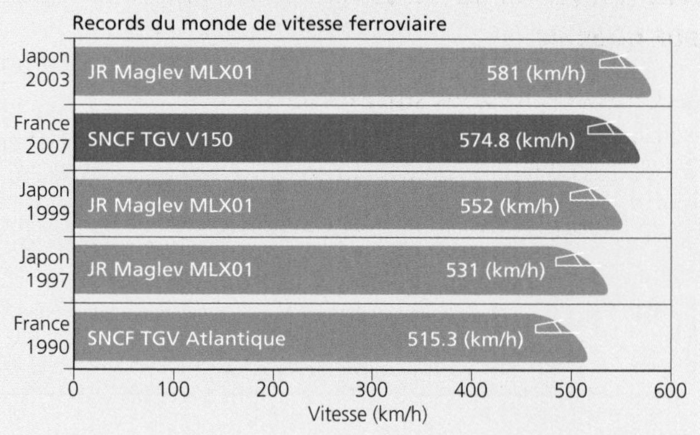

http://news.bbc.co.uk/1/hi/world/europe/6521295.stm

1 A. Écoutez cet enregistrement qui présente une image très positive des trains français. Faites correspondre les fins et débuts des phrases suivantes:

1 La SNCF
2 Le record ferroviaire
3 Le TGV roule depuis
4 On a permis au TGV d'
5 Le reste de l'Europe

a atteindre 320 km/h.
b est très fière.
c est tenu par le Maglev.
d se croit brillante.
e au moins 20 ans.
f s'ouvre à la France avec la nouvelle LGV.
g vient d'être battu.

B. Répondez aux questions suivantes:

1 Dès son lancement, qu'a fait le TGV?
2 Pourquoi considère-t-on le Maglev comme le train le plus rapide du monde?
3 M. Chirac est-il fier de cet exploit? Expliquez pourquoi.
4 Quelle augmentation de vitesse repère-t-on entre le premier record et ce dernier?
5 Expliquez le terme «une ligne à grande vitesse».

2 **Travaillez avec un partenaire. Trouvez une publicité (tirée d'un magazine ou d'Internet) pour le TGV et préparez des réponses aux questions.**

- Que voyez-vous sur l'image?
- Comment l'image essaie-t-elle de créer une impression de vitesse?
- Quelle est la couleur dominante? Pourquoi?
- À quelle classe de voyageur cette publicité s'adresse-t-elle?
- Comment peut-on se renseigner davantage sur le TGV?
- Le slogan du TGV est «Prenez le temps d'aller vite», ce qui semble contradictoire. Pouvez-vous l'expliquer?

Langue: Perfect

see Dynamic Learning

3 **Vous venez de voir cette publicité à la gare et vous décidez de raconter une de vos meilleures histoires de vacances. Dans le règlement vous découvrez que vous devez écrire entre 200 et 220 mots et mentionner:**

- avec qui vous êtes parti et comment vous vous êtes entendus
- ce que vous avez tiré de voyager ensemble
- où vous êtes allés et pourquoi
- dans quelle mesure vous avez tiré profit du voyage et de vos expériences partagées
- au moins trois gestes pour faire des vacances plus vertes.

Partir ensemble, partager les mêmes expériences, ça vous dit quelque chose? Écrivez-nous votre meilleure histoire de voyage et gagnez un pass Eurail.

UNITÉ 6

SOS Planète

Terrain examen
see Dynamic Learning

Langue: Revision of *faire* + infinitive
see Dynamic Learning

Exercices: L'effet de serre et le monde
see Dynamic Learning

Langue: Conjunctions
see Dynamic Learning

L'effet de serre et nous

On s'échauffe

★ Êtes-vous conscients de votre consommation d'énergie? Faites-vous des efforts chez vous? Pensez-vous à éteindre les lampes quand vous quittez une pièce par exemple? Quels autres gestes faites-vous pour économiser de l'énergie?

Lisez cette brochure qui nous encourage tous à passer à l'action.

Des gestes pour sauver la planète

Relevez le défi et luttez chez vous contre l'effet de serre et le changement du climat!

Vous vous inquiétez du réchauffement de la planète? Voici des solutions qui sont pratiques et accessibles. À vous de passer à l'action!

Évitez de voyager trop en avion. Si vous devez le faire, vous pouvez compenser la pollution causée par la plantation d'arbres ou des dons à des œuvres écologistes. Votre empreinte CO_2 devrait être réduite à zéro chaque année. Par exemple, un vol de Londres à Paris émet 244 kg de CO_2 par personne.

Surveillez votre chauffage! Mettez un pull et chauffez votre maison un peu moins. Une baisse de 1°C réduit les émissions de CO_2 de 5%.

Remplacez vos ampoules ordinaires par des ampoules à économie d'énergie. Elles consomment cinq fois moins d'électricité. Chaque kilowatt-heure économisé évite le rejet de 90 grammes de CO_2 dans l'atmosphère.

Éteignez vos téléviseurs, vos magnétoscopes et vos ordinateurs! Il est pratique de les laisser en veille, mais pensez aux conséquences pour la planète! Dans un ménage moyen, les appareils en veille rejettent 50 kilos de CO_2 par an.

Triez vos déchets! Non trié, le kilo de déchet, incinéré ou mis en décharge, dégage 640 grammes de CO_2 ou l'équivalent en méthane.

Laissez votre voiture à la maison! Une personne seule en ville dans sa voiture émet 309 grammes de CO_2 au kilomètre. En bus, 80, en tramway 20, à vélo, 0.

Vocabulaire utile	
en veille	on standby
une ampoule	light bulb
éteindre	to switch off
un ménage	household
trier	to sort
le changement climatique	climate change

2 **A. Faites des recherches sur Internet et trouvez une publicité pour l'ADEME. Après l'avoir trouvée, répondez aux questions suivantes:**

- Expliquez ce que vous voyez sur la publicité.
- Quel est le but de la publicité?
- Cette publicité est-elle efficace?
- Qu'est-ce que vous faites déjà pour réduire les émissions de CO_2?

B. Débat:

either

Imaginez que cette publicité vous ait vraiment inspiré. Vous êtes résolu et vous allez passer à l'action. Cependant, avant de passer à l'action il vous faut convaincre vos parents et vos copains / copines cyniques!

- Pour l'idée dans la publicité, écrivez une ou deux phrases pour les convaincre.
- Donnez vos raisons et justifiez vos idées avec des faits concrets et soutenables.
- Soyez prêt aux attaques des non-croyants!

or

Après avoir lu cette publicité, vous vous sentez plus cynique que jamais et vous vous mettez à ridiculiser les arguments ci-dessus. Il faut que vous soyez prêt à convaincre les écologistes et une grande partie du monde qui s'inquiète vraiment pour l'avenir de notre planète.

- Pour l'idée dans la publicité, écrivez une ou deux phrases qui donnent vos contre-arguments.
- Donnez vos raisons et justifiez vos idées avec des faits concrets et soutenables.
- Soyez prêt aux attaques de vos «écologistes»!

Phrases utiles	
laisser en veille	to leave on standby
une ampoule qui économise l'énergie	energy-saving light bulb
on laisse les radiateurs en marche en permanence	we leave radiators on all the time
je ne prends jamais le tramway / le bus	I never take the tram / bus

3 **Vous allez entendre plusieurs personnes faire des commentaires sur ce qu'elles font elles-mêmes pour réduire les émissions qui suscitent et aggravent l'effet de serre. Choisissez la bonne réponse.**

1 La plupart d'entre eux (au moins trois sur six) estiment que l'effet de serre:
   a est un grand problème.
   b n'est pas très important.
   c est un grand problème auquel leurs enfants et petits enfants devront faire face.

2 Les filles s'inquiètent plus que les garçons parce qu' / que:
   a elles sont plus responsables.
   b les garçons ne connaissent pas grand-chose.
   c leur professeur leur en a beaucoup parlé.

3 Jean-David n'est pas convaincu:
   a que ce qu'il fasse changera le monde.
   b que le recyclage soit facile.
   c que prendre le bus soit une réponse aussi sérieuse au problème.

4 Le système de recyclage dont on se sert chez Roger:
   a semble efficace.
   b est lamentable.
   c est corrompu.

5 Laure s'est décidée à se limiter à un vol par an parce que / qu':
   a les transports en général sont mauvais pour la santé.
   b elle habite en Australie et les vols émettent beaucoup de CO_2.
   c elle ne supporte pas de voler.

6 Avant qu'ils ne puissent faire quelque chose de sérieux sur le plan environnement:
   a ils devront obtenir leurs diplômes.
   b il sera trop tard.
   c ils feront de leur mieux chez eux.

4 **Lisez cette explication sur «le marché du carbone» et répondez aux questions qui suivent, en utilisant le plus possible vos propres mots.**

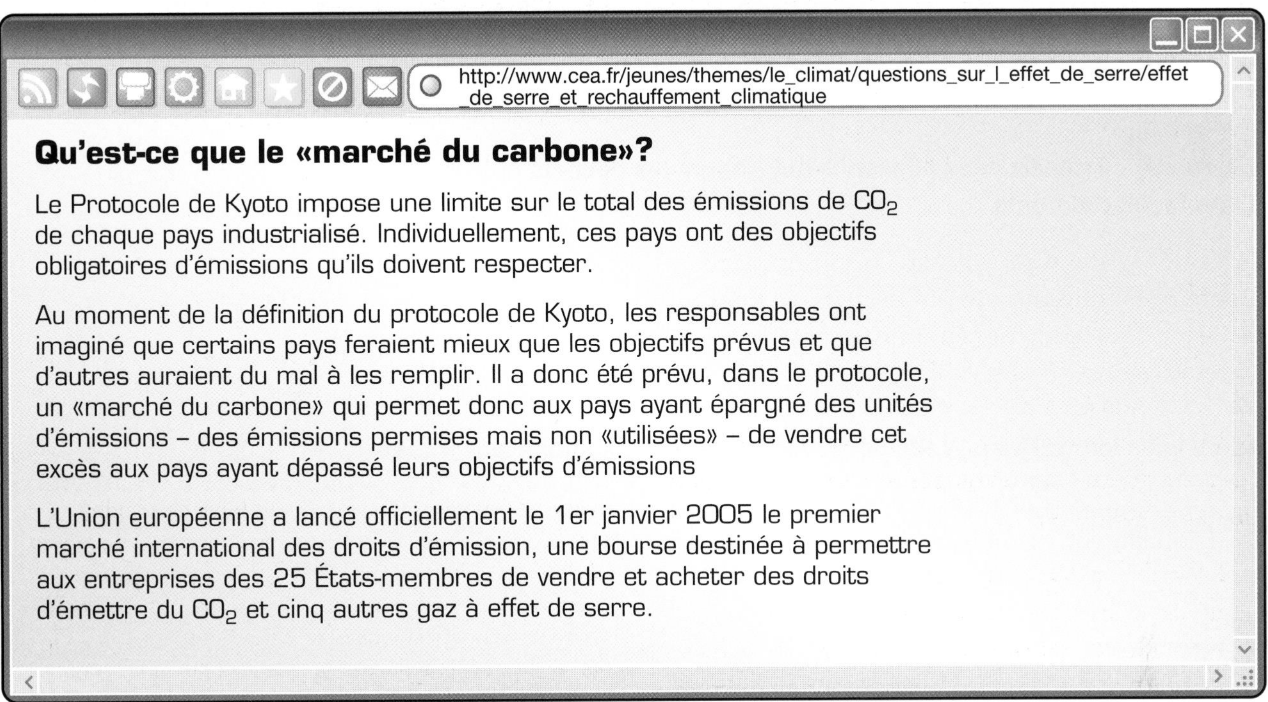

http://www.cea.fr/jeunes/themes/le_climat/questions_sur_l_effet_de_serre/effet_de_serre_et_rechauffement_climatique

Qu'est-ce que le «marché du carbone»?

Le Protocole de Kyoto impose une limite sur le total des émissions de CO_2 de chaque pays industrialisé. Individuellement, ces pays ont des objectifs obligatoires d'émissions qu'ils doivent respecter.

Au moment de la définition du protocole de Kyoto, les responsables ont imaginé que certains pays feraient mieux que les objectifs prévus et que d'autres auraient du mal à les remplir. Il a donc été prévu, dans le protocole, un «marché du carbone» qui permet donc aux pays ayant épargné des unités d'émissions – des émissions permises mais non «utilisées» – de vendre cet excès aux pays ayant dépassé leurs objectifs d'émissions

L'Union européenne a lancé officiellement le 1er janvier 2005 le premier marché international des droits d'émission, une bourse destinée à permettre aux entreprises des 25 États-membres de vendre et acheter des droits d'émettre du CO_2 et cinq autres gaz à effet de serre.

1. Selon cet article, quel est le but du Protocole de Kyoto?
2. Expliquez le terme «objectif» dans le texte.
3. Donnez un exemple d'une situation où un pays devrait acheter des unités d'émissions.
4. De quelle façon tous les pays peuvent-ils profiter du système du «marché du carbone»?
5. D'après cet article, expliquez précisément comment marche un marché.

Vocabulaire utile	
une empreinte carbone	carbon footprint
un objectif	objective, target
épargner	to save
une bourse	stock exchange
dépasser	to exceed, overtake
mettre X et Y en balance	to offset X and Y
l'émission de carbone	carbon emission
le marché du carbone	carbon trading

Les déchets et le recyclage

On s'échauffe

★ Chaque Français produit un kilo de déchets par jour! Êtes-vous conscient d'en produire autant? Que jetez-vous chaque jour? Triez-vous vos déchets à la maison?

1 Trouvez deux publicités qui traitent les déchets et le recyclage d'une façon différente.

- Visitez le site web: www.reduisonsnosdechets.fr, et trouvez la publicité titrée «Reduisons vite nos déchets, ça déborde».
- Faites des recherches en utilisant Internet et trouvez une publicité pour le recyclage.

Après les avoir trouvées, vous devez répondre aux questions suivantes:

1 Expliquez ce qui se passe dans ces deux images.
2 Laquelle vous semble la plus efficace et pourquoi?

2 Écoutez six personnes qui parlent du recyclage. Faites correspondre leurs noms avec les opinions ci-dessous:

1	Hasan	4	Asif
2	David	5	Simon
3	Victor	6	Nana

a Le recyclage est essentiel dans notre société.

b Je recycle du verre et du papier tous les jours. C'est le moins que je puisse faire!

c Les poubelles / conteneurs de recyclage devraient être mis partout.

d Je suis contre toute forme de recyclage: ça ne sert à rien!

e L'emballage est un grand problème: à quoi bon avoir des cartons et tant de plastique?

f La mentalité des gens est en train de changer. Petit à petit ils se rendent compte du problème!

Lisez cet article sur les déchets et le recyclage.

Les déchets: un problème toujours plus grave

Dans l'Union européenne, nous jetons chaque année toujours plus de déchets. Entre 1995 et 1998, la quantité de déchets que nous avons générés a augmenté de 15%. Si nous continuons ainsi, en 2020 nous jetterons probablement 45% de déchets de plus qu'en 1995. La quantité de déchets provenant des équipements électroniques et électriques – le secteur qui en génère toujours plus – pourrait doubler en moins de douze ans. Nous ne pouvons pas continuer ainsi sans sérieusement détériorer notre environnement, de sorte que l'Union européenne a décidé de s'attaquer aux problèmes qu'entraînent les montagnes de déchets toujours plus hautes.

La prévention

La meilleure façon de résoudre le problème des ordures est d'en produire moins. C'est pour cela que les industries sont en train de développer une nouvelle «technologie propre». Qu'est-ce que cela signifie? Et comment les gens, en choisissant d'acheter des produits ou non, peuvent-ils avoir une influence sur la façon dont ceux-ci sont produits?

Le recyclage

Une grande partie de ce que nous jetons pourrait être recyclée en de nouveaux produits, ce qui ferait économiser de l'argent, des ressources et de l'énergie, voire être utilisée pour produire de l'énergie. Quel est le pourcentage de déchets actuellement recyclés? Qu'en est-il des équipements électriques et électroniques?

A. Exercice de compréhension: Indiquez, pour chaque affirmation, si c'est vrai ou faux, et corrigez celles qui sont fausses:

1 L'Union européenne jette plus à la poubelle qu'avant.
2 En 2020, nous jetterons deux fois plus de déchets qu'en 1995.
3 Le secteur des équipements électroniques est en pleine croissance.
4 La solution proposée par l'article est de vendre moins de produits.
5 Le recyclage n'est jamais rentable.

B. Faites le bilan: pendant une semaine, estimez ce que votre foyer jette à la poubelle.

Produit	**Quantité jetée à la poubelle (kg)**	**Quantité recyclée (kg)**
métal		
verre		
papier		
plastique		
boîte en carton		
déchets alimentaires		
Total		

C. Répondez aux questions suivantes:

1 Quel pourcentage de vos déchets recyclez-vous?
2 Pensez-vous que vous recyclez assez?
3 Quelle sorte de système de recyclage existe chez vous?
4 Pourquoi recycle-t-on?

Regardez ce poster qui encourage le recyclage et le tri à Paris.

1 Expliquez les différences entre les bacs jaunes, blancs et verts.
2 Qu'est-ce que le tri?
3 Comment trouvez-vous ce poster? Est-il efficace?
4 Faites une comparaison entre le système de recyclage chez vous et celui de Paris.

Vocabulaire utile	
en vrac	loose, unpackaged, in bulk
le tri	sorting
le tri sélectif des ordures	household waste sorting
il suffit de...	all you have to do is...
le bac	tub, bin
une revue	magazine, journal
une canette	a can, small bottle
un bidon	can, drum, flask
une brique	carton (e.g. fruit juice), brick
un bocal	jar
uniquement	exclusively, only
un flacon	small bottle
usagé (e)	used
les déchets alimentaires	food waste

5 **Travail de recherche: Cliquez sur le site www.ademe.fr. Vous écrivez un article pour le site web de votre lycée. Vous avez décidé de faire des recherches sur l'ADEME. Écrivez entre 200 et 220 mots et répondez aux points suivants:**

1 Quel est le but de l'ADEME?
2 Quels jeux pouvez-vous trouver sur le site? Sont-ils efficaces?
3 Pourquoi utilise-t-on des bandes dessinées?
4 Quelles langues pourriez-vous utiliser sur ce site? Pourquoi?

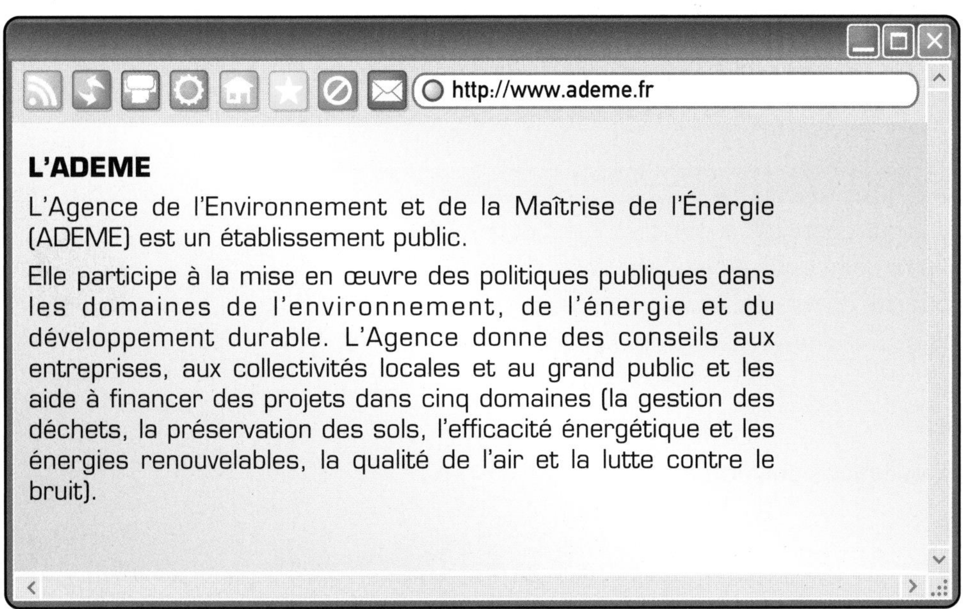
http://www.ademe.fr
L'ADEME
L'Agence de l'Environnement et de la Maîtrise de l'Énergie (ADEME) est un établissement public.
Elle participe à la mise en œuvre des politiques publiques dans les domaines de l'environnement, de l'énergie et du développement durable. L'Agence donne des conseils aux entreprises, aux collectivités locales et au grand public et les aide à financer des projets dans cinq domaines (la gestion des déchets, la préservation des sols, l'efficacité énergétique et les énergies renouvelables, la qualité de l'air et la lutte contre le bruit).

Vocabulaire utile	
l'ADEME	L'Agence de l'Environnement et de la Maîtrise de l'Énergie (French Department for the Environment)
la maîtrise	control
la mise en œuvre	implementation
un établissement	organisation, establishment
durable	sustainable, lasting
la recherche	research
trier	to sort
l'emballage	packaging
la déchetterie	municipal waste site, tip
les ordures	rubbish
le récup-verre	glass recycling station
la gestion des déchets	waste management
le recyclage des équipements électroniques et électriques	electronic and electric product recycling
déborder	to overwhelm, overflow
l'efficacité énergétique	energy efficiency
les énergies renouvelables	renewable energy sources
la qualité de l'air	air quality
la lutte contre le bruit	the fight against noise pollution
le développement durable	rsustainable development

Langue: Possessive pronouns
see Dynamic Learning

Exercices: Les eaux de la terre
see Dynamic Learning

Langue: Pronouns
see Dynamic Learning

La pollution urbaine

On s'échauffe

★ Habitez-vous en ville? Êtes-vous conscient de la pollution atmosphérique? La mauvaise qualité de l'air nuit à notre santé et nous empêche de mener une vie heureuse. La voiture produit une grande partie de cette pollution. Quelles en sont les raisons? La voiture, les bus? Prenez-vous la voiture systématiquement pour vous déplacer en ville?

Répondez aux questions suivantes:

- Comment allez-vous au lycée?
- Par semaine, combien d'heures passez-vous en voiture?
- Vous servez-vous des transports en commun au quotidien?
- Quels sont les atouts et les inconvénients de la voiture et des transports en commun?
- Pour quelle raison utilisez-vous la voiture? Si vous voulez, servez-vous des raisons ci-contre.

Phrases utiles

Les transports en commun ne desservent pas le lieu de travail aux horaires adéquats.
Besoin de voiture en journée.
Gain de temps.
Plus confortable ou plus sûr.

L'air à pleins poumons

A. Trouvez dans l'enregistrement l'équivalent français des termes suivants:

1 which has got a hold on
2 worse still
3 which seriously damages our health
4 less congestion
5 as old habits die hard

B. Écrivez une ou deux phrases, inspirées par les informations dans l'enregistrement, pour mettre les fausses idées suivantes au placard:

1 L'idée que la voiture pollue est une invention des médias.
2 La voiture est indispensable en ville.
3 Le centre-ville risque de mourir si on ne peut pas y accéder en voiture.
4 Il n'y a pas d'alternative à la voiture.
5 Ceux qui se disent contre la voiture ne cherchent que la popularité à court terme.

3 **Débat: Vous habitez Londres. L'un de vous va prendre le rôle d'un écologiste qui croit que la voiture est une menace, l'autre celui d'un accro de voitures qui en possède quatre.**

Les règles du débat:

- Vous avez chacun(e) **une minute** pour présenter vos idées, sans interruption.
- Ensuite c'est la lutte acharnée où vous devez essayer de convaincre votre adversaire. Cette partie dure **quatre minutes**.
- À la fin du débat, résumez vos arguments en **30 secondes**. Avez-vous réussi à convaincre votre adversaire de votre point de vue?
- Voir la section «Langue: Impersonal verbs» au CD «Dynamic Learning». Vous devez utiliser autant de phrases mentionnées que possible pendant votre débat.

Vocabulaire utile	
la qualité de l'air	air quality
la qualité de vie	quality of life
émettre	to emit
écologique	environmental
respirer	to breathe
les oxydes d'azote	NO_2
les oxydes de carbone	CO_2
les hydrocarbures	hydrocarbons
le plomb	lead
un métal lourd	heavy metal
se déplacer	to get about, to move
une agglomération	town, built-up area
un encombrement	cluttering up, traffic jam
un piéton	pedestrian
les gaz d'échappement	exhaust gases
flâner	to wander, stroll
un atout	an asset, trump card

Langue: Impersonal verbs

see Dynamic Learning

4 Lisez ces résultats d'un sondage sur les moyens de transport en France et puis répondez aux questions qui suivent.

Moyen de transport utilisé habituellement pour se rendre sur son lieu de travail ou d'étude							
	Voiture, moto, scooter	**Véhicule partagé**	**Vélo**	**À pied**	**Transport en commun**	**Trop variable pour répondre**	**Total**
Âge							
15 à 19 ans	18	5	3	22	50	1	100
20 à 29 ans	54	2	2	15	26	1	100
30 à 39 ans	72	2	2	8	14	2	100
40 à 49 ans	76	2	2	8	11	1	100
50 à 59 ans	69	3	1	12	13	1	100
60 ans et plus	45	1	5	13	35	0	100
Résidence							
Rural	78	3	2	4	12	1	100
Petites villes	71	4	2	12	10	1	100
Villes moyennes	66	5	3	16	10	0	100
Grandes villes	63	1	2	15	17	2	100
Agglomération parisienne	38	1	1	11	46	3	100
dont Paris	*19*	*0*	*1*	*14*	*64*	*2*	*100*

Lecture: 68% des hommes utilisent habituellement un véhicule personnel motorisé pour se rendre au travail.

Champ: personnes de 15 ans et plus travaillant hors de chez soi.
Source: Enquête permanente sur les conditions de vie (EPCV), January 1998, Insee.

1 Quelle partie de la population utilise le plus la voiture? Pourquoi?
2 Dans les grandes villes, à part la voiture, comment se déplace-t-on?
3 Chez les jeunes de 15 à 19 ans, on se déplace pour la plupart en transports en commun. À votre avis, quelle est la rasion pour cela?
4 Donnez au moins trois raisons pour lesquelles il y a une aussi grande différence d'utilisation de la voiture en zones rurales et dans les grandes villes.
5 Faites une comparaison entre ces statistiques et vos propres expériences du transport hebdomadaire. Y a-t-il un rapport concret entre les deux?

 Lisez cet article et répondez aux questions qui suivent.

http://tf1.lci.fr/infos/sciences/2005/0,,3242953,00-malus-pour-voitures-polluantes-.html

Les transports dans la ligne de mire

Le pétrole est cher et le climat se réchauffe: deux bonnes raisons pour taxer les voitures les plus polluantes qui acquitteront un «malus» à partir de janvier en plus de l'actuelle carte grise, selon la ministre de l'Écologie Nelly Olin. Elle a détaillé mercredi l'ensemble des mesures écologiques dévoilées la semaine dernière par le Premier ministre. «Le problème du changement climatique et le problème du prix du pétrole sont devenus un seul et même problème», a-t-elle souligné.

Premier secteur visé: les transports, qui absorbent plus de la moitié de la demande de pétrole française, et représentent le quart des émissions de gaz à effet de serre de la France. Les acheteurs de voitures neuves très polluantes (plus de 200 grammes de CO_2 par km) acquitteront une taxe supplémentaire sur la carte grise à partir du 1er janvier. La mesure concerne 8% des ventes, soit 180.000 cartes grises. Les véhicules d'occasion qui ont été immatriculés pour la première fois après juillet 2004 seront aussi surtaxés à la revente.

«Une micro-mesure»

Ce «malus» cible les 4X4, monospaces et voitures de luxe. Chaque gramme de CO_2 «coûtera» 2 euros supplémentaires entre 200 et 250 grammes de CO_2 au km, et 4 euros au delà de 250 g/km. Le surcoût moyen est de 40 euros pour les véhicules entre 200 et 250 grammes et de 211 euros pour ceux émettant plus de 250 g.

Exemple: la carte grise coûtera 12 euros de plus pour une Espace IV 2.2dCi (206 g de CO_2) et 380 euros de plus pour une 4X4 Cayenne (320 g). La mesure drainera 18 millions d'euros, affectés à l'Agence de l'environnement et de la maîtrise de l'énergie (ADEME). «L'intérêt est surtout pédagogique», estime Olivier Louchard du Réseau Action Climat, qui regroupe 13 associations écologistes. «C'est une micro-mesure, sans grand impact sur les émissions de CO_2», ajoute-t-il.

Le gouvernement a renoncé à abaisser la vitesse sur autoroute de 130 km/h à 115 km/h, ce qui aurait permis d'économiser 20% de carburant, soit deux millions de tonnes de pétrole par an, selon l'ADEME.

Véhicule hybride

Le gouvernement veut inciter les constructeurs français à proposer un véhicule hybride (à l'électricité et à moteur thermique). Les hybrides vendus aujourd'hui sont tous étrangers: Toyota, Honda. Renault et PSA, qui ont une longueur d'avance dans le diesel, pourraient combler leur retard avec un véhicule hybride diesel/électrique. PSA a un prototype dans ses cartons.

1 What, according to the article, is a «malus»?
2 Who is the Minister for the Environment?
3 What percentage of greenhouse gases comes from transport?
4 Who will be subject to a new tax?
5 How does the tax work?
6 How does Olivier Louchard view the new tax?
7 What other measures are being considered by the government?
8 According to the article, why do French car manufacturers find themselves behind the times?

L'énergie et les alternatives

On s'échauffe

★ Lorsque l'on parle de l'énergie, normalement on veut dire «l'électricité». Si vous avez jamais subi une coupure de courant, vous vous rendrez compte de son importance.

1 **La plupart de l'électricité produite en France vient des centrales nucléaires. Regardez ces deux tableaux et répondez aux questions qui suivent.**

Production et consommation d'électricité en France (en TWh)					
	Production dont:	***production thermique nucléaire***	***production thermique classique***	***production hydraulique****	**Consommation intérieure**
1976	194,9	*15,0*	*131,2*	*48,7*	196,4
1995	471,4	*358,8*	*36,8*	*75,8*	397,3
1996	489,8	*378,2*	*41,7*	*69,9*	415,2
1997	480,9	*375,9*	*37,8*	*67,2*	410,3
1998	487,0	*368,5*	*52,7*	*65,8*	423,8
1999	500,3	*374,9*	*48,7*	*76,7*	430,9
2000	516,7	*395,2*	*49,9*	*71,6*	440,6
2001	526,2	*401,3*	*46,4*	*78,5*	452,0
2002	535,0	*416,5*	*52,7*	*65,8*	450,5
2003	542,3	*420,7*	*57,2*	*64,5*	468,6
2004 (r)	549,5	*427,7*	*56,5*	*65,4*	480,3
2005 (r)	550,1	*430,0*	*62,9*	*57,3*	483,2
2006 (p)	548,8	*428,7*	*57,1*	*63,0*	478,0

Champ: France métropolitaine.
*Y compris le pompage. Par convention, les productions éoliennes et photovoltaïques sont ajoutées à la production hydraulique.
p: données provisoires.
r: données révisées.
Source: Observatoire de l'Énergie; http://www.insee.fr/fr/ffc/chifcle_fiche.asp?tab_id=324

Le bilan électrique en 2006			
	Montant en TWh	**France %**	**Royaume-Uni* %**
Production nette (1) dont:	**548,8**		
nucléaire	428,7	78	19
thermique classique	57,1	10	74
hydraulique	60,9	11	1
éolienne et photovoltaïque	2,2	0,4	4

Champ: France métropolitaine.
* Sauf les importations.
Source: http://www.industrie.gouv.fr/energie/statisti/pdf/elec-analyse-stat.pdf

1 La production thermique nucléaire a augmenté de quel pourcentage entre 1976 et 2006?
2 En l'an 2000, quel pourcentage de l'électricité française a été produit par «production thermique classique».
3 De quelle façon la production de l'électricité a-t-elle changé entre 1976 et 2006 en France?
4 Quelle est votre attitude face au nucléaire?
5 Quelles sont les différences entre la France et le Royaume-Uni?
6 Êtes-vous heureux d'habiter un pays où on n'utilise que peu de production nucléaire? Ou est-ce que ça vous est égal?

2 **Christophe habite à Dunes, un petit village à côté de Golfech dans le Tarn-et-Garonne. Il nous a parlé du nucléaire, de la centrale et de son village.**

A. Listen to Christophe's account of life in Dunes and make notes in English on:

1 his general attitude towards nuclear power
2 his attitude towards the construction of a nuclear power station near Dunes
3 the changes he has noticed in Dunes since the construction of Golfech.

B. Écoutez la conversation avec Christophe une deuxième fois et notez en français tous les points positifs qu'il mentionne par rapport au nucléaire et à la centrale de Golfech.

A. Lisez ces deux points de vue et soyez prêt à débattre le nucléaire.

Contrôleur d'environnement dans une centrale nucléaire: «Notre objectif, c'est de mesurer et limiter l'impact de la production sur l'environnement: le bruit, les vibrations, la pollution…»

Aujourd'hui, la question énergétique et ses conséquences sur l'effet de serre, la couche d'ozone et la qualité de l'air sont des préoccupations planétaires majeures. Le nucléaire, lui, est une énergie qui n'émet pas de gaz à effet de serre, ce qui présente un indéniable avantage écologique pour les centrales nucléaires. En réduisant de 70% la pollution atmosphérique au cœur de ses villes, la France est devenue grâce au nucléaire l'un des pays industrialisés où l'atmosphère est la moins polluée par la production d'énergie.

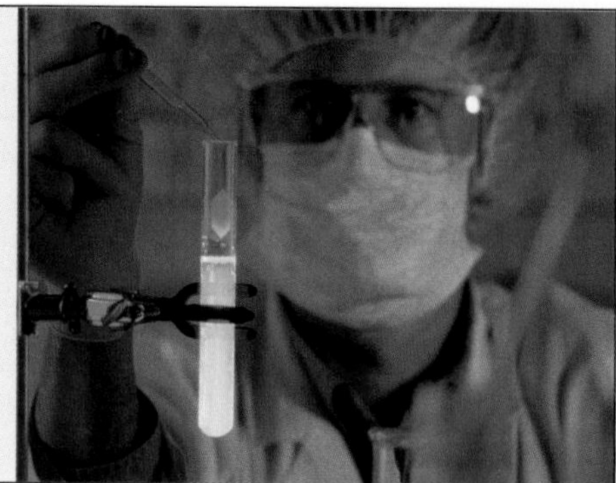

- Que voyez-vous sur l'image?
- Est-on conscient d'un danger quelconque sur la photo?
- Comment la photo donne-t-elle une impression de sécurité?

B. Relisez le texte ci-dessus et répondez aux questions suivantes en français:

1 Pourquoi l'énergie est-elle devenue une préoccupation planétaire majeure?
2 Quel est le grand avantage de l'énergie nucléaire par rapport au réchauffement de la planète?
3 Quels résultats positifs la France a-t-elle connu grâce à son programme d'énergie nucléaire?
4 L'EDF dit que son objectif, c'est de limiter l'impact de la production sur l'environnement. La compagnie réalise-t-elle cet objectif à votre avis?
5 La publicité invite les lecteurs à «redécouvrir l'EDF». Pourquoi est-ce nécessaire à votre avis?

4 **Débat: Pour ou contre le nucléaire? Relisez le point de vue d'une manifestante contre l'énergie nucléaire, puis travaillez avec un partenaire et faites un jeu de rôle. L'un d'entre vous prendra le rôle du «contrôleur» d'environnement dans une centrale nucléaire, et l'autre prendra le rôle de cette manifestante. Suivez les règles du débat exposées plus tôt dans ce chapitre. Utilisez les pronoms détaillés á la section «Langue: Emphatic/Disjunctive pronouns» au CD «Dynamic Learning» pour vous aider à souligner vos arguments!**

Le nucléaire produit ses propres déchets! Manifestante contre l'énergie nucléaire

L'énergie nucléaire est si importante pour la France. Quant à moi, je voudrais que nous changions d'idées. Il faut que nous tenions tête au gouvernement et aux grandes compagnies d'électricité. Bien sûr, l'énergie nucléaire ne produit qu'une part infime des gaz polluants qui contribuent à l'effet de serre, mais les déchets radioactifs qui en résultent sont très dangereux. Ils se désintègrent avec le temps: l'essentiel c'est que ce temps pourrait durer de quelques heures ou quelques jours à plusieurs milliers d'années et même plus. Les déchets produits dans une centrale nucléaire sont, pour la plupart, de l'uranium (demi-vie = 4,5 milliards d'années)! Que deviennent-ils, ces déchets? Parfois ils sont traités ou mis dans le centre de stockage ou dans les sites miniers. On nous dit que la proximité d'un de ces sites n'est pas dangereuse: mais en cas d'accident? Nous avons tous entendu parler de Tchernobyl.

Les chiffres sont inquiétants: 600 000 civils, militaires, pompiers et opérateurs de la centrale ont été touchés. Cela pourrait se passer en France. Pratiquement toutes les régions sont en danger: il vous suffit de visiter le site de l'Andra (L'Agence nationale pour la gestion des déchets radioactifs: www.andra.fr) pour trouver l'étendue des déchets radioactifs dans votre région. Soyons prudents: il faut que nous agissions avant qu'il ne soit trop tard!

Langue: Emphatic / Disjunctive pronouns see Dynamic Learning

Les solutions alternatives et l'avenir

On s'échauffe

★ Vous souvenez-vous du tableau du «bilan de l'électricité»? En plus du nucléaire et de la thermique classique (le charbon et le gaz) on constate que la France produit environ 11% de son électricité des moyens renouvelables tels que l'hydro-électricité, l'énergie éolienne et l'énergie solaire. Ces dernières sont des sources d'énergie qui sauvegardent les ressources de la terre. Que connaissez-vous en ce qui concerne ces sources?

1 **Lisez ces phrases et faites-les correspondre aux définitions de différentes sources d'énergie renouvelable à la page suivante.**

1 J'habite en pleine campagne au sommet d'une colline. Ma petite maison est balayée par le vent.

2 J'habite les Pyrénées. Près de chez moi, il y a un ruisseau qui est très puissant. Comment l'exploiter?

3 J'habite dans le Morbihan en Bretagne au bord de la mer. Parfois il me faut rentrer chez moi en bateau, surtout lorsque c'est la pleine lune.

4 Après une longue carrière d'ingénieur, j'ai décidé de prendre ma retraite en Guadeloupe. Qui sait comment on produit l'électricité là-bas!

5 Je ne sais pas quoi faire avec toutes les épluchures de la cuisine!

6 Je me suis décidé à passer un an dans la jungle mais comment recharger mon iPod?

7 Dans le Tarn-et-Garonne il fait toujours beau en été. Notre piscine devrait quand même être plus chaude!

Définitions

L'énergie hydraulique

L'énergie hydraulique constitue la seconde source de production d'électricité en France. Elle représente 12% de la production totale d'électricité, avec une capacité de production de 70 TWh en année moyenne.

Éolien

D'après les projections du Syndicat des énergies renouvelables (SER), le parc éolien français devrait atteindre, au premier semestre 2007, 2000 MW pour un millier d'éoliennes, contre 1567 MW fin 2006.

L'énergie solaire

L'énergie solaire thermique résulte de l'utilisation de capteurs qui transforment l'énergie du rayonnement solaire en chaleur véhiculée par de l'eau.

L'énergie photovoltaïque

Le soleil: une énergie propre, silencieuse et inépuisable. Chaque mètre carré reçoit en moyenne entre 2 et 3 kWh par jour en Europe du Nord, et 4 à 6 kWh par jour entre les tropiques.

La géothermie

À l'heure actuelle, on produit de l'électricité à partir de ressources géothermales en exploitant des réservoirs dont la température est comprise entre 160 et 350 °C. Ces conditions se rencontrent dans les zones de volcanisme jeune ou de réservoirs chauds et perméables. À l'heure actuelle la Guadeloupe a une capacité installée d'environ 15 MW sur le champ de Bouillante.

Les bioénergies

Les bioénergies sont les énergies produites à partir de la biomasse et du biogaz, sous forme de chaleur, d'électricité ou de carburants. La biomasse est la fraction biodégradable des produits, déchets et résidus provenant de l'agriculture, de l'industrie et des ménages.

La mer

L'énergie houlomotrice ou la récupération de l'énergie de la houle et des vagues.

Source: L'énergie hydraulique http://www.industrie.gouv.fr/energie/hydro/f1_hydro.htm

Éolien http://www.enr.fr;

L'énergie photovoltaique http://www.solargie.com/fr_energie_solaire.htm;

Les bioénergies http://www.industrie.gouv.fr/cgi-bin/industrie/frame23e.pl?bandeau=/energie/recherche/be_rech.htm&gauche=/energie/recherche/me_rech.htm&droite=/energie/recherche/bioenergies.htm

Langue: Revision of future and conditional

see Dynamic Learning

Lisez cet article sur un projet intéressant dans le Larzac.

- À Paris, un groupe d'adolescents manifeste. Il sauve ainsi une mare au milieu des immeubles de la banlieue parisienne.
- Au Brésil on apprend à cultiver la terre sans l'épuiser.
- Les Japonais couvrent leurs toits de photopiles.
- Les Indiens, eux, installent des éoliennes.

Réagir positivement n'est pas toujours facile. Dans le Larzac, ces mêmes éoliennes ont été mal reçues. Une entreprise de l'Ardèche veut implanter une quinzaine d'éoliennes sur un plateau isolé. Au début, les gens ont bien réagi, même si, côté esthétique, ce n'était pas idéal: quinze mâts de 103 mètres dressés sur plusieurs kilomètres dans un paysage de plateau!

Mais surviennent les contraintes. Sur le site choisi, il y a des dolmens et des tumulus. Il faut faire d'énormes travaux pour soutenir le poids des mâts, et on a peur de détruire ces sites historiques. Des espèces d'oiseaux rares y vivent. Les mêmes mâts peuvent déranger les cigognes, les hérons, les vautours.

Une autre espèce est aussi menacée: les parapentistes! L'endroit est idéal pour faire du parapente, mais les mâts seraient un trop grand risque.

Les maires, eux, sont plus positifs. On offre à leurs communes 12 200 euros en taxes sur les éoliennes. C'est le Préfet de l'Aveyron qui décidera…

3 Exercice de compréhension: Relisez le texte ci-dessus (exercice 2) pour décider si les affirmations suivantes sont vraies, fausses ou pas mentionnées dans le texte. Corrigez celles qui sont fausses.

1 Un groupe d'adolescents a sauvé un oiseau rare au milieu des immeubles parisiens.
2 Au Brésil on développe de nouvelles récoltes qui ont besoin de beaucoup moins d'eau.
3 Les Japonais se tournent vers l'énergie solaire.
4 On installe des éoliennes dans l'ouest des États-Unis.
5 Dans le Larzac, les gens ont changé d'avis au sujet des éoliennes.
6 Des tas de pierres et des tombeaux risquent de mettre le holà sur un projet d'éoliennes.
7 Il y a déjà plus de cigognes dans le Larzac.
8 Le parapentiste est une espèce d'oiseau très rare.
9 Le projet va coûter 12 200 euros aux communes où les éoliennes seront situées.
10 Les maires dans le Larzac sont généralement en faveur de ce projet.

4 Lettre au Préfet: Vous habitez dans le Larzac et vous êtes formellement contre le projet des éoliennes. Vous avez appris que ce sera le Préfet de l'Aveyron qui prendra la décision ultime sur ce projet. Vous décidez donc de lui écrire pour exprimer votre opposition aux mâts. Vous devez écrire entre 200 et 220 mots et mentionner:

1 la raison pour laquelle vous êtes contre ce projet
2 les implications écologiques
3 ce que les villageois du Larzac pensent de ce projet
4 une solution éventuelle à ce problème ou un compromis.

5 A. Écoutez Francis Coffrigny, un habitant de ce plateau du Larzac. Il n'est pas très satisfait du projet. Dans quel ordre est-ce que vous entendez:

a sa critique des priorités des maires
b son souci par rapport aux sites historiques
c son explication de sa décision d'habiter sur ce plateau
d son raisonnement contre l'installation des éoliennes
e sa suggestion qu'il existe d'autres sites éventuels pour les éoliennes
f son souci par rapport à la faune du Larzac

Langue: Writing a letter see Dynamic Learning

B. Écoutez le témoignage de Francis Coffrigny une deuxième fois et identifiez:

1 deux adjectifs
2 deux verbes pronominaux (reflexive verbs)
3 deux infinitifs
4 deux négatifs différents
5 deux verbes qui apparaissent plus d'une fois (vous n'avez pas le droit d'utiliser être!).

6 **Regardez et lisez les deux publicités concernant l'énergie domestique. Répondez aux questions:**

- Ce sont des publicités pour quels produits?
- De quelle façon présentent-elles leur produit?
- Comment marche chaque forfait proposé?
- Quelles sont les différences entre les produits proposés?
- Lequel choisiriez-vous?

L'environnement et la politique

On s'échauffe

★ Tout le monde est d'accord pour reconnaître que notre planète est en danger. La politique jouera un rôle de plus en plus crucial dans la manière de faire face aux problèmes climatiques. En France le parti politique qui donne la priorité à ces questions s'appelle «les Verts». Qui sont-ils? Que font-ils? Que veulent-ils?

1 **Certes, l'homme est malade à cause de la pollution, mais on pourrait dire que la Terre elle-même est malade aussi. D'après les experts de l'environnement aux Nations Unies, il y a dix maladies qui affligent notre planète.**

Exercice de compréhension: Pour chaque menace mentionnée dans la liste ci-dessous, vous trouvez une continuation de la phrase qui donne une explication ou une précision sur le problème. Faites correspondre les débuts et les fins de phrases.

1 La dégradation des sols...

2 Le réchauffement climatique...

3 La réduction de la biodiversité...

4 La déforestation...

5 La raréfaction de l'eau douce...

6 La pollution chimique...

7 L'urbanisation anarchique...

8 La surexploitation des mers...

9 La pollution de l'air...

10 Le trou de la couche d'ozone...

a conséquence des prélèvements par l'agriculture et de la pollution des nappes phréatiques.

b qui entraîne la multiplication des mégapoles et des bidonvilles où les conditions de vie se détériorent.

c 20% à 30% au-dessus de l'Arctique et plus de 50% de l'Antarctique, qui réduira la protection contre les rayons du soleil.

d due à la disparition du couvert forestier et à l'intensification des cultures.

e causé par l'effet de serre, qui provoquera une élévation du niveau des mers et modifiera les écosystèmes.

f liée à l'activité des grandes villes (chauffage, circulation, usines…), qui favorise les pluies acides.

g 150 millions d'hectares disparus entre 1980 et 1990, soit 12% de la surface totale.

h liée au recul des zones naturelles devant l'urbanisation, les cultures et la pollution, qui fait disparaître des milliers d'espèces.

i produite par l'industrie, qui se retrouve dans l'eau, l'air, les sols et contamine les animaux et les hommes.

j par la pêche et la pollution du littoral, qui vont accroître la famine dans certains pays et les risques de maladie dans les pays développés.

2 Mettez les affirmations suivantes en ordre d'importance par rapport à votre point de vue de l'écologie. Quelles en sont les trois qui vous semblent les plus importantes? Pourquoi?

- Je surveille ma consommation d'eau.
- Je trie les déchets de verre.
- Je n'achète pas d'aérosol.
- Je trie le papier.
- J'utilise mon vélo en dehors des loisirs.
- J'achète du papier recyclé.
- J'achète des produits biologiques.
- Je ne laisse jamais les appareils électriques en veille.

3 Les Verts ont publié «le contrat écologique» sur le blog de Dominique Voynet, ancienne candidate des Verts aux élections présidentielles en 2007.

A. Lisez un des gros titres de ce contrat (à la page suivante) et une partie plus détaillée.

B. Dans le texte, trouvez l'équivalent des mots ou des phrases ci-dessous:

1 bâtir
2 la nouvelle technologie
3 ferroviaire
4 limitation
5 mise en place

C. Répondez aux questions suivantes:

1 Dans quelle mesure pourrait-on dire que les Verts sont «en pleine croissance»?
2 Pourquoi Dominique Voynet a-t-elle utilisé un blog lors des élections présidentielles?
3 Essayez d'expliquer ce que veulent dire les points 8 et 14 en utilisant vos propres mots le plus possible.
4 Quelles alternatives à la route les Verts proposent-ils?
5 Expliquez, en utilisant vos propres mots, le système de «bonus-malus».

Vocabulaire utile	
la filière	course of study, field, chain
renouvelable	renewable
affronter	confront
la précarité de l'emploi	job insecurity
un logement	accommodation, housing
un revenu	income
la fiscalité	taxation, tax system
généraliser	to put something into general use
repartir	to set off again
le fret	freight
le produit de	the product of
une réaffectation	redeployment
brider	to bridle, control, curb
l'instauration	establishment
une vignette	road tax disc
le malus	surcharge

http://blog.voynet2007.fr/index.php?2007/01/26/136-le-contrat-ecologique

Les Verts

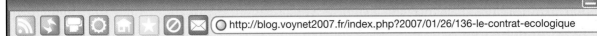

De 2,17% des voix en 1978 lors des élections législatives et pas un seul siège à la Chambre des Députés, à 3,25% des voix en juin 2007, et quatre sièges, la popularité des Verts va en croissance. Il s'agit d'un parti politique en pleine forme.

Le contrat écologique

1 Assumer une vraie politique de la nature.
2 Organiser la filière des énergies renouvelables.
3 Affronter les nouveaux risques de santé.
4 Éradiquer la pauvreté, stopper la précarité.
5 Construire 1 million de logements sociaux.
6 Fournir des emplois de qualité, des revenus décents, des droits nouveaux.
7 Respecter la dignité, garantir l'égalité.
8 Redonner confiance dans l'éducation, investir dans la recherche et la culture.
9 Adopter une fiscalité verte, plus juste et plus efficace.
10 Généraliser une agriculture paysanne de qualité.
11 Choisir les alternatives à la route.
12 Constituer une 6ème République.
13 Faire repartir l'Europe du bon pied.
14 Prouver qu'un autre monde est possible.
15 En finir avec le risque nucléaire civil et militaire.

Choisir les alternatives à la route

31 – Priorité absolue aux transports collectifs en ville, soutien aux transports partagés en milieu rural. Création d'un fonds national d'aide à l'innovation en matière de mobilité (covoiturage, auto partage, locations de vélos...).
32 – Financement de la rénovation et du développement du transport par rail (trains régionaux, fret, TGV...) et par voie d'eau, par le produit du péage sur les camions («taxe carbone»). Abandon des projets autoroutiers et réaffectation de leurs budgets. Reconversion des travailleurs de la route.
33 – Bridage des moteurs des voitures fixant aux constructeurs une valeur maximale d'émission (120 g de CO_2 par km en 2010 pour les voitures). Instauration d'une vignette auto sur le modèle bonus-malus: éco-malus jusqu'à 20% du prix sur les modèles les plus consommateurs du marché. Éco-bonus équivalent pour les moins polluants.

4 Relisez le text sur les Verts à la page précédente. Ensuite, préparez le texte pour une page d'un site web pour expliquer les aspirations politiques de ce parti. Il s'agit d'écrire environ 180 mots et d'utiliser, autant que possible, un mélange d'indicatif et de subjonctif

5 Exercice de compréhension: Reliez les commentaires ci-dessous à des catégories socioprofessionnelles dans le camembert:

1 Ils votent Vert parce qu'ils sont jeunes et ne savent rien de la vie réelle.
2 Ils ne votent pas pour les Verts parce qu'ils ne veulent pas subir davantage de contrôles dans leur travail de tous les jours.
3 Ils sont trop âgés pour se soucier des problèmes de l'environnement.
4 Ils sont moins de dix pour-cent à voter Vert parce qu'ils pensent que les idées écologiques sont trop idéalistes et sont seulement pour les riches.
5 Ils votent Vert parce qu'ils se sentent un peu exclus de la société de consommation et donc ils sont partisans d'attitudes radicales.

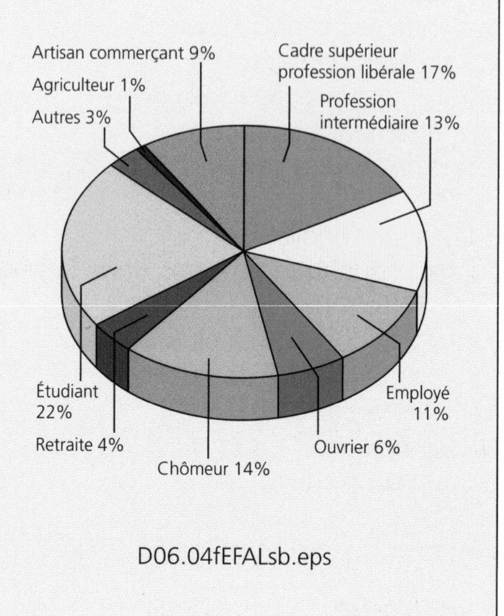

D06.04fEFALsb.eps

Langue: Revision of subjunctive

see Dynamic Learning

Les arts, la mode, la publicité et Internet

Terrain examen see Dynamic Learning Terrain examen

Exercices: Images de la France see Dynamic Learning

Langue: Verb tenses see Dynamic Learning

Exercices: Faire cliquer les bébés! see Dynamic Learning

Langue: Conditional perfect see Dynamic Learning

L'informatique et Internet

On s'échauffe

★ À quel âge avez-vous utilisé un ordinateur pour la première fois? Avez-vous un frère ou une sœur plus jeune que vous? Savent-ils se servir d'un ordinateur? Mieux que vous? Pourquoi?

1 **A. Faites des recherches en utilisant Internet et trouvez une publicité pour un ordinateur qui date des années 80 ou 90. Traduisez le texte en anglais.**

B. Préparez une présentation de la publicité, qui répond aux points suivants:

- description du produit
- comment le produit est présenté
- les images utilisées.
- comment la publicité marche
- si la publicité est efficace ou pas

Phrases utiles	
cette publicité	this advertisement
me frappe	strikes me
me provoque	causes, arouses, provokes me
me choque	shocks me
je n'aurais jamais cru que...	I would never have believed that...
je trouve que c'est une image...	I find that it's a... image
je le trouve	I find it
cela nous montre	this shows us
ce qui me frappe,	what strikes me is the
c'est la manière dont elle	way in which it
j'apprécie surtout	I particularly value

Phrases utiles			
Positive		**Negative**	
efficace	effective, efficient	**peu efficace**	not very effective
évocateur (rice)	evocative	**exagéré (e)**	overdone, excessive
saisissant (e)	striking	**faible**	weak
original (e)	original	**mal conçu (e)**	badly designed
surprenant (e)	surprising	**banal (e)**	commonplace, unremarkable

C. Look at the text of the advertisement again and find the following:

Type of grammar	Example(s)	Meaning(s)
Imperative		
Infinitive		
Adjective		
Pronoun		
Past participle		

Langue: *Si* clauses or conditional clauses

see Dynamic Learning

2 **Lisez cet article et regardez les tableaux qui portent sur l'utilisation d'Internet en France. Répondez aux questions qui suivent.**

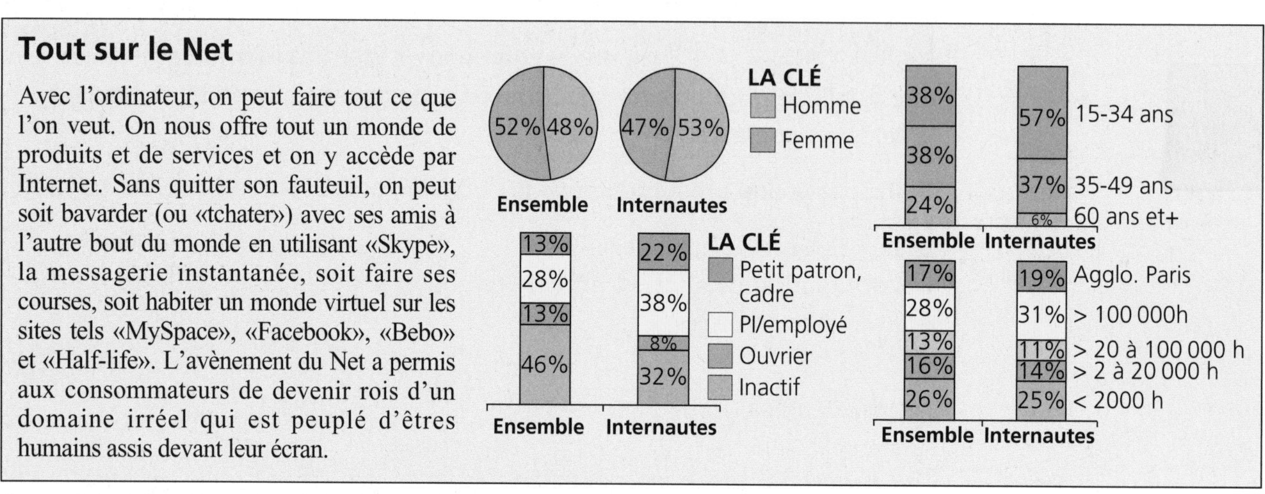

Tout sur le Net

Avec l'ordinateur, on peut faire tout ce que l'on veut. On nous offre tout un monde de produits et de services et on y accède par Internet. Sans quitter son fauteuil, on peut soit bavarder (ou «tchater») avec ses amis à l'autre bout du monde en utilisant «Skype», la messagerie instantanée, soit faire ses courses, soit habiter un monde virtuel sur les sites tels «MySpace», «Facebook», «Bebo» et «Half-life». L'avènement du Net a permis aux consommateurs de devenir rois d'un domaine irréel qui est peuplé d'êtres humains assis devant leur écran.

Source of charts: http://www.ipsos.fr/CanalIpsos/poll/image/7510/big/7520-m-Diapositive7.jpg (left); http://www.ipsos.fr/CanalIpsos/poll/image/7510/big/7510-m-Diapositive8.jpg (right).

Infos utiles: Ipsos france

One of the main French market research companies; it produces studies on marketing, advertising, media and client opinion and satisfaction.

1 Selon ces statistiques, 41% des Français sont des «internautes». Parmi ce groupe quel pourcentage l'utilise chaque jour?
2 Expliquez le terme «internaute». De quels mots vient-il?
3 Comparez votre usage avec celui d'un Français de votre âge. Quelles sont les différences et les similarités?
4 Comment expliquez-vous le fait que la plupart des internautes sont des hommes?
5 Les grandes agglomérations comptent la majorité des internautes. Donnez des raisons possibles pour ce phénomène.
6 Expliquez pourquoi la plus grande partie des internautes se trouvent parmi les 15 à 34 ans.

Bien sûr, il y a des excès avec Internet. Les drogués du Net sont arrivés. Ces personnes passent leur vie devant l'écran. C'est un problème terrible aux États-Unis qui arrive à toute allure chez nous. Les amis, les époux, les enfants, la santé et le travail sont menacés à cause de cette dépendance. Le mal est si grave que ces accros du cybermonde se font soigner par des psychiatres spécialisés.

3 **Listen to this case of a French woman. Make notes in English and then write a brief summary *in French* based on the following details:**

- her family situation
- her personality
- what happened to her through using the internet
- the consequences of her passion.

4 **A. Lisez ces deux récits de la vie et d'Internet et répondez oralement aux questions qui suivent.**

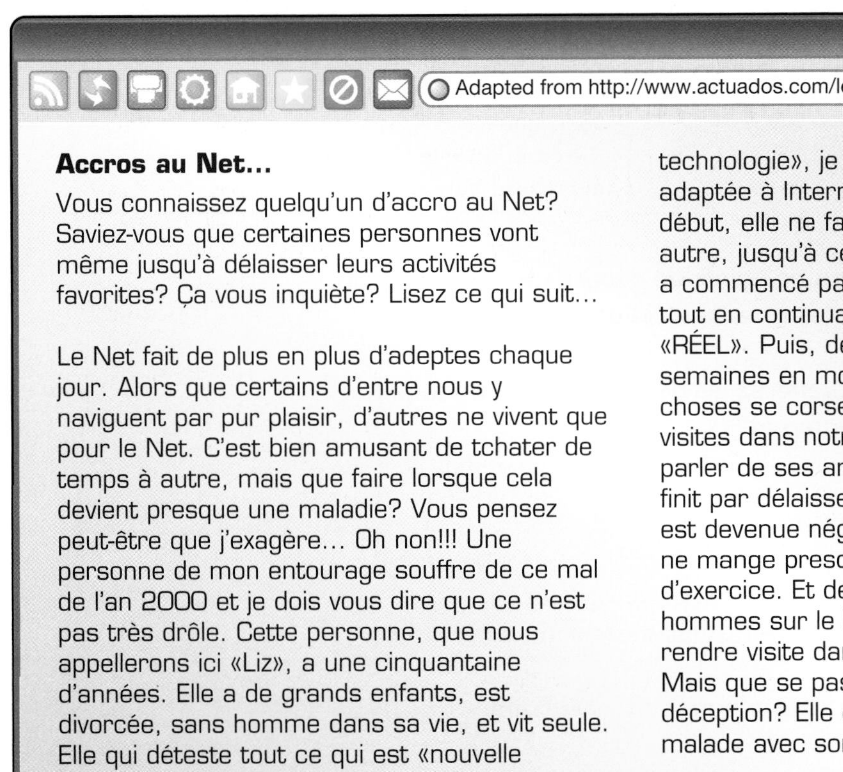

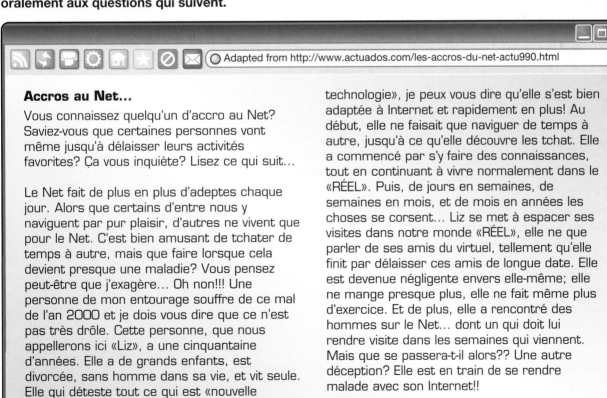

Adapted from http://www.actuados.com/les-accros-du-net-actu990.html

Accros au Net...

Vous connaissez quelqu'un d'accro au Net? Saviez-vous que certaines personnes vont même jusqu'à délaisser leurs activités favorites? Ça vous inquiète? Lisez ce qui suit...

Le Net fait de plus en plus d'adeptes chaque jour. Alors que certains d'entre nous y naviguent par pur plaisir, d'autres ne vivent que pour le Net. C'est bien amusant de tchater de temps à autre, mais que faire lorsque cela devient presque une maladie? Vous pensez peut-être que j'exagère... Oh non!!! Une personne de mon entourage souffre de ce mal de l'an 2000 et je dois vous dire que ce n'est pas très drôle. Cette personne, que nous appellerons ici «Liz», a une cinquantaine d'années. Elle a de grands enfants, est divorcée, sans homme dans sa vie, et vit seule. Elle qui déteste tout ce qui est «nouvelle technologie», je peux vous dire qu'elle s'est bien adaptée à Internet et rapidement en plus! Au début, elle ne faisait que naviguer de temps à autre, jusqu'à ce qu'elle découvre les tchat. Elle a commencé par s'y faire des connaissances, tout en continuant à vivre normalement dans le «RÉEL». Puis, de jours en semaines, de semaines en mois, et de mois en années les choses se corsent... Liz se met à espacer ses visites dans notre monde «RÉEL», elle ne que parler de ses amis du virtuel, tellement qu'elle finit par délaisser ces amis de longue date. Elle est devenue négligente envers elle-même; elle ne mange presque plus, elle ne fait même plus d'exercice. Et de plus, elle a rencontré des hommes sur le Net... dont un qui doit lui rendre visite dans les semaines qui viennent. Mais que se passera-t-il alors?? Une autre déception? Elle est en train de se rendre malade avec son Internet!!

Adapted from http://www.lexpress.fr/info/high-tech/dossier/numerique/dossier.asp?ida=43867

Allô la planète!

Philippe Bourguignon a au moins deux raisons d'être accro à Skype. Professionnellement, l'ancien patron d'Eurodisney et du Club Med est parti l'an dernier pour Washington travailler chez la société de loisirs Revolution Resorts, et siège au conseil d'administration d'eBay, propriétaire de Skype depuis septembre 2005. Il a donc intérêt à connaître sur le bout du doigt le téléphone sur Internet! Mais, surtout, le Français vit loin de ses enfants: sa fille est restée à Paris, tandis que son fils travaille dans un grand hôtel de Shanghai. «Skype est un outil fabuleux pour une famille mondialisée comme la mienne, et la qualité de la voix est excellente», commente-t-il, même s'il avoue qu'il doit se creuser les méninges pour fixer des rendez-vous téléphoniques adaptés en termes de créneaux horaires aux trois continents.

1 Lequel de ces deux récits ressemble le plus à votre expérience personnelle?
2 Connaissez-vous des gens qui sont dépendants d'Internet?
3 Expliquez à un ami le terme «tchat».
4 Si vous étiez un des amis de «Liz», que feriez-vous pour l'aider?
5 Pour quelles raisons Philippe Bourguignon s'intéresse-t-il à «Skype»?

Vocabulaire utile	
un accro	addict
accro	hooked
délaisser	leave, abandon, neglect
un / une adepte	follower, supporter, disciple
inépuisable	inexhaustible
un mal	an evil
jusqu'à ce que	until
de jours en semaines	from days into weeks
se corser	to get more complicated
siéger au conseil d'administration	to have a seat on the board
avoir intérêt à faire	to be in one's interest to do
tandis que	whereas
se creuser les méninges	to rack one's brains
un créneau horaire	a time slot

B. Débat: En utilisant ces articles comme points de départ, travaillez avec un partenaire et faites une liste de tous les avantages et de tous les inconvénients d'Internet.

Après avoir rédigé votre liste, vous prendrez les deux côtés de l'argument: «Faut-il absolument être branché à Internet?»

Conseil utile: rappel!

- Utilisez un caméscope pour enregistrer vos compétences!
- Essayez d'utiliser le plus possible vos propres mots et vos propres idées.
- Vous avez **une minute** chacun pour présenter vos opinions.
- Après ces deux premières minutes, «la lutte acharnée» commence. Elle dure **quatre minutes**.
- À la fin du débat vous avez **une minute** pour faire vos résumés.

La littérature française

On s'échauffe

★ La littérature française du 20ème siècle est variée, complexe et parfois difficile à aborder. De Rostand et son «Cyrano de Bergerac» au surréalisme de Desnos et d'Éluard, il y a dans la variété de styles et d'idées de quoi satisfaire tous les publics. Pour que vous puissiez approfondir vos connaissances, voici un aperçu de trois écrivains-clés: Sartre, Apollinaire et Robbe-Grillet.

Jean-Paul Sartre & Simone de Beauvoir

Le théâtre

Jean-Paul Sartre (1905–1980), philosophe, romancier, auteur dramatique et essayiste, se trouve parmi les Français les plus connus du 20ème siècle. Sa philosophie, qui l'a rendu célèbre, s'appelle «l'existentialisme». À la fois difficile et fascinante, cette philosophie, qui est née du bouleversement de la société après la Libération, consiste, après avoir exclu l'existence de Dieu, à privilégier l'existence de l'homme et du monde autour de lui. Selon Sartre l'homme s'établit par ses actions: «L'homme est l'avenir de l'homme, l'homme est ce qu'il se fait».

Ses œuvres incluent: «La Nausée», un roman coup de poing sorti en 1938, son chef-d'œuvre «Huis Clos» (1944) et «Les Mains Sales» (1948).

On examinera un extrait de la pièce «Les Mains Sales» dont l'histoire tourne autour d'un intellectuel, Hugo Barine.

Lisez cet extrait et répondez aux questions qui suivent.

Hugo Barine, le protagoniste, secrétaire modeste du Parti Communiste, est envoyé assassiner Hoederer, le chef du parti. Pourtant, au cours de la pièce, Hugo et Hoederer (sa victime éventuelle) commencent à se parler et à se comprendre. Bien que Hugo soit motivé sur le plan idéologique, il se trouve paralysé face à un homme réel.

L'action de cet extrait se situe vers la fin de la pièce où Hugo est en train d'essayer de tuer Hoederer, le revolver dans la poche...

Hoederer De toute façon, tu ne pourrais pas faire un tueur. C'est une affaire de vocation.

Hugo N'importe qui peut tuer si le Parti le commande.

Hoederer Si le Parti te commandait de danser sur une corde raide, tu crois que tu pourrais y arriver? On est tueur de naissance. Toi, tu réfléchis trop: tu ne pourrais pas.

Hugo Je pourrais si je l'avais décidé.

Hoederer Tu pourrais me descendre froidement d'une balle entre les deux yeux parce que je ne suis pas de ton avis sur la politique?

Hugo Oui, si je l'avais décidé ou si le Parti me l'avait commandé.

Hoederer Tu m'étonnes. (Hugo va pour plonger la main dans sa poche mais Hoederer la lui saisit et l'élève légèrement au-dessus de la table.) Suppose que cette main tienne une arme et que ce doigt-là soit posé sur la gâchette...

Hugo Lâchez ma main.

Hoederer (sans le lâcher) Suppose que je sois devant toi, exactement comme je suis et que tu me vises...

Hugo Lâchez-moi et travaillons.

Hoederer Tu me regardes et au moment de tirer, voilà que tu penses «Si c'était lui qui avait raison?» Tu te rends compte?

Hugo Je n'y penserais pas. Je ne penserais à rien d'autre qu'à tuer.

Hoederer Tu y penserais: un intellectuel, il faut que ça pense. Avant même de presser sur la gâchette tu aurais déjà vu toutes les conséquences possibles de ton acte: tout le travail d'une vie en ruine, une politique flanquée par terre, personne pour me remplacer, le Parti condamné peut-être à ne jamais prendre le pouvoir...

Hugo Je vous dis que je n'y penserais pas!

Hoederer Tu ne pourrais pas t'en empêcher. Et ça vaudrait mieux parce que, tel que tu es fait, si tu n'y pensais pas avant, tu n'aurais pas trop de toute ta vie pour y penser après. (Un temps.) Quelle rage avez-vous tous de jouer aux tueurs? Ce sont des types sans imagination. Ça leur est égal de donner la mort parce qu'ils n'ont aucune idée de ce que c'est que la vie. Je préfère les gens qui ont peur de la mort des autres: c'est la preuve qu'ils savent vivre.

Hugo Je ne suis pas fait pour vivre, je ne sais pas ce que c'est que la vie et je n'ai pas besoin de le savoir. Je suis de trop, je n'ai pas ma place et je gêne tout le monde; personne ne m'aime, personne ne me fait confiance.

Hoederer Moi, je te fais confiance.

Hugo Vous?

Hoederer Bien sûr. Tu es un môme qui a de la peine à passer à l'âge d'homme mais tu feras un homme très acceptable si quelqu'un te facilite le passage. Si j'échappe à leurs pétards et à leurs bombes, je te garderai près de moi et je t'aiderai.

Hugo Pourquoi me le dire? Pourquoi me le dire aujourd'hui?

Hoederer (le lâchant) Simplement pour te prouver qu'on ne peut pas buter un homme de sang-froid à moins d'être un spécialiste.

Hugo Si je l'ai décidé, je dois pouvoir le faire. (Comme à lui-même, avec une sorte de désespoir.) Je dois pouvoir le faire.

Hoederer Tu pourrais me tuer pendant que je te regarde? (Ils se regardent. Hoederer se détache de la table et recule d'un pas.) Les vrais tueurs ne soupçonnent même pas ce qui se passe dans les têtes. Toi, tu le sais: pourrais-tu supporter ce qui se passerait dans la mienne si je te voyais me viser? (Un temps. Il le regarde toujours.) Veux-tu du café? (Hugo ne répond pas.) Il est prêt; je vais t'en donner une tasse. (Il tourne le dos à Hugo et verse du café dans une tasse. Hugo se lève et met la main dans la poche qui contient le revolver. On voit qu'il lutte contre lui-même. Au bout d'un moment, Hoederer se retourne et revient tranquillement vers Hugo en portant une tasse pleine. Il la lui tend.) Prends. (Hugo prend la tasse.) À présent donne-moi ton revolver. Allons, donne-le: tu vois bien que je t'ai laissé ta chance et que tu n'en as pas profité. (Il plonge la main dans la poche de Hugo et la ressort avec le revolver.) Mais c'est un joujou! (Il va à son bureau et jette le revolver dessus.)

Hugo Je vous hais.

1 Comment semble être le rapport entre ces deux hommes?
2 Quel est le ton de ce dialogue?
3 Dans quelle mesure trouvez-vous Hoederer convaincant? Présente-t-il ses arguments d'une façon claire?
4 De quelle façon Hoederer dissuade-t-il Hugo de le tuer?
5 Expliquez la réaction de Hugo.
6 Continuez le dialogue entre Hugo et Hoederer. Qu'est-ce qui pourrait arriver?

La poésie
Guillaume Apollinaire (1880–1918) est un des poètes les plus célèbres du début du 20ème siècle. Son œuvre se caractérise par un mélange de tradition et de nouveauté et semble faire le pont entre les symbolistes du 19ème siècle et les surréalistes des années vingt. Particulièrement admiré par les fondateurs du groupe surréaliste tels Aragon et Breton, Apollinaire unifie le passé et le futur en parlant des expériences partagées dans un monde à la fois éphémère et qui change de plus en plus vite.
Son recueil de poèmes «Alcools» commence avec «Zone», un poème qui parle d'un tour à pied que le poète fait à Paris. En faisant allusion à l'histoire et à l'avenir il réussit à faire l'éloge du monde moderne.

2 **A. Écoutez cet extrait du poème et remplissez les blancs, en faisant attention aux terminaisons des verbes en particulier.**

Zone

À la fin tu **1** __________ las de ce monde **2** __________

Bergère ô tour Eiffel le troupeau des ponts bêle ce matin
Tu **3** __________ as assez de vivre dans l'antiquité grecque et romaine

Ici même les automobiles ont l'air d'être **4** __________
La religion seule est **5** __________ toute neuve la religion
Est restée simple comme les hangars de Port-Aviation

Seul en Europe tu n'es pas antique ô Christianisme
L'Européen le plus moderne c'**6** __________ vous Pape Pie X
Et toi que les fenêtres **7** __________ la honte te retient
D'entrer dans une église et de t'**8** __________ confesser ce matin
Tu lis les prospectus les catalogues les affiches qui chantent tout haut
Voilà **9** __________ poésie ce matin et pour la prose **10** __________ les journaux
Il y a les livraisons à 25 centimes pleines d'aventures policières
Portraits des grands hommes et mille titres divers

J'ai **11** __________ ce matin une jolie rue dont j'ai oublié le nom
Neuve et propre du soleil elle **12** __________ le clairon
Les directeurs les ouvriers et les belles sténodactylographes
Du lundi matin au samedi soir quatre fois par jour y **13** __________
Le matin par trois fois la sirène y **14** __________
Une cloche rageuse y aboie vers midi
Les inscriptions des enseignes et des murailles
Les plaques les avis à la façon des perroquets criaillent
J'aime la **15** __________ de cette rue industrielle
Située à Paris entre la rue Aumont-Thieville et **16** __________ des Ternes

«Zone» tiré d'«Alcools» de Guillaume Apollinaire (Gallimard)

B. Répondez aux questions en utilisant vos propres mots.

1 Que fait le poète pendant son trajet autour de la ville?
2 Dans quelle mesure trouvez-vous le titre du poème «Zone» important?
3 Apollinaire semble s'émerveiller du futur et de tout ce qui est nouveau. Comment considérerait-il l'état actuel de la «zone» parisienne?
4 Croyez-vous que cet optimisme soit naïf?
5 Expliquez ce qu'Apollinaire veut dire dans la strophe «J'ai vu... jour y passent».

Le nouveau roman

Alain Robbe-Grillet (1922–2008). Romancier et cinéaste français. Élu à l'Académie française en mars 2004.

Robbe-Grillet est un des adeptes du «nouveau roman». Son premier grand roman, «Les Gommes» paraît en 1953. «La Jalousie», publié en 1957, a reçu un accueil favorable du grand public. Un des points-clés du style du nouveau roman se caractérise par l'objectivité quasi-scientifique du narrateur.

Dans cet extrait de «La Jalousie» on est étonné que le narrateur puisse être partout et en même temps insaisissable. L'histoire du roman, cependant, est d'un triangle classique: Franck, une femme A..., et le narrateur. La façon dont le narrateur pénètre dans la vie de chacun de ses personnages déboussole le lecteur mais fournit simultanément une image complète de l'environnement où habitent ces personnages, dans une maison coloniale sur une plantation de bananiers.

3 **A. Lisez cet extrait qui raconte l'histoire d'un mille-pattes et répondez aux questions qui suivent.**

La tache commence par s'élargir, un des côtés se gonflant pour former une protubérance arrondie, plus grosse à elle seule que l'objet initial. Mais, quelques millimètres plus loin, ce ventre est transformé en une série de minces croissants concentriques, qui s'amenuisent pour n'être plus que des lignes, tandis que l'autre bord de la tache se rétracte en laissant derrière soi un appendice pédonculé. Celui-ci grossit à son tour, un instant; puis tout s'efface d'un seul coup.

Il n'y a plus, derrière la vitre, dans l'angle déterminé par le montant central et le petit bois, que la couleur beige-grisâtre de l'empierrement poussiéreux qui constitue le sol de la cour.

Sur le mur d'en face, le mille-pattes est là, à son emplacement marqué, au beau milieu du panneau.

Il s'est arrêté, petit trait oblique long de dix centimètres, juste à la hauteur du regard, à mi-chemin entre l'arête de la plinthe (au seuil du couloir) et le coin du plafond. La bête est immobile. Seules ses antennes se couchent l'une après l'autre et se relèvent, dans un mouvement alterné, lent mais continu.

1 Décrivez ce qui se passe dans cet extrait.
2 À votre avis, laquelle est la plus importante: la description ou l'histoire?
3 Trouvez-vous qu'il y a une idée importante au-delà cette description objective? Pourquoi / pourquoi pas?

B. Exercice de grammaire: Listen to the final paragraph from this extract and fill in the gaps, paying careful attention to verb endings and agreements.

À son extrémité **1**__________, le développement considérable des pattes – de la **2**__________ paire, surtout, qui dépasse en longueur les antennes – fait reconnaître sans ambiguïté la scutigère, **3**__________ «mille-pattes-araignée», ou encore «mille-pattes-minute» à **4**__________ une croyance indigène **5**__________ la rapidité d'action de sa piqûre, **6**__________. Cette espèce est en réalité peu **7**__________; elle l'est beaucoup moins, en tout cas, que de nombreuses scolopendres **8**__________ dans la région.

Terrain examen

see Dynamic Learning

Langue: Uses of *en*

see Dynamic Learning

L'art et l'architecture

On s'échauffe

★ Ce que l'on voit chaque jour autour de soi exerce une influence importante sur notre bien-être, et la France se situe à l'avant-garde dans les domaines de l'art et de l'architecture. Du musée du Louvre au célèbre pont de Millau, l'architecture française ne cesse jamais de s'épanouir. Depuis longtemps il en est de même de l'art et de la photographie: les peintures impressionnistes sont parmi les œuvres d'art les mieux connues au monde et les photographes tels Doisneau et Cartier-Bresson connaissent un grand succès à l'échelle mondiale.

La photographie

Depuis longtemps, on associe la photographie avec la France et depuis ses débuts officiels au 19ème siècle avec Nicéphore Niépce et Louis Daguerre, on est bombardé au quotidien par des images prises des quatre coins du monde. Au niveau personnel tout le monde profite de la photographie de maintes façons: soit en partageant ses photos de vacances avec ses amis soit en regardant des images de photographes célèbres.

Les photographes cherchent toujours à enregistrer la petite histoire et l'anecdote. Parmi les maîtres de ce genre, on trouve un Français, Robert Doisneau, et André Kertesz, d'origine hongroise. Tous les deux étaient des «passants patients» qui ont réussi à photographier, parmi beaucoup d'autres sujets, les moments «secrets» des Parisiens.

1 Regardez ces deux images, dont «Le Baiser de l'Hôtel de Ville» est probablement la photo française la plus connue au monde, et répondez aux questions qui suivent.

1 Décrivez ce que vous voyez sur ces images de Paris.
2 Les sujets, que font-ils?
3 Que croyez-vous qu'ils pensent?
4 Qu'aurait-il pu se passer avant la prise de ces images?
5 Racontez la suite de ces moments «volés»: qu'est-ce qui aurait pu se produire ensuite?
6 De tels photographes ont-ils jamais le droit de photographier des sujets comme ceux-ci à leur insu?

L'architecture

2 **A. Lisez le texte qui suit et faites correspondre la bonne description *en gras* à la bonne image.**

L'influence étrangère sur le plan architecture

L'ingénieur Eiffel, dont le nom survit dans la **tour** construite lors de l'Exposition Universelle de 1889, venait de l'Auvergne. Bien que nombreux soient les Français qui sont célèbres dans le monde entier pour leur histoire d'amour avec l'art et l'architecture, on constate récemment que ce n'est pas un Français ou une Française qui se trouve parfois à la tête du projet. Richard Rogers, un Britannique, était l'architecte du **Centre Georges Pompidou** (achevé en 1977) et lors des grands travaux de Mitterrand, **la Pyramide du Louvre** (achevée en 1989) a été conçue par l'architecte sino-américain Leoh Ming Pei. De la même manière on constate que **La Grande Arche de la Défense** est l'œuvre d'un architecte danois, Johann Otto Von Spreckelsen. De façon similaire, **le viaduc de Millau**, une des constructions les plus impressionnantes et ambitieuses du nouveau millénaire (achevé en 2004), a été conçu par Lord Foster, directeur du cabinet d'architectes «Foster and Partners».

De façon à ce que la France puisse revendiquer cette merveille, tout le reste de la construction a été réalisé en utilisant des matériaux français et de la main-d'œuvre de l'Hexagone.

1

2

3

4

5

Le viaduc de tous les records

Le viaduc du Millau représente l'aboutissement d'une formidable histoire. De sa conception à sa réalisation, plusieurs centaines d'hommes ont uni leur énergie et leur ingéniosité pour participer à cette œuvre unique. Au plus fort des travaux, près de 600 compagnons travaillaient sur le chantier. Ils ont maîtrisé les technologies les plus avancées (laser, GPS…) pour piloter au millimètre près la construction de ce géant d'acier et de béton. Pour cela, il n'aura fallu que trois ans, de décembre 2001 à décembre 2004.

Longueur:	2 460 m
Largeur:	32 m
Hauteur maximale:	343 m, soit 19 m de plus que la tour Eiffel
Hauteur de la plus haute pile:	245 m
Hauteur des pylônes:	87 m
Nombre de piles:	7
Poids du tablier d'acier:	36 000 t, soit 5 fois la Tour Eiffel
Volume de béton:	85 000 m^3, soit 206 000 t
Coût de la construction:	400 M€

Source: Adapted from http://www.leviaducdemillau.com/divers/construction-chiffres-cles.html

B. Répondez aux questions suivantes:

1 Que constate-t-on en ce qui concerne les constructions les plus récentes en France?
2 Essayez d'expliquer ce phénomène.
3 La construction française est-elle en crise quand il s'agit de nouvelle architecture? Justifiez votre réponse.
4 Analysez le texte qui porte sur la construction à Millau. Y trouvez-vous de la fierté et du patriotisme?

3 **Écoutez ces témoignages de membres de l'équipe de construction. Remplissez les blancs avec la forme correcte des mots que vous entendez.**

Dominique Laporte, chef de chantier

«Fils d'artisan, **1**__________ **2**__________ mes études en classe de 1ère pour passer à mon tour un CAP de maçon. **3**__________ **4**__________ travailler avec mon père. Ensuite, **5**__________ **6**__________ **7**__________ **8**__________ par moi-même et j'ai progressé petit à petit pour **9**__________ chef de chantier. Sur le viaduc, j'ai dirigé l'équipe de la pile P2, la **10**__________ **11**__________, d'avril 2002 à mars **12**__________, puis je suis allé sur P4 pendant quelques mois et j'ai terminé par la prise en charge de la construction de la barrière de péage. À chaque fois, le défi **13**__________ le même: tenir les délais avec une qualité de travail irréprochable. Et le fait **14**__________ décomposé la construction des culées et des piles en neuf sous-chantiers était une source de motivation incroyable. Inconcevable de voir une autre équipe faire mieux que **15**__________ **16**__________!»

Marc Buonomo, directeur des ouvrages d'art, Eiffel

«L'assemblage du tablier d'acier **1**__________ **2**__________ à la fin de l'été 2002 sur d'immenses chantiers installés de part et d'autre du viaduc. Les caissons qui **3**__________ formé la colonne vertébrale du tablier sont arrivés de Fos. Les platelages latéraux, **4**__________ **5**__________ eux, ont été fabriqués à Lauterbourg, en Alsace. 1700 m de tablier ont été soudés et poussés du côté nord du viaduc, contre **6**__________ du côté sud. Les ordinateurs nous ont été utiles à chaque phase de la réalisation du tablier, notamment lors des lançages. Nous avions besoin d'une parfaite synchronisation de tous les translateurs, ces machines **7**__________ pour soulever et pousser ce paquebot d'acier de pile en palée, jusqu'à sa destination finale, **8**__________ **9**__________ Tarn. La jonction des deux parties **10**__________ **11**__________ le 28 mai 2004. Un rendez-vous qui **12**__________ **13**__________ au centimètre près, dans les délais prévus.»

Saïb Annab, grutier

«**1**__________ en hauteur ne m'a jamais vraiment impressionné. Je n'ai jamais **2**__________ **3**__________ le vertige, ni la peur du vide. En fait, tout est une question d'habitude. À la dernière levée de béton sur la plus haute pile du viaduc, ma cabine de grue était située à plus de **4**__________ **5**__________ au-dessus du Tarn. Chaque jour, pendant sept heures, je **6**__________ totalement l'ensemble du chantier, un peu comme un oiseau entre ciel et terre. Salle de repos, toilette, coin cuisine, frigo, **7**__________...: **8**__________ à ma disposition tout le confort nécessaire. Et pour lever les charges allant jusqu'à 20 tonnes à une si grande hauteur: aucun problème! Une caméra vidéo **9**__________ **10**__________ **11**__________ savoir exactement ce qui se passait au niveau du sol.»

La peinture

Henri de Toulouse-Lautrec est né près d'Albi en 1864. Bossu et grand adepte de l'absinthe, qui a fini par le tuer à l'âge de 36 ans, il est célèbre pour ses peintures de Paris à la Belle Époque. Le monde dont il faisait partie l'a fasciné et il l'a peint d'une façon vive et réaliste. Il comptait parmi ses sujets des chanteuses, des prostituées et des comiques.

4 **Voici l'une de ses affiches les plus célèbres: «La Chaîne Simpson». Regardez-la et répondez oralement aux questions qui suivent.**

1 Que pensent ces cyclistes?
2 Que vient-il de se passer avant la peinture de cette scène?
3 Qu'est-ce qui aurait pu se passer ensuite?
4 Les figures à l'arrière-plan de l'image, que viennent-elles de faire?
5 Ces hommes, depuis quand et pourquoi sont-ils au bord de la route?
6 L'homme au chapeau noir semble curieux: pourquoi?

La subvention des arts

5 **Lisez les opinions ci-dessous et décidez si elles sont en faveur ou opposées à la subvention des arts. Vous devez trouver les contre-arguments pour chaque opinion et les présenter à la classe.**

1 Les SDFs méritent plus notre argent que les réalisateurs.
2 L'art fait oublier les préoccupations matérielles.
3 Sans les musées où seraient notre culture et notre patrimoine?
4 L'art moderne est sans mérite. Pourquoi le subventionner?
5 Il serait imprudent d'interdire la créativité; cela mène au totalitarisme.
6 Il faut investir dans la société et non pas dans les films.
7 Les arts font s'épanouir l'âme d'une nation.
8 L'art et l'histoire nous fournissent des expériences utiles et inoubliables.
9 L'art subventionné: c'est parfois coûteux et élitiste.
10 Le prix «Turner»: quel gaspillage d'argent!
11 Les bourses encouragent et maintiennent la créativité.

6 **Écrivez une dissertation entre 240 et 270 mots qui répond à la question: «À quoi bon subventionner les arts?»**

La mode

On s'échauffe

★ La mode, c'est important pour vous? Vous mettez beaucoup de temps à choisir vos vêtements? Vous dépensez de l'argent dans ce domaine? Quelles sortes d'habits aimez-vous porter?

Lisez cet article et répondez aux questions qui suivent.

Paris pourrait se considérer comme le centre de la «haute couture». Le concept d'une «maison de couture« dont les noms comme Chanel, Yves Saint-Laurent, Dior, Christian Lacroix et maints autres figurent parmi les mieux connus, date des années vingt. Dans les récits qui suivent, on examinera l'histoire de la mode française et l'évolution de certaines de ces maisons dont les personnalités sont même plus importantes que leurs produits.

Coco Chanel (1883–1971)

Célèbre non seulement pour sa maison de couture, mais aussi pour avoir rendu à la mode le bronzage après un bain de soleil imprévu dans les années vingt, Coco Chanel est à l'origine modiste. En 1909 elle ouvre sa première boutique à Deauville qui est vite suivie par ses établissements à Biarritz et à Paris. Pendant la Première Guerre mondiale, la pénurie et le manque de tissus la mènent à créer des tenues fluides et confortables. L'essor et l'évolution de son entreprise la projettent dans le monde de riches et de l'aristocratie européenne. Deux de ses créations les plus célèbres, le parfum «Chanel No 5» (lancé en 1921) et le tailleur «Chanel» (1954) restent emblématiques de la mode française. Elle a laissé en héritage au monde de la mode et à la France en général non seulement une grande marque mondiale synonyme de l'élégance française, mais aussi une certaine idée de l'émancipation féminine.

Christian Dior (1905–1957)

Après avoir exposé des toiles de Picasso, Matisse et Dali dans sa galerie dans les années trente, Dior commence à vendre des croquis de chapeaux et de robes en 1935.

Soutenu par quelques amis, il commence à créer des costumes pour le cinéma et le théâtre et parvient enfin à vendre ses croquis à Nina Ricci, Balenciaga et Claude Saint-Cyr. Sa réussite commencée, il est engagé par Robert Piguet comme modéliste et son «best seller» à cette époque est son tailleur noir et blanc.

Après la Deuxième Guerre mondiale, c'est l'envol de sa carrière. Il fonde sa maison à lui 30 avenue de Montaigne et se lance dans la mode et la haute couture. En février 1947, lors de son premier défilé, il bouleverse la mode avec le «New Look», dans lequel la femme est «recréée». Il considère la femme comme le centre de tout et essaie de remettre la joie de vivre, la féminité et le luxe dans ses creations. Sa réussite se poursuit. À sa mort en 1957, la maison Dior représente la moitié des exportations de la haute couture française, et Dior lui-même apparaît à la une de «Time Magazine».

Le succès de la marque ne semble pas se ralentir. Dans les années 1990, la société passe sous le contrôle de la compagnie de luxe, Louis Vuitton Moët Hennessy (LVMH). Bernard Arnault, président de LVMH revigore la maison Dior avec les talents du couturier John Galliano qui, jouant les agents provocateurs, ranime la société et la rend rentable et dynamique pour le nouveau millénaire.

1 Pourquoi Coco Chanel est-elle célèbre?
2 Certains voudraient appeler Coco Chanel «la mère» de la mode française: êtes-vous d'accord? Justifiez votre réponse.
3 Chanel prétendait mettre la femme au centre de ses vêtements. Expliquez comment elle y a réussi.
4 Qui doit beaucoup a Dior? Pourquoi?
5 Dior avait quel âge lors de son premier défilé de mode?
6 Expliquez comment la maison Dior aborde le nouveau millénaire.

2 A. Écoutez ces articles qui parlent de Christian Lacroix et d'Yves Saint-Laurent et faites un résumé en français de la vie de Lacroix.

B. Remplissez les blancs dans la vie d'Yves Saint-Laurent.

Yves Saint-Laurent (1936–2008)

Un autre «grand» de la haute couture française, Yves Saint-Laurent **1** ____________ ____________ une carrière **2** ____________. Christian Dior est le premier à remarquer son talent et l'emploie comme assistant **3** ____________ en 1955. Dior **4** ____________ en 1957 et à peine 21 ans, Saint-Laurent **5** ____________ **6** ____________ à la tête de la maison Dior. Sa première collection, «Trapèze», remporte un succès étonnant.

La création, en 1961, de «la maison de couture d'Yves Saint-Laurent» par des fonds américains **7** ____________ à Yves Saint-Laurent **8** ____________ **9** ____________ sa première collection en 1962.

Comme beaucoup d'autres maisons de couture françaises il **10** ____________ que ses collections ne **11** ____________ qu'à la portée des hyper-riches s'il ne **12** ____________ pas un «label» prêt-à-porter. Par conséquent, en 1966, «Saint Laurent Rive gauche» apparaît. Il consiste en une ligne féminine de luxe, dessinée par le créateur, **13** ____________ à l'extérieur de la maison et vendue dans des boutiques franchisées. Les collections masculines selon cette formule sont lancées en 1969.

Le 7 janvier 2002, YSL prend sa retraite de la haute couture. Le 13 juillet 2007, il est décoré de l'ordre de Grand Officier de la Légion d'honneur par le président de la République, Nicolas Sarkozy.

Langue: Present participles

see Dynamic Learning

3 Exercice de compréhension: Lisez cet article portant sur la mode et répondez en français aux questions qui suivent.

Mode pour l'avenir

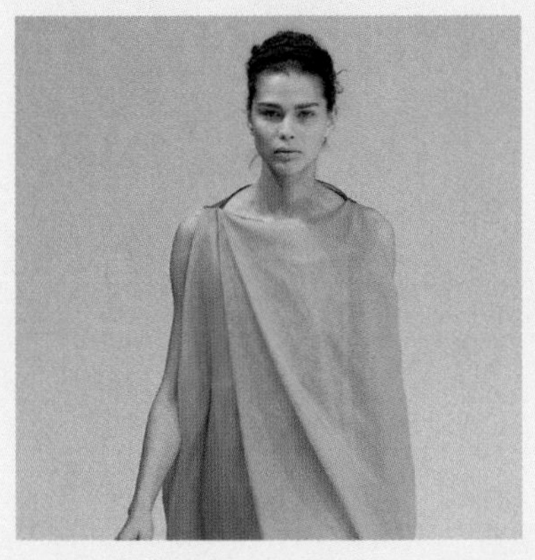

Le vêtement est un moyen de montrer sa propre identité. Les années de crise économique sont finies. Les Français, après être sortis de l'austérité, se font plaisir. Ils s'achètent beaucoup de vêtements et ce qui est offert a aussi beaucoup changé et a encouragé tout un mouvement: des vêtements moins basiques, plus colorés et originaux. Des matériaux plus confortables avec des propriétés nouvelles (anti transpiration, antibactérien), plus agréables au toucher et plus faciles à entretenir sont apparus. Ils incitent les Français à faire de nouveaux achats.

La mode au début de ce nouveau siècle ne semble pas inspirée de la technologie, du métal, des robots ou des extraterrestres, comme on aurait pu le penser. Elle est au contraire épurée, lumineuse, artisanale et authentique.

Il y a toujours cette tendance au mélange: on emprunte beaucoup aux cultures étrangères et à leurs coutumes. Les ambiances et les couleurs de vacances sont fréquentes. La nature est plus souvent représentée à travers les imprimés de fruits, de fleurs ou d'animaux. La mode traduit l'ouverture au monde et la volonté de trouver sa place dans l'environnement.

1 Pourquoi sont les circonstances favorables pour que les Français montrent leur identité par les vêtements?
2 L'offre a-t-elle changé? Dans quel sens?
3 Quels sont les avantages des nouveaux matériaux?
4 Comment est-ce que l'auteur de l'article essaie de définir la mode?
5 Êtes-vous d'accord avec cette définition?

Créateur d'habits

4 **Imaginez que vous êtes responsable du rayon confection chez Marks and Spencer à Toulouse.**
Vous allez présenter la nouvelle collection (pour homme ou pour femme) aux directeurs du magasin. Vous avez voulu changer un peu le look. Vous avez donc choisi beaucoup de vêtements qui sont influencés par:

- les emprunts de cultures différentes
- la tendance «nature».

En deux minutes présentez les grands thèmes de votre nouvelle collection et expliquez pourquoi vous êtes certain que ce sera un grand succès.

5 **Vous allez entendre trois jeunes parler de la mode. Après les avoir écoutés, indiquez si les affirmations ci-dessous sont vraies ou fausses, puis donnez votre avis sur celui du jeune Français.**

1 Anna ne s'intéresse pas à la mode.
2 Fanny est passionnée par le shopping.
3 Anna préfère les vêtements de sport.
4 Luc ne porte pas d'habits de marque.
5 Luc rejette la compétition vestimentaire de l'école.
6 Fanny ne craint pas les dépenses pour les habits.
7 Luc n'aime pas qu'on se moque de lui.
8 Anna veut ressembler aux autres.
9 Fanny aime être regardée.
10 Anna refuse de porter des marques vieillottes comme «Jeannot Lou Paysan».

6 **A. Lisez l'article à la page suivante qui décrit ce que l'on attend d'un top-modèle. Faites un résumé de la première partie de l'article, en répondant aux questions qui suivent.**

http://www.blogdei.com/index.php/2006/11/17/500-la-mort-d-un-top-model-sous-alimente-repose-la-question-de-l-anorexie-dans-le-milieu-de-la-mode

La mort d'Ana Carolina Reston repose le problème de l'anorexie dans la mode. Enquête en Suisse

Jean-Daniel Sallin Publié le 17 Novembre 2006

La mort d'Ana Carolina Reston, Khadija l'a apprise hier matin à Milan. Alors qu'elle participait justement à un casting. Le top-modèle genevois connaissait la Brésilienne de 21 ans. Pour l'avoir croisée souvent sur les podiums. Et, lorsqu'on lui explique les derniers jours de la jeune femme, anorexique depuis trois ans, elle laisse parler son cœur.

«Je suis dégoûtée. Ce milieu devient complètement fou. Les agences et les stylistes se livrent à une surenchère effroyable avec les mannequins. On les prend de plus en plus jeunes et, désormais, on leur demande de faire la taille 34. C'est totalement criminel!» D'origine sénégalaise, Khadija gravite sur la planète fashion depuis cinq ans. Et elle a l'avantage d'être «mince naturellement». «Je fais 56 kilos pour 178 cm. Je mange comme je veux. Et je n'ai jamais eu aucune pression pour perdre du poids.»

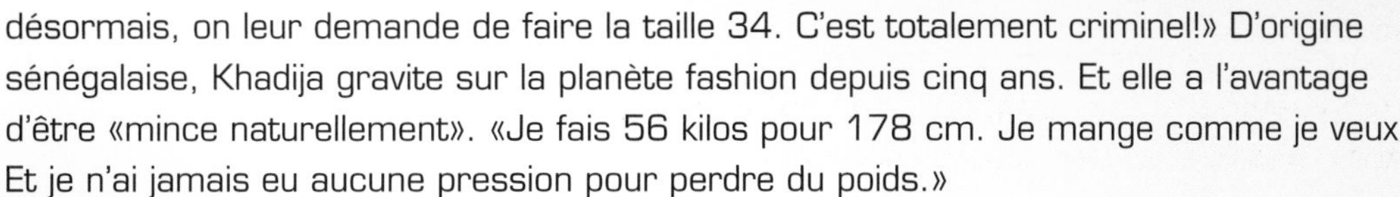

Mais Khadija ne vit pas avec des œillères. Elle voit ces filles qui flirtent dangereusement avec la barre des 40 kilos (comme Ana Carolina) en consommant alcool et cocaïne pour éviter de manger. «Franchement, quel plaisir a-t-on vraiment de voir ces squelettes défiler?», s'interroge-t-elle. «En tout cas, moi, ça ne me donne pas envie d'acheter...»

Le cercle vicieux

Valérie(*) confirme la version de Khadija. Elle a quitté ce milieu après une année à Milan. «J'ai été choquée par ce que j'ai vu. Et puis, j'en ai eu assez qu'on me saoule avec mon poids...» À l'époque, la Vaudoise a 17 ans. Et des rêves plein la tête. Elle veut faire carrière dans le mannequinat. On lui en trouve les qualités. Mais, malgré ses 52 kilos pour 178 cm, son agence la trouve encore trop grosse. «Je partageais mon appartement avec trois autres filles et j'étais la seule qui mangeait normalement. Pour les autres, c'était une pomme par jour, rien de plus!»

La pression est quotidienne. «Chaque jour, on vient te mesurer la taille et les hanches avec un centimètre et on te répète à l'envi que si tu n'atteins pas un certain poids, on ne t'envoie pas au casting», explique Valérie. C'est le cercle vicieux qui commence. Car, dans cette affaire, les agences n'investissent jamais à perte. Au début, elles veulent bien payer le loyer et le book. Mais elles comptent bien être remboursées. Et vite!

«Si tu ne travailles pas, l'agence ne touchera pas d'argent», reprend Valérie. «Elle doit donc faire en sorte de répondre aux exigences des clients.» La Vaudoise n'a pas chômé à Milan. Mais elle n'a pas beaucoup fait de défilés. «Une seule fois, j'ai suivi un régime. On voulait m'envoyer en Grèce, mais, avant, je devais perdre cinq kilos. J'ai tout fait pour partir...» Si certaines s'enferment des heures dans la salle de bain pour vomir, d'autres abusent du café et de la cigarette pour couper la faim.

1 Pourquoi Ana Carolina Reston est-elle morte?
2 Résumez la réaction de Khadija.
3 Selon Khadija, comment «les 40 kilos» sont-ils parfois franchis?
4 Qui est responsable de cette ruée vers les mannequins-squelettes?
5 Vous sentez-vous pressuré(e) pour vous conformer à une norme physique et théorique décrétée par les rédacteurs de magazines de mode?

B. Exercice de grammaire: Write down all the examples of verbs in the *passé composé* in the second section of the article. Make a list following the example of the box below and then write your own full sentences using the verbs you have found.

Example	Meaning	Your own example
elle a quitté	she left	Elle a quitté sa maison à cinq heures.

7 **Après avoir lu l'article, vous réagissez en répondant à la question ci-dessous:**
«Les grandes compagnies forcent les mannequins de mode à se conformer à une image stéréotypée de minceur qui est à la fois dangereuse et malsaine.»
Vous devez écrire un minimum de 240 et un maximum de 270 mots.

La publicité

On s'échauffe

★ Pourquoi est-ce que l'on investit tant d'argent à faire des publicités? Quelle sorte de pub est la plus efficace à votre avis? Pourquoi?

1 **A. Lisez le récit de Thierry Kaiser qui parle de son travail, puis répondez en français aux questions qui suivent.**

Point Rencontre: Thierry Kaiser, directeur d'une maison de publicité

Nous avons demandé à Thierry Kaiser, directeur d'une maison de publicité à Montpellier, de nous parler de son travail.

C'est un travail fascinant, la publicité, parce que les gens changent en permanence et nos techniques doivent changer aussi. Autrefois, un message publicitaire durait deux à trois minutes. Maintenant, il compte entre 10 et 30 secondes. À l'heure actuelle, les gens sont habitués à une vie plus rapide et concentrée. Dans le monde qui les entoure, ils rencontrent tous les jours quelque chose de nouveau, quelque chose à essayer ou à goûter. Et nous qui travaillons dans le monde des pubs, nous devons nous adapter. En moins de 30 secondes, nous devons attirer la sympathie du public et provoquer son désir. Car bien sûr, nous sommes employés pour déclencher le réflexe d'achat.

Ça ce n'est pas aussi facile que cela ne semble. Les gens sont bombardés d'images, de sons et de logos de toutes parts. Alors, on estime que 85% des messages publicitaires n'atteignent pas leur but. Et ce n'est pas fini! Sur les 15% qui restent, 5% ont des effets contraires, 5% de plus sont oubliés dans les premières 24 heures. Alors si vous comptez, vous voyez que 95% de la publicité part dans le vide! Dans le monde publicitaire, la rentabilité n'est pas évidente!

On sait maintenant qu'il ne faut pas insister sur le message mercantile, sur le produit lui-même. Les gens accueillent plus facilement les pubs avec un côté ludique. Ils préfèrent celles qui provoquent des émotions, des sentiments, qui trouvent un écho dans la personne.

On nous reproche bien sûr de manipuler, et c'est certain que, dans la publicité, il y a un côté fabricateur d'esprits. On essaie d'influencer les gens autant que possible. Mais finalement, ça fait partie d'une société d'abondance où on a le choix. La décision reste libre et personnelle. La pub n'est pas une dictature.

1. Comment est-ce que la longueur des pubs a évolué? Comment Thierry Kaiser explique-t-il cela?
2. Quel est, d'après Thierry Kaiser, le premier but de la pub?
3. Pourquoi est-il si difficile de faire une publicité qui soit rentable?
4. Quel type de message intéresse moins les gens de nos jours? Par quoi a-t-il été remplacé?
5. Quel grand reproche fait-on à ceux qui créent les pubs?
6. Quelles sont les qualités nécessaires pour réussir dans le monde publicitaire?

B. Exercice de traduction: Traduisez en anglais le dernier paragraphe du texte qui commence «On nous reproche...».

2 Lisez ce résumé et cet extrait du roman «*99F*» et répondez aux questions qui suivent.

La vue opposée dans le roman *99 F*, de Frédéric Beigbeder

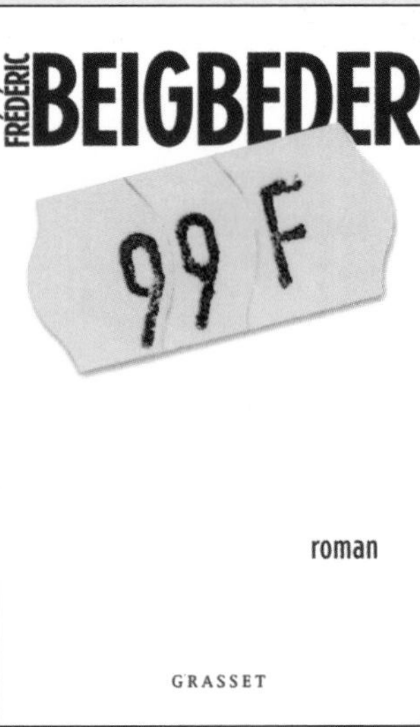

L'histoire Octave est publiciste. Dans son récit *99 F*, il nous avoue tout, un ultime appel de délation de l'immense machine infernale qu'est la pub. Au cours de ce roman, on constate que cette machine publicitaire le contrôle et le mène à commettre toutes les vices. Il papillonne entre le coke, le sexe et le cynisme...
Octave, l'anti-héros, devient complètement taré au fil du roman. Il est détruit par son boulot qui, en fin de compte, le dégoûte.

Extrait du roman

«Je me prénomme Octave et m'habille chez APC. Je suis publicitaire: eh oui, je pollue l'univers. Je suis le type qui vous vend de la merde. Qui vous fait rêver de ces choses que vous n'aurez jamais. Ciel toujours bleu, nanas jamais moches, un bonheur parfait, retouché sur PhotoShop. Images léchées, musiques dans le vent. Quand, à force d'économies, vous réussissez à vous payer la bagnole de vos rêves, je l'aurai déjà démodée. J'ai trois vogues d'avance, et m'arrange toujours pour que vous soyez frustré. Le Glamour, c'est le pays où l'on n'arrive jamais. Je vous drogue à la nouveauté, et l'avantage avec la nouveauté, c'est qu'elle ne reste jamais neuve. Il y a toujours une nouvelle nouveauté pour faire vieillir la précédente. Vous faire baver, tel est mon sacerdoce. Dans ma profession, personne ne souhaite votre bonheur, parce que les gens heureux ne consomment pas. »

Frédéric Beigbeder, *99 F*, Grasset, p.17.

1 Quel est l'emploi d'Octave?
2 De quelle façon le considère-t-il?
3 Expliquez la phrase «je suis le type... qui vous fait rêver de ces choses que vous n'aurez jamais».
4 Croyez-vous qu'il soit heureux?
5 Êtes-vous d'accord avec cette image de la publicité?

Vocabulaire utile

avouer	confess
une délation	denunciation
au cours de	in the course of
mener à	to lead to
papillonner entre	to flit between
commettre toutes les vices	to commit every vice in the book
taré	defective, mad, mental
une nana	a girl (slang)
léché	polished
à force de	by dint of
une vogue	fashion, vogue
avoir... avance	to be ahead by
baver	to drool
un sacerdoce	vocation, priesthood

 **Débat: Lisez ces déclarations tirées du livre.**

1 «Tout s'achète: l'amour, l'art, la planète Terre, vous, moi. La publicité est l'une des plus grandes catastrophes des deux mille dernières années pour ceux qui aiment la littérature.»

2 «Un rédacteur publicitaire, c'est un auteur d'aphorismes qui se vendent.»

3 «Tout est provisoire et tout s'achète. L'homme est un produit comme les autres, avec une date limite de vente.»

4 «L'avantage avec la nouveauté, c'est qu'elle ne reste jamais neuve. Il y a toujours une nouvelle nouveauté pour faire vieillir la précédente.»

5 «Pour créer des besoins, il faut attiser la jalousie, la douleur, l'inassouvissement.»

6 «Pour réduire l'humanité en esclavage, la publicité a choisi le profil bas, la souplesse, la persuasion.»

Frédéric Beigbeder, *99 F*, Grasset p.1.

Choisissez-en trois.

- Que veulent-elles dire? Expliquez en utilisant vos propres mots le plus possible.
- Les trois déclarations, vous semblent-elles justes? Justifiez vos réponses.

Vous devez vous opposer à ces trois déclarations. Formulez vos contre-arguments.

4 Faites des recherches sur Internet et trouvez une publicité pour Compaq en visitant le site Web www.compaq.fr ou en allant sur www.google.fr et rechercher Compaq. Après l'avoir trouvée, répondez aux questions suivantes:

1 Décrivez la publicité.
2 Comment marche-t-elle?
3 Si vous travailliez au BVP, donneriez-vous votre accord pour lancer cette publicité? Pourquoi / pourquoi pas?
4 Est-ce qu'il y a une image d'une femme dans la publicité? Croyez-vous que l'image de la femme est malmenée dans cette publicité et dans la publicité en général?
5 Écrivez un paragraphe pour expliquer comment elle essaie de déclencher le réflexe d'achat.

Infos utiles: Le BVP

le BVP: le Bureau de Vérification de la Publicité The French equivalent of the Advertising Standards Agency (www.bvp.org/fre)

Publicitaire

5 Mettez-vous à la place de Thierry Kaiser ou d'Octave pour créer votre propre publicité. Travaillez avec un partenaire et faites une publicité de 30 secondes pour la radio, la télé ou Internet.

- Choisissez un produit que vous voulez vendre.
- Inventez un slogan.
- Préparez le script.
- Présentez la publicité.
- Expliquez au BVP comment votre publicité réconcilie la liberté d'expression publicitaire et le respect des consommateurs.
- Soyez prêt à être filmé.

Langue: Demonstrative pronouns

see Dynamic Learning

Lisez cet article et répondez aux questions qui suivent.

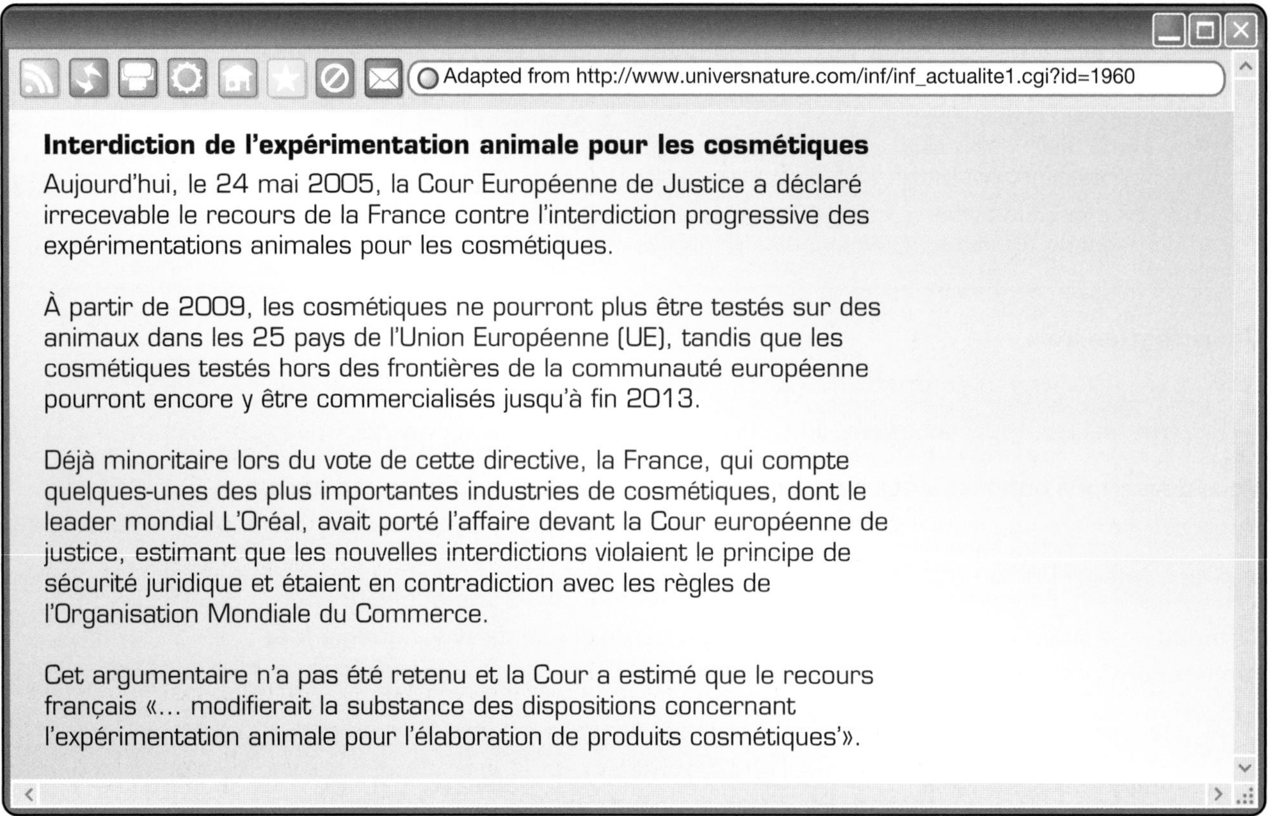

Adapted from http://www.universnature.com/inf/inf_actualite1.cgi?id=1960

Interdiction de l'expérimentation animale pour les cosmétiques

Aujourd'hui, le 24 mai 2005, la Cour Européenne de Justice a déclaré irrecevable le recours de la France contre l'interdiction progressive des expérimentations animales pour les cosmétiques.

À partir de 2009, les cosmétiques ne pourront plus être testés sur des animaux dans les 25 pays de l'Union Européenne (UE), tandis que les cosmétiques testés hors des frontières de la communauté européenne pourront encore y être commercialisés jusqu'à fin 2013.

Déjà minoritaire lors du vote de cette directive, la France, qui compte quelques-unes des plus importantes industries de cosmétiques, dont le leader mondial L'Oréal, avait porté l'affaire devant la Cour européenne de justice, estimant que les nouvelles interdictions violaient le principe de sécurité juridique et étaient en contradiction avec les règles de l'Organisation Mondiale du Commerce.

Cet argumentaire n'a pas été retenu et la Cour a estimé que le recours français «... modifierait la substance des dispositions concernant l'expérimentation animale pour l'élaboration de produits cosmétiques'».

Vocabulaire utile	
irrecevable	inadmissable
le recours	recourse, resort
violer	to rape, infringe
retenir	to keep, hold, uphold
la disposition	measure
l'élaboration	development, working out

1 Qu'est-ce que la France vient d'essayer de faire?
2 Dans quelle mesure interdira-t-on l'expérimentation animale à partir de 2009?
3 Qu'est-ce qui se passera en 2013?
4 Pourquoi la France se préoccupe-t-elle de ces nouvelles interdictions?
5 Dans quelle mesure L'Oréal a-t-il raison d'expérimenter sur les animaux?

7 **Travail de recherche: Trouvez deux publicités, l'une pour une marque de maquillage comme L'Oréal et l'autre contre l'expérimentation animale pour les cosmétiques.**
Vous devez expliquer:

- comment les deux publicités essaient de vous convaincre
- l'utilisation des images et des couleurs
- quelle est la plus convaincante et pourquoi
- votre point de vue sur l'expérimentation animale pour les cosmétiques en donnant des exemples concrets.

L'état et l'individu

Terrain examen

see Dynamic Learning

La politique française

On s'échauffe

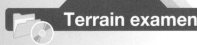

★ Quelles sont les caractéristiques d'un parti politique qui est de droite? Et d'un parti de gauche? Pensez-vous qu'il y a vraiment une différence entre les partis politiques de nos jours? Ou est-ce que l'époque des idéologies est bel et bien finie à votre avis?

1 **Écoutez ce journaliste qui parle des principaux partis politiques en France. Recopiez et complétez ce tableau en français pour chaque parti mentionné. Les informations sur le Front National sont déjà remplies à titre d'exemple. Il y en a cinq autres.**

Nom du parti	Tendances politiques	D'autres informations
Le Front National	Extrême droite	Il est partagé en deux groupes. Il considère la France comme une terre pour les blancs de souche française. Il veut interdire l'immigration.

2 **A. Lisez cette petite histoire du gouvernement français depuis le début de la Cinqième République.**

La Cinquième République (1958–présent)

Charles de Gaulle, qui a mené la résistance de son QG à Londres pendant la Deuxième Guerre mondiale, est élu en 1958 et fait adopter la constitution de la Cinquième République. Cette constitution affirme le pouvoir du Président et du Parlement. Jusqu'en 1981, avec l'élection de François Mitterrand, les gouvernements de droite s'imposent. Ces gouvernements se font remarquer par leur style de gouvernement «dirigiste» et adoptent un programme «gaulliste» pour ainsi dire, un programme de centralisation du pouvoir où l'État cherche à contrôler les médias et à imposer ses points de vue, normalement conservateurs.

Comment gouverne-t-on la France?

Le Président de la Républiqu française est le chef d'État. Il nomme le Premier ministre, il est chef des armées et il est responsable de la politique étrangère.

Le Premier ministre est chef de l'exécutif. C'est lui qui tient le pouvoir politique au parlement et qui nomme l'ensemble des ministres d'État.

Le gouvernement national français est parfois difficile à comprendre. La plus grande partie du pouvoir exécutif est entre les mains du Premier ministre que le Président nomme.

Le Président est le chef d'État et s'occupe des affaires étrangères et de la politique de défense. Le Premier ministre, pour sa part, s'occupe des affaires d'État et gouverne le pays. Pour que le candidat du Président, le Premier ministre, puisse gouverner, il lui faut le soutien de l'Assemblée nationale.

Parfois le Président et le Premier ministre ne sont pas du même parti politique. Cette situation s'appelle «la cohabitation» et se produit lorsque la majorité de l'Assemblée nationale n'est pas du même parti que celui du Président.

La cohabitation

Depuis 1983, le gouvernement a alterné entre une coalition de gauche (composée du Parti Socialiste, du Parti Communiste et, plus récemment, des Verts) et une coalition de droite (composé du RPR dont Jacques Chirac était le chef – plus tard remplacé par l'UMP – et de l'UDF).

Par exemple, pendant les deux premières années du septennat de Chirac (1995–2002), son Premier ministre était Alain Juppé, le chef du RPR, son parti néo-gaulliste. Juppé avait le soutien de l'Assemblée nationale (où son parti avait la majorité des sièges).

En 1998, aux élections législatives (pour les membres de l'Assemblée nationale), Lionel Jospin, le chef du Parti Socialiste, a emporté facilement une victoire écrasante et inattendue. Par conséquent, Chirac a été obligé de nommer un Premier ministre de gauche. L'Élysée est à gauche, Matignon à droite! Le pouvoir est donc partagé. Leur «cohabitation» reste la plus durable de toute l'histoire de la Cinquième République.

2002

La France réélit Jacques Chirac, mais seulement après avoir frôlé le désespoir en permettant à Jean-Marie Le Pen, le chef du parti de l'extrême droite, le Front National, de parvenir au deuxième tour. Jospin, le malheureux, se trouvait relégué en troisième place.

2007

Le 6 mai, Nicolas Sarkozy est élu à l'Élysée aux dépens de Ségolène Royal, la candidate du Parti Socialiste. Après être devenu Président de la République Française, il nomme François Fillon Premier ministre.

L'Assemblée nationale / La Chambre des Députés

Infos utiles: La politique en France

UMP	l'Union pour un Mouvement Populaire (remplace le RPR)
UDF	l'Union pour la Démocratie Française
PS	le Parti Socialiste
FN	Le Front National
PC	Le Parti Communiste
RPR	Le Rassemblement pour la République (remplacé par l'UMP)
un septennat	Presidential seven-year term of office (now reduced to five years)
un quinquennat	Current presidential five-year term of office

La répartition du pouvoir

Date	Président	Parti	Premier ministre	Parti
1995–98	Chirac	de droite	Juppé	de droite
1998–2002	Chirac	de droite	Jospin	de gauche
2002–05	Chirac	de droite	Raffarin	de droite
2005–07	Chirac	de droite	de Villepin	de droite
2007–	Sarkozy	de droite	Fillon	de droite

1 Pourquoi Charles de Gaulle était-il célèbre?
2 Expliquez les rôles différents du Président et du Premier ministre.
3 Qu'est-ce que la cohabitation?
4 Comment peut-on avoir un Président de droite et un Premier ministre de gauche? Donnez des exemples concrets.
5 Expliquez la situation dans laquelle se trouvait Chirac après les élections législatives en 1998.

B. Exercices de traduction: Après avoir lu l'histoire à la page précédente, vous devez:

1 traduire le dernier paragraphe de l'histoire en anglais
2 traduire en français le texte qui suit:

The French President's job is a complex one. Not only is he the head of state and must represent France on the world stage, but he must also appoint a government that has the support of the French parliament. If he were to appoint a government that did not have the backing of the parliament, he would find his position impossible and would be forced to resign. The most important part of his role is to defend and protect the country from foreign and terrorist attacks.

3 Débat: Travaillez avec un partenaire pour préparer une présentation sur les avantages et les inconvénients de la cohabitation. Voici des idées pour vous aider:

- Une réforme politique peut progresser parce qu'il existe une forme de compétition entre le Président et le Premier ministre.
- Les anciennes idéologies politiques n'ont plus de sens de nos jours. Alors, pourquoi ne pas travailler ensemble?
- Il y a des menaces importantes au niveau mondial. C'est le moment de travailler côte à côte pour l'union nationale.
- Tout le monde sait que ça ne peut jamais marcher. L'un va toujours freiner l'autre.
- C'est bien d'obliger les deux camps à travailler ensemble.
- Des réformes politiques nécessaires sont retardées parce que ni le Président ni le Premier ministre ne veut mettre sa popularité personnelle en danger.

4 Écoutez ce petit cours d'histoire de France depuis 1789. Vous devez remplir les blancs dans le texte ci-dessous.

1__________ **2**__________: Les familles royales **3**__________ la France: (Valois-Orléans (1498–1515), Orléans-Angoulême (1515–89), la Dynastie des Bourbon (1589–1792).

4__________: **La révolution – le roi et l'Assemblée nationale**
27 juin: Louis XVI légalise l'Assemblée nationale, les débuts du parlement actuel.
14 juillet: Les Parisiens **5**__________ la Bastille d'assaut. Le commencement de «la grande peur». Les paysans pillent et font brûler des châteaux et détruisent des dossiers des **6**__________ féodales. L'Assemblée nationale remplace les anciennes régions avec 83 **7** «__________».
8__________: Les princes et les nobles s'enfuient à l'étranger. Louis décide de les suivre et de chercher de l'aide **9**__________ des étrangers afin de restaurer son pouvoir. Il se fait arrêter à Varennes et on **10**__________ fait rentrer, avec la reine, Marie-Antoinette, à Paris. Il accepte la nouvelle constitution.

1792–93: Le début de la République et l'exécution de Louis XVI
21 septembre 1792: La Convention abolit la monarchie, met en place la République et condamne le roi pour trahison.
Janvier 1793: Louis XVI est exécuté. Sa femme, Marie-Antoinette **11**__________ **12**__________ à la guillotine en octobre. La résistance contre la République devient plus forte à l'étranger et en Vendée.

1793–94: La Terreur
Une dictature, menée par Robespierre. De grands nombres d'arrestations de suspects, des milliers exécutés, y compris Marie-Antoinette.
Juillet 1794: La Convention arrête et **13**__________ Robespierre.

1795–99: Le Directoire
La nouvelle constitution **14**__________ «Le Directoire» et crée le système de deux chambres dont le parlement, «Le Conseil des Cinq-Cents» et le sénat, dit «Le Conseil des Anciens». Les cinq «Directeurs» que le «Conseil des Anciens» élit chaque année gouvernent le pays. La corruption, des difficultés financières, des purges politiques et la dépendance **15**__________ de l'armée marquent cette phase dans l'histoire française. Napoléon Bonaparte devient de plus en plus **16**__________.

1799–1804: Le consulat et Napoléon Bonaparte
Napoléon, héros de la campagne d'Italie, après être rentré d'Égypte, fomente un coup d'État, **17**__________ le Directoire et établit le Consulat et sa dictature.

1804–14: Le Premier Empire
Napoléon se proclame Empereur de la France.

1814–48: La Restauration
Les familles royales reviennent au pouvoir.

La deuxième République (1848–52).
Le deuxième Empire (1852–70). Napoléon III, empereur.
La troisième République (1870–1940).
La démocratie parlementaire, suite à l'effondrement de l'Empire de Napoléon III lors de la guerre franco-prussienne.
Le gouvernement de Vichy **18**__________: Le gouvernement de Pétain à la suite de l'invasion de l'armée allemande, 1940.
France après la Libération **19**__________.
Le gouvernement provisoire.

5 **Travail de recherche: En utilisant les informations ci-dessus et les sites web pour vous aider, répondez à la question:**
«Le système de cohabitation français ne fournira jamais un gouvernement réellement élu par le peuple et pour le peuple français».
Vous devez écrire un minimum de 240 et un maximum de 270 mots.

Rappel!
Faites attention à votre grammaire, c'est-à-dire les liaisons entre le sujet et le verbe, le nom et l'adjectif, et les temps. N'oubliez pas de continuer à chercher les «pièges» posés par l'examinateur!

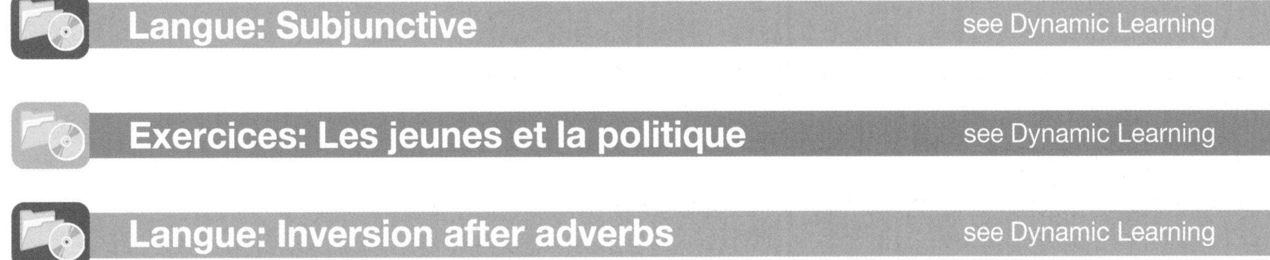

Langue: Subjunctive
see Dynamic Learning
Exercices: Les jeunes et la politique
see Dynamic Learning
Langue: Inversion after adverbs
see Dynamic Learning

L'Union Européenne

On s'échauffe

★ L'idée de l'Union Européenne (l'UE) provoque bien des controverses en Angleterre. Pourquoi est-ce que ça provoque des réactions si fortes à votre avis? A-t-on raison de s'inquiéter de l'Europe?

1 **A. Lisez les opinions des cinq jeunes ci-dessous pour découvrir qui...**

1 rejette le principe que les pays riches viennent à la rescousse des pays plus pauvres.
2 veut que l'Europe mette fin à la guerre.
3 se rebelle contre l'idée d'uniformité.
4 se réjouit de la meilleure compréhension qui s'installe.
5 s'enthousiasme pour les opportunités de coopération au niveau universitaire.

B. Exercice de compréhension et d'analyse: Répondez en français aux questions suivantes:

1 Pourquoi est-il important d'élargir notre vision en ce qui concerne l'Europe?
2 Pourquoi est-ce que certains hésitent à accueillir d'autres pays dans l'Union Européenne?
3 Quels sont les avantages de la coopération universitaire?
4 La création de l'Union Européenne a-t-elle eu une influence positive sur la sécurité des pays membres à votre avis?
5 Qui profite le plus de l'Union Européenne?

Moi, je suis à cent pour cent pour l'Europe! C'est toujours bien de découvrir les autres et je pense que l'Europe facilite les relations entre les pays. Mieux connaître, c'est mieux comprendre et mieux accepter aussi. L'Europe nous encourage à élargir notre vision – et on se rend compte qu'il y a de bonnes choses partout. Valérie

L'Europe – ça va très bien en théorie, c'est dans la pratique que ça me fait un peu peur. Ça va nous coûter cher, vous comprenez. Plus il y a de pays dans l'Union, plus il y a de besoins, il me semble. Et c'est nous, les contribuables en France, qui allons subventionner tout ça. Je veux bien, mais c'est pas juste qu'ils s'attendent à ce qu'on paie pour tout. Bernard

Moi, je pense que l'Europe représente une ouverture intéressante pour les jeunes. C'est surtout au niveau des études que ça fonctionne bien. En travaillant ensemble, on peut faire avancer les recherches beaucoup plus vite. En plus, il y a des bourses pour faciliter le travail et les échanges. Moi, je suis ravi. Il faut dire que c'est bien pour le commerce aussi. Une Europe unie est beaucoup plus forte économiquement. Malik

Moi, je pars du principe que l'Europe, c'est une nécessité! Je parle surtout de la sécurité. Il faut mettre en valeur ce qu'on a en commun. L'idée d'une Europe fédérale ne me gêne pas dans la mesure où elle œuvre pour la paix. Si les frontières géographiques sont moins importantes, les frontières mentales aussi. Édouard

Moi, je pense qu'on est déjà allé trop loin. On ne sait plus qui c'est qui tient le pouvoir. On est en train de perdre notre identité. On assiste à un nivellement des cultures qui ne me plaît pas. Qu'est-ce que ça veut dire «être européen»? Rien du tout. Et qui profite de tout ça? C'est des banquiers et des hommes politiques qui sont loin: on ne peut plus les contrôler. Alex

2 **A. Vous posez-vous parfois la question: «Qui commande dans cette grande entreprise qu'est l'Union Européenne?» Écoutez un journaliste qui parle de ses impressions. Écoutez son témoignage une première fois et trouvez l'équivalent français des phrases suivantes:**

1 The European Union considers itself to be a democracy.
2 Once the citizen has elected representatives...
3 Motivated neither by the wishes nor the needs of the people...
4 They have absolute power.
5 The ordinary people don't decide any more.

B. Écoutez son témoignage une deuxième fois et répondez en français aux questions suivantes:

1 Pourquoi, d'après le journaliste, les représentants au Parlement européen prennent-ils parfois des décisions bizarres?
2 De quoi parlent-ils au parlement?
3 Comment est-ce que ces représentants remplissent leurs obligations envers ceux qui les ont élus?

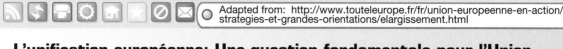

3 Lisez l'article ci-dessous qui parle de l'histoire et de l'élargissement de l'UE et répondez aux questions qui suivent.

Adapted from: http://www.touteleurope.fr/fr/union-europeenne-en-action/strategies-et-grandes-orientations/elargissement.html

L'unification européenne: Une question fondamentale pour l'Union

Jusqu'à présent, cinq élargissements ont permis à l'UE de s'agrandir. Depuis 1973, l'Union européenne est passée de 6 à 9, de 9 à 10 puis à 12, à 15, à 25 depuis le 1er mai 2004 et à 27 États membres avec l'entrée de la Bulgarie et de la Roumanie le 1er janvier 2007.

Le coût de l'élargissement

Pour la période 2004–2006, plus de 33 milliards d'euros ont été dégagés du budget de l'Union européenne pour financer le 5ème élargissement de l'UE. 33 milliards ont été attribués aux nouveaux États membres afin qu'ils développent leurs politiques agricole et régionale, qu'ils améliorent leurs infrastructures, renforcent leur sécurité nucléaire, adaptent leur système d'administration publique et protègent davantage leurs frontières. 540 millions d'euros ont été réservés à tous les États pour financer des actions en matière de recherche, culture et éducation.

Les conséquences de l'unification européenne

Après la chute du mur de Berlin, l'élargissement vise l'unification de l'Europe. L'élargissement permet d'assurer: la paix et la stabilité politique sur tout le continent; une prospérité accrue des citoyens européens; le progrès de la démocratie; le renforcement du rôle international de l'Europe; un enrichissement culturel; une plus grande mobilité des citoyens pour étudier, travailler, résider et entreprendre dans toute l'Europe.

Les enjeux actuels

Les élargissements successifs, notamment celui de mai 2004 qui a conduit à l'intégration de 10 nouveaux États, posent la question de la «capacité d'absorption» de l'Union européenne (UE). L'UE peut-elle assumer d'autres élargissements avec son système institutionnel actuel?

À cette interrogation s'ajoute la question des «frontières» de l'Union: jusqu'où l'Union doit-elle s'élargir? Selon les Traités, seuls les États européens peuvent adhérer à l'UE, mais il n'est précisé nulle part qui est européen et qui ne l'est pas. Faut-il se limiter aux critères géographiques traditionnellement admis ou faut-il inclure des considérations géopolitiques? Ce débat est particulièrement vif à propos des négociations d'adhésion qui ont débuté en octobre 2005.

1 Combien d'États membres y a-t-il selon cet article en 2007?
2 L'élargissement de l'UE est assez coûteux; combien a-t-il coûté?
3 En utilisant vos propres mots, quelles sont les conséquences de l'unification européenne?
4 Quels sont les trois buts principaux du programme d'élargissement de l'UE?
5 Selon cet article l'UE est-elle prête à absorber les États nouveaux? Pourquoi? Pourquoi pas?
6 Le critère d'entrée dans l'UE est-il en train d'évoluer?

Nos pays sont profondément divisés par le concept de l'Union Européenne. Même en France, cela a déjà provoqué des divisions dans le monde politique.
Le 29 mai 2005, la France a voté contre le traité établissant une Constitution pour l'Europe. Par un référendum, les Français ont été les premiers à rejeter le traité et cela a laissé un avenir incertain pour l'UE.

4 **Travaillez avec un partenaire. Lors du référendum on a vu la parition de beaucoup de dessins humoristiques de Chirac en tant que berger avec une brebis égarée qui représentait la France.**

Trouvez cette image en visitant le site web http://ancien-site-du.snetap-fsu.fr et rechercher «Chirac mouton» ou en allant dans les images de www.google.fr et rechercher «Chirac mouton».

- Que voyez-vous sur l'image?
- Chirac est-il en faveur de l'Europe, d'après ce qu'il dit?
- Expliquez la raison pour laquelle Chirac est vêtu comme un fermier.
- Pourquoi les hommes et les femmes politiques trouvent-ils la question de l'Europe difficile?
- Quels sont les problèmes qui restent à résoudre?
- Êtes-vous en faveur de l'Union Européenne?

5 **Écrivez une rédaction entre 240 et 270 mots sur le sujet suivant: «L'Europe est construite pour le bien de tout le monde.»**
Pour vous donner des idées, relisez les opinions exprimées par les jeunes, relisez l'article «L'unification européenne» et réécoutez l'avis du journaliste.

L'heure de l'euro

6 **Ça y est! L'euro dont on parle depuis si longtemps est apparu en France en janvier 2002. Et vous, êtes-vous pour ou contre cette monnaie européenne?**

Exercice de compréhension: Lisez l'article à la page suivante et répondez aux questions qui suivent. L'article est tiré d'un site officiel français qui porte sur l'euro.

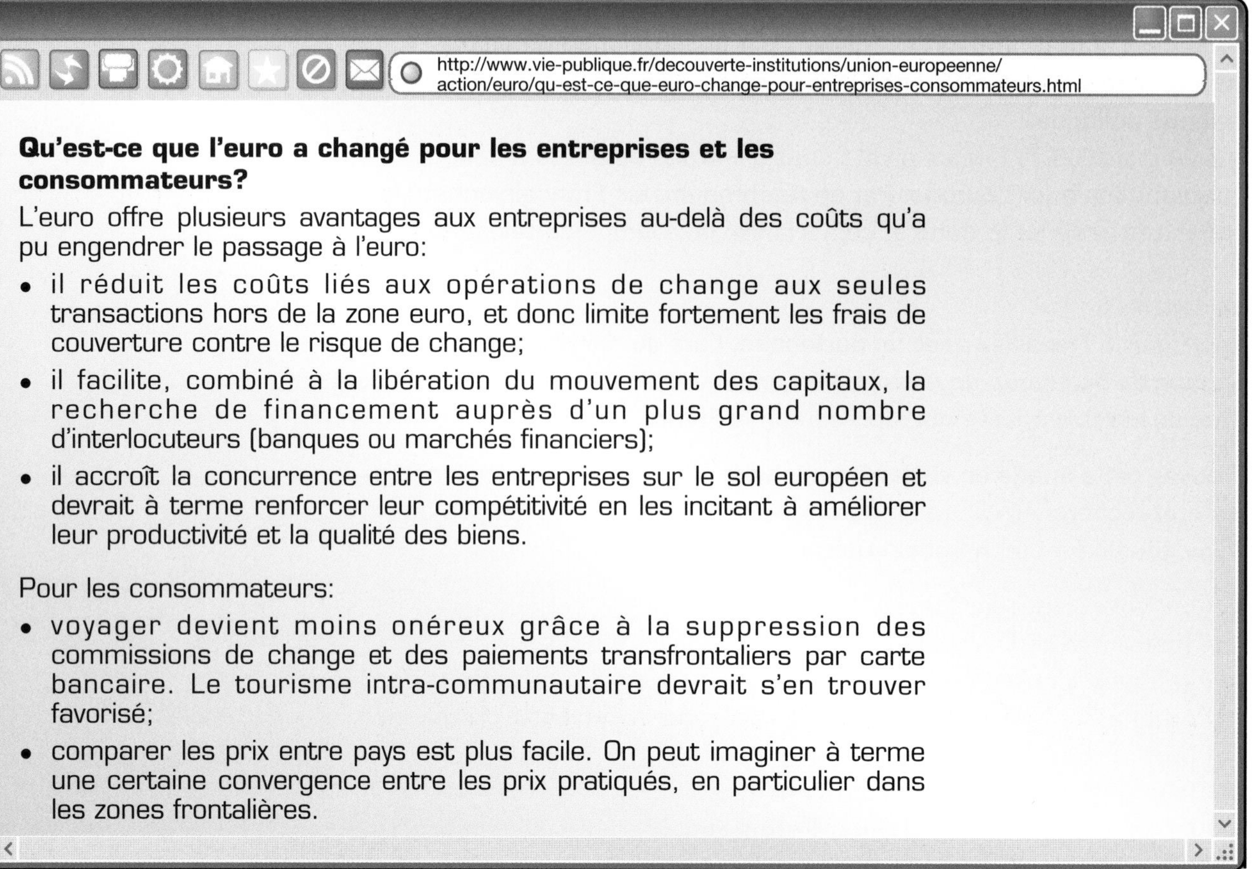
http://www.vie-publique.fr/decouverte-institutions/union-europeenne/action/euro/qu-est-ce-que-euro-change-pour-entreprises-consommateurs.html

Qu'est-ce que l'euro a changé pour les entreprises et les consommateurs?

L'euro offre plusieurs avantages aux entreprises au-delà des coûts qu'a pu engendrer le passage à l'euro:

- il réduit les coûts liés aux opérations de change aux seules transactions hors de la zone euro, et donc limite fortement les frais de couverture contre le risque de change;
- il facilite, combiné à la libération du mouvement des capitaux, la recherche de financement auprès d'un plus grand nombre d'interlocuteurs (banques ou marchés financiers);
- il accroît la concurrence entre les entreprises sur le sol européen et devrait à terme renforcer leur compétitivité en les incitant à améliorer leur productivité et la qualité des biens.

Pour les consommateurs:

- voyager devient moins onéreux grâce à la suppression des commissions de change et des paiements transfrontaliers par carte bancaire. Le tourisme intra-communautaire devrait s'en trouver favorisé;
- comparer les prix entre pays est plus facile. On peut imaginer à terme une certaine convergence entre les prix pratiqués, en particulier dans les zones frontalières.

1 Citez trois avantages de l'euro pour les entreprises.
2 De quelle façon au consommateur individuel bénéficie-t-il?
3 Comment décrivez-vous le ton de ce texte?
4 Vos expériences de l'euro sont-elles comparables au contenu de cet article?

Vocabulaire utile	
au-delà de	beyond
engendrer	to engender, generate
les capitaux	funds
auprès de	with, beside, in relation to
à terme	in the end, at its completion
transfrontalier	cross-border
induire	to lead to, bring about

7 **Écoutez ce compte rendu d'une manifestation du groupe réactionnaire «Le Renouveau Français» qui s'oppose fortement à l'euro, et répondez aux questions suivantes:**

1 Où et quand ce groupe a-t-il manifesté?
2 Pourquoi l'introduction de l'euro, selon le RF, a-t-elle été «une calamité»?
3 L'avenir ne se présente pas d'une façon positive. Quelles sont les raisons?
4 Expliquez le terme «République Universelle».

Langue: Imperfect and perfect tenses

see Dynamic Learning

8 **Débat: Vous devez vous préparer à débattre le sujet: «Êtes-vous pour ou contre l'élargissement de l'UE?»**

Comment se préparer?

- Décidez de votre prise de position par rapport au sujet de débat.
- Faites des recherches afin de soutenir votre point de vue.
- Séparez vos arguments en quatre.
- Ajoutez des preuves qui justifieront vos arguments.
- Préparez un résumé de votre prise de position sans donner trop de détails.

Comment débattre?

- Présentez votre prise de position pendant au plus **une minute**.
- Commencez le débat avec votre partenaire et utilisez vos quatre arguments.
- Le débat devrait durer **quatre minutes**.

Manifester, une tradition française?

On s'échauffe

★ La tradition de manifester, normalement de façon paisible, semble bel et bien enracinée dans la culture française. Les «manifs» et les «manifestants» prennent toutes les formes: il s'agit soit d'activistes idéologiques qui se contentent d'exprimer leurs avis d'une manière publique, soit de manifestations qui dégénèrent en émeutes violentes et dangereuses.

mai 1968

La France protestait: les ouvriers faisaient grève et les étudiants se sont soulevés contre un gouvernement conservateur et déconnecté de la réalité actuelle. La France et le monde entier ont été choqués et ébranlés par le déclenchement violent des émeutes par les étudiants mécontents.

Écoutez ce témoignage et répondez aux questions qui suivent:

1 Où et pourquoi les problèmes ont-ils commencé au début?
2 De quelle façon le mécontentement s'est-il répandu vers Paris?
3 Qu'est-ce qui s'est passé les 3 et 6 mai?
4 D'après cet article, on compte combien de blessés au total?
5 Faites un résumé de l'étendue de la grève nationale en mai 68.
6 Dans quelle mesure les étudiants et les ouvriers étaient-ils unis lors de ces événements?
7 En fin de compte, quelle a été la réaction du gouvernement?

2 **A. Analyse des images: Écrivez une liste de mots auxquels ces images vous font penser.**

B. Choisissez une de ces images. Vous devez:

- décrire ce qui venait de passer avant la prise de la photo
- raconter ce qui aurait pu se passer dans les prochaines minutes et heures après la prise de cette photo.

C. Imaginez que vous êtes un(e) soixante-huitard(e). Après avoir revu ces images dans un magazine, vous vous décidez à parler de vos exploits de mai 1968. Vous racontez à vos enfants ce que vous avez fait il y a quarante ans.

- Êtes-vous fier de vos actes?
- Comment justifiez-vous la violence envers la police et les forces de l'ordre?

Infos utiles: Les manifestants

un soixante-huitard(e)	a "68er": someone who took part in the May 1968 riots
une émeute	riot
une manifestation	a demonstration
la grève	strike
faire grève	to be on strike
être en grève	to be on strike
un gréviste	a striker
un syndicat	a trade union

3 **Lisez ce compte rendu des émeutes d'octobre 2005 et répondez aux questions qui suivent.**

Les émeutes d'octobre 2005

Clichy-sous-Bois: Le 27 octobre, deux adolescents d'origine maghrébine sont morts, électrocutés après avoir pénétré dans une sous-station électrique. À la suite de leur électrocution, alors qu'ils étaient poursuivies par la police, des nuits consécutives d'émeutes se sont déclenchées.

Aulnay-sous-Bois: Un point chaud après que la violence s'est répandue de Clichy. La police s'est fait tirer dessus et les voitures et les magasins ont été incendiés. Des émeutes dans huit autres banlieues parisiennes.

La région parisienne: Selon la presse, d'autres incidents se sont produits dans la grande banlieue parisienne dans les départements du Val-d'Oise, de la Seine-et-Marne et des Yvelines. Un commissariat dans les Hauts-de-Seine s'est fait attaquer par les cocktails Molotov.

Ailleurs en France: Des voitures brûlées à Dijon, problèmes dans la banlieue de Rouen et de Marseille.

La France

À partir de la fin d'octobre, les violences urbaines se sont répandues dans beaucoup de banlieues pauvres à travers la France. Ces événements ont commencé par des incendies criminels et des jets de pierres contre la police. Dans les quartiers les plus «sensibles», ces événements ont dégénéré en émeutes contre les forces de l'ordre.

Le climat de tension s'est emparé d'autres villes et départements: les agitations sont arrivées à Rouen, Dijon, Aix-en-Provence, Lille, Toulouse, Strasbourg et Pau. Le bilan de la nuit du 6 au 7 novembre: 1400 voitures brûlées, 400 personnes arrêtées et des émeutes et maints autres actes de vandalisme importants partout en France. Ces troubles sont les plus importants depuis mai 1968.

1 Quel incident a déclenché ces troubles?
2 Décrivez comment la violence s'est emparée de la France.
3 Qu'est-ce que vous comprenez par le mot «sensible»?
4 Donnez des raisons pour lesquelles beaucoup de jeunes ont eu recours à la violence.
5 Nicolas Sarkozy, le ministre de l'Intérieur à cette époque, a utilisé ces célèbres mots pour décrire ces jeunes violents: «les racailles et les voyous». Que pensez-vous de ces termes?

4 **A. Travail de recherche: Faites des recherches pour répondre aux questions suivantes:**

- Qui sont ces jeunes?
- Sont-ils «les racailles» dont parle M. Sarkozy?
- Faites le bilan des dégâts: qui en étaient les victimes?

B. Débat: Formulez quatre arguments pour ou contre cette question et débattez-la avec vos camarades de classe:
«Les manifestations et les émeutes sont-ils des moyens justifiables pour provoquer des changements dans notre société»?

Langue: Comparative and superlative adverbs see Dynamic Learning

La délinquance

On s'échauffe

★ Alors que certains protestent contre la société, d'autres en sont exclus. Le problème de la délinquance est de plus en plus aigu de nos jours, mais qu'est-ce qui la provoque à votre avis? Faites une liste de tous les facteurs qui y contribuent.

1 **A. Écoutez cette sociologue qui explique le sens de la violence dans les bandes. Dans la transcription ci-dessous, remplissez les blancs avec les mots qui manquent.**

«C'est la loi du plus fort qui **1**__________. Les chefs **2**__________ par la force, donc ils sont quasiment **3**__________ de provoquer des **4**__________, juste pour avoir l'occasion de **5**__________ leur supériorité. Ces jeunes sont **6**__________ de la société. Ils forment ailleurs d'autres sociétés avec des **7**__________ encore plus **8**__________ . Cela montre la virilité. Les filles **9**__________ énormément dans ces groupes. La violence, c'est la **10**__________, même dans les rapports sexuels.»

B. Écoutez maintenant un policier, intervenu lors des émeutes de novembre 2007, qui parle de sa réaction face à la recrudescence de la violence. Dans la transcription ci-contre, certains mots sont différents de ceux que vous entendez. Lesquels? Soulignez les mots qui ont été changés et écrivez ceux que vous avez entendus. (Il y en a dix.)

«Je suis pessimiste pour l'avenir. Il y a de plus en plus de jeunes qui participent à ces batailles. Avant, ils se battaient entre eux. Maintenant, ils se battent, contre la police et les forces de l'ordre. Le défi est contre la raison. C'est étrange et prévisible. Le plus terrible, c'est le rejet de violence. Cela me fait penser au régime américain. Il est plus violent, plus acharné, plus organisé.»

Infos utiles: Les forces de l'ordre

la police nationale	National police force, mainly responsible for law and order in cities and towns
la gendarmerie nationale	Police force (part of the military) responsible for law and order in smaller towns and rural areas
les compagnies républicaines de sécurité (les CRS)	Riot control forces of *la police nationale*

2 **Lisez le court texte, et l'article à la page suivante, et répondez en français aux questions qui suivent.**

Délinquance. Le mot revient très souvent à la bouche de nos jours. Mais qu'est-ce que c'est? La délinquance représente ce qui va contre la loi, l'ordre, la prospérité d'autrui. Elle s'étend ainsi de la petite criminalité, comme les graffitis et les vols, à des problèmes plus sérieux tels que la violence contre les personnes. On l'associe avec les jeunes, les banlieues, les sans emplois. Il n'est pas difficile de constater que les problèmes d'insertion dans la société vont de pair avec la délinquance. Régler de tels problèmes est une tâche majeure pour chaque gouvernement.

Prenons, à titre d'exemple, le problème de la violence urbaine constatée au mois de novembre 2007.

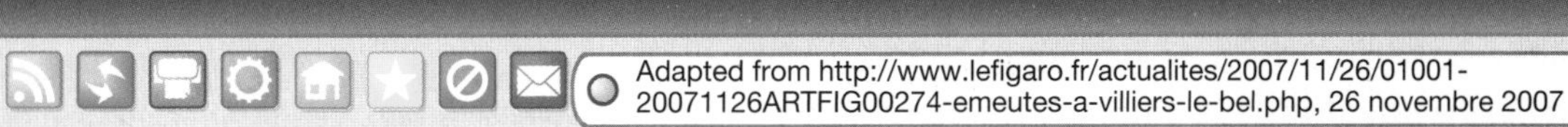

Émeutes à Villiers-le-Bel

Après le décès de deux jeunes circulant sur une motocross qui a percuté une voiture de police, de violentes échauffourées ont éclaté dans ce quartier sensible du Val-d'Oise.

Le quartier de Villiers-le-Bel s'est mis à flamber hier soir après un accident au cours duquel deux adolescents ont trouvé la mort en percutant un véhicule de police. Les habitants assistaient impuissants à ces scènes de destruction qui leur rappelaient les nuits chaudes de l'automne 2005.

Hier soir, le poste de police de Villiers-le-Bel a été assiégé par des jeunes qui criaient vengeance. Ils y ont mis le feu, caillassant les voitures de police alentour. Le bureau de police et la gare d'Arnouville, commune voisine, ont été saccagés. Le frère de l'une des victimes, Omar Sehhouli, expliquait vouloir «que tous les policiers responsables soient condamnés».

Moushin, 15 ans, et son ami Larami, 16 ans, étaient partis «faire du cross dans les champs», assurait-il.

Selon lui, les échauffourées déclenchées après l'accident «ce n'est pas de la violence, c'est de la rage qui s'exprime». «Ces deux petits, tout le monde les connaissait dans la cité», a-t-il ajouté, soulignant que les deux adolescents «n'avaient pas de casier judiciaire».

Selon la police, il ne s'agissait pas d'une course-poursuite. Les deux jeunes circulaient «à vive allure», «non casqués», sur un «engin volé». Ils ont percuté de plein fouet la voiture de police. L'accident s'est produit dans la ZAC de la Tolinette, un quartier sensible de Villiers-le-Bel.

Dès 18 heures, «entre 50 et 100 jeunes ont commencé à brûler des poubelles après avoir incendié deux voitures». Quatre véhicules de police se sont d'abord rendus sur place, avant de rebrousser chemin sous une pluie de projectiles. Les riverains et une élue de la commune se sont plaints de la mobilisation tardive des forces de l'ordre.

Vers 21 heures, les jeunes ont incendié un garage, après l'avoir pillé. Huit policiers au moins et un pompier ont été blessés.

Un McDo incendié, un commissaire molesté

Les jeunes brûlaient les voitures à la chaîne. Par petits groupes de quatre ou cinq, à pied ou en scooter, ils harcelaient les forces de l'ordre et les pompiers. Les soldats du feu étaient obligés de dresser des barricades pour pouvoir intervenir sur les foyers d'incendie à l'abri des projectiles.

«Ça va chauffer!», lançaient les jeunes en capuche, en traversant la ville. On entendait un peu partout des cris, des détonations.

Les vitrines des concessionnaires Honda et Peugeot ont été détruites, une autre concession incendiée. Le McDonald's a brûlé en partie. Les voitures des habitants du quartier rentrant chez eux étaient contraintes de rouler sur des débris encore fumants. Des coups de klaxon résonnaient entre les barres d'immeubles, tandis que des jeunes promettaient de faire «pire que lors des émeutes de 2005».

1 Qu'est-ce que c'est, la délinquance?
2 Pour quelles raisons Villiers-le-Bel est-il devenu un lieu d'émeute?
3 Quelles sont les similarités citées entre cette vague de violence et celle du mois de septembre 2005?
4 Dans quelle mesure la violence a-t-elle été stoppée par les forces de l'ordre?
5 Croyez-vous que cette forme de violence soit justifiable? Pourquoi / pourquoi pas?

3 **Travail créatif: Comme vous venez de lire, la délinquance violente s'est déclenchée à Villiers-le-Bel en novembre 2007. Vous êtes rédacteur du site web de votre école et vous y publiez un blog.**
Vous décidez d'écrire un compte rendu des scènes d'émeutes à Villiers-le-Bel. Écrivez entre un minimum de 240 mots et un maximum de 270 mots et mentionnez les points suivants:

- les raisons pour lesquelles la violence s'est produite
- une description personnelle du déroulement des événements entre la police et les émeutiers
- vos impressions sur place
- les solutions éventuelles aux problèmes.

4 **Travaillez avec un partenaire et faites un jeu de rôle.**
Une chaîne de télévision européenne, France 24, est en train de faire un documentaire sur la délinquance à Villiers-le-Bel. L'un de vous va prendre le rôle d'un journaliste. Il faut donc préparer des questions à poser au jeune émeutier. L'autre, bien entendu, va jouer le rôle d'un jeune. Préparez l'interview et soyez prêt à être filmé!

5 **Lisez ce texte qui porte sur «Banlieue 13» et répondez aux questions suivantes.**

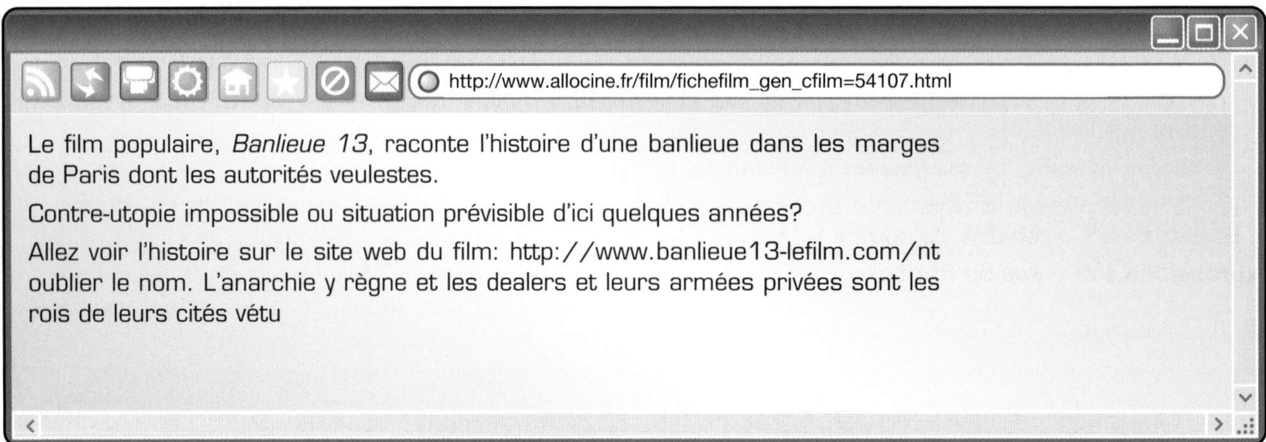
http://www.allocine.fr/film/fichefilm_gen_cfilm=54107.html

Le film populaire, *Banlieue 13*, raconte l'histoire d'une banlieue dans les marges de Paris dont les autorités veulestes.

Contre-utopie impossible ou situation prévisible d'ici quelques années?

Allez voir l'histoire sur le site web du film: http://www.banlieue13-lefilm.com/nt oublier le nom. L'anarchie y règne et les dealers et leurs armées privées sont les rois de leurs cités vétu

1 Décrivez l'affiche du film. Considérez en particulier la façon dont le «Banlieu 13» décrit les cités. Dans quelle mesure les trouvez-vous efficaces?
2 Après avoir visité le site web du film, y a-t-il des similarités entre la situation actuelle dans la banlieue d'aujourd'hui et celle du film? Justifiez votre réponse.
3 Pourquoi l'a-t-on nommé «le film de chevet de Sarkozy»?
4 Quel rôle les films de ce genre jouent-ils? Sont-ils juste divertissants ou y a-t-il des messages plus profonds à y trouver?
5 La violence au grand écran n'a jamais été plus répandue. Faut-il brider ces excès, face à la réalité terrifiante en marge de notre société et de la loi?

Langue: Prepositions see Dynamic Learning

La justice et la peine de mort

On s'échauffe

★ Le rôle d'un policier dans les quartiers défavorisés n'est pas facile. Quelles sont les difficultés auxquelles il doit faire face à votre avis? Pouvez-vous imaginer les compensations qu'il peut y avoir?

Point Rencontre: Christian Couderc, policier à Toulouse

1

A. Écoutez cet entretien avec Christian Couderc qui est policier à Bagatelle, un quartier difficile de Toulouse, puis répondez aux questions suivantes en français:

1 Comment peut-on reconnaître que Christian Couderc est policier?
2 Selon Christian, en quoi consiste son travail?
3 Quel commentaire fait-il sur le logement à Bagatelle?
4 Quel est le plus grand problème auquel il doit faire face?
5 Quelles circonstances favorisent le vol?
6 Pourquoi vole-t-on des voitures et des motos, selon Christian?
7 Qu'est-ce qu'il aime le plus dans son travail?
8 Qu'est-ce qui montre que la police est acceptée par certains jeunes?
9 Comment pourrait-on aider les habitants de Bagatelle, d'après Christian?
10 Pourquoi Christian a-t-il demandé à être muté ailleurs?

B. Écoutez l'entretien une deuxième fois pour pouvoir traduire les expressions suivantes en français:

1 It leaves a lot to be desired.
2 They haven't got enough money.
3 The main thing [was] to get away from the estate.
4 They act hard.
5 No doubt I'll miss it.

Les jeunes criminels: l'emprisonnement ou la réinsertion?

2

A. Débat: Lisez les opinions à la page suivante et mettez-les en deux colonnes dont une s'intitule «l'emprisonnement» et l'autre «la réinsertion»:

l'emprisonnement	la réinsertion
1	2

1 L'âge n'a pas d'importance, c'est la faute qu'il faut punir.

2 Quand on est jeune, on est souvent plus sensible. Un peu de prison peut détruire complètement un adolescent.

3 La prison pour les mineurs doit être plus douce. Elle doit prendre en compte les troubles de la jeunesse.

4 La prison, c'est un pas en arrière. Ça détruit. Ça punit sans guérir.

5 Quand la faute est grave, la prison est nécessaire.

6 Il faut punir les jeunes de façon juste et dure. Je pense qu'un peu de prison peut être une bonne leçon.

7 Il ne faut pas envoyer un jeune en prison pour un petit vol. Ça ne fait qu'aggraver les problèmes.

8 Occupez les jeunes! Apprenez-leur la morale et le respect. Après, vous n'avez plus besoin de punir.

9 Si vous ne faites pas peur aux j eunes avec la prison, alors c'est la panique. Ils ne respectent plus rien. Vous n'avez qu'à regarder les problèmes en ville...

10 En prison, les jeunes ne font que rencontrer des gens plus experts qu'eux en la matière. C'est positif ça?

B. Travaillez avec un partenaire pour essayer de classer les opinions ci-dessus. Il faut donner une note à chaque opinion:

- 5 points si vous êtes complètement d'accord.
- 4 points si vous trouvez qu'il y a du bon sens dans ce qui est dit.
- 3 points si vous restez indécis.
- 2 points si vous êtes contre cette idée, même s'il y a une parcelle de vérité.
- 1 point si vous n'approuvez pas du tout cette opinion.

Ensuite, comparez vos réponses avec celles d'autres membres de la classe. Quelle opinion marque le plus de points? Pourquoi?

3 Le débat ouvert à la classe: Débattez le sujet: «La prison ne résout aucun problème.»

- Prenez votre position, préparez vos quatre arguments. Soyez prêt(e) à donner des données et des faits concrets pour justifier votre avis.
- Vous avez **cinq minutes** pour vous préparer avant de vous lancer dans le débat.
- Choisissez «un(e) adversaire» et présentez votre avis.

Voici des idées pour vous aider:

- punir
- rendre justice
- appliquer la loi
- maintenir la sécurité
- apaiser la souffrance de ceux qui ont souffert à cause du crime.

Vocabulaire utile	
muter	to transfer
le logement	housing
l'emprisonnement	imprisonment
apaiser	to pacify, appease
une donnée	a fact, element, piece of data
à cause de	because of

La peine de mort: est-il jamais justifiable?

L'emprisonnement des jeunes est controversé. Dans quelle mesure faudrait-il passer à la peine de mort? Le meurtre d'un être humain justifie-t-il le «meurtre» légalisé de son auteur? Depuis des dizaines d'années abolie dans l'Hexagone et partout en Europe, la peine de mort demeure une question épineuse qui suscite de fortes réactions.

Lisez cet article et répondez aux questions qui suivent.

L'application de la peine de mort en France avant 1981

La peine de mort a été abolie en France en 1981 par François Mitterrand. Avant cette date, tout condamné à mort avait «la tête tranchée» pour une vaste liste de crimes passibles de la peine de mort. Cette liste incluait, entre autres:

- l'homicide
- toutes conspirations ou complots tendant à troubler l'État par une guerre civile
- tout Français qui portait les armes contre la France

Le décret du 20 mars 1792 a précisé la guillotine comme moyen d'exécution «normal».

L'usage: de moins en moins d'exécutions capitales

Jusqu'en 1832, on constate, selon Renée Martinage, l'«usage immodéré de la peine de mort» pendant une période de crise économique et de législation sévère. On compte, dans le département du Nord, par exemple, 120 condamnations capitales de 1811 à 1826. Cependant, entre 1882 et 1939 on estime que 395 individus ont été exécutés.

De 1969 à 1974, sous la présidence de Georges Pompidou, trois condamnés à mort ont été guillotinés et de 1974 à 1981 sous la présidence de Valéry Giscard d'Estaing, trois exécutions capitales ont eu lieu. La dernière exécution capitale a été celle de Hamida Djandoubi le 10 septembre 1977.

Exécution capitale. Lons-le-Saunier 1897.

1 Qui a aboli la peine de mort et quand?
2 Expliquez avec vos propres mots deux des crimes capitaux.
3 Comment explique-t-on le taux important de condamnation à la peine de mort au début du 19ème siècle?
4 Quelle est votre opinion de la guillotine en tant que mode d'exécution comparée aux autres modes: la chaise électrique, l'injection mortelle?

Infos utiles: Les exécutions en France depuis 1972

Année	Exécutions
1972	2
1973	1
1974	0
1975	0
1976	1
1977	2

Infos choc: Les exécutions en 2006 (d'après Amnesty International)

La Chine	7500–8000
Iran	177
Pakistan	82
Irak	65
Soudan	65
États-Unis	53

Point de rencontre: Michel Sardou, chanteur controversé

Exercice de compréhension.

Dans sa chanson, «Je suis pour», Michel Sardou exprime son point de vue en faveur de la peine de mort. Sortie pendant le procès de Patrick Henry, sa chanson donne la parole à un père dont le fils vient d'être assassiné. Un extrait de ses paroles montre bien son application de la loi du talion.

Trouvez les paroles de «Je suis pour» de Michel Sardou en allant sur le site web www.google.fr, et en tapant «je sui pour». Puis répondez aux questions suivantes.

1. Quels temps Sardou utilise-t-il pour exprimer la certitude de ses vœux?
2. Traduisez les sept lignes de la chanson commençant par «Les philosophes».
3. Êtes-vous d'accord avec l'opinion exprimée ci-dessus? Justifiez votre réponse.

A. Lisez et comprenez ces points de vue sur la peine de mort.

B. Choisissez-en cinq avec lesquels vous êtes d'accord. Justifiez vos choix!

C. Essayez de trouver la riposte pour chaque argument ci-dessous.

1 L'Église précise que la vie d'un homme est sacrée donc il ne faut pas le tuer.

2 La peine de mort ne sert à rien.

3 Le dernier Président de la République Française, Valéry Giscard d'Estaing, qui a permis la dernière exécution, est un assassin.

4 La peine de mort est dissuasive.

5 La peine de mort était utilisée par les Nazis – pourquoi perpétrer de tels actes de barbarie?

6 La vengeance apporte toujours la justice.

7 La peine de mort crée une atmosphère de violence.

8 La peine de mort est cruelle, inhumaine et barbare.

9 La peine de mort ne s'avère jamais logique.

10 La vengeance n'apporte jamais la justice.

11 La peine de mort est répugnante.

12 La loi nous empêche de tuer – à quoi bon tuer un assassin?

Écrivez une dissertation entre 240 et 270 mots sur le thème suivant: «La peine de mort n'est jamais justifiable.»

Langue: Pronouns: more sophisticated usage see Dynamic Learning

Le féminisme

On s'échauffe

★ L'égalité entre l'homme et la femme est-elle déjà acquise ou reste-t-il du travail à faire, à votre avis?

La femme numérique: Quand la technologie joue la séduction

1 **Listen to Colette Mainguy describing women's attitudes towards new technology. Make notes in English on what it is that women want. Translate these notes into French, using your own words.**

Infos utiles à l'égard des Françaises

1944	Les femmes reçoivent le droit de vote.
1949	Simone de Beauvoir publie «Le Deuxième Sexe».
1967	Disponibilité légale de la pilule.
1974	Les femmes reçoivent le droit à l'avortement.
1992	Fondation de «Elles Aussi», organisation qui a pour but l'augmentation du pourcentage des femmes dans la politique.
2000	Loi de la parité. Les partis politiques doivent présenter un nombre égal de femmes et d'hommes à toute élection.

2 **Lisez le texte ci-dessous et répondez en français aux questions qui suivent.**

Du mal à être mâle?

Très longtemps les femmes n'avaient que deux rôles dans la société: celui de mère et celui d'épouse. C'était une situation qui était sans doute bénéfique pour l'homme et peut-être pour les enfants aussi, mais elle était désastreuse pour la femme. Cette conception de la vie féminine a été largement modifiée par la révolution du féminisme.

La principale victoire a bien sûr été celle de la contraception. Avant la disponibilité de la pilule et sa reconnaissance légale, en 1967, la vie de la femme était rythmée par la succession de grossesses. Grâce à cette nouvelle forme de contraception, la femme pouvait accéder à une vie professionnelle plus riche, à un rôle social plus important, à une vie de couple plus épanouie.

Aujourd'hui, plus des trois quarts des femmes de 25 à 54 ans sont actives. Le modèle du couple biactif est devenu majoritaire depuis la fin des années 80. La participation des femmes au budget des ménages s'accroît; il est de plus en plus fréquent que les deux partenaires disposent de revenus comparables. Le modèle de la femme au foyer, qui était dominant depuis l'entre-deux-guerres, apparaît donc obsolète.

L'image de la femme a changé. Les magazines, la littérature et l'imagerie publicitaire des années 80 célébraient la «superwoman» – celle qui faisait tout au travail et à la maison. On observe aujourd'hui une tendance de la publicité ou du cinéma à montrer des femmes «vamps»: bombes sexuelles, mangeuses d'hommes.

Certains hommes vivent mal la transformation actuelle des images respectives de l'homme et de la femme. Les qualités dites féminines (intuition, sens pratique, modestie, générosité, pacifisme, douceur) sont de plus en plus valorisées, alors que les caractéristiques souvent asssociées aux hommes (compétition, domination, agressivité) sont dénoncées. 49% des hommes considèrent qu'il est plus difficile d'être un homme aujourd'hui que pour la génération de leur père.

1 Qu'est-ce qui a dominé la vie des femmes pendant des siècles?
2 Pourquoi est-ce que 1967 reste une date-clé dans l'évolution de la condition féminine?
3 Pourquoi est-ce que la «femme au foyer» est en train de disparaître?
4 Quelle image de la femme était courante au cours des années 80?
5 Pourquoi est-ce que les hommes vivent mal la transformation des images de l'homme et de la femme?

Êtes-vous d'accord?

3 **Donnez votre opinion sur ces citations tirées du texte «Du mal à être male?»:**

- «Avant la disponibilité de la pilule et sa reconnaissance légale, en 1967, la vie de la femme était rythmée par la succession de grossesses.»
- «Le modèle de la femme au foyer, qui était dominant depuis l'entre-deux-guerres, apparaît donc obsolète.»
- «On observe aujourd'hui une tendance de la publicité ou du cinéma à montrer des femmes «vamps»: bombes sexuelles, mangeuses d'hommes.»
- «49% des hommes considèrent qu'il est plus difficile d'être un homme aujourd'hui que pour la génération de leur père.»

4 **«Le Deuxième Sexe», écrit par Simone de Beauvoir, est une des œuvres les plus célèbres et les plus importantes dans le discours féministe d'après-guerre. L'œuvre porte sur les raisons pour l'infériorisation de la femme hors du foyer au fil des années. Lisez le début du «traité» et répondez aux questions qui suivent.**

> «On ne naît pas femme: on le devient. Aucun destin biologique, psychique, économique ne définit la figure que revêt au sein de la société la femelle humaine; c'est l'ensemble de la civilisation qui élabore ce produit intermédiaire entre le mâle et le castrat qu'on qualifie de féminin. Seule la médiation d'autrui peut constituer un individu comme un Autre.»
>
> «Le Deuxième Sexe» de Simone de Beauvoir (Gallimard)

1 Expliquez l'idée de fémininité lors de la naissance.
2 Qui est responsable de «la femme», telle qu'elle est décrite par Beauvoir?
3 Expliquez l'idée que la femme est un «produit» de la société.
4 Qui ou qu'est-ce que c'est, le «on» dans la phrase «qu'on qualifie de féminin»? Justifiez votre réponse.

5 **A. La femme est décrite de plusieurs façons différentes dans l'extrait «Du mal à être mâle?» et dans la citation de Simone de Beauvoir. Rédigez une simple définition de chaque terme utilisé:**

- mère
- épouse
- femme au foyer
- un «produit intermédiaire entre le mâle et le castrat»
- superwoman
- femme vamp.

B. Lisez une de vos définitions aux autres membres de la classe. Savent-ils reconnaître laquelle vous avez choisie?

6 **Regardez la photo et préparez des réponses aux questions suivantes. (Un conseil: essayez d'utiliser du vocabulaire que vous venez de lire dans le texte ci-dessus!)**

1 Décrivez l'attitude de la femme.
2 Qu'est-ce qu'elle est en train de faire?
3 Pourquoi, à votre avis, ne voit-on même pas le visage de l'homme?
4 Qu'est-ce qu'il est en train de faire, l'homme?
5 Comment la condition féminine a-t-elle évolué ces dernières années?

7 **Écoutez cet extrait d'un article qui porte sur la parité des salaires entre les sexes et répondez aux questions suivantes.**

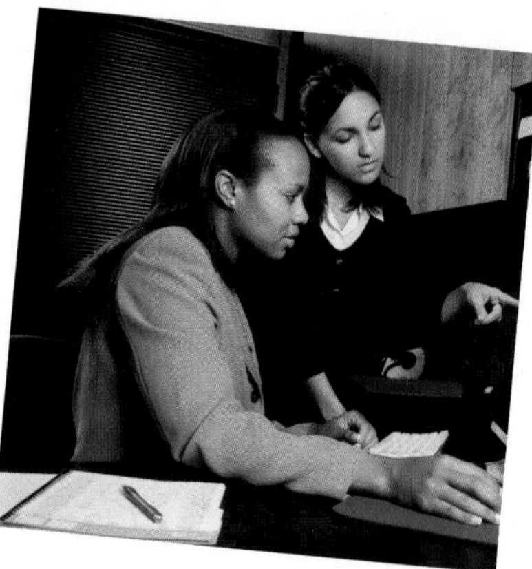

1 Quelle proportion de Français considère qu'il y a parité entre hommes et femmes en entreprise?
2 Quels sont les deux domaines dans lesquels la parité n'est pas respectée?
3 Quelle tranche d'âge est la plus optimistes par rapport à la parité hommes-femmes au travail?
4 Quels sont les trois secteurs du travail les plus recherchées par les femmes?
5 Donnez une raison pour laquelle les jeunes semblent optimistes à l'égard de la parité au travail.

Langue: More pronoun work

see Dynamic Learning

Exercices: Une crise de foi?

see Dynamic Learning

UNITÉ 9

La France: terre d'accueil?

Terrain examen see Dynamic Learning

La colonisation

On s'échauffe

★ Que pensez-vous de la colonisation? Les pays européens ont-ils apporté des bienfaits à leurs colonies ou ont-ils abusé de leur pouvoir? Est-ce qu'il est acceptable d'imposer une culture différente?

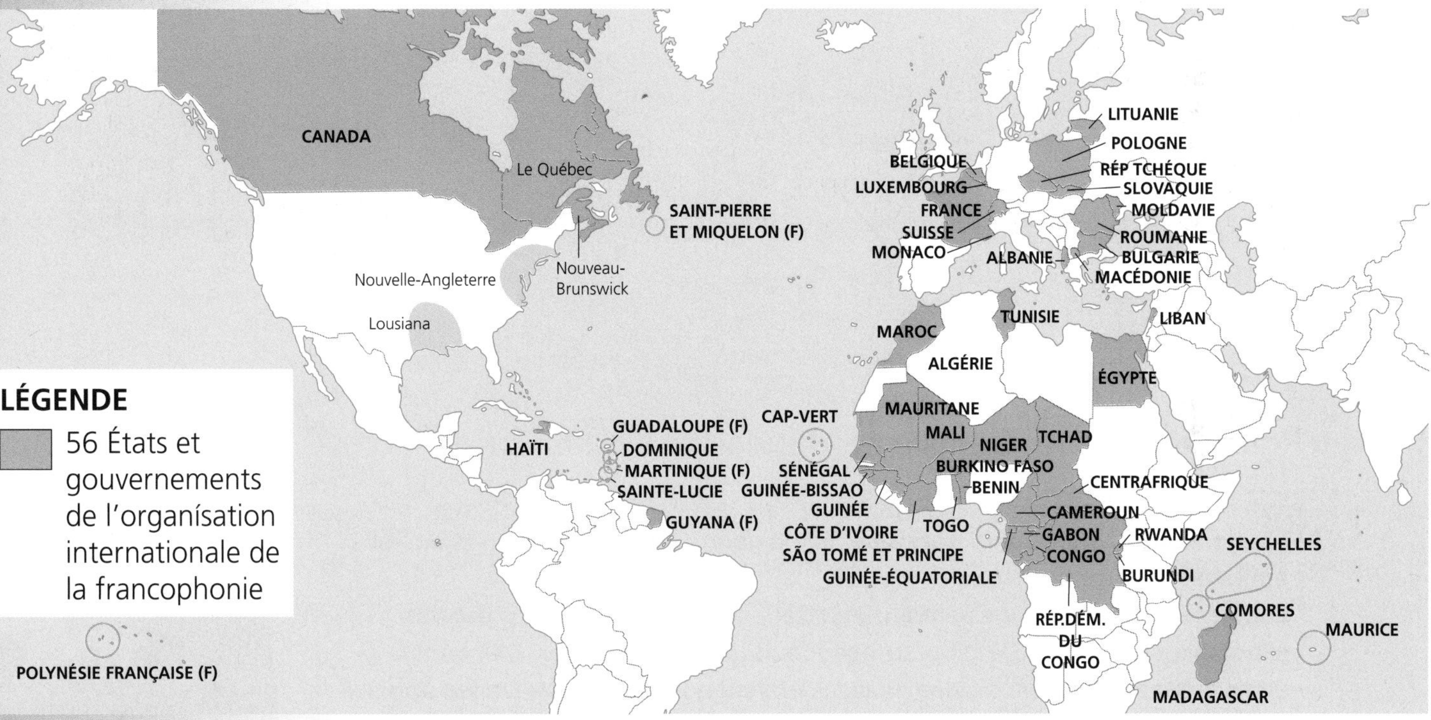

La grande majorité des pays ont été colonisés pendant le 19ème siècle par des pays européens. À l'époque, la France en faisait partie. L'indépendance que ces pays coloniaux cherchaient depuis si longtemps s'est effectuée pendant la période d'après-guerre, souvent marquée par de violentes guerres civiles.

La colonisation, qu'en pensez-vous?

1 **Choisissez celle des phrases à la page suivante qui convient le plus à votre opinion personnelle.**

- Justifiez-la.
- Rédigez la riposte.
- Partagez votre avis avec la classe. Pour moi, la colonisation...

Pour

a pour résultat beaucoup de bénéfices

est une occasion de faire du commerce

«civilise» et «éduque» le pays colonisé

élargit le champ d'expérience du pays colonisateur

Contre

a tort

n'est jamais justifiable

détruit la culture indigène

s'avère souvent motivé par le racisme

entraîne des relations difficiles

est un abus inacceptable

Infos utiles: Les anciennes colonies françaises

un pied-noir	a French colonial born in Algeria
le Cambodge	date d'indépendance: 1953
le Viêt-Nam	date d'indépendance: 1945
l'Algérie	date d'indépendance: 1962
le Maroc	date d'indépendance: 1956
le Mali	date d'indépendance: 1960
le Niger	date d'indépendance: 1960
la Côte d'Ivoire	date d'indépendance: 1960
Madagascar	date d'indépendance: 1960

Point Rencontre: Camille et Mauricette Préher, pieds-noirs

L'Algérie était une colonie française. Elle a gagné son indépendance en 1962 après une guerre brutale.
Les gens d'origine française ont dû quitter l'Algérie en catastrophe pour s'installer en France. C'était pour beaucoup un pays étranger. Ces gens avaient la nationalité française, mais ils étaient nés en Algérie. On les appelait des pieds-noirs.

2 **Vous allez entendre les expériences de Camille et Mauricette Préher quand ils ont dû quitter leur pays natal. Copiez et complétez le tableau ci-dessous en français.**

	Circonstances en 1962	Difficultés	Solutions
Camille			
Mauricette			

3 **Lisez l'article et répondez en français aux questions qui suivent.**

En 1962, des milliers de Français ont dû quitter l'Algérie. Après une guerre féroce et parfois brutale, l'ancienne colonie avait gagné son indépendance. Donc les Français sont partis. Pour beaucoup d'entre eux, c'était un départ en catastrophe: ils avaient dû tout laisser et se sont retrouvés sans rien. De leurs bateaux de fortune, on les a déposés pêle-mêle à Marseille. Souvent l'accueil était mauvais. Ils avaient représenté la France en Algérie, mais la plupart d'entre eux étaient nés là-bas et ne connaissait pas l'Hexagone. Certes, ils étaient blancs, mais ils avaient l'Afrique dans l'âme; ils avaient, pour ainsi dire, plus que le pied noir.

Malgré un mauvais départ, les pieds-noirs se sont peu à peu intégrés à leur «nouveau pays». Souvent ils ont eu beaucoup de succès sur le plan économique. Mais ils ont éprouvé beaucoup de tristesse à cause du pays oublié, laissé par force derrière eux.

Et que se passe-t-il quarante ans plus tard? Rendons visite à Carnaux-en-Provence. C'est une ville qui a été construite pendant les années 60 pour accueillir des pieds-noirs qui, au début, constituaient la totalité de la population. Aujourd'hui, il n'en reste que 50%. Selon le maire, on sait très vite qui sont les «pieds-noirs».

«Les gens ont une manière de saluer ou de ne pas saluer qui dénote une familiarité ancestrale. Ils se connaissaient avant la fondation de la ville. Ils se connaissaient avant même de se connaître, ce qui ne peut arriver qu'à des exilés. Ils viennent de partout, d'Oran, d'Alger, de Mostaganem, d'autres localités qui ont changé de nom et dont même ceux qui y sont nés se souviennent à peine. Les anciens ont l'accent pied-noir. Leurs enfants n'ont déjà plus que des intonations provençales. Quant à la troisième génération, elle parle la langue de son temps, moitié cité, moitié télé.»

1 Pourquoi les pieds-noirs ont-ils dû quitter l'Algérie en catastrophe?
2 Pourquoi, d'après vous, n'ont-ils pas reçu un bon accueil en France?
3 Comment expliqueriez-vous le fait que les pieds-noirs ont réussi sur le plan économique en France?
4 Qu'est-ce qui explique la tristesse des pieds-noirs?
5 Comment est-ce que les pieds-noirs de Carnaux «se connaissaient avant même de se connaître»?
6 Traduisez le dernier paragraphe en anglais.

Débat: Voyage en «nostAlgérie»

Choisissez un rôle:

soit

Mettez-vous à la place d'un des anciens de Carnaux. Ça vous fait de la peine que vos propres petits enfants ne sachent rien sur vos racines. Expliquez ce qui vous manque de l'Algérie et pourquoi cet aspect de votre ancienne vie vous manque.

Des idées pour vous aider:

- le climat
- le sens de l'aventure
- le sens d'appartenir à une autre culture
- la cuisine nord-africaine
- l'aisance de la vie coloniale.

soit

Mettez-vous à la place d'un(e) jeune Français(e) d'origine maghrébine qui vient d'apprendre les conditions défavorisées dans lesquelles ses parents vivaient avant d'arriver en France après l'indépendance.

Expliquez ce que vous pensez de:

- la colonisation
- les idées de la «suprématie des pieds-noirs»
- la subjection du peuple indigène
- la position actuelle des immigrés en France.

Coup d'œil sur l'Algérie d'aujourd'hui

5 **Lisez cet article qui porte sur la colonisation et répondez aux questions qui suivent.**

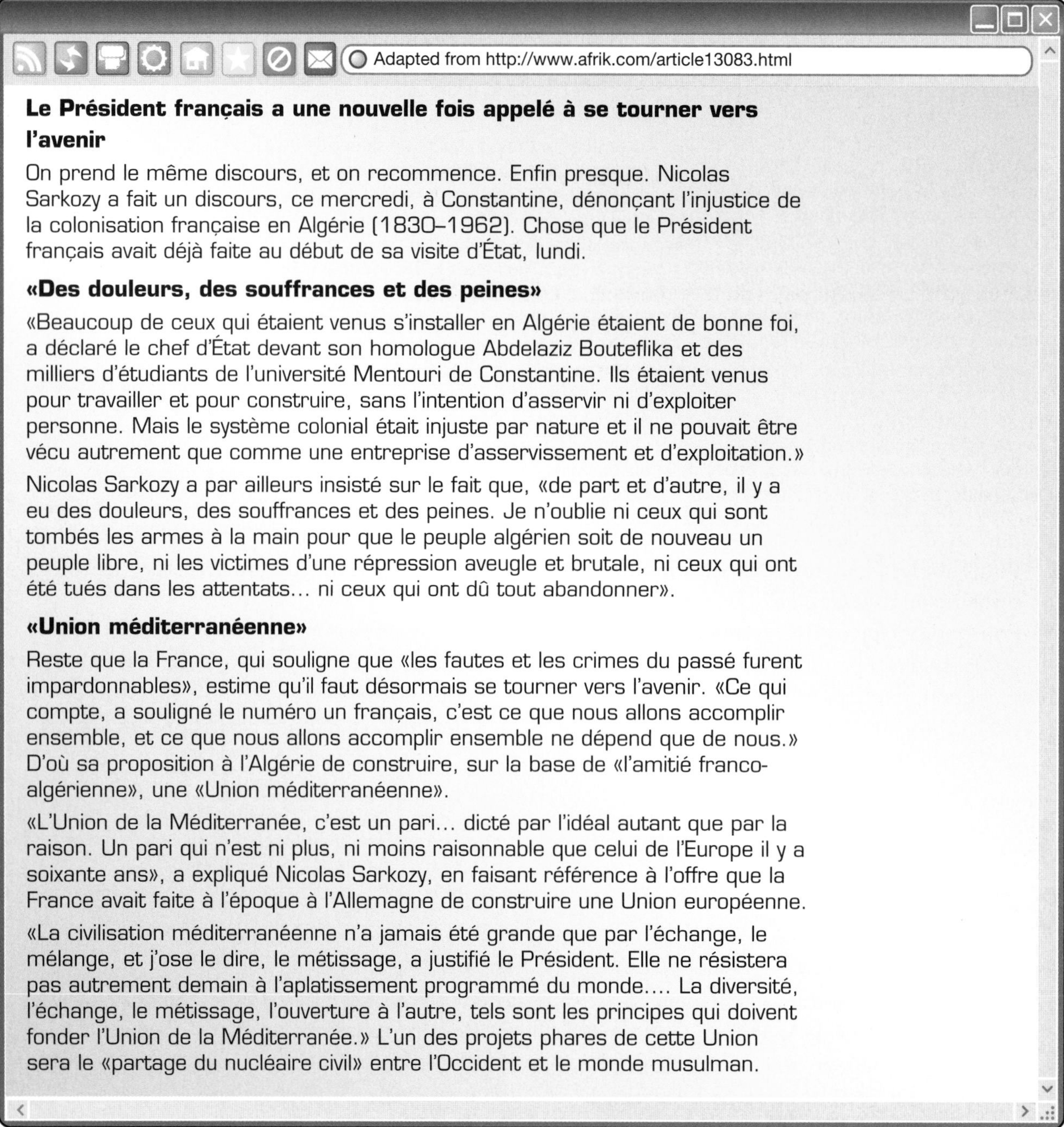

Le Président français a une nouvelle fois appelé à se tourner vers l'avenir

On prend le même discours, et on recommence. Enfin presque. Nicolas Sarkozy a fait un discours, ce mercredi, à Constantine, dénonçant l'injustice de la colonisation française en Algérie (1830–1962). Chose que le Président français avait déjà faite au début de sa visite d'État, lundi.

«Des douleurs, des souffrances et des peines»

«Beaucoup de ceux qui étaient venus s'installer en Algérie étaient de bonne foi, a déclaré le chef d'État devant son homologue Abdelaziz Bouteflika et des milliers d'étudiants de l'université Mentouri de Constantine. Ils étaient venus pour travailler et pour construire, sans l'intention d'asservir ni d'exploiter personne. Mais le système colonial était injuste par nature et il ne pouvait être vécu autrement que comme une entreprise d'asservissement et d'exploitation.»

Nicolas Sarkozy a par ailleurs insisté sur le fait que, «de part et d'autre, il y a eu des douleurs, des souffrances et des peines. Je n'oublie ni ceux qui sont tombés les armes à la main pour que le peuple algérien soit de nouveau un peuple libre, ni les victimes d'une répression aveugle et brutale, ni ceux qui ont été tués dans les attentats… ni ceux qui ont dû tout abandonner».

«Union méditerranéenne»

Reste que la France, qui souligne que «les fautes et les crimes du passé furent impardonnables», estime qu'il faut désormais se tourner vers l'avenir. «Ce qui compte, a souligné le numéro un français, c'est ce que nous allons accomplir ensemble, et ce que nous allons accomplir ensemble ne dépend que de nous.» D'où sa proposition à l'Algérie de construire, sur la base de «l'amitié franco-algérienne», une «Union méditerranéenne».

«L'Union de la Méditerranée, c'est un pari… dicté par l'idéal autant que par la raison. Un pari qui n'est ni plus, ni moins raisonnable que celui de l'Europe il y a soixante ans», a expliqué Nicolas Sarkozy, en faisant référence à l'offre que la France avait faite à l'époque à l'Allemagne de construire une Union européenne.

«La civilisation méditerranéenne n'a jamais été grande que par l'échange, le mélange, et j'ose le dire, le métissage, a justifié le Président. Elle ne résistera pas autrement demain à l'aplatissement programmé du monde…. La diversité, l'échange, le métissage, l'ouverture à l'autre, tels sont les principes qui doivent fonder l'Union de la Méditerranée.» L'un des projets phares de cette Union sera le «partage du nucléaire civil» entre l'Occident et le monde musulman.

1 Où M. Sarkozy est-il allé?
2 Citez deux espoirs dont les premiers colons pouvaient être fiers lors de la colonisation de l'Algérie.
3 Expliquez le point de vue de M. Sarkozy sur la violence.
4 En se tournant vers l'avenir, quelle sorte de coopération M. Sarkozy envisage-t-il entre la France et l'Algérie?
5 L'Union de la Méditerranée est comparée à l'Union européenne: croyez-vous qu'une telle «Union» soit possible?

L'immigration et le racisme

On s'échauffe

★ Les immigrés sont parfois mal compris par la société. De plus, ils sont souvent considérés responsables de ses maux. L'idée fausse de l'envahissement des immigrés suscite une culture de racisme et même d'apartheid où les races deviennent séparées les unes des autres.

1 **Regardez le graphique ci-dessous et répondez aux questions qui suivent.**

Les immigrés selon leur pays de naissance en 1999 et 2004–2005

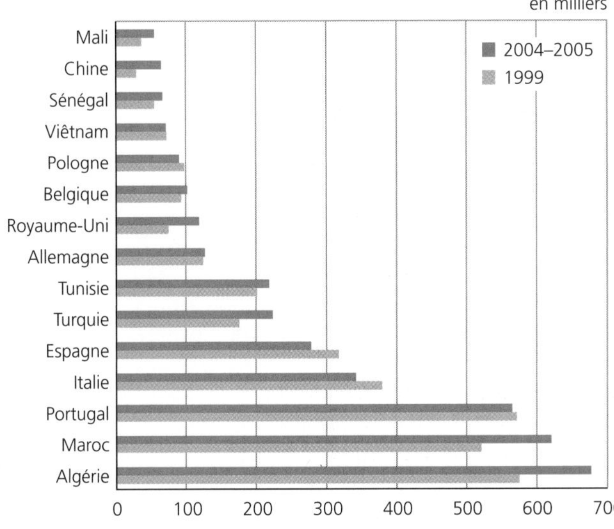

Champ: France métropolitaine
Source; Insee, recensement de 1999, enquêtes annuelles de recensement de 2004 et 2005; http://www.insee.fr/fr/ffc/ipweb/ip1098/graphiques.html#graphique1

1 La France semble attirer de nombreux peuples. Le taux d'immigration est plus important en provenance de quels pays du monde?
2 Expliquez la raison pour laquelle le Maroc et l'Algérie se trouvent en tête de liste.
3 Choisissez trois pays et faites une comparaison du nombre des immigrés lors du recensement de 1999 et celui de 2004-5. Donnez vos raisons pour ces changements.

2 **Lisez cet article qui fournit des données précises sur l'immigration récente et préparez une présentation en détail.**

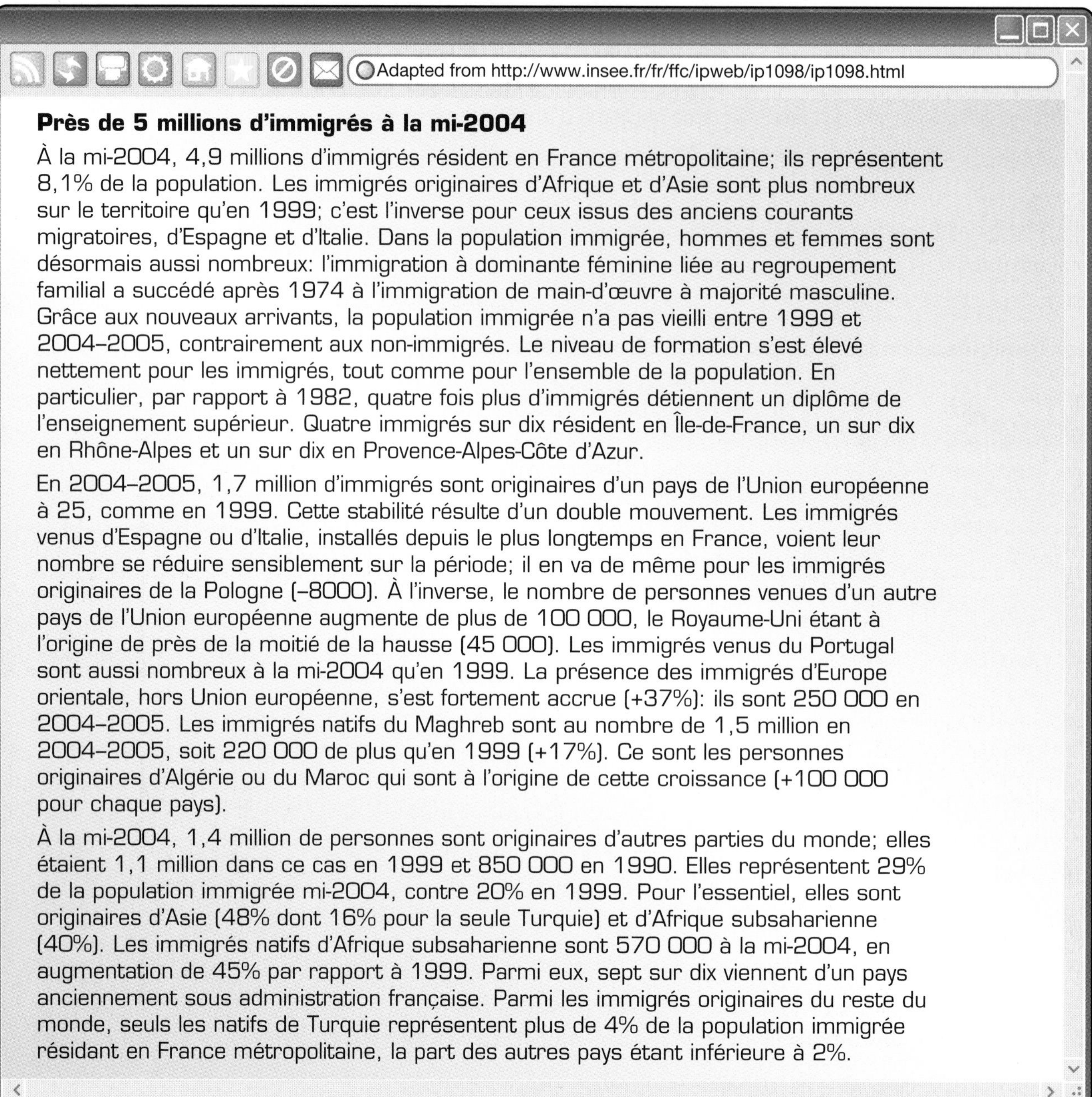

Adapted from http://www.insee.fr/fr/ffc/ipweb/ip1098/ip1098.html

Près de 5 millions d'immigrés à la mi-2004

À la mi-2004, 4,9 millions d'immigrés résident en France métropolitaine; ils représentent 8,1% de la population. Les immigrés originaires d'Afrique et d'Asie sont plus nombreux sur le territoire qu'en 1999; c'est l'inverse pour ceux issus des anciens courants migratoires, d'Espagne et d'Italie. Dans la population immigrée, hommes et femmes sont désormais aussi nombreux: l'immigration à dominante féminine liée au regroupement familial a succédé après 1974 à l'immigration de main-d'œuvre à majorité masculine. Grâce aux nouveaux arrivants, la population immigrée n'a pas vieilli entre 1999 et 2004–2005, contrairement aux non-immigrés. Le niveau de formation s'est élevé nettement pour les immigrés, tout comme pour l'ensemble de la population. En particulier, par rapport à 1982, quatre fois plus d'immigrés détiennent un diplôme de l'enseignement supérieur. Quatre immigrés sur dix résident en Île-de-France, un sur dix en Rhône-Alpes et un sur dix en Provence-Alpes-Côte d'Azur.

En 2004–2005, 1,7 million d'immigrés sont originaires d'un pays de l'Union européenne à 25, comme en 1999. Cette stabilité résulte d'un double mouvement. Les immigrés venus d'Espagne ou d'Italie, installés depuis le plus longtemps en France, voient leur nombre se réduire sensiblement sur la période; il en va de même pour les immigrés originaires de la Pologne (−8000). À l'inverse, le nombre de personnes venues d'un autre pays de l'Union européenne augmente de plus de 100 000, le Royaume-Uni étant à l'origine de près de la moitié de la hausse (45 000). Les immigrés venus du Portugal sont aussi nombreux à la mi-2004 qu'en 1999. La présence des immigrés d'Europe orientale, hors Union européenne, s'est fortement accrue (+37%): ils sont 250 000 en 2004–2005. Les immigrés natifs du Maghreb sont au nombre de 1,5 million en 2004–2005, soit 220 000 de plus qu'en 1999 (+17%). Ce sont les personnes originaires d'Algérie ou du Maroc qui sont à l'origine de cette croissance (+100 000 pour chaque pays).

À la mi-2004, 1,4 million de personnes sont originaires d'autres parties du monde; elles étaient 1,1 million dans ce cas en 1999 et 850 000 en 1990. Elles représentent 29% de la population immigrée mi-2004, contre 20% en 1999. Pour l'essentiel, elles sont originaires d'Asie (48% dont 16% pour la seule Turquie) et d'Afrique subsaharienne (40%). Les immigrés natifs d'Afrique subsaharienne sont 570 000 à la mi-2004, en augmentation de 45% par rapport à 1999. Parmi eux, sept sur dix viennent d'un pays anciennement sous administration française. Parmi les immigrés originaires du reste du monde, seuls les natifs de Turquie représentent plus de 4% de la population immigrée résidant en France métropolitaine, la part des autres pays étant inférieure à 2%.

Vous devez inclure dans votre présentation les points suivants:

- le nombre d'immigrés qui résident en France actuellement
- les immigrés dont le taux d'immigration a augmenté depuis 1999
- la répartition des immigrés entre des personnes venues des anciennes colonies françaises et celles venues d'Europe
- les régions où la majorité des nouveaux arrivés s'installent
- votre point de vue sur l'immigration en France
- vos idées pour l'avenir d'une France multiculturelle.

3 Travail de recherche: Examinez les préjugés ci-dessous. Vous devez les réfuter, statistiques et preuves à l'appui.

Les immigrés font monter le taux de chômage en volant les emplois aux Français de souche.

La mode de vie et la culture de notre pays ne sont jamais respectées.

Les jeunes en particulier ne font aucun effort pour s'intégrer dans la culture française.

N'importe qui peut s'installer en France de nos jours.

L'État français paie cher la vie des immigrés: ils vivent sur le dos de la société française.

Les Français de souche commettent moins de crimes que les immigrés.

Sites web utiles

www.ined.fr	Institut National d'Études Démographiques
www.ipsos.fr	world's third largest market research company
www.insee.fr	Institut National de la Statistique et des Études Économiques

4 Écoutez les définitions de certains mots-clés associés au racisme. Trouvez ci-dessous le terme qui correspond à chaque définition:

1 le racisme
2 la xénophobie
3 une ratonnade
4 l'antisémitisme
5 l'eugénisme
6 l'ethnie

5 A. Lisez cet extrait d'un livre sur le racisme de Jacques Tarnero.

D'où vient le racisme?

Pour les scientifiques d'aujourd'hui, les races n'existent pas. Par contre, le racisme, sous toutes ses formes, remporte un succès planétaire.

Le racisme est une notion récente, née des sciences du vivant et de l'anthropologie à la fin du dix-neuvième siècle. C'est l'époque où les scientifiques tentent de projeter sur les groupes humains les classifications animales établies par les naturalistes. Il s'agit donc à ce moment-là, du moins le croit-on, de faire une œuvre de science.

Ce projet de classement doit s'effectuer à partir de caractères spécifiques, perçus comme héréditaires, non seulement au plan physique, mais aussi aux plans intellectuel, culturel et social. Ce classement fonde par ailleurs une hiérarchie des types humains définis, allant des groupes identifiés comme inférieurs jusqu'à la race supposée parfaite.

Cette théorie a légitimé des actions qui visaient à réduire en esclavage ou à anéantir des populations jugées inférieures ou nuisibles. L'idée de la purification ethnique y trouve sa justification.

Trouvez dans le texte une courte phrase qui indique que...

1 Il existe différents types de racisme.
2 Le racisme est présent dans le monde entier.
3 Le racisme en tant que tel n'existe pas depuis très longtemps.
4 Le racisme classe les gens dans une série ascendante comme les animaux.
5 L'idée de la perfection chez une race n'est pas réelle.

B. Répondez aux questions suivantes:

1 En quel sens l'existence même du racisme est-elle profondément ironique?
2 Pourquoi les principes du racisme semblaient-ils tout à fait raisonnables à la fin du dix-neuvième siècle?
3 En quel sens le classement des humains est-il complètement différent du classement des animaux?
4 Pourquoi le classement humain est-il extrêmement dangereux?

Le racisme s'exprime d'abord dans les mots du quotidien, dans le langage. Il commence par des mots avant de passer aux actes. Autrefois, les termes «sale juif» ou «sale nègre» traduisaient sans ambiguïté les opinions de celui qui les employait. Heureusement, de telles expressions doivent rester privées aujourd'hui parce qu'elles sont susceptibles d'être punies par la loi.
Pourtant, le langage des discours néo-racistes est loin d'être innocent. Regardez la déclaration du premier Président du Front National en France.

6 A. Travaillez avec un partenaire et analysez ensemble la «déclaration» ci-contre.

- En quel sens cette déclaration semble-t-elle tout à fait logique et innocente?
- En quel sens est-elle est imprégnée d'idées racistes?

B. Préparez une petite présentation orale sur les dangers éventuels de cette déclaration.

> «J'aime mieux mes filles que mes cousines, mes cousines que mes voisines, et mes voisines que des inconnus.»
> *Heure de Vérité*, 2 mars 1984

7 Lisez la citation d'Albert Einstein ci-contre et préparez des réponses orales aux questions suivantes.

- Qui était Einstein?
- De quoi parle-t-il lorsqu'il mentionne «la relativité»?
- De quoi son droit d'appartenir dépend-il?
- Est-ce que les étiquettes changent quoi que ce soit?
- Pourquoi traitera-t-on Einstein de «juif» seulement si la relativité se révèle fausse?
- Qu'est-ce que cela révèle de la mentalité des gens?

> «Si la relativité se révèle juste, les Allemands diront que je suis allemand, les Suisses que je suis citoyen suisse, et les Français que je suis un grand homme de science. Si la relativité se révèle fausse, les Français diront que je suis suisse, les Suisses que je suis allemand, et les Allemands que je suis juif.»

8 Lisez ce témoignage d'Hermann Ebongue.

Apartheid à la française

Je suis étudiant à Paris et je peux vous dire qu'un apartheid existe bel et bien en France. C'est pour ça que je fais du bénévolat pour SOS Racisme. C'est une organisation qui a été fondée pendant les années 80 et qui lutte contre la discrimination raciale.

Moi, j'essaie de faire quelque chose de concret et de pratique pour aider ceux qui buttent contre l'injustice.

Ce matin, par exemple, j'ai reçu une plainte de Mohammed. Il essayait de trouver un studio et il a vu une petite annonce prometteuse dans «De particulier à particulier». Il a téléphoné au propriétaire qui lui a tout de suite demandé s'il était d'origine française. Quand Mohammed a répondu qu'il était français, issu de la deuxième génération, le propriétaire lui a signalé que le studio avait déjà été pris.

Mohammed est loin d'être convaincu que ce soit vrai et c'est pour cela qu'il a contacté SOS Racisme.

Dorénavant, son problème est le mien. Étant donné que je travaille pour SOS Racisme, mon soutien pourrait faire la différence pour Mohammed, si je l'aide à poursuivre cette affaire.

Exercice de grammaire: Identify and translate verbs in the past tense in the text and give their meanings:

Perfect	Imperfect	Pluperfect	Passive	Meaning
j'ai reçu				I received, got

 **A. Faites un résumé en français de l'histoire dont parle Hermann.**

B. Vous découvrez que Monsieur Leroy, le propriétaire dont il s'agit dans le texte, ne disait pas la vérité. Prenez le rôle de Hermann Ebongue et écrivez-lui pour vous plaindre de son comportement envers Mohammed.

- Vous écrivez cette lettre à titre officiel, en tant que bénévolat pour SOS Racisme.
- Vous essayez d'expliquer, dans la lettre, que son comportement est inacceptable à bien des égards.
- Vous gardez un ton mesuré et respectueux dans la lettre.

10 **Préparez un petit exposé d'environ 60 secondes pour expliquer la situation illustrée dans le dessin ci-contre.**

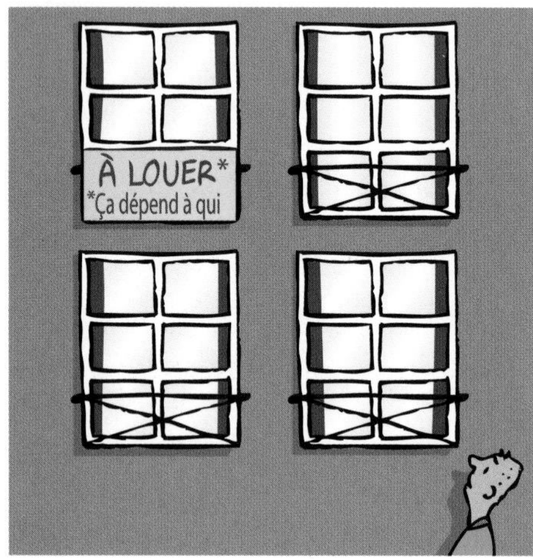

Langue: The passive

see Dynamic Learning

11 **Regardez les extraits de l'histoire de SOS Racisme.**
A. Exercice de compréhension: Pour chaque phrase à la page suivante choisissez la date à laquelle ça correspond.

octobre 84	**Création** de l'Association «SOS Racisme – Touche pas à mon pote».
février 85	Le Nouvel Observateur consacre sa «une» au badge des potes.
août 85	**Invasion** de la South Africa Air Lines pour protester contre l'exécution du poète sud-africain Benjamin Moloïsé.
août 96	Le Pen, Président du Front National, affirme: «Je crois à l'inégalité des races.»
avril 97	**Ouverture** de l'année européenne contre le racisme.
septembre 98	**Lancement** d'une pétition nationale pour l'arrêt du financement public du FN.
novembre 98	**Publication** du livre «Un apartheid à la française».
juin 99	**Élection** au Parlement Européen de Fodé Sylla (Président de SOS Racisme International). Chute de l'extrême droite.
avril 2000	**Projection** pendant toute la saison d'un clip antiraciste au Parc des Princes. Clip créé en collaboration avec le PSG.
avril 2001	**Condamnation** d'une propriétaire privée de Rambouillet pour discrimination raciale.
octobre 2002	**Lancement** de l'opération «ça va être possible», partenariat entre SOS Racisme et de grandes entreprises visant à promouvoir l'embauche de 1000 jeunes diplômés issus des quartiers défavorisés.
février 2003	Discrimination à l'emploi, deux responsables de «Biophase» sont condamnées à 6 mois de prison avec sursis et 1500€ d'amende.
février 2004	Débat à Marseille «Voter pour une République métissée»
janvier 2005	Manifestation à Chambéry pour protester contre des inscriptions racistes sur un lieu de culte musulman et un lycée.
janvier 2005	Office HLM condamné pour tentative d'expulsion de locataire «arabe», le tribunal de grande instance de Melun condamne le bailleur à 1000€ de dommages et intérêts pour procédure abusive et 1500€ pour préjudice moral.

1 Les médias s'intéressent sérieusement à l'association.
2 La lutte contre le racisme franchit de nouvelles frontières.
3 Une campagne de communication vise la coopération et l'unité.
4 Le foot et l'association commencent à travailler ensemble.
5 L'influence du FN est en train de diminuer alors que la voix de SOS Racisme se fait entendre davantage.
6 Les grandes compagnies s'allient à SOS racisme.
7 Le débat sur le brassage culturel est lancé.
8 Les graffitis sont mal reçus.
9 La discrimination raciale est punie.

B. Exercice de grammaire: Remplacez chaque substantif en gras dans la chronologie à la page précedente par une phrase avec un verbe à la voix passive.

Exemple:
Création: L'Association SOS Racisme **a été** créée.

12 **Lisez cet article de «SOS Racisme» sur une nouvelle campagne contre le racisme. Répondez aux questions qui suivent.**

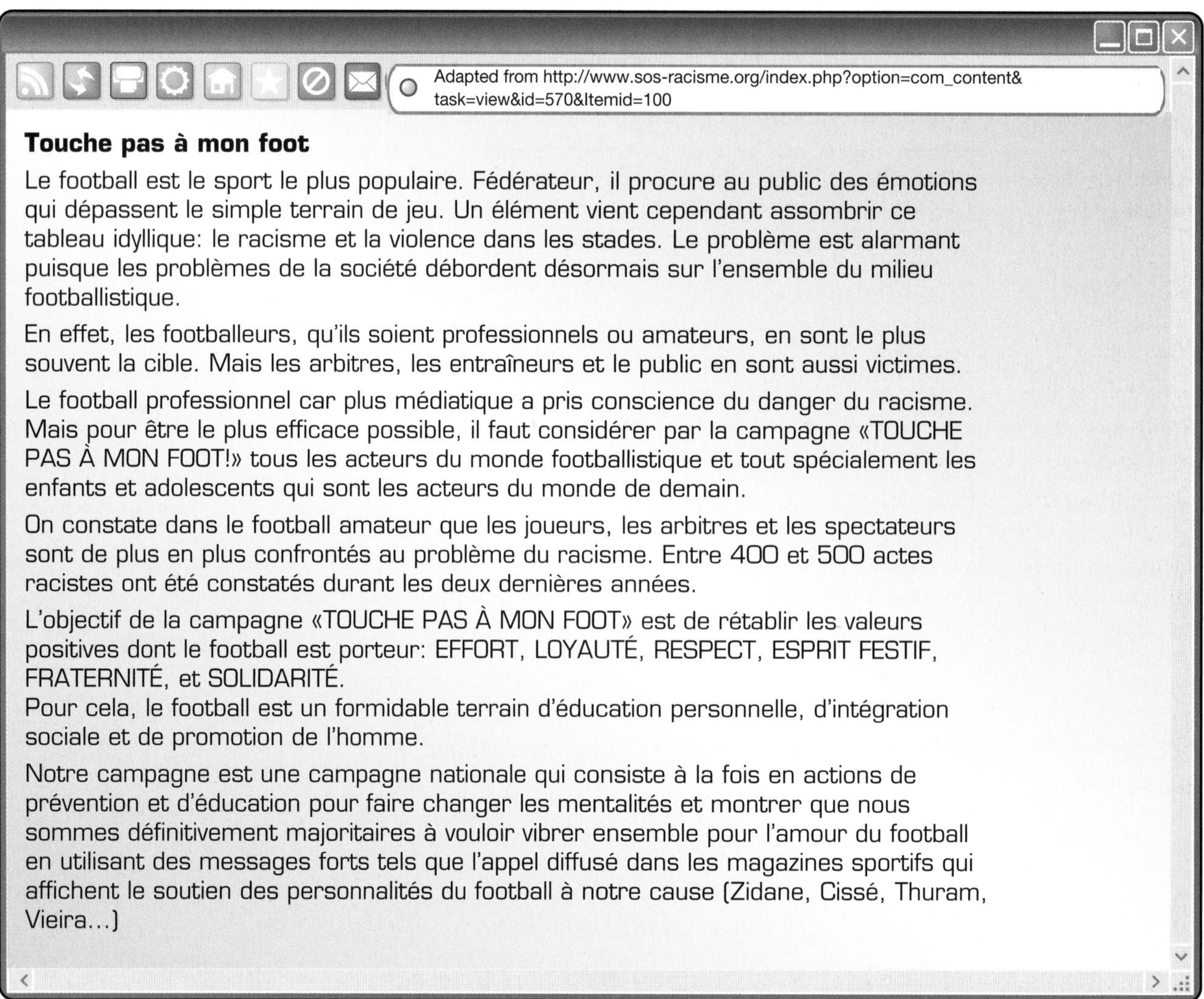

Adapted from http://www.sos-racisme.org/index.php?option=com_content&task=view&id=570&Itemid=100

Touche pas à mon foot

Le football est le sport le plus populaire. Fédérateur, il procure au public des émotions qui dépassent le simple terrain de jeu. Un élément vient cependant assombrir ce tableau idyllique: le racisme et la violence dans les stades. Le problème est alarmant puisque les problèmes de la société débordent désormais sur l'ensemble du milieu footballistique.

En effet, les footballeurs, qu'ils soient professionnels ou amateurs, en sont le plus souvent la cible. Mais les arbitres, les entraîneurs et le public en sont aussi victimes.

Le football professionnel car plus médiatique a pris conscience du danger du racisme. Mais pour être le plus efficace possible, il faut considérer par la campagne «TOUCHE PAS À MON FOOT!» tous les acteurs du monde footballistique et tout spécialement les enfants et adolescents qui sont les acteurs du monde de demain.

On constate dans le football amateur que les joueurs, les arbitres et les spectateurs sont de plus en plus confrontés au problème du racisme. Entre 400 et 500 actes racistes ont été constatés durant les deux dernières années.

L'objectif de la campagne «TOUCHE PAS À MON FOOT» est de rétablir les valeurs positives dont le football est porteur: EFFORT, LOYAUTÉ, RESPECT, ESPRIT FESTIF, FRATERNITÉ, et SOLIDARITÉ.
Pour cela, le football est un formidable terrain d'éducation personnelle, d'intégration sociale et de promotion de l'homme.

Notre campagne est une campagne nationale qui consiste à la fois en actions de prévention et d'éducation pour faire changer les mentalités et montrer que nous sommes définitivement majoritaires à vouloir vibrer ensemble pour l'amour du football en utilisant des messages forts tels que l'appel diffusé dans les magazines sportifs qui affichent le soutien des personnalités du football à notre cause (Zidane, Cissé, Thuram, Vieira...)

1 Comment le foot est-il menacé, d'après cet article?
2 Qui sont les victimes de cette menace?
3 Pourquoi faut-il réagir vite pour lutter contre cette croissance?
4 Combien d'actes de racistes comptabilise-t-on pendant les deux dernières années?
5 Décrivez la réaction de «SOS Racisme» face à ce phénomène croissant.
6 Choisissez deux des valeurs positives que la campagne utilise et expliquez comment elles marchent dans le domaine du foot.
7 À votre avis, cette campagne réussira-t-elle? Justifiez votre réponse.

La discrimination

On s'échauffe

★ Le racisme n'est pas toujours ouvert ni flagrant. La discrimination est bien souvent sournoise et subtile. Avez-vous vu ou vécu des expériences d'une telle discrimination à l'école ou ailleurs? Comment avez-vous réagi dans ces circonstances?

La discrimination raciale au collège

A. Lisez le texte qui suit.

Dans les collèges de banlieue, dès la sixième, les élèves français et ceux issus de l'immigration ne connaissent pas du tout le même sort. Des exemples? À niveau égal, les jeunes filles françaises se retrouvent dans des classes de bon niveau. Les filles, et plus encore les garçons, d'origine maghrébine, eux, peuplent le plus souvent les «mauvaises classes». «Cette fabrication de filières a des effets désastreux sur l'identité des jeunes issus de l'immigration...» explique Payet, sociologue-chercheur à l'université de Lyon II. «Les enfants intègrent l'idée qu'ils sont mauvais. Ils étaient fiers d'être à l'école, ils finissent par la rejeter, parce qu'ils ont un réel sentiment d'injustice.» Comment en est-on arrivé là? «Les parents français refusent que leurs enfants soient mélangés avec les enfants des quartiers. Et les enseignants veulent de bonnes classes.» Résultat: le chef d'établissement s'exécute.

B. Exercice de compréhension: Lisez le témoignage de ces six personnes dans le tableau ci-dessous:

- Monsieur Simon: chef d'établissement dans un collège de banlieue
- Monsieur Dupont: parent d'élève, d'origine française
- Thérèse: jeune fille maghrébine
- Anne-Laure: autre fille, d'origine française
- Monsieur Boutonnet: professeur au collège
- Monsieur Payet: sociologue-chercheur de l'université de Lyon II.

Pour chaque affirmation il faut:

1 décider qui parle
2 trouver une phrase dans le texte qui justifie votre décision.

Copiez et complétez ce tableau.

Affirmation	Personne qui parle	Phrase dans le texte
1 Je ferai de mon mieux pour répondre à vos attentes, Monsieur.	Monsieur Simon	Le chef d'établissement s'exécute.
2 Avant, je recevais de bonnes notes. J'étais contente. Plus maintenant...		
3 Ce tri sélectif selon la couleur de la peau est à la base de l'échec scolaire de beaucoup.		
4 Si vous ne la sortez pas de cette classe, je la mettrai dans un autre établissement.		
5 J'avoue que je choisis toujours de préférence les classes où les élèves sont motivés.		
6 C'est bizarre. Mohammed avait les mêmes notes que nous l'an dernier, mais il n'est plus dans notre classe.		

Vocabulaire utile

le sort	fate
se retrouver	to find oneself
maghrébin	North African
un beur	colloquial *verlan* word for *Arabe*, denoting a second-generation North African living in France
une beurette	second-generation North African girl living in France
le verlan	form of French "back-slang" which reverses the order of syllables in common words. It comes from *l'envers* (the wrong way), which turns itself into *vers-l'en* ⟶ *verlan*
une meuf	*verlan* for femme
un keum	*verlan* for *mec* (a bloke)
chébran	*verlan* for *branché*: cool, trendy
un chercheur	a researcher
s'exécuter	to comply

Langue: Revision of conditional

see Dynamic Learning

L'exclusion

2 A. Écoutez Rachida qui parle de son éducation dans une cité de la banlieue parisienne puis remplissez les blancs dans les deux premiers paragraphes qui suivent:

Le problème de l'exclusion ne **1**__________ pas seulement au collège. Pour certains jeunes **2**__________ de seconde génération dont les médias **3**__________ souvent, leur situation sociale et leur foyer **4**__________ des facteurs importants dans l'exclusion.

Je suis **5**__________ dans le petit appartement HLM que mon père **6**__________ avant que ma mère et mes deux frères ne **7**__________ arrivés de l'Algérie, il y a vingt-cinq ans. L'appart n'avait rien de spécial: il se **8**__________ dans une grande cité entre la zone industrielle et l'autoroute. L'ensemble de ce **9**__________ ne me semblait jamais terrible.

B. Répondez aux questions suivantes:

1 Comment a-t-elle passé sa jeunesse?
2 Dans quelle mesure se sent-elle à l'aise lorsqu'elle rentre chez elle?
3 De quelle façon décrit-elle la discrimination dans le domaine de l'emploi?
4 Comment se sent-elle vis-à-vis de l'avenir?
5 Faites un résumé du dernier paragraphe.
6 Comment pourrait-on aborder les problèmes dont parle Rachida? Donnez des exemples concrets.

Langue: Revision of question words

see Dynamic Learning

Lisez cet extrait et préparez le jeu de rôle qui s'ensuit.

Quand elle découvre dans un journal de l'Yonne une petite annonce proposant deux emplois d'hôtesse de vente, Aïcha, 25 ans, décroche aussitôt son téléphone. À l'autre bout du fil, une femme lui demande son nom de famille. Évidemment, sa consonance est maghrébine. «Les emplois sont déjà pourvus», lui répond-on. Aïcha, étonnée, contacte son amie Nadine. Cinq minutes plus tard, celle-ci appelle et obtient un entretien immédiatement.

Imaginez la conversation entre Aïcha et son amie Nadine. Aïcha raconte à son amie ce qui s'est passé quand elle a téléphoné pour avoir des renseignements sur le poste dans la petite annonce. Nadine promet de faire quelque chose.
Préparez un court dialogue.

4 Le cas d'Aïcha n'est pas isolé. Cette offre d'emploi a été trouvée en Alsace. Regardez-la bien et puis écrivez un paragraphe d'environ 120 mots pour expliquer comment elle est certainement un exemple de discrimination raciale.
Réfléchissez bien!
Qu'est-ce que c'est, le bleu-blanc-rouge? Qu'est-ce que cela laisse entendre?

Magasin de jouets
recherche
15 caissières
10 conseillers de vente
15 employé(e)s
Profils:
✓ Jeune
✓ Moins de trente ans
✓ Bleu-blanc-rouge

5 Écoutez deux avocats, Maître Didier Seban et Maître Olivier Noël, qui s'intéressent à la discrimination raciale dans le domaine de l'embauche. Pour chacune des phrases ci-dessous, décidez s'il s'agit de Seban, de Noël ou d'aucun des deux.

1 Il travaille pour le MRAP.
2 Il travaille pour l'ANPE.
3 Il dit que les chefs d'entreprise sont subtils.
4 Il dit que les annonces étaient mieux contrôlées dans le passé.
5 Il dit que les chefs d'entreprise ont envie de changer maintenant.
6 Il dit que le progrès a été facile.
7 Il dit que les chefs d'entreprise n'acceptent pas l'idée qu'ils sont, eux-mêmes, racistes.
8 Il a dix ans d'expérience dans le domaine de la discrimination à l'embauche.
9 Il est plutôt positif en ce qui concerne la situation actuelle.
10 Il dit que les chefs d'entreprise refusent même de voir les candidats d'origine étrangère.

Infos utiles: L'emploi et la race

l'ANPE (l'Agence Nationale Pour l'Emploi)	national employment agency
l'ASSEDIC (l'Association pour l'Emploi Dans l'Industrie et le Commerce)	organisation managing unemployment contributions and payments
SMIC (le Salaire Minimum Interprofessionnel de Croissance)	minimum wage
MRAP (Mouvement contre le Racisme et pour l'Amitié entre les Peuples)	organisation campaigning for racial equality between races

6 **Regardez l'image ci-dessous et préparez des réponses aux questions qui suivent.**

- Combien de groupes de personnes voyez-vous sur cette image?
- Quel type de vêtements portent les gens dont on voit clairement le visage?
- Que fait la femme qui porte des lunettes?
- Dans quelle direction vont-ils?
- Où vont les autres?
- Que portent-ils comme vêtements?
- Qu'est-ce qu'ils ont en commun?
- Quel est le message essentiel de ce dessin?

Langue: Negatives

see Dynamic Learning

Exercices: Le Front National

see Dynamic Learning

Langue: *Lequel*

see Dynamic Learning

Exercices: Un bon accueil pour les étrangers?

see Dynamic Learning

Langue: Past historic

see Dynamic Learning

L'antisémitisme

On s'échauffe

★ Qu'est-ce que c'est, l'antisémitisme? Qui en sont les victimes? De quoi est-ce qu'on les accuse? L'antisémitisme est-il un problème qui a été réglé à la fin de la Deuxième Guerre mondiale? Ou est-ce qu'il existe encore?

1 **Regardez cette photo qui a été prise à Paris en 1941. Travaillez avec un partenaire et préparez des réponses aux questions.**

- Que voyez-vous sur la photo?
- Quelle était la situation en France lorsque la photo a été prise?
- S'agit-il d'une exposition typique ou plutôt de propagande?
- Quelle image des juifs est présentée par la grande affiche?
- Quelle est la signification de la grosse main du juif?
- Pourquoi les gens avaient-ils envie d'aller visiter cette exposition, à votre avis?
- Quelle est votre réaction personnelle à ce que vous voyez?

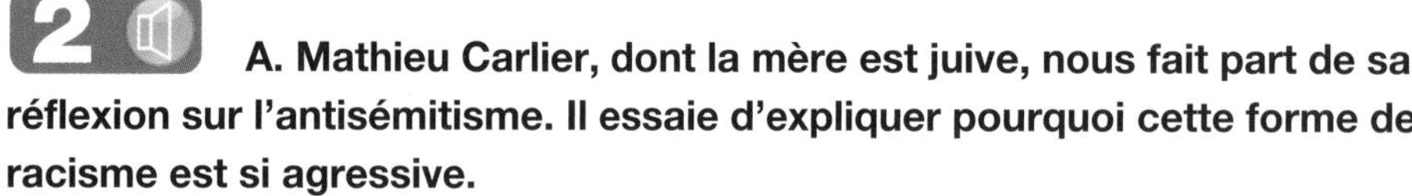

2 **A. Mathieu Carlier, dont la mère est juive, nous fait part de sa réflexion sur l'antisémitisme. Il essaie d'expliquer pourquoi cette forme de racisme est si agressive.**
Écoutez le témoignage de Mathieu une première fois et repérez l'équivalent français des termes suivants:

1 clearly visible
2 an easily recognisable target
3 the colour of your skin
4 it's glaringly obvious
5 ... reveals Jewish origins
6 in appearance
7 an invisible enemy
8 a profound hatred

B. Écoutez le témoignage une deuxième fois et répondez aux questions suivantes:

1 Qu'est-ce qui est à la base du racisme, d'après Mathieu?
2 Mathieu donne trois exemples de choses qui provoquent la haine. Lesquels?
3 Comment peut-on savoir dans certains cas qu'une personne est juive?
4 Pourquoi les juifs sont-ils des «ennemis invisibles» pour certains, d'après Mathieu?
5 Comment repérait-on les juifs pendant la Deuxième Guerre mondiale?
6 Pourquoi l'antisémitisme fait-il particulièrement peur, d'après Mathieu?

La France, l'Occupation et l'antisémitisme

3 **Lisez l'article et l'extrait du livre «Un Sac de Billes» et répondez en français aux questions qui suivent.**

***Un Sac de Billes* a été publié en 1973. C'est un livre où Joseph Joffo raconte son enfance à Paris pendant la Deuxième Guerre mondiale. Paris est une ville occupée où l'ennemi nazi impose ses lois d'exception et le port de l'étoile jaune à tous les juifs.**

Leur mère en a donc cousu une au revers du veston de Joseph et de son frère Maurice avant leur départ pour l'école. Le résultat est immédiat, le racisme des gamins se déchaîne et les deux Joffo rentrent l'un avec l'oreille en chou-fleur, l'autre avec l'œil poché et le genou meurtri. En compensation, il y a bien le troc proposé par Zérati, le copain de Jo, l'étoile jaune contre un sac de billes, mais leur père a compris: il faut fuir...

– Je voudrais te demander: qu'est-ce que c'est qu'un juif?

Papa a éclairé cette fois, la petite lampe à abat-jour vert qui se trouvait sur la table de nuit de Maurice. Je l'aimais bien, elle laissait filtrer une clarté diffuse et amicale que je ne reverrais plus.

Papa s'est gratté la tête.

– Eh bien, ça m'embête un peu de te le dire, Joseph, mais au fond, je ne sais pas très bien.

Nous le regardions et il dut sentir qu'il fallait continuer, que sa réponse pouvait apparaître aux enfants que nous étions comme une reculade.

– Autrefois, dit-il, nous habitions un pays, on en a été chassés alors nous sommes partis partout et il y a des périodes comme celle dans laquelle nous sommes, où ça continue. C'est la chasse qui est réouverte, alors il faut repartir et se cacher, en attendant que le chasseur se fatigue. Allons, il est temps d'aller à table, vous partirez tout de suite après.

Je ne me souviens pas du repas, il me reste simplement des sons ténus de cuillères heurtées sur le bord de l'assiette, des murmures pour demander à boire, le sel, des choses de ce genre. Sur une chaise paillée, près de la porte, il y avait nos deux musettes, bien gonflées, avec du linge dedans, nos affaires de toilette, des mouchoirs pliés.

Sept heures ont sonné à l'horloge du couloir.

– Eh bien, voilà, a dit papa, vous êtes parés. Dans la poche de vos musettes, celle qui a la fermeture Éclair, il y a vos sous et un petit papier à l'adresse exacte d'Henri et d'Albert. Je vais vous donner deux tickets pour le métro, vous dites au revoir à maman et vous partez.

Elle nous a aidés à enfiler les manches de nos manteaux, à nouer nos cache-nez. Elle a tiré nos chaussettes. Sans discontinuer, elle souriait et sans discontinuer ses larmes coulaient, je sentis ses joues mouillées contre mon front, ses lèvres aussi, humides et salées.

Papa l'a remise debout et s'est esclaffé, le rire le plus faux que j'aie jamais entendu.

– Mais enfin, s'exclama-t-il, on dirait qu'ils partent pour toujours et que ce sont des nouveaux-nés! Allez, sauvez-vous, à bientôt les enfants.

Un baiser rapide et ses mains nous ont poussés vers l'escalier, la musette pesait à mon bras et Maurice a ouvert la porte sur la nuit.

Quant à mes parents, ils étaient restés en haut. J'ai su plus tard, lorsque tout fut fini, que mon père était resté debout, se balançant doucement, les yeux fermés, berçant une douleur immémoriale.

Dans la nuit sans lumière, dans les rues désertes à l'heure où le couvre-feu allait bientôt sonner, nous disparûmes dans les ténèbres.

C'en était fait de l'enfance.

Infos utiles: La France, l'Occupation et l'antisémitisme

1940	Le maréchal Pétain s'autoproclame chef de l'État français et signe l'armistice avec les Allemands. Ainsi commence la collaboration.
1944	Libération de la France par les forces alliées.
300,000	Nombre de juifs résidant en France avant la Deuxième Guerre mondial.
74,000	Nombre de juifs français non rentrés de déportation à la fin de la guerre.
600,000	Nombre de juifs résidant en France actuellement.
entre 5,1 et 5,9 millions	Nombre de juifs tués par les Nazis au total.
5 millions	Nombre de musulmans résidant en France.

1 Pourquoi Joseph ne se souvient-il pas du repas, à votre avis?
2 Pourquoi les musettes étaient-elles gonflées?
3 Pourquoi les lèvres de la mère de Joseph étaient-elles salées?
4 Pourquoi le rire de son père était-il faux?
5 Pourquoi est-ce que Joseph, qui n'avait que dix ans, dit que «c'en était fait de l'enfance»?

4 **A. Traduisez en anglais les cinq dernières lignes de l'extrait: «Quant à mes parents [...] C'en était fait de l'enfance.»**

B. Exercice de grammaire: Revise the past historic (*passé simple*). Give the equivalent form of the verbs below in the perfect tense (*passé composé*).

1 il dut
2 dit-il
3 je sentis
4 s'exclama-t-il
5 nous disparûmes

5 **Malheureusement pour la France, il semble que l'antisémitisme y soit toujours vivant. Pendant les dix dernières années on constate une forte croissance des incidents antisémites. Regardez le tableau ci-dessous et celui à la page suivante, qui portent sur ce phénomène inquiétant et répondez aux questions qui suivent.**

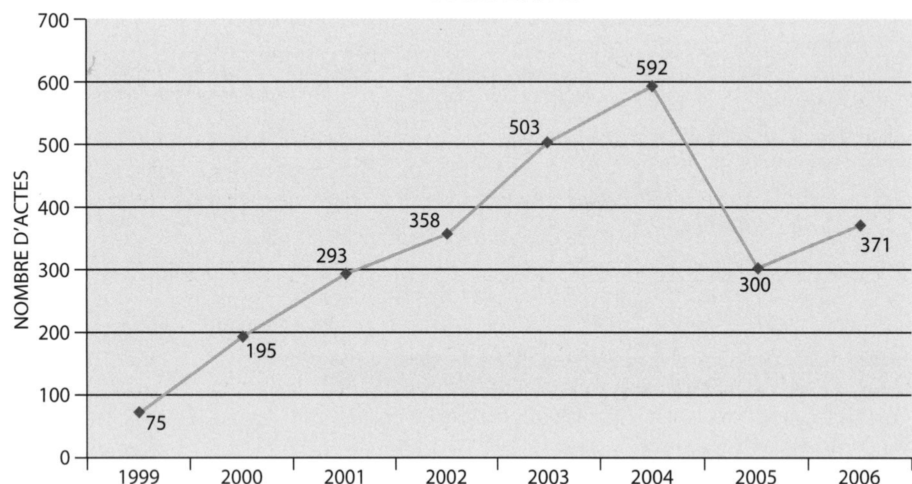

Actes antisémites répertoriés sur le territoire français 2006			
Types d'actes	**2006**	**2005**	**% (+/-)**
A C T I O N S: Total	**213**	**152**	**+40%**
Assassinat	1	0	
Agression physique	112	77	+45%
Jet d'objet et gaz	15	10	+50%
Jet d'objet incendiaire et /ou incendie	9	11	-18%
Dégradation / Vandalisme	76	54	+41%
M E N A C E S: Total	**158**	**148**	**+7%**
Alerte à la bombe	3	0	0%
Menace	**35**	**30**	**+17%**
Profanation	1	7	-86%
Insulte	82	48	+71%
Distribution publique	2	0	0%
Inscription	23	56	-59%
Courrier	12	7	+71%
TOTAL	**371**	**300**	**+24%**

Source: S.P.C.J. et Ministère de l'Intérieur; http://www.crif.org/uploads/articles/fichiers/Rapport_Analyse_2006.pdf

1 Selon le premier tableau, en quelle année repère-t-on la plus grande augmentation d'actes antisémites?
2 Entre 2005 et 2006, quels types d'acte ont enregistré les augmentations les plus fortes et les plus faibles?
3 Expliquez la différence entre une menace et un acte antisémite.
4 En utilisant vos propres mots autant que possible, donnez une définition des mots suivants:
   - profanation
   - agression physique
   - insulte.

6 Lisez cet article qui porte sur la vague d'antisémitisme qui menace la France actuelle et répondez aux questions qui suivent.

La France, dont la population juive est classée troisième au niveau mondial derrière Israël et les États-Unis, accueille les Juifs depuis longtemps. Attirés par les idéaux de liberté, d'égalité et de fraternité, non seulement des Juifs mais aussi d'autres s'y installent. Jusqu'en 2000, ces communautés qui comptent des Arabes, des Juifs et des Musulmans habitaient côte à côte et partageaient des quartiers multiculturels et intégrés, comme, par exemple, le 18ème arrondissement de Paris.

Malheureusement, cette entente semble devenir fragile face aux actes d'antisémitisme croissant dans l'Hexagone. Les problèmes semblent s'être déclenchés après le début de la deuxième Intifada palestinienne lancée en septembre 2000 et l'ascension d'Ariel Sharon en Israël. Ces derniers auraient suscité une vague d'intégrisme de la part des jeunes Musulmans dont une minorité a lancé une des pires épidémies de violence antisémitique depuis la fin de la Deuxième Guerre mondiale.

Les idéaux de tolérance et de compréhension mutuelle sont en train de devenir menacés par cette vague de harcèlement ethnique et attaqués par une renaissance de fierté religieuse et d'identification de soi parmi les communautés juives et musulmanes.

Hannah, une juive séfarade originaire d'Algérie, explique le problème:

«Depuis des décennies les Juifs, les Arabes, les Africains et les Français se côtoyaient dans une illusion de solidarité et de tolérance. De nos jours, cette illusion se brise et le fondamentalisme gagne du terrain: les mères qui viennent chercher leurs enfants à la maternelle portent le voile et les jeunes adolescents maghrébins, nés en France, parlent l'arabe dans les rues. Avant ce n'était pas le cas. La raison? Ces jeunes se sentent rejetés et se tournent vers leur culture d'origine. La même chose se voit chez les communautés juives dont les populations jeunes se sentent plus proches d'Israël que de la France.»

Signe de reject total, le mot «feuj», «juif» en verlan, est devenu une insulte ou un terme péjoratif. Les gosses disent, «Oh mon stylo ne marche pas, c'est feuj». À la cafétéria on dit, «Pourquoi tu t'assieds seul comme un feuj?» C'est une blague mais quand même ça fait mal.

1 La France est-elle dotée d'une population juive importante?
2 Décrivez la situation de brassage culturel avant l'an 2000.
3 Selon cet article, qu'est-ce qui a déclenché cette vague d'antisémitisme?
4 Comment la méfiance se manifeste-t-elle entre les Français juifs et les musulmans?
6 Comment se montre l'antisémitisme à l'école?

7 Exposé: Vous voyez cette photo dans un magazine français. Décrivez la photo et essayez d'expliquer la signification de ces svastikas dans un cimetière juif et français.

UNITÉ 10

Santé physique, santé morale

Terrain examen

see Dynamic Learning

Les Français et la médecine

On s'échauffe

★ Êtes-vous satisfait du NHS en Angleterre? Quels sont les problèmes auxquels le service doit faire face en ce moment?

1 Reliez les mots et les expressions disloqués pour créer un mini-dossier sur la santé en France.

1 La France consacre près de 10%…
2 Tous les Français sont couverts…
3 Les dépenses de santé varient beaucoup selon…
4 Les Français restent les plus gros…
5 Les Français effectuent en moyenne…
6 Les femmes et les personnes âgées…
7 Les Français sont plus exigeants…
8 Les Français recourent de plus en plus...
9 Les médecines alternatives se développent…
10 La recherche du bien-être...

a le statut social et les caractéristiques individuelles.
b acheteurs de médicaments d'Europe et les premiers au monde en ce qui concerne les psychotropes.
c sont celles qui consultent le plus.
d à l'égard des médecins.
e aux «psy».
f ainsi que l'automédication.
g de son PIB aux dépenses de santé.
h est une préoccupation générale.
i 7,2 consultations de médecins par an.
j par la sécurité sociale et la plupart par une assurance complémentaire.

2 Lisez les informations dans le texte et le tableau. Ensuite, répondez en français aux questions qui suivent.

Les Français aiment consulter leur médecin et recevoir beaucoup de médicaments. Ils y vont souvent et pour un rien. Molière l'avait bien senti il y a plusieurs siècles en écrivant «Le Malade Imaginaire». Les Français sont prêts à appeler un médecin n'importe quand, au milieu de la nuit s'il le faut, pour des raisons parfois pitoyables. Le docteur Bourgeois à Tarbes nous disait qu'il avait été appelé en pleine nuit pour une piqûre d'insecte ou une température insignifiante.

Le médecin en France est très accessible, facile à voir: les Français ne connaissent que très peu l'attente – que ce soit pour un généraliste ou un spécialiste. Les hôpitaux comptent deux fois plus de lits disponibles par rapport au Royaume-Uni. Ce n'est pas pour rien qu'on a dit, dans un rapport publié en 2001, que la France avait la meilleure médecine du monde. Elle a, sans doute, les meilleurs malades aussi.

1 Pourquoi fait-on référence au «Malade Imaginaire» dans le texte?
2 Qu'est-ce qui montre que les Français prennent les services de leur médecin comme un dû?
3 Pourquoi y a-t-il beaucoup moins d'attente pour aller à l'hôpital en France qu'en l'Angleterre?
4 Combien le Français moyen a-t-il dépensé chez le dentiste en 2004 (population 60 million)?
5 Combien a-t-il dépensé en médicaments pendant la même année?

Consommation médicale totale en milliards d'euros

	1995	2000	2004
Soins hospitaliers	47,6	61,3	64,3
Soins ambulatoires	26,8	38,0	39,6
Médecins	13,0	17,9	18,5
Auxiliaires médicaux	5,2	9,0	8,4
Dentistes	6,0	8,2	8,6
Analyses	2,4	3,6	3,8
Cures thermales	0,3	0,3	0,3
Transports de malades	1,5	2,4	2,6
Médicaments	18,5	28,6	30,3
Autres biens médicaux*	3,7	7,4	8,0
Consommation de soins et de biens médicaux	**98,0**	**137,8**	**144,8**
Médecine préventive individuelle	2,0	2,7	2,8
Consommation médicale totale	**100,0**	**140,5**	**147,6**

*Optique, prothèses, orthèses, petits matériels et pansements.

Source: Ministère de la Santé et des Solidarités, Drees, comptes de la santé (base 2000).

Vocabulaire et infos utiles

le PIB (le produit intérieur brut)	GDP (gross domestic product)
le / la généraliste	GP
une mutuelle	a mutual insurance company
la Sécurité Sociale	social security
une collectivité locale	local authority
une institution de prévoyance	provident society (type of insurance company)
une société d'assurance	insurance company
un ménage	household
63 392 000	la population française en chiffres (y compris les DOM)
Molière	17th century French playright. Wrote many plays satirising human foibles and frailties. His plays include: «L'Avare», «Le Bourgeois Gentilhomme» and «Les Précieuses Ridicules».

3 Travail de recherche: Regardez le tableau à la page précédente qui porte sur la répartition du financement de la santé en France. Vous devez:

- préparer une présentation expliquant ce que signifient ces chiffres pour un Français moyen
- répondre à la question «l'État devrait payer les soins médicaux»
- être prêt à justifier vos avis.

4 Analysez le tableau ci-dessous, lisez l'article, puis répondez aux questions qui suivent.

Structure du financement de la dépense courante de soins et de biens médicaux en %			
	2002	**2003**	**2004**
Sécurité Sociale	76,5	76,7	76,7
État et collectivités locales	1,4	1,4	1,3
Mutuelles	7,3	7,2	7,3
Sociétés d'assurance	2,8	2,9	3,0
Institutions de prévoyance	2,6	2,6	2,6
Ménages	9,4	9,3	9,1
Total	**100,0**	**100,0**	**100,0**

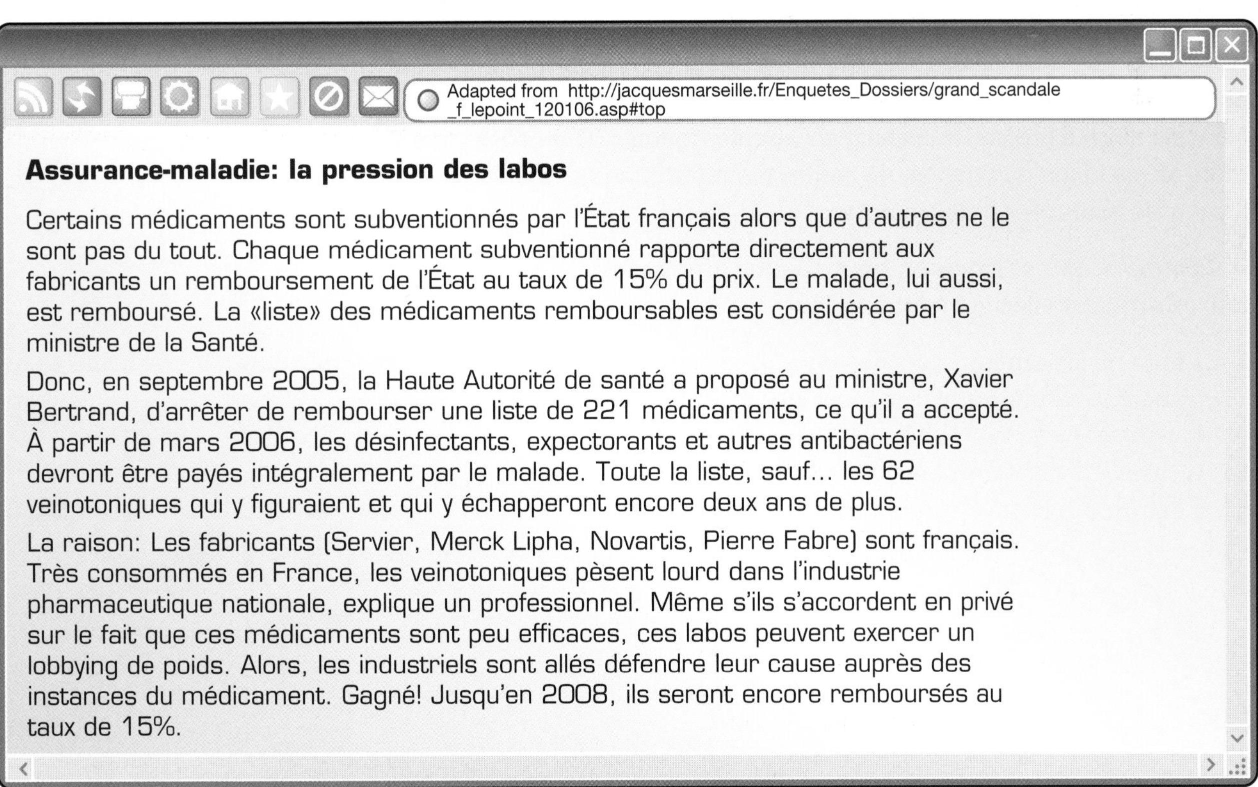

Adapted from http://jacquesmarseille.fr/Enquetes_Dossiers/grand_scandale_f_lepoint_120106.asp#top

Assurance-maladie: la pression des labos

Certains médicaments sont subventionnés par l'État français alors que d'autres ne le sont pas du tout. Chaque médicament subventionné rapporte directement aux fabricants un remboursement de l'État au taux de 15% du prix. Le malade, lui aussi, est remboursé. La «liste» des médicaments remboursables est considérée par le ministre de la Santé.

Donc, en septembre 2005, la Haute Autorité de santé a proposé au ministre, Xavier Bertrand, d'arrêter de rembourser une liste de 221 médicaments, ce qu'il a accepté. À partir de mars 2006, les désinfectants, expectorants et autres antibactériens devront être payés intégralement par le malade. Toute la liste, sauf... les 62 veinotoniques qui y figuraient et qui y échapperont encore deux ans de plus.

La raison: Les fabricants (Servier, Merck Lipha, Novartis, Pierre Fabre) sont français. Très consommés en France, les veinotoniques pèsent lourd dans l'industrie pharmaceutique nationale, explique un professionnel. Même s'ils s'accordent en privé sur le fait que ces médicaments sont peu efficaces, ces labos peuvent exercer un lobbying de poids. Alors, les industriels sont allés défendre leur cause auprès des instances du médicament. Gagné! Jusqu'en 2008, ils seront encore remboursés au taux de 15%.

1 Expliquez le système de remboursement médical français.
2 Qu'a fait la Haute Autorité de santé en septembre 2005?
3 Quel changement a été mis en place au mois de mars 2006?
4 Quels médicaments ne faisaient pas partie de ces changements?
5 Les industriels reçoivent quel pourcentage du prix des médicaments subventionnés par l'État?
6 Pourquoi les «veinotoniques» figurent-ils encore sur la liste?
7 Donnez votre avis sur cette forme de pression commerciale. Est-elle justifiable sur le plan médical?

Vocabulaire utile	
le remboursement	refund, reimbursement
prendre en charge	to take care of (here: medical costs)
dérembourser	stop refunding, reimbursing
intégralement	fully, in full
un veinotonique	«vein» tonic, to assist blood circulation

5  **Travaillez avec un partenaire. Ayant lu les informations dans cette partie, il faut décider si les Français sont effectivement des «malades imaginaires». Pensez-vous qu'ils exagèrent et qu'ils dépensent trop pour leur santé? Ou est-ce que vous pensez, au contraire, qu'ils ont bien raison d'investir de telles sommes?**
Quand vous aurez pris votre décision, préparez vos arguments pour les présenter aux autres membres de la classe.

Langue: Possessive pronouns

see Dynamic Learning

6 **A. Vous allez entendre deux malades qui parlent des services médicaux en France. Écoutez Michel et prenez des notes en français sur les inégalités au sein du peuple français. D'un côté vous mettrez les luxes des riches, de l'autre les restrictions des plus pauvres. Il y a trois exemples précis à noter.**

B. Écoutez Omar et indiquez, pour chaque affirmation, si c'est vrai ou faux. Corrigez celles qui sont fausses.

1 Les Français sont satisfaits des soins médicaux.
2 Omar est très positif par rapport aux services médicaux en France.
3 Il a passé du temps à l'hôpital.
4 Il trouve l'accès aux soins très facile.
5 Le droit à la santé est nouveau.

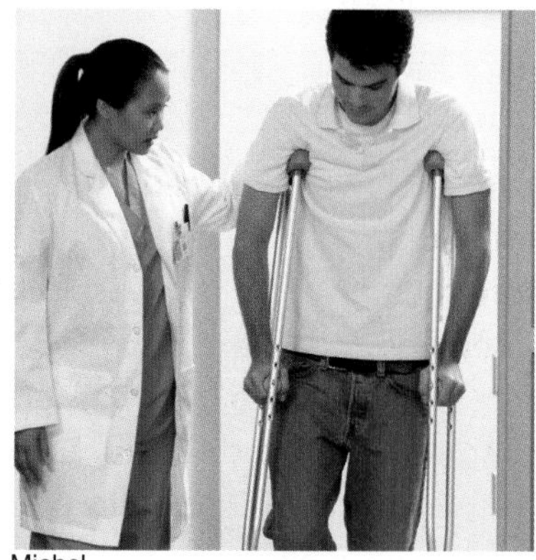
Michel

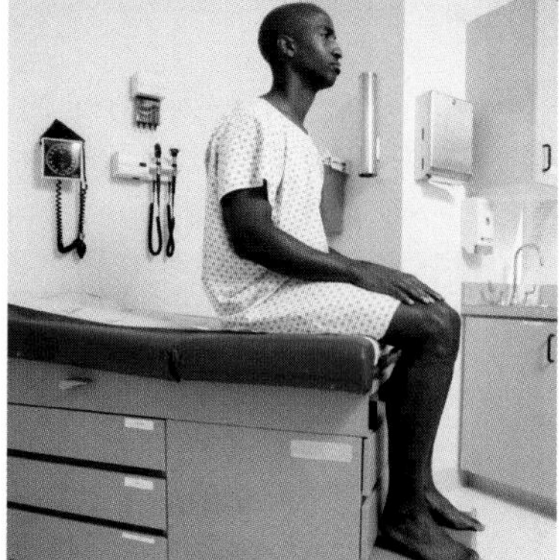
Omar

7 **Lisez l'article et répondez aux questions qui suivent.**

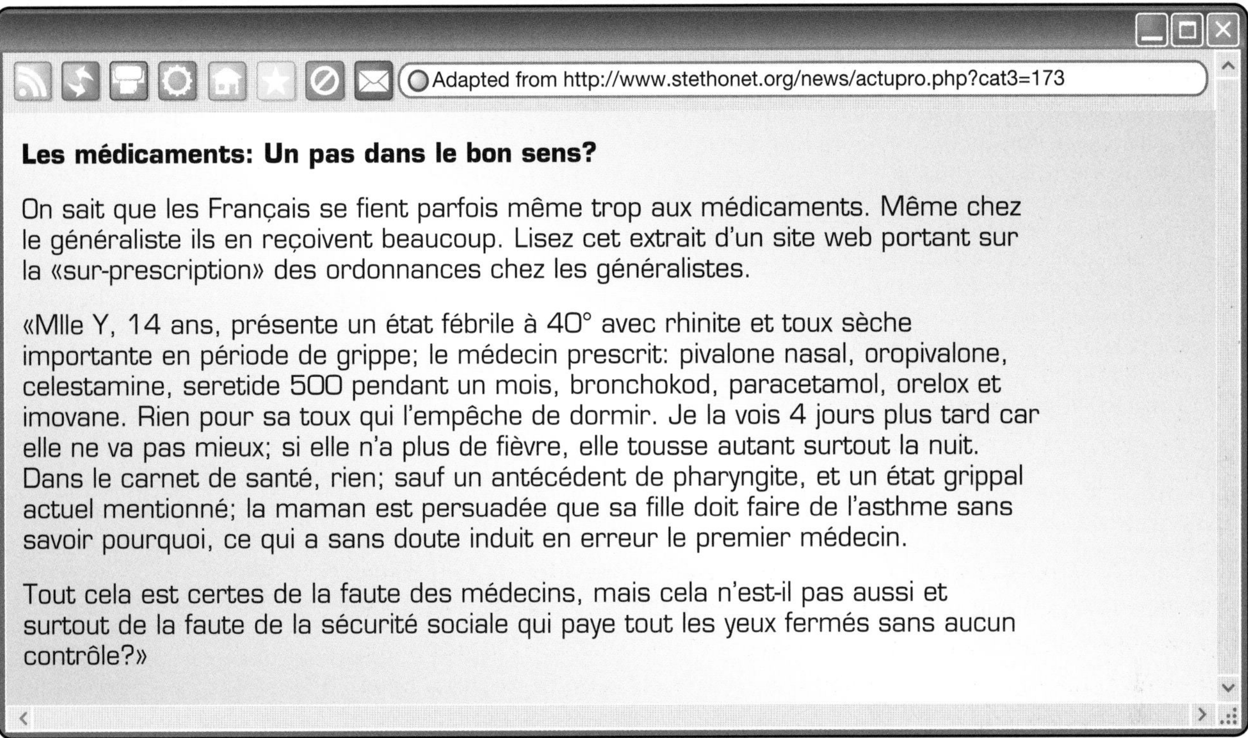
Adapted from http://www.stethonet.org/news/actupro.php?cat3=173

Les médicaments: Un pas dans le bon sens?

On sait que les Français se fient parfois même trop aux médicaments. Même chez le généraliste ils en reçoivent beaucoup. Lisez cet extrait d'un site web portant sur la «sur-prescription» des ordonnances chez les généralistes.

«Mlle Y, 14 ans, présente un état fébrile à 40° avec rhinite et toux sèche importante en période de grippe; le médecin prescrit: pivalone nasal, oropivalone, celestamine, seretide 500 pendant un mois, bronchokod, paracetamol, orelox et imovane. Rien pour sa toux qui l'empêche de dormir. Je la vois 4 jours plus tard car elle ne va pas mieux; si elle n'a plus de fièvre, elle tousse autant surtout la nuit. Dans le carnet de santé, rien; sauf un antécédent de pharyngite, et un état grippal actuel mentionné; la maman est persuadée que sa fille doit faire de l'asthme sans savoir pourquoi, ce qui a sans doute induit en erreur le premier médecin.

Tout cela est certes de la faute des médecins, mais cela n'est-il pas aussi et surtout de la faute de la sécurité sociale qui paye tout les yeux fermés sans aucun contrôle?»

1 De quoi la malade souffre-t-elle?
2 Combien de médicaments le généraliste prescrit-il?
3 La mère de la fille est-elle médecin?
4 Comment la mère influence-t-elle le médecin?
5 À part la mère, quelle est la raison pour laquelle le généraliste prescrit un tel nombre de médicaments?
6 Regardez le tableau «consommation médicale totale» à la page 192. Croyez-vous que l'auteur de l'article ait raison de se plaindre?

8 **Évidemment, les laboratoires qui créent de nouveaux médicaments ne font pas de travail bénévole. Ils veulent vendre leurs produits. Parfois les représentants de ces laboratoires (les visiteurs médicaux) mettent beaucoup de pression sur les généralistes pour qu'ils prescrivent leurs médicaments.**
Écoutez ce que dit Leila. Elle est secrétaire dans un centre médical et reçoit les visiteurs à la réception. Répondez aux questions suivantes en français:

1 Pourquoi est-ce que les visiteurs médicaux téléphonent à Leila?
2 Quel est leur but?
3 Comment est-ce qu'ils essaient de «persuader» les médecins?
4 Qu'est-ce qui a fait rire Leila?
5 Comment est-il, le médecin pour qui Leila travaille?
6 Quelle est son opinion sur les autres médecins?

9 Exercice de compréhension: Lisez cet article sur la réponse de la Sécurité Sociale aux abus dans le domaine des médicaments et répondez aux questions qui suivent.

Pour diminuer le coût des médicaments en France, la Sécurité Sociale fait une grande campagne en ce moment pour encourager les médicaments génériques. Le générique est la copie d'un médicament existant. Son brevet de fabrication est parvenu dans le secteur public. Son prix est inférieur à l'original de 30%, car le fabricant des génériques ne supporte pas les frais de recherche et de développement de l'original. Ce générique comporte les mêmes molécules et a les mêmes effets que le médicament d'origine. Il est aussi efficace et fait objet des mêmes contrôles. Il peut remplacer un autre médicament à tout moment, même au milieu d'un long traitement. Il y a déjà des génériques pour beaucoup de maladies, qu'elles soient de longue ou de courte durée.

Sur chaque boîte on trouve la mention «Gé» avec un nom de marque ou le nom de la molécule et du laboratoire.

Pour encourager l'utilisation de ces médicaments, le décret du 11 juin 1999 permet aux pharmaciens de remplacer les médicaments inscrits sur l'ordonnance par des génériques. On appelle ça le droit de substitution. Les pharmaciens ne peuvent pas imposer cette substitution. Ils se contentent de l'encourager.

Pourtant, les chiffres récents ne sont pas aussi convaincants que l'on attendait au début du processus. En France, en 2001, les médicaments génériques ne comptent que 3,1% des médicaments remboursés, alors que le pourcentage européen se situe à 15%.

L'argument des médecins se résout au choix de leurs patients: la plupart d'entre eux n'y sont pas prêts, notamment les plus âgés. Pourtant, d'après une enquête réalisée par Ipsos, 95% des personnes accepteraient les médicaments génériques de leurs médecins.

Quelles conclusions peut-on en tirer? Est-ce que les médecins refusent d'en prescrire aux patients ou est-ce que les Français, ces «Champions du monde de la consommation de médicaments», se ne résoudraient jamais aux changements nécessaires?

1 En quoi consistent-ils, les génériques?
2 Sont-ils aussi efficaces que les médicaments existants?
3 Expliquez comment marche le «droit de substitution» chez les pharmaciens.
4 Comparée au reste de l'Europe, pourquoi la France se trouve-t-elle en retard en ce qui concerne l'utilisation des génériques?
5 En général, le public français se montre-t-il positif envers ces produits?

10 Travaillez avec un partenaire et faites un jeu de rôle. Imaginez une conversation avec un représentant sans scrupules qui veut absolument convaincre un médecin généraliste de prescrire un nouvel antibiotique développé par son laboratoire. Le médecin, lui, est convaincu qu'il faut prescrire davantage de génériques.

Langue: *Faire* + infinitive see Dynamic Learning

Exercices: La cigarette meurtrière see Dynamic Learning

Langue: Revision of relative pronouns see Dynamic Learning

L'alcool: sachez consommer avec modération!

On s'échauffe

★ Que pensez-vous de l'alcool? Quels sont les plaisirs qu'il apporte? Quels en sont les dangers?

Quelle idée vous faites-vous de l'alcool?

Faites correspondre ces phrases avec les opinions des jeunes:

1 une marque de virilité

2 la conscience des risques

3 une consommation qui diminue

4 la recherche de l'ivresse

5 l'idée de la fête

6 un choix révélateur.

Les commentaires personnels:

a Ce soir, on sort avec les copains. Je viens d'avoir 18 ans et ça s'arrose!

b Ce qu'il y a dans le verre, ça en dit beaucoup sur la personne qui le tient.

c À la fête de Marc, on s'est tous saoulés. On était tous paf!

d Faut bien que je montre que je suis un vrai homme, moi.

e Les statistiques sur les maladies du cœur me font un peu peur, il faut dire.

f On boit moins de vin à table qu'autrefois. On a tendance à boire de l'eau minérale en semaine.

2 Lisez l'article et répondez aux questions qui suivent.

L'alcool: bénédiction ou menace?

La consommation d'alcool en France et en Europe est un phénomène culturel mais aussi un problème majeur de santé publique. Consommé de façon régulière et à haute dose, l'alcool tue plus de 45 000 personnes par an dans l'Hexagone.

Synonyme de convivialité, ingrédient incontournable d'un repas entre amis, l'alcool est, pour certains, devenu une habitude alimentaire. Pour d'autres, il est souvent utilisé comme anxiolytique et antidépresseur. Alors art de vivre ou véritable drogue? Ne nous y trompons pas: l'alcoolisme est la seconde cause de mortalité évitable en France.

État des lieux sur la consommation d'alcool

On estime à 5 millions le nombre de personnes ayant des difficultés médicales, psychologiques et sociales liées à leur consommation d'alcool. En France, on consomme en moyenne 15,6 litres d'alcool pur par an et par personne, soit l'équivalent d'environ 173 bouteilles de vin.

1 Sur la base du premier paragraphe, décrivez la tension qui existe entre les aspects néfastes et le plaisir qu'apporte l'alcool.
2 Expliquez la phrase «l'alcool... est devenu une habitude alimentaire».
3 Est-ce que la mort est évitable?
4 Quel pourcentage de la population française connaît des difficultés associées avec leur consommation d'alcool?
5 Combien de bouteilles de vin un Français consomme-t-il en moyenne par semaine?

Vocabulaire utile	
anxiolytique	anxiolytic, a drug to treat anxiety
également	also, too, equally
un échantillon	sample
un état d'ivresse	a state of drunkenness
au cours de	in the course of
le taux d'alcoolémie	level of alcohol in the blood
rien ne vaut	nothing beats
un alcootest	a breathalyser test

 **Regardez les informations utiles ci-dessous.**

- Composez vos propres questions pour chaque déclaration (1 à 4) afin de faire un sondage auprès d'un échantillon d'au moins dix de vos proches (vos amis ou votre famille).
- Comparez vos résultats à ceux ci-dessous.

Infos utiles: la consommation en chiffres

	Hommes	Femmes
1	**25,1%** des hommes de 12 à 75 ans déclarent consommer une boisson alcoolisée tous les jours de l'année.	**9,4%** des femmes de 12 à 75 ans déclarent consommer une boisson alcoolisée tous les jours de l'année.
2	**Les 20–25 ans** déclarent la plus forte consommation durant le week-end.	La consommation du week-end est également plus importante parmi les **plus jeunes filles**.
3	**Un buveur sur quatre** aurait connu au moins un état d'ivresse au cours des douze derniers mois.	**28,5%** des consommatrices âgées de 15 à 19 ans ont déclaré avoir connu un état d'ivresse au cours des douze derniers mois.
4	**13,3%** de la population masculine auraient ou auraient eu un risque de dépendance vis-à-vis de l'alcool.	**4,1%** des femmes auraient ou auraient connu un risque de dépendance.

Source: Baromètre santé 2000 © INPES.
http://www.doctissimo.fr/html/sante/hommes/sa_24_i_toxicoma_02.htm

4 **Écoutez le compte rendu portant sur le nombre de décès dus à l'alcool par an. Répondez aux questions suivantes:**

1. Dans quelle mesure considérerait-on l'alcool une maladie coûteuse pour la France? Pourquoi?
2. Combien de Français meurent chaque année directement à cause de l'alcool?
3. Entre le cancer, la cirrhose et l'alcoolisme, qu'est-ce qui cause le plus grand nombre de décès?
4. L'alcool agit comme «facteur associé» dans de nombreuses autres maladies. Combien en compte-t-on?
5. La moyenne des décès est plus forte chez les hommes que chez les femmes: pourquoi?

 **Écoutez deux témoignages personnels sur l'alcool.**

A. Christophe: In what order do you hear the equivalent of the following phrases? Transcribe what you hear.

1. It releases anxiety.
2. It breaks the ice.
3. It makes me come out of my shell.
4. It's like an escape.
5. It's as if I wanted to make a break.

B. Gina: Répondez aux questions suivantes en français:

1. Donnez deux exemples des bons côtés de l'alcool dont parle Gina!
2. Dans quel domaine les femmes sont-elles deux fois plus en danger que les hommes?
3. Pourquoi Gina boit-elle un peu d'alcool de temps en temps?
4. Par quoi a-t-elle été dégoûtée?

6 Exposé et discussion: Regardez les tableaux ci-dessous qui sont des extraits d'un sondage fait par Ipsos. Répondez aux questions qui suivent.

Au cours d'une semaine, en tenant compte des jours où vous buvez et des jours où vous ne buvez pas, combien de verres de boissons alcoolisées au total pensez-vous boire?	
7 verres par semaine ou moins (en moyenne 1 verre par jour)	**48**
Entre 8 et 14 verres par semaine (en moyenne 2 verres par jour)	**10**
Entre 15 et 21 verres par semaine (en moyenne 3 verres par jour)	**4**
Entre 22 et 28 verres par semaine (en moyenne 4 verres par jour)	**2**
Entre 29 et 35 verres par semaine (en moyenne 5 verres par jour)	–
Plus de 35 verres par semaine (plus de 5 verres par jour)	**1**
Vous ne buvez aucune boisson alcoolisée	**34**
Ne se prononce pas	**1**
	100

Au cours des douze derniers mois, combien de fois avez-vous été ivre?		
0 fois	**79**	
1 fois	**6**	
2 fois	**4**	
3 fois	**6**	
s/t* Au moins une fois		**16**
Ne se prononce pas	**5**	
	100	
Moyenne		***0,6***

*s/t: sous-total (subtotal)

Adapted from http://www.ipsos.fr/CanalIpsos/poll/7568.asp

1 Qu'est-ce que l'on peut tirer de ce sondage en ce qui concerne le rapport entre la consommation et le niveau de sobriété chez les Français?
2 Le pourcentage de gens qui consomment «7 verres ou plus par jour» vous semble-t-il élevé?
3 Essayez d'analyser de plus près «le pourcentage réel» des états d'ivresse au cours d'une année chez un Français.
4 Posez ces questions auprès de vos camarades de classe, votre famille et vos professeurs! Comparez les résultats!

7 **Nous avons demandé à Jean-Michel pourquoi il buvait de temps en temps. Il n'en fait pas une habititude, mais ça lui arrive de boire. Il nous a envoyé cette réponse:**

Travail créatif: Écrivez un paragraphe d'environ 150 mots pour analyser l'attitude de Jean-Michel. Voici des questions pour vous aider à structurer votre réponse:

1 Que pensez-vous de son attitude envers l'alcool? Est-ce réaliste ou plutôt romantique?
2 Pouvez-vous expliquer ce qu'il veut dire par «le contour des choses est moins aigu»?
3 Est-ce que c'est normal d'avoir besoin d'alcool pour sourire et pour rire?
4 Pourquoi en est-il arrivé là, à votre avis?
5 A-t-il raison de dire qu'il «fera beau demain»?

De: jeanmichel@aventure.fr
Sujet: Alcool

Un voile de brume sur la vallée: l'alcool, c'est un peu ça pour moi.

Je regarde autour: tout est là, je le sais, mais c'est plus doux.

Le contour des choses est moins aigu.

Les sensations coulent: je me sens sourire sans effort, je me mets à rire spontanément comme si je réapprenais tout à coup. Quelques verres pour quelques instants d'insouciance dans un monde qui me dépasse.

Je suis conscient que le voile existe, mais je ne suis pas inquiet.

Sans doute fera-t-il beau demain.

8 **Débat: «L'alcool devrait être classé dans la même catégorie de drogues que l'héroïne ou la cocaïne.» Cette idée semblerait logique étant donné que 24 000 personnes meurent en France tous les ans à cause de l'abus de l'alcool.**

Qu'en pensez-vous? Faut-il changer la loi et classer l'alcool comme une drogue dure? Travaillez avec un partenaire pour préparer un argument pour ou contre ce changement.

Langue: Future perfect

see Dynamic Learning

Les dupes de la dope

On s'échauffe

★ On entend parler sans cesse de la drogue. Est-ce que c'est un problème qui est exagéré par les médias, ou est-ce qu'il s'agit d'un fléau qu'il faut éliminer?

A. Lisez le texte ci-dessous et répondez honnêtement aux questions qui suivent.

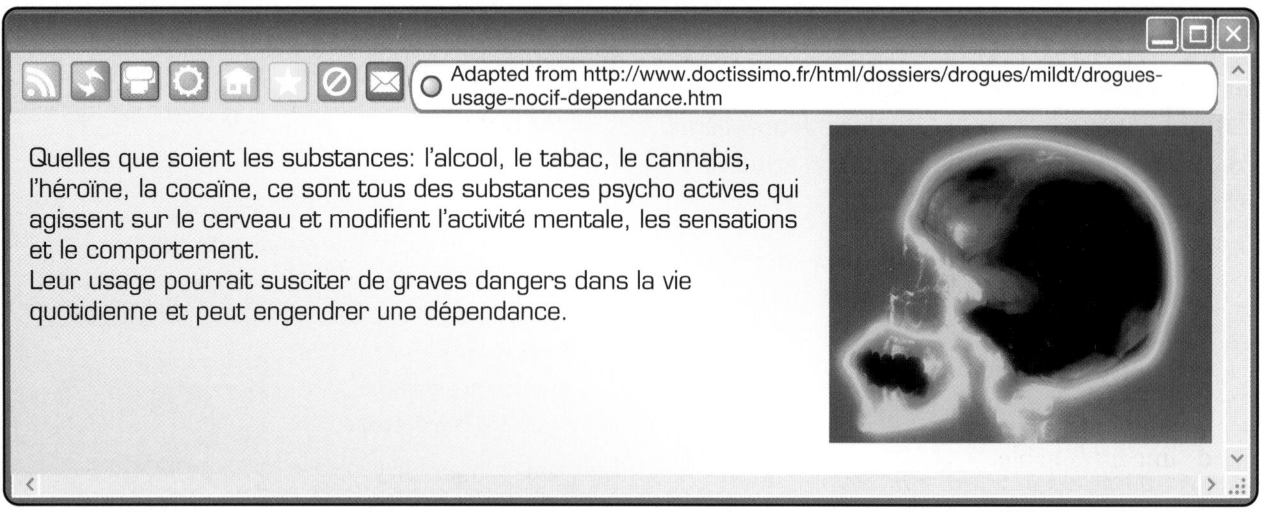

Adapted from http://www.doctissimo.fr/html/dossiers/drogues/mildt/drogues-usage-nocif-dependance.htm
Quelles que soient les substances: l'alcool, le tabac, le cannabis, l'héroïne, la cocaïne, ce sont tous des substances psycho actives qui agissent sur le cerveau et modifient l'activité mentale, les sensations et le comportement.
Leur usage pourrait susciter de graves dangers dans la vie quotidienne et peut engendrer une dépendance.

- Avez-vous utilisé une substance psycho active?
- Si oui, quelle était la dernière fois où vous en avez pris?
- Quelle était la raison pour laquelle vous en avez pris?
- Quelle était la substance?
- Avez-vous voulu répéter l'expérience et l'avez-vous fait?

B. Faites correspondre les verbes aux raisons pour la consommation.

1 boire un verre d'alcool
2 fumer du tabac
3 consommer de l'ecstasy
4 consommer abusivement une substance

a pour se détendre
b pour surmonter un moment douloureux
c pour le plaisir de goûter un bon vin
d pour le plaisir de partager un moment avec d'autres
e pour rechercher l'oubli d'une souffrance ou d'une réalité vécue comme insupportable...
f pour atténuer une sensation de malaise
g parce qu'on ne peut plus s'arrêter
h pour se sentir mieux
i dans le désir d'accéder à des sensations extrêmes
j pour faire comme les autres

Lisez cet éditorial d'un journal régional français.

On découvre ce matin que le corps d'une jeune fille disparue voilà une semaine a été retrouvé. Un jeune homme a avoué sa culpabilité: il a heurté l'adolescente dans un virage, alors qu'il conduisait à 120 km/h après avoir fumé du cannabis. Il avait l'intention de la conduire à l'hôpital mais, pris de panique, il l'a arrosée d'essence et brûlée. Un cas extrême peut-être, mais vrai.

La consommation de cannabis augmente chez les jeunes en France. Un tiers des jeunes de quinze à dix-neuf ans en ont déjà consommé et la moitié d'entre eux sont des consommateurs réguliers. L'usage concerne surtout les garçons vivant dans des familles aisées, où les mères sont actives et cultivées.

À partir de seize ans, plus de la moitié ont déjà fumé plus de dix fois du cannabis. Il y a aussi, dans la même couche de la population, 3% qui consomment de l'ecstasy ou du LSD, 2% de l'héroïne, 2% des amphétamines et 4% d'autres drogues. La consommation est en hausse.

La drogue, bien sûr, ne concerne pas seulement les jeunes. Chez les adultes, elle reste à forte prédominance masculine. Mais ce fléau nous concerne tous.

Exercice de compréhension: Répondez aux questions en choisissant dans chaque cas la fin de phrase qui convient le mieux.

1 Le jeune homme dans le journal était:
- **a** ivre.
- **b** épuisé.
- **c** drogué.

2 Dans un virage sur la route, il a:
- **a** écrasé l'adolescente.
- **b** évité l'adolescente.
- **c** brûlé l'adolescente.

3 Le jeune a avoué qu'il était:
- **a** incapable.
- **b** coupable.
- **c** impardonnable.

4 Tout de suite après l'accident, ses intentions étaient:
- **a** bonnes.
- **b** violentes.
- **c** mauvaises.

5 Il a changé à cause:
- **a** du choc psychologique.
- **b** de l'arrivée de la police.
- **c** de la réaction de ses parents.

3

Après avoir étudié les informations dans le texte à la page précédente, remplissez les trous dans ce résumé. Il s'agit dans chaque cas d'un seul mot:

De plus en plus de jeunes **1**__________ du cannabis.
La moitié des consommateurs en prennent **2**__________.
Les **3**__________ en consomment plus que les filles.
Dans les familles de ces garçons, souvent les mères **4**__________ et ont reçu une bonne **5**__________.
Après le cannabis, l' **6**__________ est la drogue illicite la plus consommée.
La consommation de drogues ne cesse d' **7**__________.
Les **8**__________ ne sont pas les seuls à consommer de la drogue. Chez les **9**__________, les hommes en prennent plus que les **10**__________.

4

Lisez l'article du site web «Doctissimo» (www.doctissimo.fr) à la page suivante qui porte sur la dépendance et les effets nocifs de la drogue. Répondez aux questions qui suivent.

La dépendance, ça commence quand?

Brutale ou progressive selon les produits, la dépendance est installée quand on ne peut plus se passer de consommer.

La vie quotidienne tourne largement ou exclusivement autour de la recherche et de la prise du produit: on est pharmacodépendant.

Il existe deux dépendances

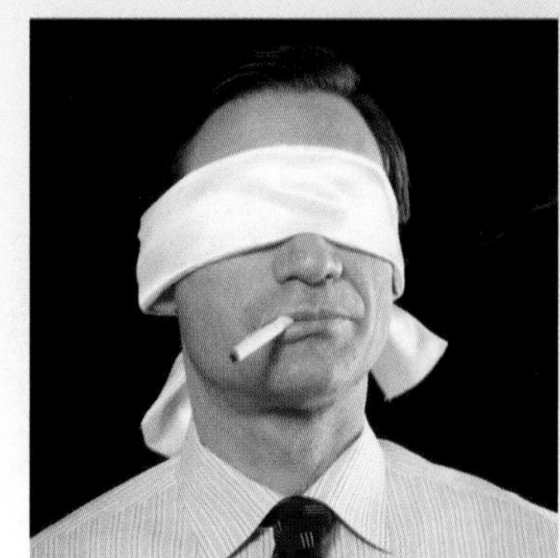

Associées ou non, elles se caractérisent par des symptômes généraux:

- l'impossibilité de résister au besoin de consommer
- l'accroissement d'une tension interne, d'une anxiété avant la consommation habituelle
- le soulagement ressenti lors de la consommation
- le sentiment de perte de contrôle de soi pendant la consommation.

La dépendance psychique

La privation d'un produit entraîne une sensation de malaise, d'angoisse, allant parfois jusqu'à la dépression. Une fois qu'elle a cessé de consommer, la personne peut mettre du temps à s'adapter à cette vie sans le produit. Cet arrêt bouleverse ses habitudes, laisse un vide et permet la réapparition d'un mal-être que la consommation visait à supprimer.

La dépendance physique

Certains produits entraînent une dépendance physique: l'organisme réclame le produit à travers des symptômes physiques qui traduisent un état de manque.

La privation de certains produits tels que les opiacés, le tabac, l'alcool et certains médicaments psycho actifs engendre des malaises physiques qui varient selon le produit: douleurs avec les opiacés, tremblements majeurs avec l'alcool, convulsions avec les barbituriques et les benzodiazépines.

Ces symptômes peuvent être accompagnés de troubles du comportement (anxiété, irascibilité, angoisse, agitation...).

1 Expliquez, en utilisant vos propres mots, le terme «dépendance» sur le plan de la consommation.
2 Selon cet article, quels sont les symptômes «légers» de la dépendance?
3 La dépendance psychique suscite quels problèmes psychologiques?
4 Quels sont les symptômes d'un «état de manque»?

Vocabulaire utile	
se passer de	to do without
la dépendance à	addiction to
dépendant de	addicted to
l'accroissement	increase
le soulagement	relief
soi	self, oneself
bouleverser	to move deeply, disrupt
la privation	deprivation
entraîner	to lead to
un mal-être	malaise
supprimer	to cut, stop, abolish
réclamer	to ask for, call for, require

5 Chez les jeunes, la prise de drogues accompagne à la fois le désir de faire la fête et la nécessité d'échapper à un gros malaise. Ensuite, dans de nombreux cas, vient la dépendance. Écrivez une réponse entre 240 et 270 mots à la question suivante: «La glorification de la consommation de la drogue dans les films et les médias est irresponsable et cache un problème sérieux auquel personne ne fait face.»

Le dopage généralisé

6 Les drogues sont utilisées dans tous les domaines pour accroître les performances, pour lutter contre le stress, pour garantir le bien-être.

Vous allez entendre plusieurs personnes parler. À vous de décider à quelle catégorie (sportifs, cadres, déprimés, artistes, amants) elles appartiennent.

À chacun sa dose:	Qui?
Les sportifs se droguent aux anabolisants.	
Les cadres sous pression au travail prennent des amphétamines.	
Les déprimés se tournent vers le Prozac.	
Les artistes en mal d'imagination se shootent à la cocaïne.	
Les amants et les maris en difficulté font appel au Viagra.	

7 Travail de recherche: Si vous en avez la possibilité, cliquez sur www.drogues.gouv.fr. Notez ce qui vous intéresse et partagez vos découvertes avec d'autres membres de la classe.

Droit à la vie, droit à la mort

On s'échauffe

★ Les sujets de ce thème – l'avortement, l'euthanasie et la greffe de visage – sont très délicats sur le plan éthique. S'agit-il d'un choix personnel dans les trois cas? Ou avons-nous une responsabilité collective pour sauvegarder la vie?

Lisez cette interview et répondez aux questions qui suivent.

De nos jours on a tendance à parler plus de nos droits que de nos responsabilités. Cela a infiltré le monde de la médecine. L'avortement ou IVG, interruption volontaire de grossesse, reste un des sujets très discutés: il est douloureux pour certains, simple pour d'autres. Nous avons parlé avec Geneviève Créstias, généraliste à Valence.

- **On parle en France d'allonger la limite légale pour avorter de dix semaines à douze. Cela a provoqué de nouveau la colère des militants anti-IVG. Qu'est-ce que vous en pensez?**
  Pour moi, il y a peu de différence éthique entre dix et douze semaines. Un avortement, c'est un avortement. Ce qui compte, c'est de voir la différence au niveau clinique.
- **Il y a un changement important au niveau du fœtus entre dix et douze semaines?**
  Oui, énorme. En France, 90% des Françaises font une échographie à onze semaines. Là, on voit le visage, les doigts, le sexe. On peut détecter toutes les malformations graves. Ces choses ne se voient pas à dix semaines ou avant.
- **Mais c'est bien, non, de pouvoir détecter ces malformations**
  Le problème, c'est que l'embryon devient alors un produit. Il n'est plus une personne. Quand la femme apprend que l'enfant est mal formé, elle subit tout un tas de pressions familiales et sociales. La crainte s'installe, la peur. Alors, on décide très vite de se débarrasser du bébé.
- **Vous pensez que ce choix est mauvais?**
  Oui, parce qu'il encourage l'eugénisme. On choisit ce qui est parfait, ce qui répond à nos idées. On poursuit un mythe. On voit même des avortements parce que le sexe du bébé n'est pas celui qu'on voulait.
- **Qu'est-ce qui, pour vous, serait la meilleure solution?**
  J'aimerais qu'on garde la loi à dix semaines, pour permettre aux cas de détresse de recevoir des secours. Après, il faut garder l'aide de l'IMG (interruption médicale de grossesse), qui se pratique dans des centres prévus par la loi de 1975 pour l'avortement. Elle permet à un comité dans chaque région de juger les cas particuliers: les malformations profondes, les cas médicalement dangereux pour la mère ou l'enfant. Là au moins, le choix d'avorter reste un cas particulier, pas banal.
- **Merci pour vos informations.**

1. Pourquoi les militants anti-IVG sont-ils en colère?
2. Quelle est la différence clinique dans l'état de l'embryon entre dix et douze semaines?
3. Qu'est-ce qui influence bien des femmes à se faire avorter?
4. Dans quel sens est-ce que certains couples pratiquent l'eugénisme sans en avoir vraiment conscience?
5. Quelle est la différence entre l'IVG et l'IMG?

2 **Exposé: Imaginez que vous êtes en faveur de ce nouveau projet de loi qui envisage allonger la limite légale pour avorter. Justifiez votre attitude dans une courte présentation orale.**

Infos utiles: La loi et l'avortement

Simone Veil	Connue pour la loi dite «Loi Veil» dépénalisant, en 1975, l'avortement en France. On a passé cette loi en 1979.
c. 220 000	Nombre d'IVG en France par an
12 semaines	Délai légal du recours à l'IVG: France, Belgique, Allemagne, Autriche, Luxembourg, Portugal, Finlande, Danemark, Grèce, Italie, Norvège, Suisse
16 semaines	Délai légal du recours à l'IVG en Suède
24 semaines	Délai légal du recours à l'IVG – jusqu'à la viabilité fœtale: Espagne, Grande-Bretagne, Pays-Bas (conditions très restrictives pour les deux derniers pays)
26 semaines	Délai légal du recours à l'IVG aux États-Unis
Irlande	L'avortement est illégal sauf pour sauver la vie d'une femme

3 **A. Écoutez le témoignage de Marie-Christine. Pour chaque affirmation ci-dessous, décidez si c'est vrai, faux ou pas mentionné.**

1 Marie-Christine avait 24 ans quand sa fille est née.
2 Pendant sa grossesse, elle a fait douze échographies.
3 Elle a fait une échographie dans une clinique privée.
4 On a découvert, pendant la grossesse, que le bébé avait une fente labio-palatine.
5 Marie-Christine a demandé à se faire avorter.
6 Elle avait l'impression d'être soutenue par tout le monde.

B. Écoutez le témoignage une deuxième fois et répondez aux questions suivantes:

1 Quelle partie du corps est touchée par une fente labio-palatine?
2 Quel autre nom pour cette malformation est mentionné par Marie-Christine?

C. Exercice de grammaire: Listen to the recording a third time and note down the verbs used in the perfect and imperfect tenses.

Perfect	Meaning	Imperfect	Meaning

4 Débat: Choisissez quatre de ces sujets et pour chacun, formulez votre propre point de vue. Soyez prêt à justifier vos idées devant le reste de la classe!

- «La loi de 12 semaines»
- «Dans quels cas pourrait-on justifier l'IVG?»
- «L'avortement c'est le meurtre»
- «Quand le bébé devient-il un enfant?»
- «Si vous vous retrouviez enceinte (ou si votre partenaire se retrouvait eneinte), que feriez-vous?»
- «Je veux que ma femme se fasse avorter. Quant à elle, elle ne le veut pas.»

5 Lisez cet extrait tiré d'un site «tchat».

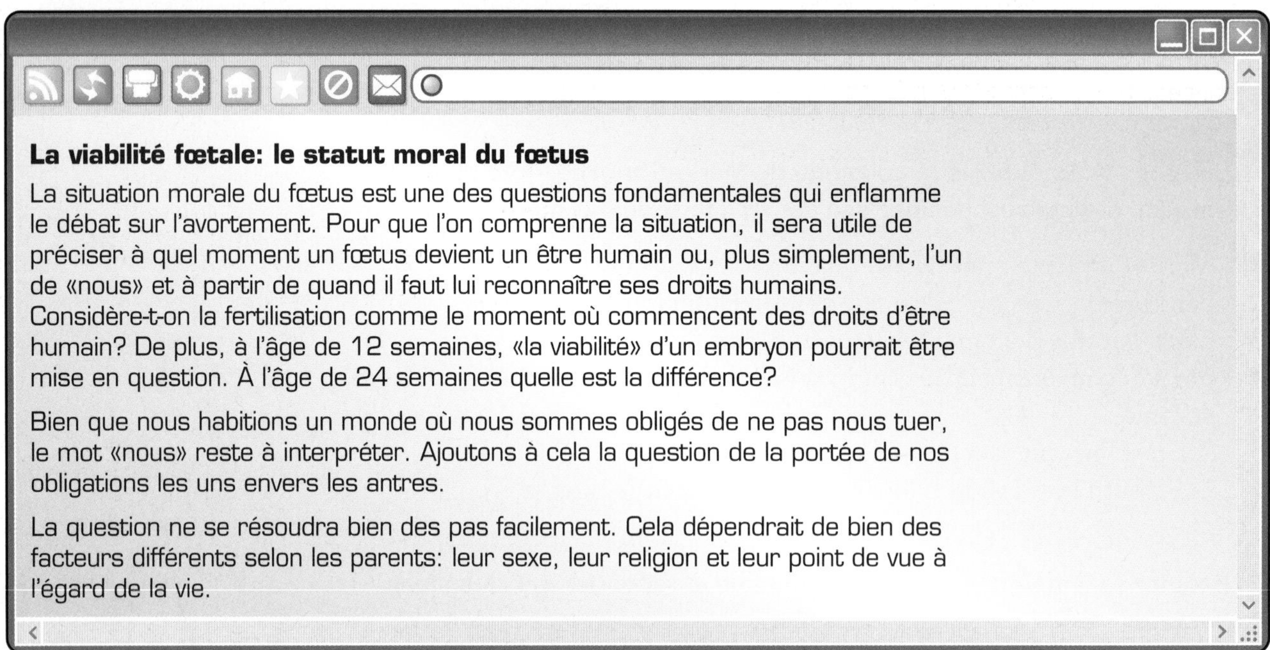

La viabilité fœtale: le statut moral du fœtus

La situation morale du fœtus est une des questions fondamentales qui enflamme le débat sur l'avortement. Pour que l'on comprenne la situation, il sera utile de préciser à quel moment un fœtus devient un être humain ou, plus simplement, l'un de «nous» et à partir de quand il faut lui reconnaître ses droits humains. Considère-t-on la fertilisation comme le moment où commencent des droits d'être humain? De plus, à l'âge de 12 semaines, «la viabilité» d'un embryon pourrait être mise en question. À l'âge de 24 semaines quelle est la différence?

Bien que nous habitions un monde où nous sommes obligés de ne pas nous tuer, le mot «nous» reste à interpréter. Ajoutons à cela la question de la portée de nos obligations les uns envers les antres.

La question ne se résoudra bien des pas facilement. Cela dépendrait de bien des facteurs différents selon les parents: leur sexe, leur religion et leur point de vue à l'égard de la vie.

Après avoir lu cet extrait tirée d'un site «tchat», vous vous décidez à écrire vos réactions sur le site. À quel moment pourrait-on se faire avorter la conscience tranquille?

6 Travail créatif: Lisez le début d'histoire ci-contre.

Vous devez continuer l'histoire en écrivant entre un minimum de 240 et un maximum de 270 mots. Au cours de votre histoire, il faut aborder le problème de l'IVG pour les moins de 18 ans et les conséquences pour cette jeune fille.

Mes parents, ont-ils le droit de savoir? J'espère que non.

Après les résultats du bac, nous étions partis faire du camping dans les Pyrénées. Tout allait si bien, je profitais de la montagne et de mon copain. Alors que la fin des vacances approchait, Laurent m'a proposé une randonnée à la belle étoile. La nuit choisie est arrivée, nous nous sommes mis en route au clair de lune. Le cirque de Gavarnie luisait étrangement dans l'obscurité et je commençais à m'inquiéter un peu…

La greffe d'organes

7 **Avez-vous une carte de donneur d'organes? Pourquoi? Pourquoi pas? Lisez les informations ci-dessous qui porte sur le don d'organes.**

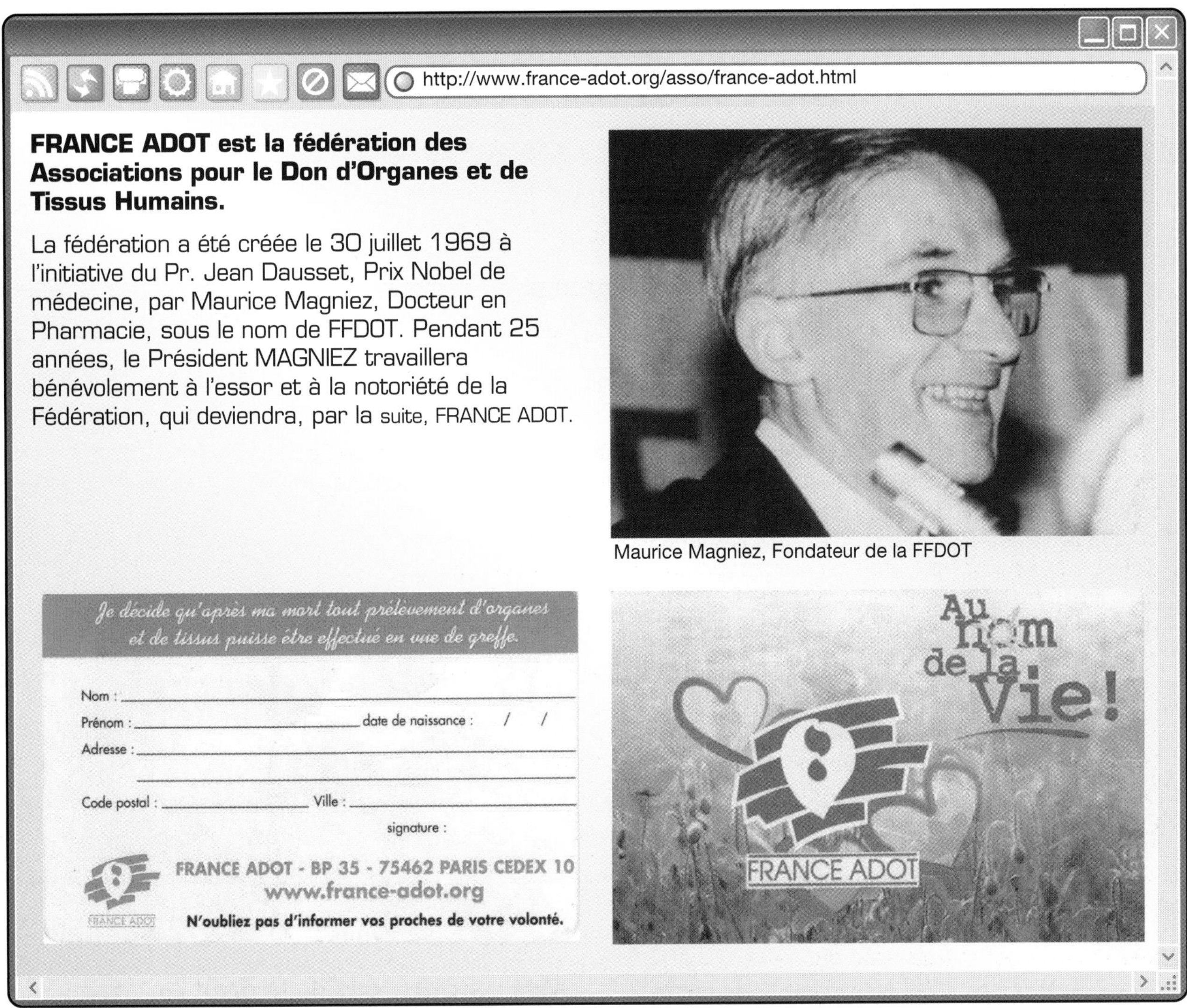

http://www.france-adot.org/asso/france-adot.html

FRANCE ADOT est la fédération des Associations pour le Don d'Organes et de Tissus Humains.

La fédération a été créée le 30 juillet 1969 à l'initiative du Pr. Jean Dausset, Prix Nobel de médecine, par Maurice Magniez, Docteur en Pharmacie, sous le nom de FFDOT. Pendant 25 années, le Président MAGNIEZ travaillera bénévolement à l'essor et à la notoriété de la Fédération, qui deviendra, par la suite, FRANCE ADOT.

Maurice Magniez, Fondateur de la FFDOT

Je décide qu'après ma mort tout prélèvement d'organes et de tissus puisse être effectué en vue de greffe.

Nom :

Prénom : date de naissance : / /

Adresse :

Code postal : Ville :

signature :

FRANCE ADOT - BP 35 - 75462 PARIS CEDEX 10
www.france-adot.org
N'oubliez pas d'informer vos proches de votre volonté.

8 **Listen to the recording of information on organ transplants and make notes in English on what you hear. You should note the following information:**

1 when the first transplants were carried out
2 why there was a reluctance to carry out transplant operations
3 the attitude of the Catholic Church towards organ transplants
4 a definition of "brain dead"
5 why there is a shortage of organs in France at the moment
6 what you have to do if you want to ensure that your organs are not used for transplants.

 Lisez cet article et répondez aux questions qui suivent.

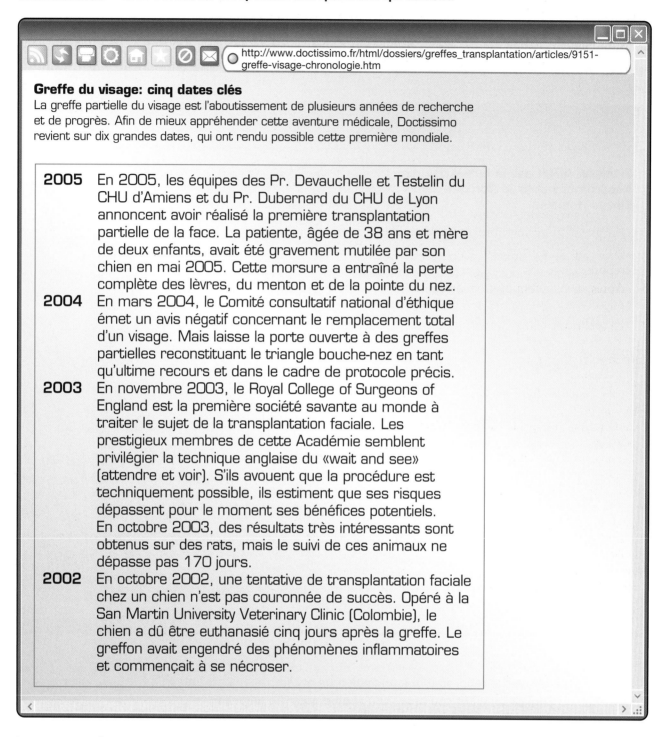

http://www.doctissimo.fr/html/dossiers/greffes_transplantation/articles/9151-greffe-visage-chronologie.htm

Greffe du visage: cinq dates clés

La greffe partielle du visage est l'aboutissement de plusieurs années de recherche et de progrès. Afin de mieux appréhender cette aventure médicale, Doctissimo revient sur dix grandes dates, qui ont rendu possible cette première mondiale.

2005 En 2005, les équipes des Pr. Devauchelle et Testelin du CHU d'Amiens et du Pr. Dubernard du CHU de Lyon annoncent avoir réalisé la première transplantation partielle de la face. La patiente, âgée de 38 ans et mère de deux enfants, avait été gravement mutilée par son chien en mai 2005. Cette morsure a entraîné la perte complète des lèvres, du menton et de la pointe du nez.

2004 En mars 2004, le Comité consultatif national d'éthique émet un avis négatif concernant le remplacement total d'un visage. Mais laisse la porte ouverte à des greffes partielles reconstituant le triangle bouche-nez en tant qu'ultime recours et dans le cadre de protocole précis.

2003 En novembre 2003, le Royal College of Surgeons of England est la première société savante au monde à traiter le sujet de la transplantation faciale. Les prestigieux membres de cette Académie semblent privilégier la technique anglaise du «wait and see» (attendre et voir). S'ils avouent que la procédure est techniquement possible, ils estiment que ses risques dépassent pour le moment ses bénéfices potentiels.
En octobre 2003, des résultats très intéressants sont obtenus sur des rats, mais le suivi de ces animaux ne dépasse pas 170 jours.

2002 En octobre 2002, une tentative de transplantation faciale chez un chien n'est pas couronnée de succès. Opéré à la San Martin University Veterinary Clinic (Colombie), le chien a dû être euthanasié cinq jours après la greffe. Le greffon avait engendré des phénomènes inflammatoires et commençait à se nécroser.

1 Pourquoi la première greffe partielle du visage a-t-elle eu lieu?
2 Dans quelle mesure le Comité consultatif national d'éthique était-il positif envers les greffes partielles?
3 Expliquez, en utilisant vos propres mots, la technique anglaise du «wait and see».
4 En 2003, quelle était l'opinion anglaise à ce suject?

10 **Lisez ces points qui suscitent de violentes polémiques afin de préciser vos opinions sur ce sujet, puis répondez aux questions qui suivent.**

- Si la greffe partielle de visage était la seule option thérapeutique, devrait-on l'utiliser?
- Une telle greffe aurait dû être approuvée par le gouvernement.
- Le risque de rejet est trop grave et nécessite un traitement immunosuppresseur à vie.
- Les effets psychologiques sur un receveur d'un «nouveau» visage pourraient nuire gravement à son bien-être.
- La conservation de l'anonymat du donneur sera impossible.
- Le code de déontologie médicale ne soutient pas cette transplantation.
- La médiatisation de la vie du receveur sera insupportable.
- Une greffe partielle aujourd'hui mais demain un clone ou un robot… ça finira où?

1 La greffe en général est-ce jamais justifiable?
2 Imaginez qu'un membre de votre famille vienne de souffrir d'un accident grave qui lui a arraché une partie du visage. Que feriez-vous? Justifiez votre réponse.
3 Après avoir lu les points ci-dessus, comment voyez-vous la polémique? Donnez vos réponses aux questions.
4 La greffe partielle de visage: quels en sont les dangers?

Vocabulaire utile

la déontologie	ethics, code of practice
le code de déontologie médicale	medical ethics
une polémique	debate
CHU (Centre Hospitalier Universitaire)	teaching hospital
préciser	to state
d'emblée	from the outset, straightaway
s'imposer à	to be obvious to
conforter (qn dans une opinion)	to reinforce, consolidate, confirm sb in his / her opinion
compte tenu de	considering
une allogreffe	allograft, allotransplant
la face	face
une élaboration	development
recevoir l'aval	to receive approval
la médiatisation	the media coverage
insister sur	to stress
un sage	expert
le greffon	transplant / transplanted organ
bafouer	to scorn
un exploit	feat, achievement, exploit
voler en éclats	to shatter

11 Lisez ce texte sur l'euthanasie.

Alors que certains défendent le droit à la vie des 220 000 embryons avortés chaque année en France, et que d'autres restent en vie grâce aux greffes, d'autres réclament le droit à la mort des personnes âgées ou très malades qui souhaitent mettre fin à leurs jours.

Comme dans le cas de l'avortement, l'acte de provoquer ou d'accélérer la mort – l'euthanasie – est énormément mis en question. Le débat s'est renouvelé quand une infirmière de Mantes-la-Jolie a fait la une des journaux: elle avait, à trente reprises, donné la mort à des patients en phase terminale.

Quels sont les thèmes principaux du débat?

- La volonté des patients: Bien souvent, c'est la souffrance qui provoque ce désir d'en finir avec la vie. Elle enlève toute la joie, tout l'espoir, toute volonté du futur. On voit cela chez des personnes très âgées, qui végètent ou qui sont très handicapées. Mais on le voit aussi chez des gens plus jeunes. Ils sont frappés de maladies très douloureuses: certains cancers, certaines scléroses…
- Le consentement des familles: Une personne fait normalement partie d'un groupe. La famille proche soutient l'individu. Les liens d'amour sont peut-être étroits. Est-ce qu'on peut laisser un malade dans l'agonie prendre une décision aussi finale tout seul?
- La loi: En France, l'euthanasie est toujours considérée comme «homicide volontaire». La personne qui pratique l'euthanasie, comme l'infirmière de Mantes-la-Jolie, est condamnable.

Mais aux Pays-Bas, l'euthanasie est légale dans certaines conditions. Qui a raison?

Trouvez dans le texte une phrase qui indique que:

1 L'euthanasie est de nouveau à l'actualité en France.
2 Une infirmière de Mantes-la-Jolie a aidé beaucoup de malades à trouver la mort.
3 La question de l'euthanasie ne concerne pas seulement les vieux.
4 Une décision sur la mort peut rarement être considérée comme individuelle.
5 L'infirmière de Mantes-la-Jolie risque de faire de la prison.

12 Lisez le texte et répondez aux questions qui suivent.

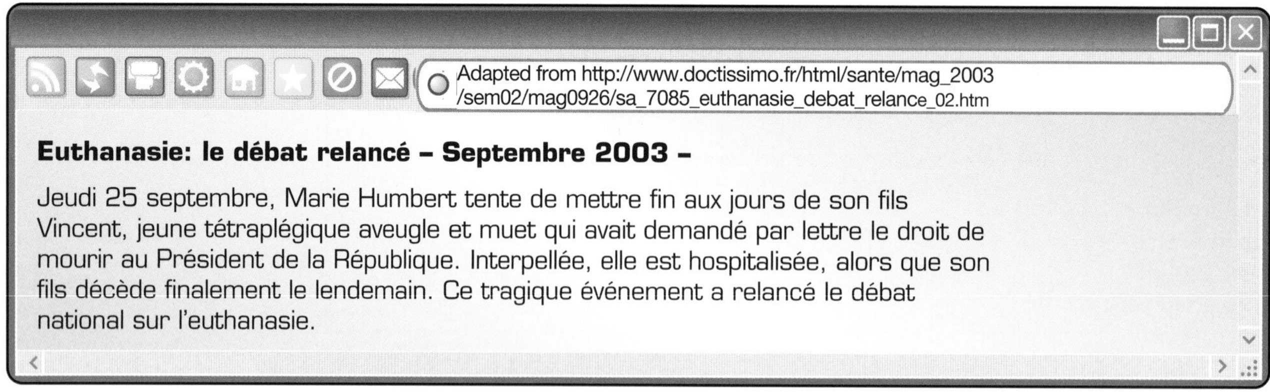
Adapted from http://www.doctissimo.fr/html/sante/mag_2003/sem02/mag0926/sa_7085_euthanasie_debat_relance_02.htm

Euthanasie: le débat relancé – Septembre 2003 –

Jeudi 25 septembre, Marie Humbert tente de mettre fin aux jours de son fils Vincent, jeune tétraplégique aveugle et muet qui avait demandé par lettre le droit de mourir au Président de la République. Interpellée, elle est hospitalisée, alors que son fils décède finalement le lendemain. Ce tragique événement a relancé le débat national sur l'euthanasie.

Prenons l'exemple de Marie Humbert.

1 Que vous feriez-vous dans la même situation?
2 Est-ce une meurtrière?
3 Cette forme d'euthanasie active est-elle jamais justifiable pour un jeune?
4 Existe-il des similarités entre l'euthanasie et l'avortement?

13 **A. Travail de recherche: Visitez le site web de L'Association pour le Droit de Mourir dans la Dignité: http://www.admd.net. Lisez les avis exprimés et regardez les clips qui vous aideront à formuler vos propres avis. Répondez aux questions suivantes:**

- Qu'est-ce qui est arrivé à Marie Humbert?
- Quelle est la différence entre «l'euthanasie passive» et «l'euthanasie active»?

B. Débat: Vous devez prendre position sur cette opinion: «L'euthanasie devrait être dépénalisée: dans le monde actuel, elle ne devrait plus être assimilée à un «homicide volontaire» ».
En plus de cela, il vous faudra justifier votre avis par des preuves concrètes.

Exemple:
«Je maintiens que n'importe qui a le droit de mourir avec dignité. Je cite l'exemple récent de la femme anglaise qui s'est rendue en Suisse afin de se faire aider pour mettre fin à ses jours. Elle souffrait d'une maladie incurable et a choisi, comme 37 de ses compatriotes, de mettre fin à sa vie dans la dignité et entourée par sa famille.»

Opinions pour vous aider:
- Provoquer la mort de manière délibérée, c'est immoral et dangereux.
- Si on perd l'envie de vivre, pourquoi ne pas mourir?
- Il faut condamner ces «meurtres».
- Il faut mettre fin à une vie qui s'écroule.
- L'euthanasie est un meurtre.
- C'est le choix du médecin.
- La vie humaine est sacrée: il faut la préserver à tout prix.

Infos utiles: L'euthanasie au monde

Suisse	1937: dépénalisation du suicide «assisté»
Pays-Bas, Belgique	2002: légalisation de l'euthanasie
Oregon (États-Unis)	1997: dépénalisation du suicide «assisté»

14 **Écrivez une rédaction entre un minimum de 230 et un maximum de 270 mots sur le sujet suivant: «Tout le monde a le droit de choisir de mourir dans la dignité.»**

Rappel! Il faut structurer votre rédaction!

1 Introduction
2 En faveur
3 Contre
4 Conclusion

Voici des idées pour vous aider.

En faveur de l'euthanasie:
- mettre fin à la souffrance
- faire arriver ce qui va arriver
- abréger le désespoir
- soulager les émotions des familles
- accorder la dignité à l'individu

Contre l'euthanasie:
- respecter la vie
- la possibilité de l'abus
- payer les docteurs pour accélérer les héritages
- la position difficile du médecin

Les alternatives:
- de meilleurs soins palliatifs
- une meilleure préparation à une mort naturelle

Exercices: Le Sida

see Dynamic Learning

Le riche et le pauvre

Terrain examen see Dynamic Learning

Exercices: L'argent see Dynamic Learning

Les sans travail et les SDF

On s'échauffe

★ L'emploi et le logement sont deux des nécessités les plus fondamentales sans lesquelles la vie nous devient très difficile. Le licenciement suivi de la perte du logement représentent un cercle vicieux dont il est souvent difficile de s'en tirer. Pour certains, le chômage les amène à être exclus de la vie normale et ainsi à se retrouver en marge de la société «normale».

1 **A. Écoutez l'histoire de Karine, une ex-SDF, et répondez aux questions qui suivent.**

1 Décrivez la vie de Karine avant le départ de son petit copain.
2 Comparez son ancienne vie et celle d'aujourd'hui.
3 Comment sa déchéance a-t-elle commencé?
4 Comment décririez-vous son état d'âme à ce moment-là? Justifiez votre réponse.
5 Pourquoi le foyer ne lui plaisait-il point?
6 Comment a-t-elle «gagné» sa vie après avoir quitté le foyer?
7 Quelle forme son «réveil» a-t-il prise?
8 Croyez-vous qu'elle soit optimiste pour son avenir?

B. En 100 mots, continuez son histoire, tout en essayant de garder l'esprit positif.

C. Écoutez le dernier paragraphe et remplissez les blancs dans les texte qui suit:

Je me **1**__________ adressée de nouveau au foyer pour chercher de l'aide et pour faire ma demande de RMI. Alors que le RMI me donne un peu plus de **2**__________ euros par mois, je continue à **3**__________ à la vie **4**__________. Je vends «Macadam» dans le métro et j'espère être **5**__________ un studio dans **6**__________ à St Denis. La chute semble être finie et **7** __________ me remettre bientôt à la vie normale.

Infos utiles: L'emploi et le logement

un SDF	un sans domicile fixe (a homeless person)
un clochard	a tramp
2,400,000 (décembre 2007)	nombre de chômeurs en France
20,000 (2007)	nombre de SDFs en France
SMIC: le salaire minimum interprofessionnel de croissance	guaranteed minimum wage
un(e) smicard(e)	a person on a minimum wage
RMI: le revenu minimum d'insertion	minimum benefit payment
un(e) RMIste	a person receiving minimum benefit payment.
«Macadam»	literally "Tarmac", French equivalent of *The Big Issue*.

2 **A. Travaillez avec un partenaire. Regardez l'image ci-contre et préparez des réponses aux questions qui suivent. Ensuite, comparez vos réponses avec celles d'autres membres de la classe.**

- Que voyez-vous sur la photo?
- Combien de personnes sont représentées?
- Celles qui sont dans le flou à l'arrière sont-elles importantes?
- Décrivez l'homme sur la photo. Dans quelle position est-il?
- Qu'est-ce qu'il porte?
- Que signifie le fait qu'on ne voie pas clairement son visage?
- Pourquoi l'image est-elle négative? Quelles couleurs renforcent cela?
- Comment le repli sur soi de la personne est-il exprimé?
- Où est-ce que cette photo a été prise, à votre avis?
- En quoi cela accentue-t-il l'exclusion de cette personne?

B. Traduisez en anglais le texte de la publicité pour «L'Homme n'est digne que debout»:

L'Homme n'est digne que debout

Dans nos sociétés, l'Homme doit rester prioritaire. Il est urgent de relever le défi de l'exclusion, du mépris et de la désespérance d'une large part des femmes et des hommes de notre temps. Nous avons tous, avec nos différences et nos complémentarités, une place dans la construction de ce monde. Le collectif de l'Homme debout veut promouvoir la dignité de la personne humaine et relever le défi de la pauvreté et de l'exclusion.

3 Travail créatif: Faites un peu travailler votre imagination. Racontez la vie de cet homme en décrivant la journée où cette photo a été prise. Utilisez le passé. Racontez à la troisième personne – il. Essayez de communiquer le désespoir de cet homme dans les détails de ce que vous racontez.

4 Travaillez avec un partenaire et faites un jeu de rôle entre l'homme dans la photo et le photographe de «L'Homme debout». Ce dernier demande la permission de prendre la photo et explique comment elle va être utilisée. Au début, l'homme refuse, mais il se laisse persuader.

Langue: Direct and indirect speech

see Dynamic Learning

La pauvreté en France

On s'échauffe

★ La pauvreté n'est pas seulement un problème lointain. Ça existe bel et bien en France et en Angleterre même si les circonstances sont différentes de celles que l'on trouve dans le Tiers-Monde. Comment définissez-vous la pauvreté?

1 **Lisez ces définitions de la pauvreté. Mettez-les en ordre selon la gravité du problème. Soyez prêt à justifier vos réponses.**

- Je ne suis pas certain de me loger.
- Je ne peux pas nourrir mes enfants.
- Les vacances? Elles seront trop chères!
- Il faut remplacer les chaussures de mes enfants, mais je ne le peux pas.
- Je ne sais pas ce que je mangerai demain.
- Je ne peux pas aller au cinéma demain.
- Je touche le SMIC.
- Je veux que mes enfants voient le reste de la France, ils ne le peuvent pas en ce moment.

Vocabulaire utile	
le niveau de vie	disposable income per person or household, standard of living
la pauvreté	poverty
le seuil de pauvreté	the poverty line
un seuil	threshold
800 euros par mois	poverty line per person per month in France
un taux	a rate
le revenu	income
frôler	to come close to, brush against

2 **Lisez ces définitions et répondez aux questions qui suivent.**

1 Quelqu'un est considéré comme pauvre quand son niveau de vie est inférieur au seuil de pauvreté.
2 Le seuil de pauvreté est établi autour des 800 euros par mois (2005).
3 Ceux qui se trouvent avec un niveau de vie inférieur à ce seuil sont considérés pauvres.
4 Le taux de pauvreté correspond à la proportion d'individus dont le niveau de vie est inférieur au seuil de pauvreté.
5 12,1%: le taux de pauvreté en France (l'INSEE, 2007).

A. Expliquez, en utilisant vos propres mots autant que possible, les termes suivants:

- le niveau de vie
- le seuil de pauvreté.

B. Faites des recherches: comment la France se compare à ses voisins européens?

3 **Pour en savoir plus sur la pauvreté, regardez la carte et lisez l'article ci-dessous, puis répondez aux questions qui suivent.**

Adapted from http://www.insee.fr/fr/ffc/ipweb/ip1162/ip1162.html#inter1

Plus de pauvreté au Nord et au Sud

La pauvreté ne touche pas de la même façon les différentes catégories de ménages. Les familles nombreuses et les familles monoparentales sont plus souvent exposées que les autres. Pour les premières, c'est principalement en raison du nombre de personnes dans le ménage. Pour les secondes, une seule personne apporte généralement des ressources et doit assurer la charge d'enfants. De leur côté, les retraités, bien que leurs revenus soient en moyenne moins élevés, sont moins touchés par la pauvreté, en grande partie parce qu'ils n'ont plus la charge des enfants qui ont quitté le domicile familial.

Taux France: 11,7%
14,6 à 18,8 %
11,7 à 14,6 %
9,5 à 11,7 %
5,7 à 9,5 %

Taux de pauvreté par département

Dans les départements du nord de la France, la pauvreté, plus concentrée dans les zones urbaines, frappe plus particulièrement les familles nombreuses. Le taux de pauvreté est ainsi de 16,5% dans le Nord–Pas-de-Calais. Cependant, dans cette région, de nombreux ménages ne se situent que légèrement en dessous du seuil.

La Seine-Saint-Denis, également marquée par un fort taux de pauvreté, possède des caractéristiques un peu différentes. Ce département apparaît comme une exception en Île-de-France. Les ménages complexes, qui regroupent plusieurs familles, quelquefois plusieurs générations, sont particulièrement touchées, ainsi que les familles nombreuses.

L'Aveyron, la Lozère, le Cantal, la Creuse et le Gers ont en commun une pauvreté concentrée dans les zones rurales, qui touche plus particulièrement les personnes âgées, mais aussi des personnes aux âges actifs. Dans ces départements, les pôles urbains, au contraire, comprennent moins de personnes en situation difficile. Des départements voisins, comme le Lot, le Tarn-et-Garonne présentent, en mode mineur, les mêmes caractéristiques.

Les départements d'Île-de-France, à l'exception de la Seine-Saint-Denis, ont un taux de pauvreté inférieur à la moyenne, quelles que soient les classes d'âge. La présence de ménages complexes, plus pauvres en moyenne, contribue cependant à élever ce taux. Paris constitue un cas particulier. La pauvreté s'y situe dans la moyenne, mais est un peu plus élevée pour les plus jeunes actifs.

Le taux de pauvreté est faible en Alsace, en Savoie et en Haute-Savoie. Pour ces deux départements, le travail frontalier contribue à élever les revenus. Les régions de l'Ouest sont moins touchées par la pauvreté. C'est notamment le cas des départements bretons et de la Loire-Atlantique, où seules les personnes âgées connaissent des taux de pauvreté proches de la moyenne nationale.

1 Selon **le premier paragraphe**, de quelle façon la pauvreté touche-t-elle les différents ménages?
2 Expliquez pourquoi la Seine-Saint-Denis est marquée par un fort taux de pauvreté.
3 Quelle tendance constate-t-on dans les zones rurales?
4 Faites le bilan pour l'Île-de-France, y compris Paris.
5 Qu'est-ce que le travail frontalier suscite en Alsace, en Savoie et en Haute-Savoie?

4 Existe-t-il des solutions? Lisez cette explication d'une association qui s'appelle «Secours Populaire Français» et faites un exposé sur le travail qu'elle fait.

Vocabulaire utile

une permanence d'accueil	welcome centre
faire le point	to take stock
s'appuyer sur	to be based on
s'assurer que	to make sure that, to check that
en fonction de	according to
la prévention	prevention
l'insertion	insertion, integration

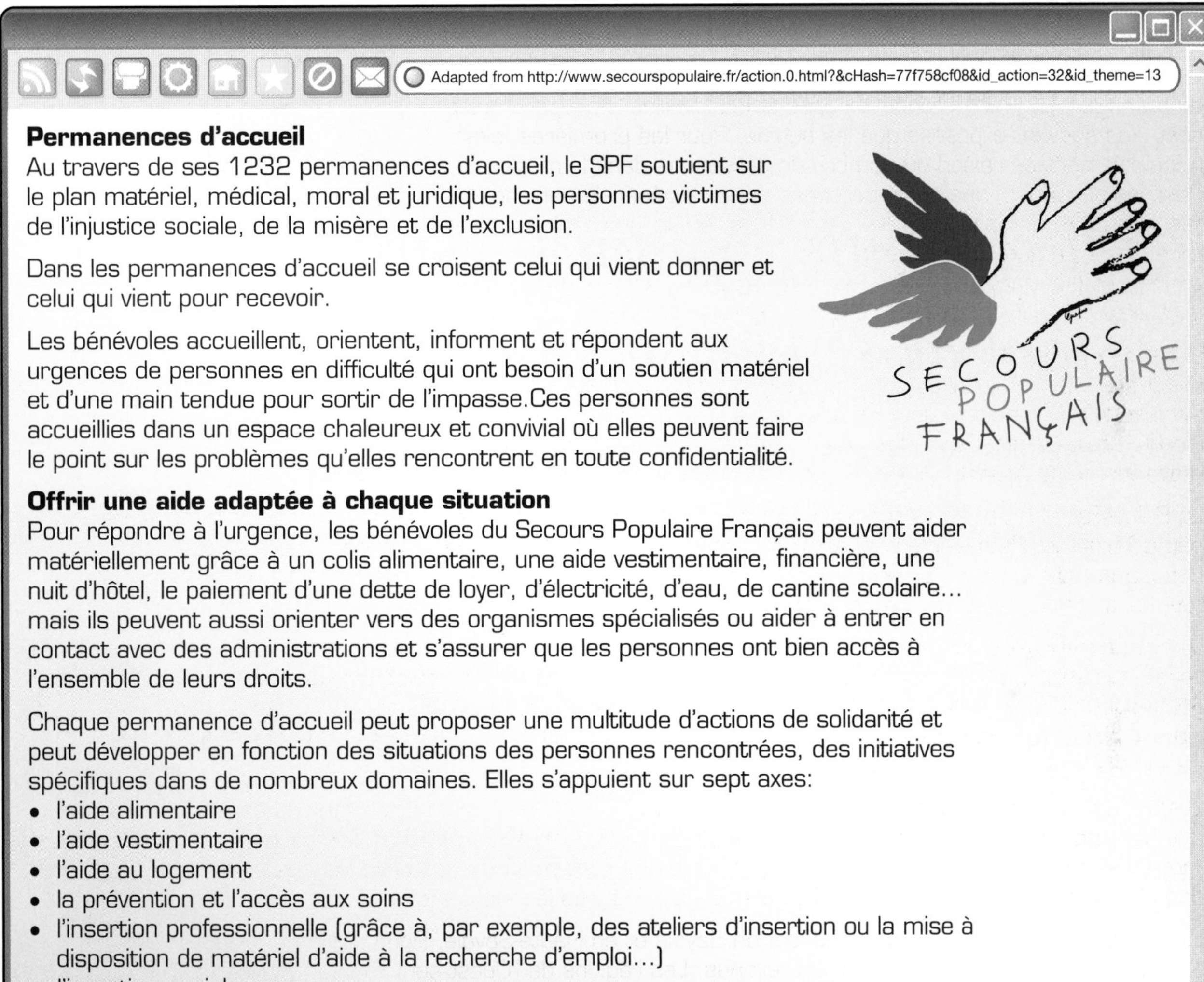

Adapted from http://www.secourspopulaire.fr/action.0.html?&cHash=77f758cf08&id_action=32&id_theme=13

Permanences d'accueil

Au travers de ses 1232 permanences d'accueil, le SPF soutient sur le plan matériel, médical, moral et juridique, les personnes victimes de l'injustice sociale, de la misère et de l'exclusion.

Dans les permanences d'accueil se croisent celui qui vient donner et celui qui vient pour recevoir.

Les bénévoles accueillent, orientent, informent et répondent aux urgences de personnes en difficulté qui ont besoin d'un soutien matériel et d'une main tendue pour sortir de l'impasse.Ces personnes sont accueillies dans un espace chaleureux et convivial où elles peuvent faire le point sur les problèmes qu'elles rencontrent en toute confidentialité.

Offrir une aide adaptée à chaque situation

Pour répondre à l'urgence, les bénévoles du Secours Populaire Français peuvent aider matériellement grâce à un colis alimentaire, une aide vestimentaire, financière, une nuit d'hôtel, le paiement d'une dette de loyer, d'électricité, d'eau, de cantine scolaire… mais ils peuvent aussi orienter vers des organismes spécialisés ou aider à entrer en contact avec des administrations et s'assurer que les personnes ont bien accès à l'ensemble de leurs droits.

Chaque permanence d'accueil peut proposer une multitude d'actions de solidarité et peut développer en fonction des situations des personnes rencontrées, des initiatives spécifiques dans de nombreux domaines. Elles s'appuient sur sept axes:

- l'aide alimentaire
- l'aide vestimentaire
- l'aide au logement
- la prévention et l'accès aux soins
- l'insertion professionnelle (grâce à, par exemple, des ateliers d'insertion ou la mise à disposition de matériel d'aide à la recherche d'emploi…)
- l'insertion sociale
- les situations de catastrophes.

Même avec de bonnes intentions, le départ dans la vie active n'est pas toujours simple. Le manque de soutien familial n'arrange pas les choses. Si vous prenez la tranche des 25–29 ans qui touchent le RMI, 22% de ces gens ont un niveau d'études supérieur au bac! Écoutez l'expérience de Xavier. Il a 22 ans et un diplôme de programmeur sur ordinateur.

5 **A. Listen to Xavier's account and make notes in English on:**

1 his childhood
2 his studies
3 his entry into the world of work
4 his courage.

B. Écoutez une deuxième fois et décidez, pour les affirmations suivantes, si c'est vrai, faux ou pas mentionné.

1 À 12 ans, Xavier n'avait ni père, ni mère.
2 Avec son frère, ils sont allés dans une institution d'État.
3 Les bourses d'État couvraient toutes ses dépenses.
4 Il n'arrive pas à trouver du travail.
5 Il est tombé dans un cercle vicieux.

C. Écoutez une dernière fois pour traduire les phrases suivantes en français:

1 I was unlucky.
2 I passed my exam.
3 I've got the loan to pay off.
4 I get the RMI allowance.
5 It allows me to survive.

Point rencontre: Yannick Barthes – assistant de service social à Paris

On s'échauffe

★ En Angleterre, on parle souvent des problèmes sociaux des grands centres urbains. En France, comme on vient de constater, c'est souvent dans la banlieue des grandes villes qu'on rencontre les plus grands problèmes.

1 **A. Exercice de compréhension: Écoutez cette interview avec Yannick Barthes et répondez en français aux questions qui suivent. Rappel! Il faut justifier vos réponses.**

1 Est-ce que Yannick travaille en tant que bénévole?
2 Pourquoi Yannick doit-il surveiller les enfants de la famille dont il parle?
3 D'après Yannick, quelle est la source des problèmes de cette famille?
4 Quel aspect de son travail est-ce qu'il aime le plus?
5 Quel aspect est-ce qu'il aime le moins?

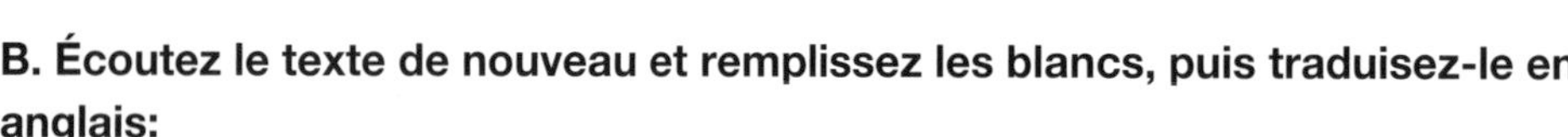

B. Écoutez le texte de nouveau et remplissez les blancs, puis traduisez-le en anglais:

~ Il y **1**__________ des frustrations dans **2**__________ travail?
Y: Oh, toujours les mêmes choses. On manque **3**__________ argent pour subvenir aux **4**__________ de tout le monde. On est un peu à la merci des gouvernements et de ce qui **5**__________ paraît important. Et puis, la paperasse est **6**__________: ça m'agace de passer mon temps **7**__________ remplir des dossiers.
~ Quel côté est-ce que vous appréciez **8**__________ plus?
Y: Soulager, **9**__________, même si je sais que ce n'**10**__________ que momentané.

C. Exercice de vocabulaire: Trouvez un seul mot dans le texte qui veut dire:

1 qui a beaucoup d'aspects différents
2 aider quelqu'un à sortir d'un problème immédiat
3 qui ne sait ni lire ni écrire
4 toute la bureaucratie associée à quelque chose
5 qui ne dure que très peu de temps

Lisez cet extrait du livre *Kiffe kiffe demain* qui raconte la vie de Doria, une jeune de quinze ans qui vit seule avec sa mère en banlieue parisienne. Cela donne une autre impression de «l'assistant social».

Le défilé d'assistantes sociales

«Depuis que le vieux s'est cassé, on a eu droit à un défilé d'assistantes sociales à la maison. La nouvelle, je sais plus son nom. C'est un truc du genre Dubois, Dupont, ou Dupré, bref un nom pour qu'on sache que tu viens de quelque part. Je la trouve conne et, en plus, elle sourit tout le temps pour rien. Même quand c'est pas le moment. Cette meuf, on dirait qu'elle a besoin d'être heureuse à la place des autres. Une fois, elle m'a demandé si je voulais qu'on devienne amies. Moi, comme une crapule, je lui ai répondu qu'il y avait pas moyen. Mais je crois que j'ai gaffé parce que j'ai senti le regard de ma mère me transpercer. Elle devait avoir peur que la mairie ne nous aide plus si je devenais pas copine avec leur conne d'assistante.

«Avant Mme Dumachin, c'était un homme... Ouais, son prédécesseur, c'était un monsieur, un assistant de la mairie. Il ressemblait à Laurent Cabrol, celui qui présentait ***La nuit des héros*** sur TF1 le vendredi soir. C'est dommage que ce soit fini. Maintenant Laurent Cabrol, il est en bas à droite de la page 30 du TV Mag en tout petit, habillé en polo à rayures jaunes et noires, en train de faire une pub pour les chauffages thermiques. Donc, l'assistant social c'était son sosie. Tout le contraire de Mme Dutruc. Il plaisantait jamais, il souriait jamais et il s'habillait comme le professeur Tournesol dans ***Les Aventures de Tintin***. Une fois, il a dit à ma mère qu'en dix ans de métier, c'était la première fois qu'il voyait "des gens comme nous avec un enfant seulement par famille". Il ne l'a pas dit mais il devait penser "Arabes". Quand il venait à la maison, ça lui faisait exotique. Il regardait bizarre les bibelots qui sont posés sur le meuble, ceux que ma mère a rapportés du Maroc après son mariage. [...]

«Mme Duquelquechose, même si je la trouve conne, elle joue mieux son rôle d'assistante sociale de quartier qui aide les pauvres. Elle fait vraiment bien semblant d'en avoir quelque chose à cirer de nos vies. Parfois, on y croirait presque. Elle me pose des questions avec sa voix aiguë. L'autre jour, elle voulait savoir ce que j'avais lu comme livre dernièrement. Je lui ai juste fait un mouvement d'épaules pour qu'elle comprenne "rien". En vrai, je viens de finir un bouquin de Tahar Ben Jelloun qui s'appelle L'enfant de sable.»

Faïza Guène, Kiffe kiffe demain, Hachette Littératures

1 Pourquoi la famille de Doria a-t-elle droit à une assistante sociale?
2 Qu'est-ce qui agace Doria dans le comportement de la nouvelle assistante sociale?
3 Quelles sont les différences entre son ancien assistant social et celle-ci?
4 Dans quelle mesure trouvait-elle l'ancien assistant social condescendant?
5 Dans l'ensemble, quelle opinion Doria a-t-elle de «Mme Duquelquechose»?
6 Comparez le travail dont Yannick parle et la réaction de Doria face à cette aide. Auquel témoignez-vous le plus de sympathie? Pourquoi?

Vocabulaire utile	
un machin	thing, whatsit
con, conne	stupid, bloody stupid (here) (offensive)
une crapule	monkey, crook
un sosie	a double
gaffer	to make a mistake, blunder
faire semblant de	to pretend to
avoir à cirer de quelque chose	to give a damn about something

3 **Discussion: Travaillez avec un partenaire. Regardez l'image ci-contre et préparez des réponses aux questions:**

- Que voyez-vous sur l'image?
- Quel «travail» ont-ils trouvé, les jeunes?
- Quelle impression cette image donne-t-elle de la vie dans les quartiers défavorisés?
- L'image démontre-t-elle une image stéréotypée des quartiers défavorisés?

4 **Débat: Travaillez à deux: Imaginez qu'un de vous est le photographe de cette image et que l'autre habite dans une cité comme celle-ci. Ce dernier trouve l'image insultante et stéréotypée.**
Vous avez à présenter pendant *une minute* vos attitudes différentes envers la pauvreté dans de tels quartiers défavorisés.
Après avoir exposé brièvement les grandes lignes de votre prise de position, il vous faut faire un débat animé! Cette partie durera *quatre minutes*.
Rappel!
Chaque prise de position doit être appuyée de preuves – soit une statistique soit un fait concret ou même une citation de la presse française.

Vocabulaire utile	
défavorisé	underprivileged, disadvantaged, poor
démontrer	to demonstrate, prove
la Sécurité Sociale	social security

5 **A. Écoutez ce jeune, Pierrot, qui parle de ses expériences en banlieue parisienne. Dans le témoignage de Pierrot, identifiez une courte phrase qui indique le contraire des affirmations suivantes:**

1 Il est maître de sa situation.
2 Son cas est unique.
3 Il habite dans un immeuble d'un certain standing.
4 Il est bien présenté.
5 Il n'a jamais travaillé de sa vie.
6 Son père est fier de lui.
7 Malik était plus sérieux que Pierrot.
8 La mort de Malik a fait un grand scandale.
9 Pierrot aime bien le quartier où il habite.
10 Pierrot veut échapper au sort de Malik.

Vocabulaire utile

argot	terme correct	anglais
crécher	dormir; habiter	to sleep, live
kiffer	aimer	to like
une meuf	une femme	a woman
c'est kif-kif	c'est le même	it's the same
une piaule	une chambre	bedroom
ne pas avoir un rond	ne pas avoir d'argent	to not have any money
fauché	sans argent	broke
crado	sale	dirty
crever	mourir	to die
avoir ras-le-bol	en avoir assez	to have enough

B. Le témoignage de Pierrot est écrit à la première personne et dans un style assez argotique. Écrivez un résumé de ce qu'il dit à la troisième personne et dans un style plus formel.

Exemple:
Pierrot raconte la vie en banlieue parisienne. Il se plaint de sa situation parce qu'il…

6 Dissertation: Écrivez une dissertation d'un minimum de 230 et un maximum de 250 mots qui porte sur le thème suivant: «Les gouvernements n'en font pas assez pour aider ceux qui se trouvent au seuil de la pauvreté.»
Rappel!
Justifiez tout ce que vous écrivez avec des exemples réels. Il ne vous faut pas citer que des exemples français.

Il vous faut suivre la technique exigée:
1 Introduction
2 Les arguments pour l'intitulé
3 Les arguments contre l'intitulé
4 Conclusion

Les associations bénévoles

On s'échauffe

★ Près d'un Français sur quatre travaille pour une association bénévole. C'est-à-dire un total de 13 millions. Selon «France Bénévolat» (www.francebenevolat.org), 5 millions peuvent être considérés comme des bénévoles «réguliers». Qu'est-ce qui les motive, à votre avis? Êtes-vous membre d'une telle organisation? Pourquoi? Pourquoi pas?

Exercice de compréhension: Renseignez-vous sur une association française, «Les Restaurants du Cœur». Il s'agit non seulement de lire le texte; il faut aussi interpréter les chiffres. Répondez aux questions suivantes en français.

Infos utiles: L'Association en chiffres

La dernière campagne 2006 / 2007 sur toute la France

700 000	personnes accueillies…
480 000	donateurs
51 000	bénévoles
81 700 000	repas distribués
23 300	nombre de bébés de moins de douze mois aidés
240	Restos et Points Bébés du Cœur
1 900	centres et annexes
90	camions et points repas chauds
7500	hébergement d'urgence dont: personnes logées
1 200	salariés en contrats aidés
175	ateliers et jardins
1800	départs en vacances
165	soutien scolaire / lutte contre l'illettrisme

Pour 100 euros que dépensent les Restos:

62,3 €	sont pour l'aide alimentaire et les relais
17,5 €	vont aux actions d'aide à l'insertion
0,4 €	va à la formation des bénévoles
6,1 €	pour l'excédent de l'exercice affecté aux fonds de prévoyance
4,9 €	sont pour les concerts des Enfoirés, disques et activités annexes
8,5 €	sont pour les frais généraux
0,3 €	pour les frais divers

En 1985, Coluche, un comédien français très populaire, a annoncé qu'il voulait fonder une association pour ceux qui avaient faim. Il espérait récupérer des fonds de la Communauté Européenne. Mais il a aussi reçu un soutien fantastique de ses amis (aussi riches que lui!) de la télévision et des médias en général.

Les Restaurants du Cœur étaient nés.

1 Pourquoi Coluche était-il bien placé pour fonder une telle organisation?
2 Comment est-ce que l'Association est financée?
3 Quel est le but principal des Restaurants du Cœur?
4 Dans quel sens est-ce que leur travail s'est diversifié depuis 1985?
5 Est-ce que l'Association a connu du succès, à votre avis?
6 Est-ce que les finances de l'Association sont bien gérées, à votre avis?

2 **A. Trouvez les paroles de «Les Restos Du Cœur» de Jean-Jacques Goldman en allant sur le site web www.google.fr, et en tapant «Les Restos Du Cœur Jean-Jacques Goldman». Puis répondez aux questions suivantes:**

1 Expliquez, en utilisant vos propres mots, ce que veut dire Goldman dans le premier couplet.
2 Quelle allusion fait-il au passé?
3 Quelles sont les grandes lignes de cette chanson?

Vocabulaire utile	
filer un rancard	to make an appointment (slang)
le baratin	smooth talk, sweet talk (slang)
recaler	to fail (slang)
dépassé	out-of-date, overtaken
une étable	cowshed
une paupière	eyelid
clos	closed, sealed

B. Exercice de traduction: Translate into French, paying close attention to the following grammatical details of your French:

- verb forms
- tenses
- pronouns
- negatives
- spellings
- accents.

Since its foundation, "Les Restos Du Cœur" has grown enormously. The principles by which it is governed remain the same as they were in 1985. Volunteer workers, such as Farida, enjoy the challenge and the rewards on offer. "I have experience of many charities, but this is the most dynamic one that I have worked for. I feel at the end of my shift that I have really helped and made a difference," she said.

Conférence de Presse: C'est 1985

3 **Discussion: Imaginez que vous êtes Coluche. Vous avez convoqué vos amis de la télévision et de la presse. Vous voulez les persuader de soutenir votre nouvelle initiative. Préparez un petit discours (*d'environ 60 secondes*) pour convaincre le public que le besoin existe et qu'il leur faut donner une aide financière.**

Voici des idées pour vous aider:

- des revenus insuffisants
- des difficultés pour se déplacer
- ne pas se débrouiller tout seul
- un problème qui s'aggrave en hiver
- ne pas fermer les yeux sur les problèmes des autres.

4 **A. Nous avons parlé à deux femmes engagées dans le soutien des autres. Écoutez le témoignage de Martine et répondez aux questions suivantes en français:**

1 Que faisait-elle autrefois comme travail?
2 Combien est-ce qu'elle gagnait par mois?
3 Pourquoi est-ce qu'elle ne travaille plus?
4 Que faisait-elle autrefois pour les chômeurs?
5 Pour quelle organisation fait-elle du travail bénévole maintenant?
6 Comment est-ce qu'elle décrit cette organisation? (3 détails)
7 Qu'est-ce qu'on a fait à Nantes l'an dernier?
8 Qu'est-ce que Martine décrit comme «terrible»?
9 Comment décrit-elle les enfants qu'elle voit?
10 Pour Martine, qu'est-ce que c'est, la vraie politique?

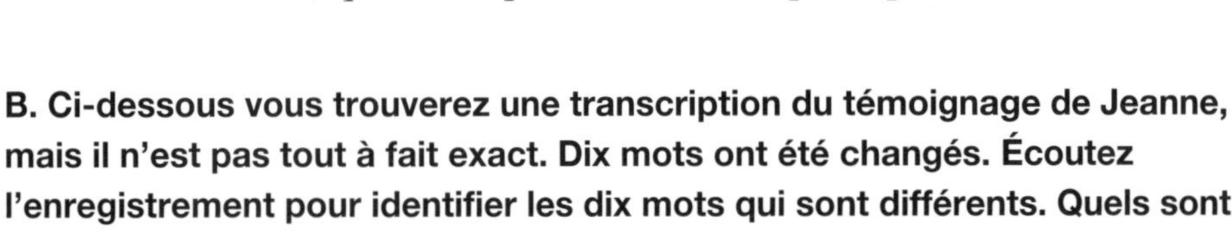

B. Ci-dessous vous trouverez une transcription du témoignage de Jeanne, mais il n'est pas tout à fait exact. Dix mots ont été changés. Écoutez l'enregistrement pour identifier les dix mots qui sont différents. Quels sont les mots que vous avez entendus?

Exemple:
Moi, j'avais une vie <u>simple</u>.
Le mot que vous avez entendu était **tranquille**.

Moi, j'avais une vie simple. Le salaire de mon mari me permettait de ne pas m'inquiéter. J'avais une vie de luxe, je tenais tranquillement la maison et je m'occupais des enfants. Et puis, j'ai reçu un coup de fil de la police: ma fille venait d'être accusée de trafic de drogue. J'apprenais ça sans avertissement. J'apprenais aussi qu'elle était elle-même toxicomane. Elle a été condamnée à deux ans de prison. C'est là que j'ai découvert: les prisons. Les cris, les bruits, les odeurs, l'ombre. Une catastrophe. Quand ma fille est rentrée de prison, j'ai continué à y retourner. Je rends visite, j'écoute, j'apporte des gâteries. Je viens d'organiser une maison qui accueille les familles des prisonniers. C'est comme réparer des déchirures.

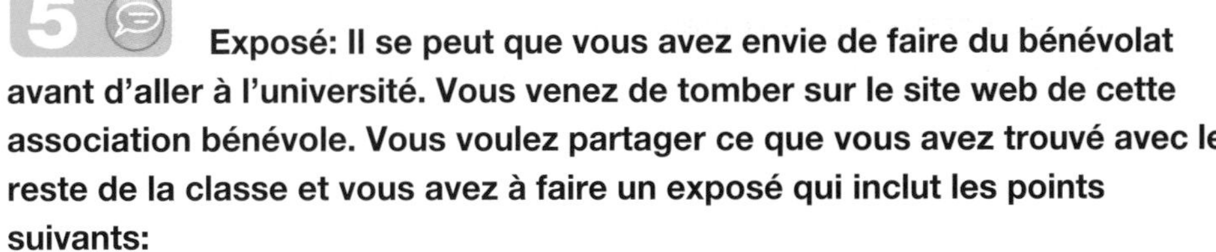

5 **Exposé: Il se peut que vous avez envie de faire du bénévolat avant d'aller à l'université. Vous venez de tomber sur le site web de cette association bénévole. Vous voulez partager ce que vous avez trouvé avec le reste de la classe et vous avez à faire un exposé qui inclut les points suivants:**

- les buts de l'association
- les actions entreprises
- les régions aidées
- les démarches de l'association sur le plan mondial.

6 **Médecins Sans Frontières (www.msf.fr) est une organisation de bénévoles qui lutte contre les inégalités dans le monde en matière de soins médicaux. Écoutez cette interview avec Anne Doulut de MSF et répondez aux questions suivantes.**

1. Pourquoi Anne a-t-elle décidé de travailler pour Médecins Sans Frontières?
2. Quand a-t-elle a pris cette décision?
3. Quel est le prix du traitement pour le Sida?
4. Quel est l'effet de ce traitement?
5. Combien un employé en Afrique du Sud gagne-t-il par mois en moyenne?
6. Pourquoi les médicaments coûtent-ils si cher? (trois raisons)
7. Quelle est la bonne nouvelle annoncée par certaines compagnies pharmaceutiques?
8. Quelle différence est-ce que cela fait pour les sidaïques d'Afrique du Sud?

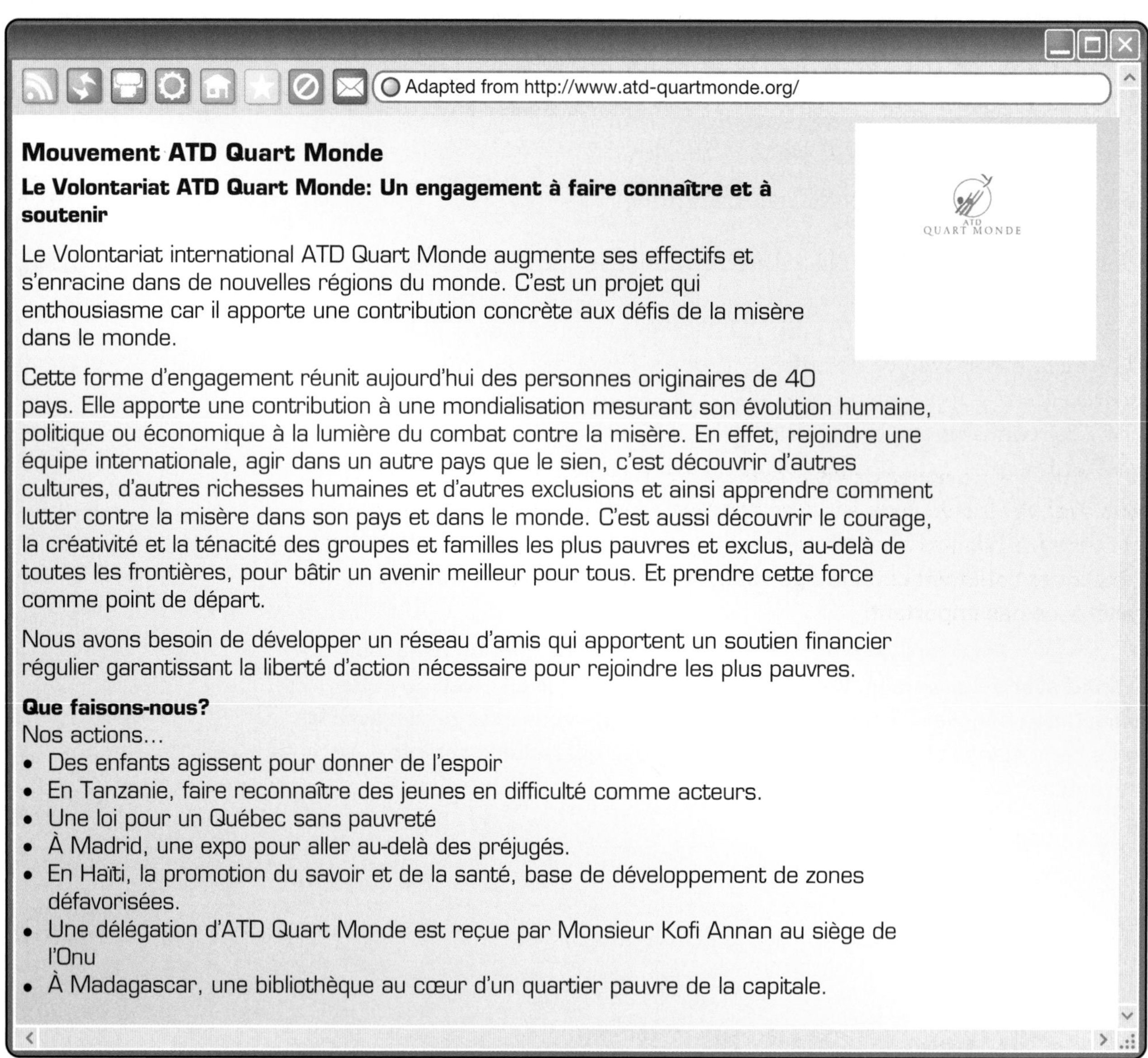

Adapted from http://www.atd-quartmonde.org/

Mouvement ATD Quart Monde

Le Volontariat ATD Quart Monde: Un engagement à faire connaître et à soutenir

Le Volontariat international ATD Quart Monde augmente ses effectifs et s'enracine dans de nouvelles régions du monde. C'est un projet qui enthousiasme car il apporte une contribution concrète aux défis de la misère dans le monde.

Cette forme d'engagement réunit aujourd'hui des personnes originaires de 40 pays. Elle apporte une contribution à une mondialisation mesurant son évolution humaine, politique ou économique à la lumière du combat contre la misère. En effet, rejoindre une équipe internationale, agir dans un autre pays que le sien, c'est découvrir d'autres cultures, d'autres richesses humaines et d'autres exclusions et ainsi apprendre comment lutter contre la misère dans son pays et dans le monde. C'est aussi découvrir le courage, la créativité et la ténacité des groupes et familles les plus pauvres et exclus, au-delà de toutes les frontières, pour bâtir un avenir meilleur pour tous. Et prendre cette force comme point de départ.

Nous avons besoin de développer un réseau d'amis qui apportent un soutien financier régulier garantissant la liberté d'action nécessaire pour rejoindre les plus pauvres.

Que faisons-nous?
Nos actions...

- Des enfants agissent pour donner de l'espoir
- En Tanzanie, faire reconnaître des jeunes en difficulté comme acteurs.
- Une loi pour un Québec sans pauvreté
- À Madrid, une expo pour aller au-delà des préjugés.
- En Haïti, la promotion du savoir et de la santé, base de développement de zones défavorisées.
- Une délégation d'ATD Quart Monde est reçue par Monsieur Kofi Annan au siège de l'Onu
- À Madagascar, une bibliothèque au cœur d'un quartier pauvre de la capitale.

7 **Lisez ce rapport qui porte sur les activités de MSF en Côte d'Ivoire, et répondez aux questions qui suivent.**

Adapted from http://www.paris.msf.org/cotedivoire

MSF travaille depuis cinq ans de part et d'autre de la ligne qui coupe la Côte d'Ivoire en deux. Dans la zone sous contrôle des Forces Nouvelles (ex-rebelles), nous avons assuré les soins de santé primaires et secondaires à Bouaké, la deuxième ville du pays (environ 500,000 habitants), dans l'unique hôpital de référence pour la ville et ses environs. En 2007, les conditions sont désormais réunies pour que le personnel du ministère de la Santé puissent reprendre leur poste à l'hôpital. Dans la zone sous contrôle gouvernemental, des milliers de personnes déplacées sont toujours regroupées dans la ville et à la périphérie de Guiglo, à l'ouest du pays. Là, nous assurons des soins à proximité du plus important camp de déplacés de la région. Enfin nous prenons en charge la malnutrition aiguë sévère dans la région de Guiglo. Nos activités à la MACA (Maison d'arrêt et de correction d'Abidjan) ont pris fin en décembre 2005.

Dépenses en 2006: 2,84 millions d'euros
Financement: 100% de dons privés
Equipe: 319 personnes (15 expatriés, 304 employés ivoiriens)
Autres sections MSF présentes: section belge (région de Man) et section hollandaise (région de Danané)

1 MSF travaille en Côte d'Ivoire depuis quand?
2 À partir de 2007, avec qui les médecins de MSF travaillent-ils, à Bouaké?
3 Dans la zone sous contrôle gouvernemental, qui reçoit des soins auprès des médecins de MSF?
4 Expliquez la situation politique ivoirienne.
5 Écrivez un paragraphe de moins de 100 mots pour expliquer ce que fait MSF.

8 **Vous venez de visiter sur le site web de MSF (www.msf.fr) et vous avez décidé de vous engager dans l'organisation Médecins Sans Frontières. Travaillez avec un partenaire pour préparer une présentation afin d'expliquer comment cette image vous a touché et pourquoi vous allez franchir ce pas important.**

Exercices: L'exploitation

see Dynamic Learning

Exercices: Le commerce équitable

see Dynamic Learning

L'exode rural

On s'échauffe

★ Si vous aviez le choix, où aimeriez-vous habiter? En ville ou à la campagne? Pourquoi? Quels sont les avantages et les inconvénients des deux?

1 Travail d'analyse: Regardez le tableau ci-dessous et lisez le commentaire qui suit, puis répondez aux questions.

Populations urbaine et rurale en France métropolitaine

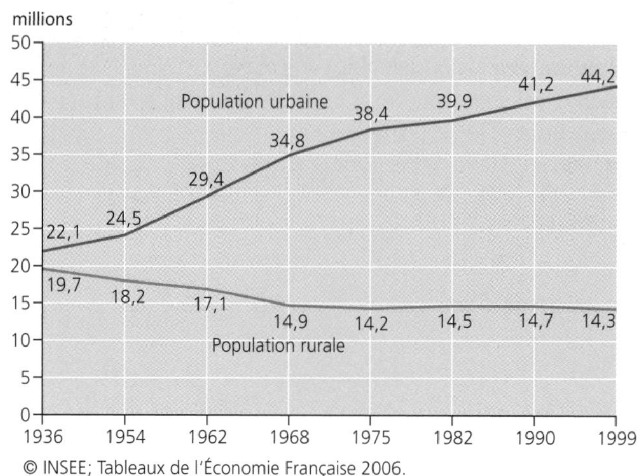

© INSEE; Tableaux de l'Économie Française 2006.

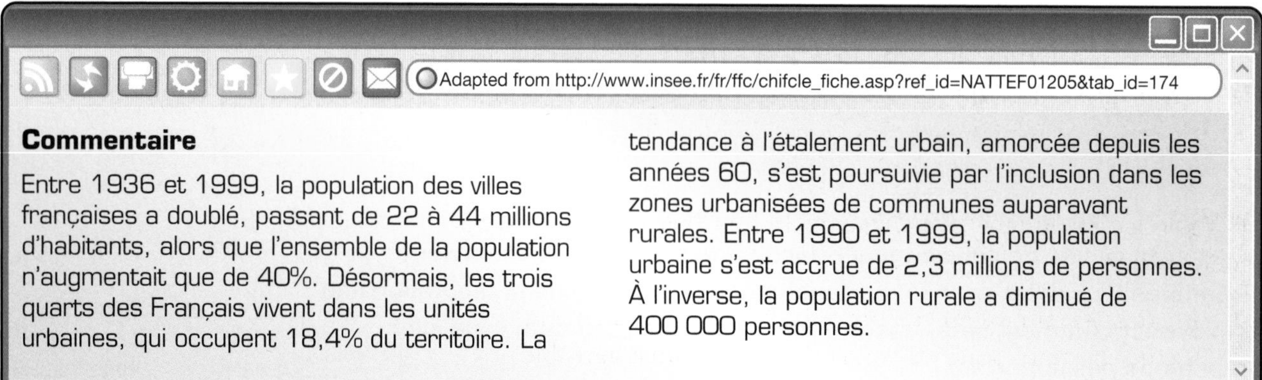

Adapted from http://www.insee.fr/fr/ffc/chifcle_fiche.asp?ref_id=NATTEF01205&tab_id=174

Commentaire

Entre 1936 et 1999, la population des villes françaises a doublé, passant de 22 à 44 millions d'habitants, alors que l'ensemble de la population n'augmentait que de 40%. Désormais, les trois quarts des Français vivent dans les unités urbaines, qui occupent 18,4% du territoire. La tendance à l'étalement urbain, amorcée depuis les années 60, s'est poursuivie par l'inclusion dans les zones urbanisées de communes auparavant rurales. Entre 1990 et 1999, la population urbaine s'est accrue de 2,3 millions de personnes. À l'inverse, la population rurale a diminué de 400 000 personnes.

1 Pendant quelle période la population rurale a-t-elle baissé le plus vite?
2 La population urbaine a doublé entre 1936 et 1999. Comment explique-t-on ce phénomène?
3 Comment explique-t-on la population rurale quasiment stable entre 1972 et 1999?
4 Expliquez le terme «l'étalement urbain».
5 Quel pourcentage du pays n'est habité que par un quart de la population française?

Vocabulaire utile

désormais	from now on, henceforth
amorcer	to begin, initiate
l'étalement urbain	urban sprawl
auparavant	before
s'accroître	to increase, to grow
à l'inverse	contrary
une unité urbaine	"urban unit": a built-up area, with at least 2000 inhabitants

2 **A. Exercice de comprehension: Lisez ce témoignage d'Eddy Lonjou, fils d'agriculteur dans le petit village de Montalzat dans le sud-ouest de la France, puis répondez en français aux question suivantes.**

Les villages et les hameaux français se vident. C'est une réalité, et même si elle n'est pas nouvelle, elle est bien triste. Il y avait à Montalzat un boulanger au village, une poste, un curé et une école. C'est fini. Ils ont tous progressivement disparu au cours des trente dernières années et les anciens habitants de Montalzat ont vendu leurs vieilles maisons romantiques à des nordiques avides de soleil et de nature. Les campagnes françaises se remplissent de citadins suédois, hollandais, allemands et anglais qui achètent pour trois fois rien de belles propriétés en pierre.

Où est donc passée la communauté rurale?

D'abord, l'agriculture a changé. De nouvelles lois encouragent les grandes fermes très techniques. Ce qui compte, c'est le rendement. À Montalzat, on avait quelques pruniers, quelques vignes. On cultivait un ou deux hectares de melons, du blé et du maïs, du tournesol aussi. Mais pas assez pour payer les nouveaux impôts, le nouveau matériel, pas assez pour produire les quantités demandées. Alors, les fils aînés ont commencé à partir. Les changements dans l'éducation leur ont permis d'obtenir des diplômes. Ils se sont rendu compte que rester à la campagne, c'était se condamner à la pauvreté, aux fins d'hiver sans argent, aux dents pas réparées et à une misérable retraite.

Les jeunes ont donc progressivement quitté les campagnes. Ils ont établi leur nid ailleurs. Leurs enfants vont à l'école en ville. De la communauté rurale de naguère, il ne reste que les vieux. Le curé vient leur dire la messe une fois par mois. Et – à contre-cœur–ils vont chercher leur pain au supermarché comme les autres...

1 Qu'est-ce qui montre que Montalzat était un village vivant dans le temps?
2 Qui habite le village maintenant?
3 Quels changements a-t-on vu dans l'agriculture?
4 Comment est-ce que les jeunes de la campagne ont pu partir?
5 Pourquoi est-il triste que les vieux achètent leur pain au supermarché?

B. Exercice de vocabulaire: Trouvez dans le texte une phrase qui indique que:

1 L'exode rural ne s'est pas produit du jour au lendemain.
2 Ce qui compte pour les Anglais, c'est le climat agréable et la tranquillité.
3 Les étrangers ont fait de bonnes affaires en achetant leurs résidences secondaires.
4 Les agriculteurs n'ont pas de sécurité financière pour la vieillesse.
5 Les vieux préféreraient acheter leur pain chez un boulanger.

3 Le problème de l'exode rural semble aggravé par l'afflux d'étrangers qui s'achètent d'anciennes propriétés «pour trois fois rien». Est-ce toujours le cas? Lisez ces commentaires différents et faites-les correspondre aux personnes ci-dessous:

1 David et Sharon Smith: couple anglais à la retraite qui habite la région depuis 15 ans.

2 Didier et Véronique Girard: couple français né et élevé dans la région.

3 Roger et Anne Delmas: agriculteurs de la région depuis 50 ans.

4 Max et Jeanne Rémusat: couple qui vient de s'y installer et qui travaille encore à Toulouse.

5 Anne et Kees Verkuijl: maison secondaire.

6 Henry et Madeleine Smyth: propriétaires d'une maison secondaire anciennement une ferme.

A

Il fait si mauvais en Angleterre et les prix des maisons secondaires en France ne sont pas trop exorbitants. Bien sûr on ne passe que trois semaines en France mais cela vaut la peine. Les enfants adorent la piscine et ils commencent à parler le français, sans l'accent régional, bien sûr!

B

Je me souviens du premier jour où un étranger a acheté une maison secondaire dans notre village. Il a payé plus de 100,000 euros, un prix hors de portée des paysans comme nous.

C

Vous savez, j'étais toujours en réunion, mon blackberry ne cessait jamais de sonner, la vie était hyper stressante et trop speedée… on voulait retrouver un rythme plus calme et tranquille. On vient d'acheter cher une grande ferme à un vieil agriculteur… maintenant que faire…?

D

La terre c'est ma vie. Je la laboure depuis longtemps. Mon fils travaille à la Poste et vient de prendre sa retraite lui-même: il ne s'intéresse pas à la ferme. Je m'attends à vendre le tout à une famille riche, ce qui me paiera une vie tranquille à la maison de retraite du village.

E

Nous habitons la région depuis 15 ans. Après avoir pris notre retraite, nous nous sommes installés dans la région. Nous nous sommes fait beaucoup d'amis: français et étrangers. Nous nous sentons vraiment intégrés dans la vie communale.

F

La région nous semble tellement belle et attirante. Nous passons tous nos étés ici dans, peut-être, l'espoir de nous y installer un jour. Le climat nous plaît beaucoup, la piscine est là, les gens du coin sont amicaux, tout va bien.

4 **Débat: Préparez-vous à débattre ce problème: «Les maisons qu'achètent les nouveaux arrivants devraient être réservées aux gens du pays et vendues à des prix abordables». Utilisez les détails que vous avez appris au cours de ce chapitre pour vous fournir quatre arguments pour et contre cette déclaration. Attaquez vos opposants avec vos arguments contre ces idées.**

En faveur	Contre

Langue: Impersonal verbs

see Dynamic Learning

5 **Lisez l'article portant sur les maisons à des prix abordables et répondez aux questions qui suivent.**

Adapted from http://www.ladepeche.fr/article/2007/12/17/419692-Montauban-Premieres-maisons-a-100-000-euros.html

Montauban. Premières maisons à 100,000 euros

Accéder à la propriété est désormais un projet souvent difficile à concrétiser lorsque les revenus sont modestes. C'est face à ce constat que nombre d'agglomérations ont choisi de développer le concept de la maison à 100 000 euros. Cette dernière est un produit à la fois complet et simple. La ville de Montauban accueillera en mai 2008 ses 9 premières maisons situées à Zac Bas-Pays, dont la maîtrise d'ouvrage est assurée par Promologis.

La pose de la première pierre a eu lieu samedi en présence de Brigitte Barèges, député-maire, membre du bureau de l'Association française d'accession populaire à la propriété (AFAP), Yves Jégo, président de l'AFAP, et Max Aira, président du directoire de Promologis.

«Cette offre a rencontré un grand succès car elle est en totale adéquation avec la population montalbanaise. Les mois passent et Bas-Pays donne peu à peu naissance à 2 quartiers où les équipements publics commencent à sortir de terre. Courant 2008–2009, un nouveau programme d'une dizaine de maisons verra le jour sur la zone Tempé-Lait», se réjouit Brigitte Barèges.

Cette initiative ministérielle, soutenue par l'Association française d'accession populaire à la propriété (AFAP), permet aux ménages qui disposent de peu de revenus de voir le rêve se réaliser.

«Développer l'accession sociale, conseiller et accompagner les collectivités, telles sont les missions de cette association», souligne le président Yves Jégo. Les accédants potentiels sont ciblés par la commune selon des critères réglementaires: jeune couple avec enfants, personnes âgées ou à mobilité réduite…

1 Pourquoi a-t-on introduit le concept de la maison à 100,000 euros?
2 Dans quelle mesure la collectivité locale était-elle représentée lors de la pose de la première pierre?
3 Le projet se limite-t-il à un quartier? Expliquez votre réponse.
4 Décrivez la mission de l'AFAP.
5 Comment les accédants sont-ils identifiés?

6 **Travail de recherche: Il semble qu'il y ait une réponse à la crise du logement abordable. L'Association française d'accession populaire à la propriété (AFAP) a été fondée pour aider les gens du pays à accéder à la propriété. (www.maisona100000euros.fr)**
Vous devez faire des recherches pour répondre à la question suivante: «Qu'est-ce que l'AFAP fait pour aider les régions en ce qui concerne le logement et quelles sont celles qui sont les plus aidées?»

7 **Discussion: Travaillez avec un partenaire et préparez un jeu de rôle. L'un de vous va jouer le rôle d'un jeune qui a décidé de quitter la ferme familiale et d'aller s'installer en ville. *L'autre* jouera le rôle de son père ou de sa mère. Imaginez la conversation quand le jeune annonce ses intentions de partir.**

8 **L'exode rural emmène les jeunes vers les villes, mais il y a aussi un phénomène inverse: 500,000 personnes ont quitté Paris dans les dix dernières années. Ce sont les dégoûtés de la cité, du stress et du managing, qui retournent à la nature. Ce ne sont ni des rebelles, ni des baba-cool. Ils sont informaticiens, cadres, ingénieurs...**

A. Écoutez le témoignage de trois néo-ruraux – Marie, Olivier et Francis – et répondez aux questions suivantes:

1 Pourquoi Marie a-t-elle décidé de quitter la ville?
2 Que fait elle maintenant à la campagne?
3 Quel est le métier d'Olivier Andrieu?
4 Pourquoi dit-il qu'il y a un extra-terrestre à Heiligenstein?
5 Pourquoi est-ce que Francis est reparti à la campagne?

B. Écoutez les trois témoignages une deuxième fois et décidez, pour chaque affirmation ci-dessous, qui parle: Marie, Olivier ou Francis.

1 J'ai changé de lieu, mais je n'ai pas changé de boulot.
2 Je n'arrêtais jamais en ville!
3 Mes nouveaux voisins regardent le monde d'un œil très différent.
4 C'est super de les voir s'épanouir à la campagne.
5 Les vacances étaient devenues essentielles pour ma santé mentale.

9 **Regardez l'image ci-dessous et préparez un petit discours pour expliquer l'humour.**

Voici des questions pour vous aider à structurer votre discours:
- Que voyez-vous sur l'image?
- Vers où est-ce qu'ils vont?
- Qu'est-ce qu'ils laissent derrière eux?
- Pourquoi ont-ils l'air heureux?
- Leur idée de la vie à la campagne est-elle réaliste ou idéalisée?
- Est-ce que la campagne va être pareille après leur arrivée?

La vieillesse

On s'échauffe

★ Est-ce que la vieillesse est uniquement une question d'âge ou est-ce que c'est aussi une question d'attitude? Est-ce que l'idée de vieillir vous fait peur? Pourquoi? Pourquoi pas?

1 Exercice de compréhension: Lisez le texte et répondez en français aux questions qui suivent.

Au premier janvier 2007, on comptait 13,1 millions de Français âgés d'au moins 60 ans, contre 10 millions en 1982. Leur part dans la population est de 21,3%, contre 12,7% au début du vingtième siècle. Le déséquilibre de la pyramide des âges s'est beaucoup accentué au fil du temps. Les progrès de l'espérance de vie, ajoutés à la stagnation du nombre des naissances, expliquent le vieillissement continu de la population.

Et comment est-ce qu'on décrit cette partie croissante de la population?

Le mot «vieux» est devenu à la fois imprécis et péjoratif dans une société qui a plutôt le culte de la jeunesse. Le terme «ancien» présente l'inconvénient d'être opposé dans l'inconscient collectif à «moderne». L'expression «troisième âge» est tout aussi confuse. Elle a été remplacée depuis quelques années par l'appellation de «senior». Mais ce mot est souvent associé à l'idée du marché: les «seniors» sont ceux qui achètent une certaine gamme de produits.

Mais qu'est-ce qui se passe quand les vieux n'ont pas assez d'argent pour intéresser le marché? Sont-ils alors complètement anonymes?

1 Pourquoi y a-t-il de plus en plus de personnes âgées en France?
2 Pour quelle raisons le terme «vieux» peut-il sembler péjoratif?
3 Quel est le problème avec le mot «ancien» d'après le texte?
4 Dans quel domaine a-t-on a tendance à utiliser le mot «senior»?
5 Quel problème l'auteur soulève-t-il à la fin du texte?

Travaillez avec un partenaire. Répondez à la question: «Qu'est-ce que c'est la vieillesse?»
Considérez cette liste des opinions préconçues sur la vieillesse et essayez d'y riposter:

- La vieillesse commence à la retraite.
- Tant que l'on travaille, on n'est pas «vieux».
- Quarante ans, c'est la vieillesse de la jeunesse, mais cinquante ans, c'est la jeunesse de la vieillesse (Victor Hugo).
- Les maladies gériatriques indiquent le début de la fin…
- Être assis dans une maison de retraite tout en regardant vaguement par la fenêtre.
- L'enfer des femmes, c'est la vieillesse. (François de La Rochefoucauld)
- Avoir des petits-enfants.
- La vieillesse c'est la libération!

3 Quand on a passé un certain âge, il devient de plus en plus difficile de trouver un emploi. Les entreprises sont fermes. «On veut des 35–45 ans, pas plus». Le taux d'emploi des 55–64 ans en France est le plus faible d'Europe.

Écrivez un paragraphe de 150 mots pour expliquer l'humour noir du dessin ci-contre. Il y a des questions ci-dessous pour vous aider.

- L'homme moustachu, qu'est-ce qu'il cherche?
- Est-ce qu'il a l'air plein d'assurance?
- Qu'est-ce qu'il a comme diplômes?
- L'employeur semble-t-il impressionné par l'expérience de ce demandeur d'emploi?
- À quel âge est-ce que l'homme se trouve laissé pour compte? Est-ce normal?

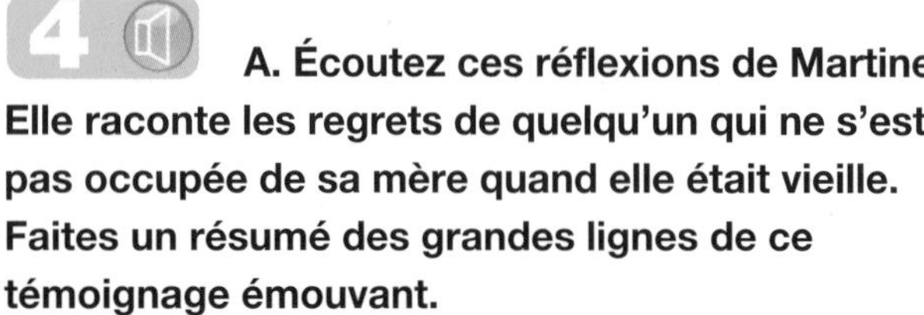

4 **A. Écoutez ces réflexions de Martine. Elle raconte les regrets de quelqu'un qui ne s'est pas occupée de sa mère quand elle était vieille. Faites un résumé des grandes lignes de ce témoignage émouvant.**

B. Répondez aux questions suivantes:

1 Qu'est-ce qu'elle aurait pu faire sur les plans physique et psychologique pour sa mère?
2 Pourquoi Martine a-t-elle honte?
3 Trouvez-vous Martine égoïste?

C. Transcrivez en français et traduisez en anglais la dernière partie de l'enregistrement qui commence «Elle aurait...» et finit «... d'ennui».

D. Exercice de grammaire:

1 Which tense is used the most in this account? Listen to the recording again and note down and translate the ten examples of this tense.
Example:
Il y aurait eu There would have been
2 Using these examples, construct your own sentences.
Example:
Si j'avais invité mes amis, ***il y aurait eu*** *beaucoup de monde chez nous.*

5 **Visitez le site web «les petits frères des Pauvres» (www.petitsfreres.asso.fr), une association qui offre de l'aide aux personnes de plus de 50 ans. Cliquez sur 'Solitud'écoute' à droite de la page accueil.**
Faites un exposé sur la publicité que vous trouverez. Vous pouvez considérer les points suivants:

- Quel est le «but» de cette image?
- Comment les mots suscitent-ils de la compassion?
- Quel est le ton de la publicité?
- Comment utilise-t-on l'infinitif au lieu de l'impératif?
- Trouvez-vous que cette «publicité» est efficace?
- Cette publicité vous persuaderait-elle de devenir bénévole?

Tournons-nous vers l'avenir

Terrain examen

see Dynamic Learning

La terre en 2050

On s'échauffe

★ Le monde semble être en crise: il y a des pays qui font de leur mieux pour aider la terre et d'autres qui continuent d'éviter leurs responsabilités mondiales. Quels sont ces pays? Que doivent-ils faire?

D'ici 2050...

1 Lisez ces résolutions pour l'avenir. Choisissez-en cinq. Donnez votre opinion sur chaque «résolution». Justifiez la résolution, ou bien formulez un argument qui s'y oppose.

1 Il faut que l'on recycle plus régulièrement. De cette façon on réduira les émissions de CO_2.

2 Tant que la Chine, l'Inde et les autres pays en voie de développement ne contrôleront pas leurs émissions de CO_2, il ne servira à rien de recycler chez moi.

3 Je souhaite me limiter qu'à un vol long courrier par an.

4 En éteignant la lumière chez soi, il est possible d'aider la planète à long terme.

5 Il ne faut plus qu'on achète de légumes non-biologiques afin que les consommateurs ne s'empoisonnent pas avec des substances nocives.

6 Notre société manque de respect pour l'environnement: tout cet emballage perdu ne sert à rien.

7 L'argent est trop prisé de nos jours. Il faut revenir à une vie plus simple et moins matérialiste.

8 Un monde sans pollution sera un monde où les transports en commun marcheront bien.

9 Je voudrais habiter un monde où l'on puisse respirer.

10 Je souhaite que les grandes entreprises adoptent une nouvelle formule de gouvernement.

11 Le monde veut que la température des océans arrête d'augmenter.

 **Lisez cet article et répondez aux questions qui suivent.**

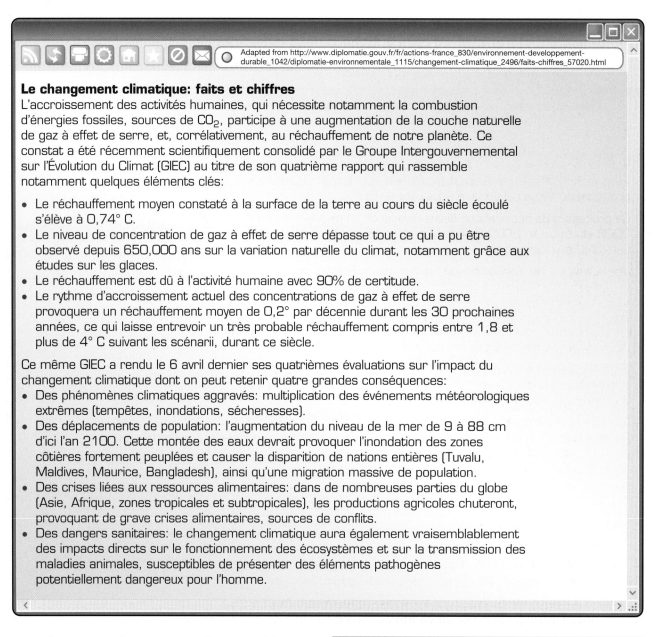

Adapted from http://www.diplomatie.gouv.fr/fr/actions-france_830/environnement-developpement-durable_1042/diplomatie-environnementale_1115/changement-climatique_2496/faits-chiffres_57020.html

Le changement climatique: faits et chiffres

L'accroissement des activités humaines, qui nécessite notamment la combustion d'énergies fossiles, sources de CO_2, participe à une augmentation de la couche naturelle de gaz à effet de serre, et, corrélativement, au réchauffement de notre planète. Ce constat a été récemment scientifiquement consolidé par le Groupe Intergouvernemental sur l'Évolution du Climat (GIEC) au titre de son quatrième rapport qui rassemble notamment quelques éléments clés:

- Le réchauffement moyen constaté à la surface de la terre au cours du siècle écoulé s'élève à 0,74° C.
- Le niveau de concentration de gaz à effet de serre dépasse tout ce qui a pu être observé depuis 650,000 ans sur la variation naturelle du climat, notamment grâce aux études sur les glaces.
- Le réchauffement est dû à l'activité humaine avec 90% de certitude.
- Le rythme d'accroissement actuel des concentrations de gaz à effet de serre provoquera un réchauffement moyen de 0,2° par décennie durant les 30 prochaines années, ce qui laisse entrevoir un très probable réchauffement compris entre 1,8 et plus de 4° C suivant les scénarii, durant ce siècle.

Ce même GIEC a rendu le 6 avril dernier ses quatrièmes évaluations sur l'impact du changement climatique dont on peut retenir quatre grandes conséquences:

- Des phénomènes climatiques aggravés: multiplication des événements météorologiques extrêmes (tempêtes, inondations, sécheresses).
- Des déplacements de population: l'augmentation du niveau de la mer de 9 à 88 cm d'ici l'an 2100. Cette montée des eaux devrait provoquer l'inondation des zones côtières fortement peuplées et causer la disparition de nations entières (Tuvalu, Maldives, Maurice, Bangladesh), ainsi qu'une migration massive de population.
- Des crises liées aux ressources alimentaires: dans de nombreuses parties du globe (Asie, Afrique, zones tropicales et subtropicales), les productions agricoles chuteront, provoquant de grave crises alimentaires, sources de conflits.
- Des dangers sanitaires: le changement climatique aura également vraisemblablement des impacts directs sur le fonctionnement des écosystèmes et sur la transmission des maladies animales, susceptibles de présenter des éléments pathogènes potentiellement dangereux pour l'homme.

1 Selon cet article, est-ce que l'on prend le problème du changement climatique au sérieux?
2 Dans quelle mesure l'homme en est-il responsable?
3 D'ici 2020, quelle hausse de température moyenne prévoit-on?
4 Les quatre «grandes conséquences» concernent la race humaine. Quelle serait la pire et pourquoi?
5 Dans quelle mesure cet article vous persuade-t-il qu'il faut faire des efforts avant qu'il ne soit trop tard?

Vocabulaire utile

servir à rien	to be futile to do
se limiter à	to limit oneself to
priser	to prize (possession)
nocif	noxious, harmful
les excès de la société de consommation	the excesses of consumerism
écoulé	past
grâce à	thanks to
entrevoir	to catch a glimpse of
aggraver	to aggravate, make worse
chuter	to fall, drop

La conférence de Bali

Lisez cet extrait et répondez aux questions.

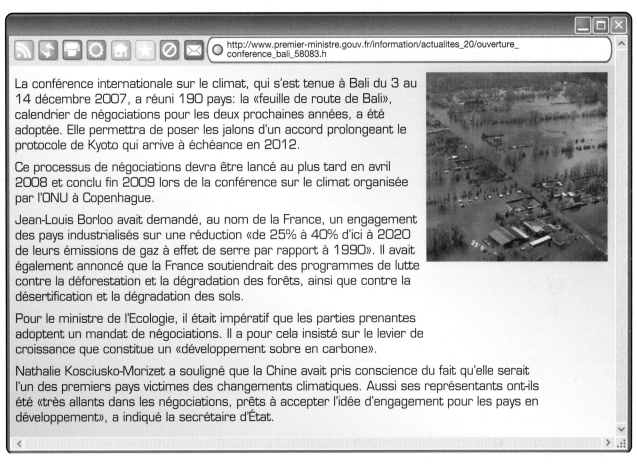

http://www.premier-ministre.gouv.fr/information/actualites_20/ouverture_conference_bali_58083.h

La conférence internationale sur le climat, qui s'est tenue à Bali du 3 au 14 décembre 2007, a réuni 190 pays: la «feuille de route de Bali», calendrier de négociations pour les deux prochaines années, a été adoptée. Elle permettra de poser les jalons d'un accord prolongeant le protocole de Kyoto qui arrive à échéance en 2012.

Ce processus de négociations devra être lancé au plus tard en avril 2008 et conclu fin 2009 lors de la conférence sur le climat organisée par l'ONU à Copenhague.

Jean-Louis Borloo avait demandé, au nom de la France, un engagement des pays industrialisés sur une réduction «de 25% à 40% d'ici à 2020 de leurs émissions de gaz à effet de serre par rapport à 1990». Il avait également annoncé que la France soutiendrait des programmes de lutte contre la déforestation et la dégradation des forêts, ainsi que contre la désertification et la dégradation des sols.

Pour le ministre de l'Ecologie, il était impératif que les parties prenantes adoptent un mandat de négociations. Il a pour cela insisté sur le levier de croissance que constitue un «développement sobre en carbone».

Nathalie Kosciusko-Morizet a souligné que la Chine avait pris conscience du fait qu'elle serait l'un des premiers pays victimes des changements climatiques. Aussi ses représentants ont-ils été «très allants dans les négociations, prêts à accepter l'idée d'engagement pour les pays en développement», a indiqué la secrétaire d'État.

1 Qu'est-ce que vous entendez par le terme «feuille de route» dans ce contexte?
2 Quel est le but de cette «feuille de route», selon le texte?
3 Selon le ministre de l'Écologie, que ferait la France?
4 Sur le plan mondial, de quoi s'est rendu compte la Chine?
5 Évaluez l'attitude chinoise en ce qui concerne l'avenir de notre planète.

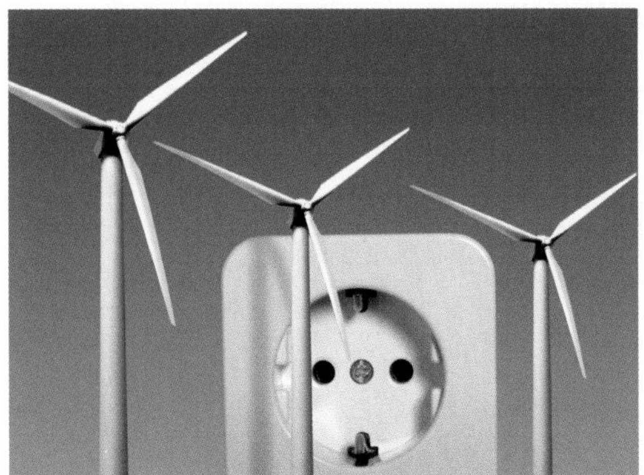

Le ministre indonésien de l'Environnement, et Président de la conférence, M. Rachmat Witoelar, annonce l'ouverture de la conférence sur le changement climatique. (Bali, le 03.12.07)

4 **A. Écoutez cet entretien avec Ursula Hibou, une conseillère environnementale et répondez aux questions suivantes:**

1 Donnez deux exemples concrets de ce qu'elle fait dans son travail.
2 Expliquez les problèmes qui s'associent à l'incinération.
3 Quel est son point de vue vis-à-vis du Tiers-Monde dont les problèmes menacent gravement la planète?
4 Dans l'ensemble, quel est le but de son travail?

B. Remplissez les blancs du texte:

Vous **1**__________ me dire que ce que l'on fait au jour le jour n'a pas de **2**__________ pour le monde actuel. Dans une certaine mesure peut-être **3**__________ raison à l'heure actuelle, mais, **4**__________ **5**__________ que nous protégeons la terre pour les générations à venir il faut **6**__________ ce problème ou faire face à la mort prématurée de la race humaine. L'écologie ne me **7**__________ pas un pari mais plutôt un acte très **8**__________ de notre part.

C. En utilisant vos propres mots, essayez d'expliquer sa définition de l'écologie.

5 **Débat: Vous devez formuler vos quatre arguments pour ou contre la déclaration suivante: «Les pays en voie de développement doivent ralentir leur développement afin que le monde existe encore en 2100».**
Rappel!
Il faut que chacun de vos arguments soit justifié et appuyé par des preuves et des faits concrets.

Le consumérisme

6 **Nous vivons dans un monde où l'argent semble être roi. Tous les jours on se fait attaquer par des «promotions», des «meilleurs prix» toujours dans le but de nous faire dépenser aujourd'hui sans penser à demain. Où aboutira-t-elle, cette frénésie d'achat? Pensez-vous que la croissance économique va continuer à perpétuité? Est-ce que l'abondance que nous connaissons nous fait du bien?**

Lisez cet article portant sur un exemple inquiétant de cette vague de consumérisme qui semble irrésistible.

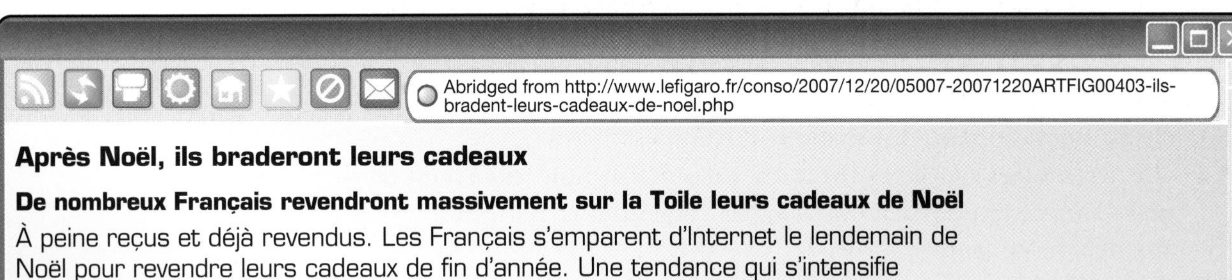

Après Noël, ils braderont leurs cadeaux

De nombreux Français revendront massivement sur la Toile leurs cadeaux de Noël

À peine reçus et déjà revendus. Les Français s'emparent d'Internet le lendemain de Noël pour revendre leurs cadeaux de fin d'année. Une tendance qui s'intensifie chaque année. Ainsi, avant même d'avoir déballé leurs présents, 36% des Français envisagent déjà de les revendre, selon une étude de la TNS-Sofres pour Ebay. «C'est un phénomène qui devient conséquent. Dès le 24 décembre au soir, les personnes commencent à revendre leurs cadeaux. D'après nos chiffres, il y aura 44% de revendeurs après Noël contre 38% l'an dernier», explique Olivier Mathiot, directeur marketing chez PriceMinister. Parmi les personnes interrogées par la Sofres, seulement 14% avouent à leurs proches ne pas aimer ce qu'ils ont reçu. Les objets dont ils se séparent le plus?? Ceux de la belle-famille (34%) puis des parents (33%). Sans éprouver la moindre gêne, puisque 66% d'entre eux déclarent ne ressentir aucun sentiment de culpabilité.

Le cadeau préféré: l'argent

«C'est l'anti-magie de Noël, les personnes ne sont pas satisfaites ou en tout cas déçues de ce qu'elles reçoivent et n'ont aucun problème à revendre un cadeau, poursuit Olivier Mathiot. D'ailleurs il n'y a pas vraiment de logique commerciale, puisque les vendeurs réalisent une marge de 100% quel que soit le prix de vente». Les plus habitués justifieront la revente des cadeaux par un commentaire stipulant, par exemple, qu'ils les possèdent en double. Les produits phares à la revente seront cette année encore les produits les plus achetés. «La BD XIII est un cadeau facile à faire, beaucoup la recevront pour Noël et un nombre conséquent d'entre eux la revendront», analyse Oliver Mathiot.

1 D'après cet article, que feront 36% de la population française le lendemain de Noël?
2 Le pourcentage de cadeaux revendus augmente de combien par rapport à l'an dernier?
3 De qui proviennent les cadeaux les plus revendus?
4 Selon le dernier paragraphe, les revendeurs ressentent-ils de la honte? Justifiez votre réponse.
5 Comment les plus habitués justifient-ils la revente?
6 Donnez votre opinion sur ce phénomène croissant.

Vocabulaire utile	
s'emparer de	to take over, take hold of, seize
conséquent	substantial
d'après	according to
la Sofres (Société française d'enquêtes par sondage)	French national institute for market research and opinion polls
avouer	to confess
la belle-famille	the in-laws
un parent	a relative
la gêne	embarrassment
le moindre	the least
un produit phare	a key product

 **Discussion: Répondez aux questions en classe:**

- Si vous receviez un cadeau superflu que feriez-vous?
- Revendre un cadeau sur Internet est-il jamais justifiable?
- Quelle est votre opinion des citations suivantes:
  - **a** «La revente des cadeaux sur Internet est un exemple inquiétant de notre société qui devient obsédée par l'argent et la gratification de soi aux dépens des autres.»
  - **b** «L'argent avant tout est le meilleur cadeau.»

8 **Écrivez une dissertation qui répond à une des questions suivantes. Écrivez entre 240 et 270 mots.**

1 Notre société est obsédée par le présent et ne pense jamais à l'avenir.
2 On devrait avoir honte de la consommation excessive des pays occidentaux.

La France en crise

On s'échauffe

★ La France est-elle en crise? Face aux problèmes des grèves, des émeutes et de la banlieue, que faire? Examinons les problèmes récents et les solutions proposées.

1 **Lisez ces gros titres portant sur les problèmes auxquels la France devrait faire face. Choisissez-en quatre et faites un exposé sur chaque titre. Vous devez expliquer chacun d'entre eux et la situation actuelle.**

- Il faut nettoyer la racaille
- Paris Riots: Le jeu officiel des émeutes de Paris video game
- Appel à l'émeute! À tous les agités!
- Brûlons, sabotons, rêvons, créons...
- Le CPE, un pas vers le passé
- Jour d'émeutes à Paris Gare du Nord – le désert
- France «sur la pente du déclin»
- Le chômage détruit la France
- La France n'a aucun pouvoir d'achat
- Les CRS plus violents que jamais

Infos utiles

1,907,100	le nombre de demandeurs d'emploi en novembre 2007
2,323,800	le nombre de demandeurs d'emploi en janvier 2003
l'ANPE	l'agence nationale pour l'emploi (national agency providing services for the unemployed and employers seeking workers)
7,000,000	le nombre de personnes qui vivent sous le seuil de pauvreté (817 euros par mois) (2007)
17%	le pourcentage des salariés au SMIC en France; avec la Bulgarie, le plus grand pourcentage de l'Union européenne (2007)

Lisez cet extrait portant sur les réformes sociales de Nicolas Sarkozy et répondez aux questions qui suivent.

Adapted from http://www.lefigaro.fr/economie/2007/12/20/04001-20071220ARTFIG00325-sarkozy-propose-les-reformesau-pas-de-charge-.php

Sarkozy propose les réformes au pas de charge

Sur quel rythme jouer la partition des réformes sociales de 2008? Les partisans d'un tempo rapide – Nicolas Sarkozy, son gouvernement, le patronat – et les défenseurs d'une cadence plus lente, les syndicats, se sont retrouvés le 19 décembre à l'hôtel Marigny pour en débattre. Officiellement, il s'agissait d'élaborer un agenda social 2008 et de différencier les réformes qui relèvent de la responsabilité des partenaires sociaux de celles relevant du pouvoir politique. Mais dès l'ouverture de la conférence, la question du rythme s'est imposée.

L'ensemble des leaders syndicaux, consultés avant la conférence par le chef de l'État, puis son premier ministre, savait visiblement à quoi s'attendre. Jean-Claude Mailly (FO) a ainsi mis en garde contre «l'embouteillage» des réformes, Bernard Van Crayenest (CFE-CGC) a demandé à les «mettre dans le bon ordre, sans précipitation», Jacques Voisin (CFTC) a appelé à «concilier l'impatience du politique avec la patience des partenaires sociaux». Réponse de Nicolas Sarkozy dans son discours d'ouverture: «Le tempo du changement n'est pas toujours compatible avec celui du dialogue social [...] Notre défi est donc de conjuguer les nécessités et le rythme de l'action avec la pratique du dialogue social».

Bref, en 2008, il va falloir aller vite et sur un programme particulièrement chargé. Sur le temps de travail et le pouvoir d'achat, il demande ainsi aux entreprises d'ouvrir des négociations avec les partenaires sociaux pour échanger l'allongement des horaires et des «contreparties sonnantes et trébuchantes», une expression empruntée au leader de la CGT, Bernard Thibault.

1 Selon cet article, quelles différences constate-t-on entre le président de la République et les syndicats?
2 Qu'a fait le gouvernement avant la conférence?
3 De quoi les syndicats s'inquiètent-ils?
4 En quoi consistent les changements proposés par M. Sarkozy?

Infos utiles: Les syndicats français

CGT	la Confédération générale du travail
CFTC	la Confédération française des travailleurs chrétiens
CFE-CGC	la Confédération française de l'encadrement / Confédération générale de cadres
CFDT	la Confédération française démocratique du travail
FO	Force ouvrière
les partenaires sociaux	unions and management
un syndicat	a union

3 Discussion: «Le pays, les Français attendent des résultats. [...] J'ai été élu pour agir, je dois agir», a indiqué le chef de l'État en 2008. Nicolas Sarkozy a-t-il «agi»? Faites le bilan de la situation actuelle en France et faites-en un exposé de deux minutes. Utilisez le tableau ci-dessous pour vous aider.

	Les réformes en vue	**Réussite?**
1	La modernisation du marché du travail	
2	La représentativité syndicale	
3	La formation professionnelle	
4	Le pouvoir d'achat	
5	La négociation sur le temps de travail: un retour aux 40 heures	
6	La protection sociale	
7	La réduction de la pauvreté	
9	Les tensions sociales	
10	Le chômage	

Afin de réduire le chômage, le gouvernement français a introduit une loi qui limite la semaine de travail à 35 heures. Les salariés ne travaillent plus que sept heures par jour. Les chefs d'entreprise se trouvent obligés, alors, d'embaucher d'autres ouvriers pour arriver à faire le même travail. Voilà, du moins, la théorie.
Le gouvernement prétend que la semaine de 35 heures a créé 350 000 emplois, mais cette loi a provoqué bien des controverses.

4 A. Écoutez ces cinq personnes qui parlent de la semaine de 35 heures et décidez, tout d'abord, si elles sont pour ou contre cette loi, ou si elles ont des avis partagés.

B. Écoutez les cinq témoignages une deuxième fois et rédigez en français une liste de tous les avantages de la semaine de 35 heures qui sont mentionnés.

C. Écoutez une dernière fois et décidez qui:

1 ... pense à ceux qui ne peuvent pas se permettre de gagner moins.
2 ... pense que les 35 heures risquent de créer plus de stress.
3 ... pense que les 35 heures vont diminuer son stress.
4 ... semble très idéaliste et n'a pas beaucoup d'expérience du monde du travail.
5 ... constate que la loi des 35 heures ne favorise que certains.

5 **Travail créatif: Après avoir entendu les points de vue différents de Bernard, Yvette, Claude, Mohammed et Martine, lisez ce petit article qui décrit un retour éventuel aux 40 heures.**
Imaginez que vous êtes un ouvrier dans une petite entreprise qui fabrique des bouteilles pour le vin de Bordeaux. Vous et vos collègues êtes en train de discuter de vos heures et de votre traitement. Vous décidez d'écrire un compte rendu de vos heures de travail.

- Que pensez-vous de la semaine de 35 par rapport à la semaine de 40 heures?
- Êtes-vous membre d'un syndicat? Quel en est votre avis?
- Voudriez-vous travailler plus d'heures en contrepartie d'un salaire plus important?

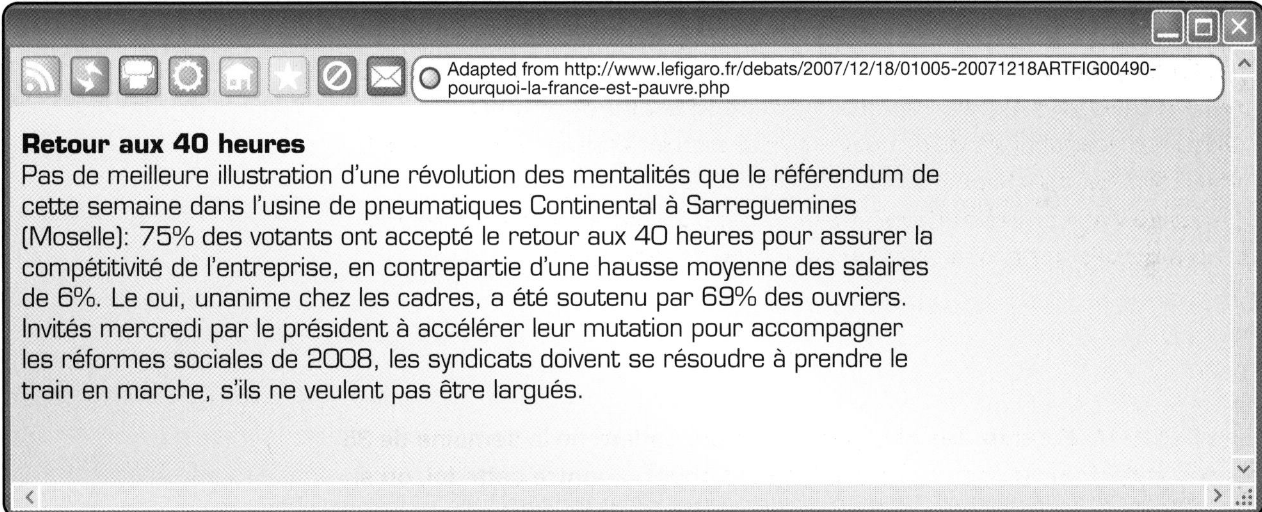

Adapted from http://www.lefigaro.fr/debats/2007/12/18/01005-20071218ARTFIG00490-pourquoi-la-france-est-pauvre.php

Retour aux 40 heures
Pas de meilleure illustration d'une révolution des mentalités que le référendum de cette semaine dans l'usine de pneumatiques Continental à Sarreguemines (Moselle): 75% des votants ont accepté le retour aux 40 heures pour assurer la compétitivité de l'entreprise, en contrepartie d'une hausse moyenne des salaires de 6%. Le oui, unanime chez les cadres, a été soutenu par 69% des ouvriers. Invités mercredi par le président à accélérer leur mutation pour accompagner les réformes sociales de 2008, les syndicats doivent se résoudre à prendre le train en marche, s'ils ne veulent pas être largués.

Langue: Infinitives

see Dynamic Learning

L'égalité des sexes?

On s'échauffe

★ Quelles sont les différences qui existent entre les hommes et les femmes? Est-ce que le mâle stéréotypé est en train de devenir démodé?
Croyez-vous que les femmes aient déjà conquis tous les droits fondamentaux ou reste-t-il du pain sur la planche?

Lisez les informations sur ce site web et répondez aux questions qui suivent.

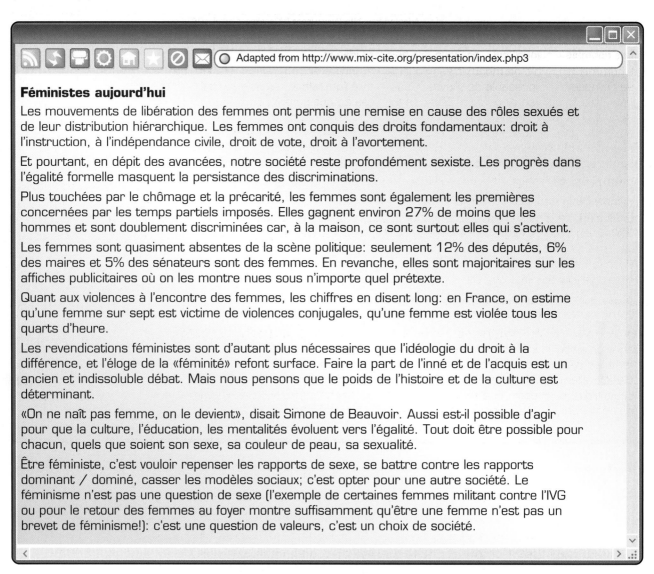

Adapted from http://www.mix-cite.org/presentation/index.php3

Féministes aujourd'hui

Les mouvements de libération des femmes ont permis une remise en cause des rôles sexués et de leur distribution hiérarchique. Les femmes ont conquis des droits fondamentaux: droit à l'instruction, à l'indépendance civile, droit de vote, droit à l'avortement.

Et pourtant, en dépit des avancées, notre société reste profondément sexiste. Les progrès dans l'égalité formelle masquent la persistance des discriminations.

Plus touchées par le chômage et la précarité, les femmes sont également les premières concernées par les temps partiels imposés. Elles gagnent environ 27% de moins que les hommes et sont doublement discriminées car, à la maison, ce sont surtout elles qui s'activent.

Les femmes sont quasiment absentes de la scène politique: seulement 12% des députés, 6% des maires et 5% des sénateurs sont des femmes. En revanche, elles sont majoritaires sur les affiches publicitaires où on les montre nues sous n'importe quel prétexte.

Quant aux violences à l'encontre des femmes, les chiffres en disent long: en France, on estime qu'une femme sur sept est victime de violences conjugales, qu'une femme est violée tous les quarts d'heure.

Les revendications féministes sont d'autant plus nécessaires que l'idéologie du droit à la différence, et l'éloge de la «féminité» refont surface. Faire la part de l'inné et de l'acquis est un ancien et indissoluble débat. Mais nous pensons que le poids de l'histoire et de la culture est déterminant.

«On ne naît pas femme, on le devient», disait Simone de Beauvoir. Aussi est-il possible d'agir pour que la culture, l'éducation, les mentalités évoluent vers l'égalité. Tout doit être possible pour chacun, quels que soient son sexe, sa couleur de peau, sa sexualité.

Être féministe, c'est vouloir repenser les rapports de sexe, se battre contre les rapports dominant / dominé, casser les modèles sociaux; c'est opter pour une autre société. Le féminisme n'est pas une question de sexe (l'exemple de certaines femmes militant contre l'IVG ou pour le retour des femmes au foyer montre suffisamment qu'être une femme n'est pas un brevet de féminisme!): c'est une question de valeurs, c'est un choix de société.

1 Dans quelle mesure les mouvements de libération des femmes ont-ils eu du succès?
2 Pourquoi est-ce que les femmes sont doublement discriminées?
3 Qu'est-ce que l'auteur veut prouver en comparant l'absence des femmes dans la scène politique et leur présence sur les affiches publicitaires?
4 Pourquoi le féminisme est-il considéré comme d'autant plus nécessaire aujourd'hui?
5 Est-ce que toutes les femmes sont féministes, d'après l'auteur?

2 **Travaillez avec un partenaire. Faites une liste de tous les problèmes auxquels les femmes doivent faire face.**

- Quels sont les problèmes les plus graves, à votre avis?
- Que faudrait-il faire pour résoudre ces problèmes à l'avenir?

3 **Lisez cet article qui porte sur l'évolution des rôles des sexes et les opinions des femmes en ce qui concerne les hommes, puis répondez aux questions qui suivent.**

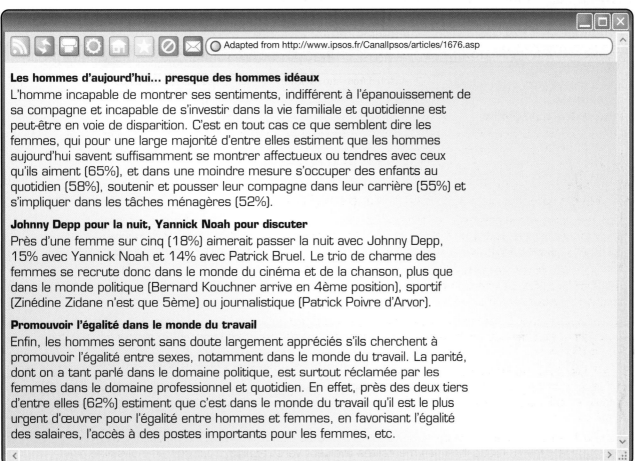

Adapted from http://www.ipsos.fr/CanalIpsos/articles/1676.asp

Les hommes d'aujourd'hui... presque des hommes idéaux

L'homme incapable de montrer ses sentiments, indifférent à l'épanouissement de sa compagne et incapable de s'investir dans la vie familiale et quotidienne est peut-être en voie de disparition. C'est en tout cas ce que semblent dire les femmes, qui pour une large majorité d'entre elles estiment que les hommes aujourd'hui savent suffisamment se montrer affectueux ou tendres avec ceux qu'ils aiment (65%), et dans une moindre mesure s'occuper des enfants au quotidien (58%), soutenir et pousser leur compagne dans leur carrière (55%) et s'impliquer dans les tâches ménagères (52%).

Johnny Depp pour la nuit, Yannick Noah pour discuter

Près d'une femme sur cinq (18%) aimerait passer la nuit avec Johnny Depp, 15% avec Yannick Noah et 14% avec Patrick Bruel. Le trio de charme des femmes se recrute donc dans le monde du cinéma et de la chanson, plus que dans le monde politique (Bernard Kouchner arrive en 4ème position), sportif (Zinédine Zidane n'est que 5ème) ou journalistique (Patrick Poivre d'Arvor).

Promouvoir l'égalité dans le monde du travail

Enfin, les hommes seront sans doute largement appréciés s'ils cherchent à promouvoir l'égalité entre sexes, notamment dans le monde du travail. La parité, dont on a tant parlé dans le domaine politique, est surtout réclamée par les femmes dans le domaine professionnel et quotidien. En effet, près des deux tiers d'entre elles (62%) estiment que c'est dans le monde du travail qu'il est le plus urgent d'œuvrer pour l'égalité entre hommes et femmes, en favorisant l'égalité des salaires, l'accès à des postes importants pour les femmes, etc.

1 L'homme «traditionnel», selon cet article, qui est-il?
2 Dans quel domaine les femmes sont-elles les plus satisfaites des hommes?
3 Dans quel domaine les hommes apparaissent-ils les moins «modernes»?
4 À votre avis, pourquoi les femmes choisissent-elles ce «trio de charme»?
5 Les femmes sont d'accord pour reconnaître que la parité est très importante. Dans quel domaine l'estiment-elles être la plus importante? Pourquoi?

4 **Comparaison: Faites un résumé des grandes lignes de l'article ci-dessus. Quelles sont les similarités et les différences entre cet article et celui qui porte sur le féminisme? Vous devez parler pendant au plus une minute.**

5 Lisez la chanson ci-dessous et regardez le tableau du pourcentage des femmes candidates à l'Assemblée nationale.
La chanson n'est pas sans humour, mais il y a aussi un message sérieux. Résumez l'essentiel de ce message en français. Vous pouvez écrire entre 150 et 200 mots.

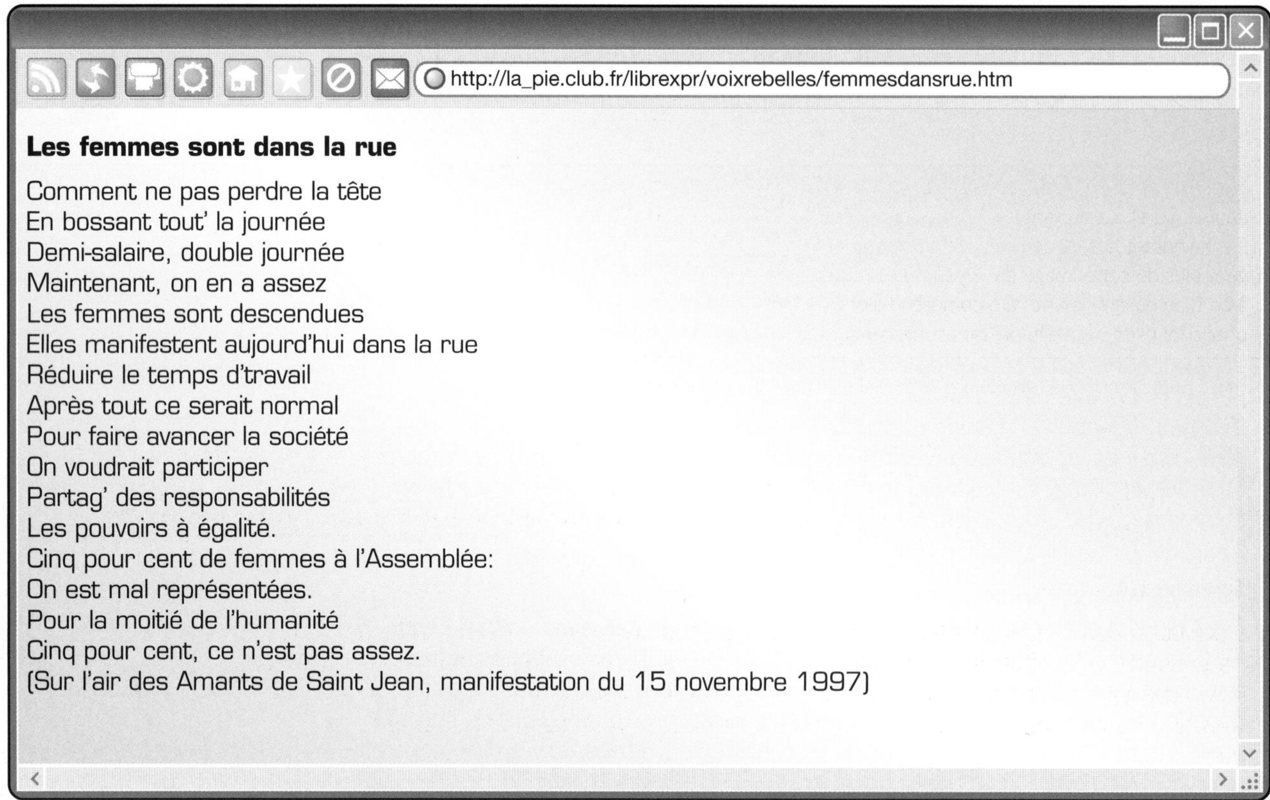
http://la_pie.club.fr/librexpr/voixrebelles/femmesdansrue.htm

Les femmes sont dans la rue

Comment ne pas perdre la tête
En bossant tout' la journée
Demi-salaire, double journée
Maintenant, on en a assez
Les femmes sont descendues
Elles manifestent aujourd'hui dans la rue
Réduire le temps d'travail
Après tout ce serait normal
Pour faire avancer la société
On voudrait participer
Partag' des responsabilités
Les pouvoirs à égalité.
Cinq pour cent de femmes à l'Assemblée:
On est mal représentées.
Pour la moitié de l'humanité
Cinq pour cent, ce n'est pas assez.
(Sur l'air des Amants de Saint Jean, manifestation du 15 novembre 1997)

Pourcentage des femmes candidates et élues à l'Assemblée nationale		
Années	**Part (%) des femmes parmi les candidats**	**Part (%) des femmes parmi les élus**
1988	11,9	5,6
1993	19,5	5,9
1997	23,2	10,8
2002	39,3	12,1

Adapted from http://www.insee.fr/fr/ffc/chifcle_fiche.asp?ref_id=NATSOS05506&tab_id=285

6 **Débat: Formulez vos arguments en résponse à la déclaration suivante: «L'égalité n'existera jamais entre les hommes et les femmes.»**

Comparaison de la presse féminine et masculine

Lisez les articles ci-dessous et répondez aux questions qui suivent.

Des noms tels que *FHM*, *Max*, *Entrevue*, *Men's health*,… ne vous sont très certainement pas inconnus. Pourquoi? Parce que le démarrage en 1997 et 1998 de cette nouvelle famille de presse a fait grand bruit. Or observer en si peu de temps l'apparition d'un véritable univers de presse masculin est révélateur d'un besoin qui restait insatisfait. Exit *Playboy* ou *Newlook*, ces titres phares des années 70 et 80 alignant les femmes dénudées et minimisant la part de l'écriture. L'homme ne veut plus de cette image de voyeur, être réduit à ce type de stéréotype. On comprend alors pourquoi cette nouvelle presse est descendue des enfers (i.e. haut des étagères des kiosques où sont relégués les magazines pornographiques) et est venue s'installer auprès de son modèle: la presse féminine.
Cette nouvelle presse est une conséquence de l'évolution de l'homme dans la société. Ce qui anime l'ensemble de ces magazines, c'est la volonté de décrire les hommes tels qu'ils sont et de proposer un magazine interactif. «Cette presse tente de déculpabiliser l'homme et de le mettre à l'aise vis-à-vis de son évolution» nous dit Gérard Ponson, fondateur d'*Entrevue* et de *Maximal*.

Adapted from http://www.oboulo.com/details.php?action=details&idDoc=23288

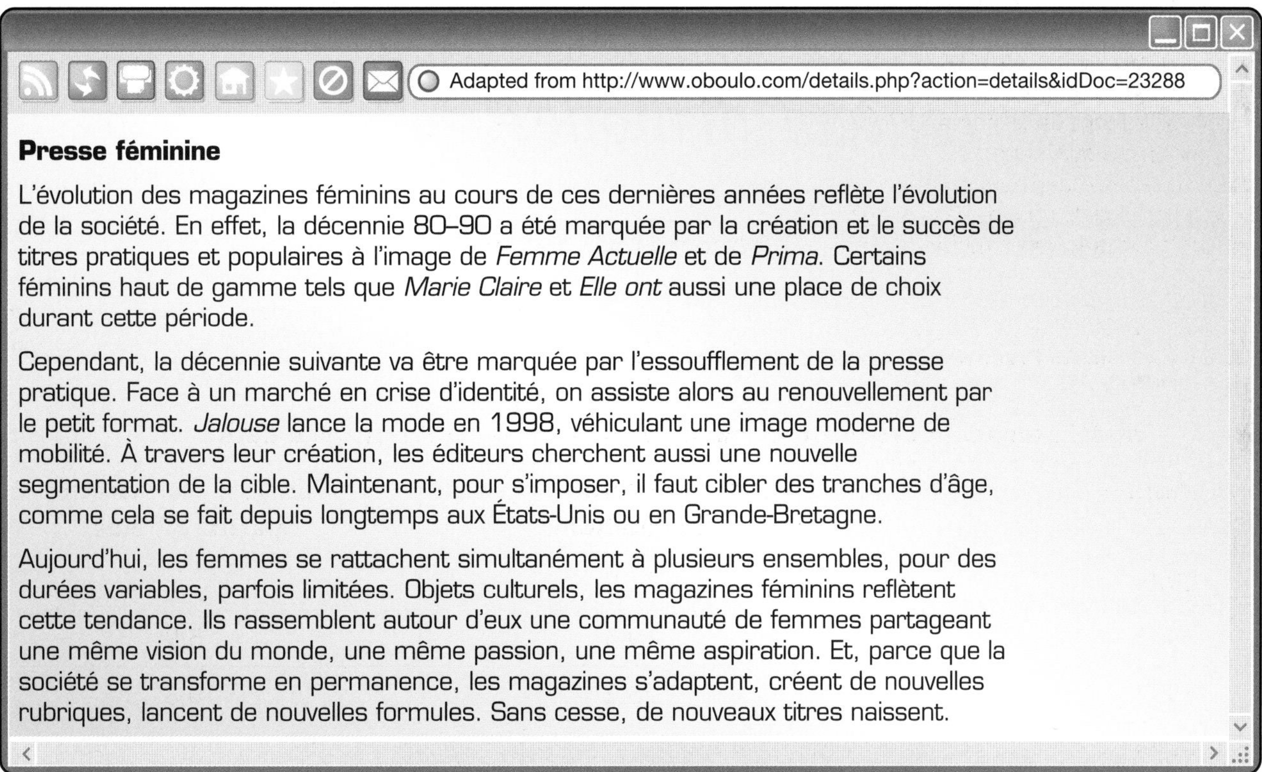

Adapted from http://www.oboulo.com/details.php?action=details&idDoc=23288

Presse féminine

L'évolution des magazines féminins au cours de ces dernières années reflète l'évolution de la société. En effet, la décennie 80–90 a été marquée par la création et le succès de titres pratiques et populaires à l'image de *Femme Actuelle* et de *Prima*. Certains féminins haut de gamme tels que *Marie Claire* et *Elle ont* aussi une place de choix durant cette période.

Cependant, la décennie suivante va être marquée par l'essoufflement de la presse pratique. Face à un marché en crise d'identité, on assiste alors au renouvellement par le petit format. *Jalouse* lance la mode en 1998, véhiculant une image moderne de mobilité. À travers leur création, les éditeurs cherchent aussi une nouvelle segmentation de la cible. Maintenant, pour s'imposer, il faut cibler des tranches d'âge, comme cela se fait depuis longtemps aux États-Unis ou en Grande-Bretagne.

Aujourd'hui, les femmes se rattachent simultanément à plusieurs ensembles, pour des durées variables, parfois limitées. Objets culturels, les magazines féminins reflètent cette tendance. Ils rassemblent autour d'eux une communauté de femmes partageant une même vision du monde, une même passion, une même aspiration. Et, parce que la société se transforme en permanence, les magazines s'adaptent, créent de nouvelles rubriques, lancent de nouvelles formules. Sans cesse, de nouveaux titres naissent.

1 Pendant les années 70 et 80, quel genre de magazines les hommes lisaient-ils?
2 De quelle façon la presse masculine a-t-elle changé?
3 Qu'est-ce que vous entendez par le terme «un magazine interactif»?
4 Pendant la décennie 80–90, quel genre de magazines les femmes préféraient-elles lire?
5 Quelle a été la réponse de la presse féminine face à une crise d'identité?
6 Selon le texte, dans quelle mesure la presse féminine reflète-t-elle l'évolution de la femme actuelle?
7 Quelles sont les différences principales entre les magazines masculins et féminins, selon ce texte? Êtes-vous d'accord avec ces descriptions?

8 Travaillez avec un partenaire et écrivez un texte pour un flash publicitaire à la radio ou à la télé pour un nouveau magazine féminin ou masculin. Présentez la pub aux autres membres de la classe.

9 Trouvez une publicité (tirée d'un magazine ou d'Internet) pour un après-rasage, et répondez aux questions suivantes:

- Quel produit essaie-t-on de vendre?
- Quelle image de l'homme est présentée par la publicité?
- L'idée de l'homme macho est-elle bel et bien reléguée au passé, à votre avis?
- Y a-t-il une contradiction entre un produit de beauté et l'esprit d'aventure?

Langue: Revision of past infinitive see Dynamic Learning

Mariage: concept démodé?

On s'échauffe

★ Lisez cette citation de Balzac, écrivain célèbre du 19ème siècle.

> «Physiologie, que me veux-tu?
> Ton but est-il de nous démontrer
> Qu'il y a quelque chose de ridicule
> à vouloir qu'une même pensée dirige deux volontés?»
>
> H. de Balzac, *Physiologie du mariage, Méditation I: Le sujet.*

Qu'est-ce que cela veut dire et qu'est-ce que vous en pensez?

Lisez cet article et répondez aux questions qui suivent.

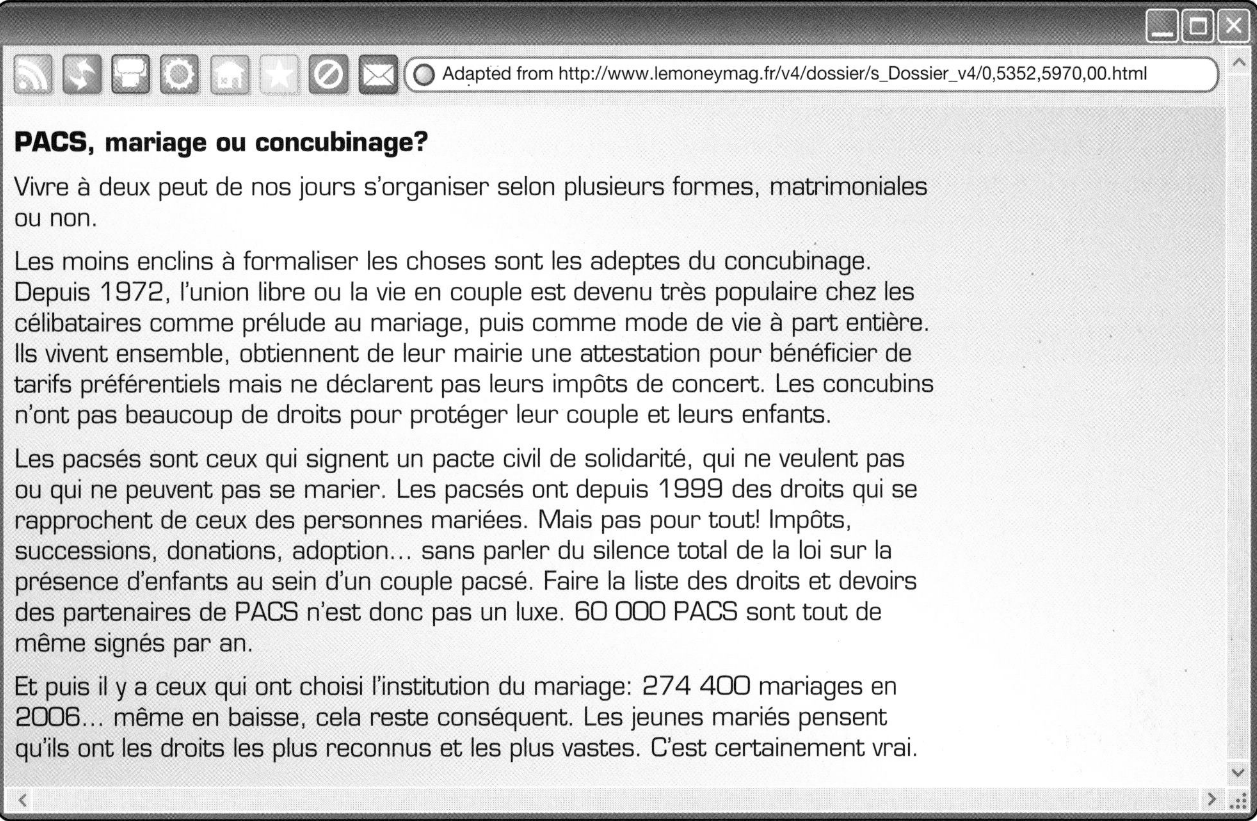

Adapted from http://www.lemoneymag.fr/v4/dossier/s_Dossier_v4/0,5352,5970,00.html

PACS, mariage ou concubinage?

Vivre à deux peut de nos jours s'organiser selon plusieurs formes, matrimoniales ou non.

Les moins enclins à formaliser les choses sont les adeptes du concubinage. Depuis 1972, l'union libre ou la vie en couple est devenu très populaire chez les célibataires comme prélude au mariage, puis comme mode de vie à part entière. Ils vivent ensemble, obtiennent de leur mairie une attestation pour bénéficier de tarifs préférentiels mais ne déclarent pas leurs impôts de concert. Les concubins n'ont pas beaucoup de droits pour protéger leur couple et leurs enfants.

Les pacsés sont ceux qui signent un pacte civil de solidarité, qui ne veulent pas ou qui ne peuvent pas se marier. Les pacsés ont depuis 1999 des droits qui se rapprochent de ceux des personnes mariées. Mais pas pour tout! Impôts, successions, donations, adoption... sans parler du silence total de la loi sur la présence d'enfants au sein d'un couple pacsé. Faire la liste des droits et devoirs des partenaires de PACS n'est donc pas un luxe. 60 000 PACS sont tout de même signés par an.

Et puis il y a ceux qui ont choisi l'institution du mariage: 274 400 mariages en 2006... même en baisse, cela reste conséquent. Les jeunes mariés pensent qu'ils ont les droits les plus reconnus et les plus vastes. C'est certainement vrai.

1 Selon le texte, quelles sont les trois formes de vie en couple?
2 Quels termes utilise-t-on pour l'union libre?
3 Quelle union profite des droits les plus répandus?
4 Expliquez le terme «pacsé».
5 Bien que le mariage soit «en baisse» quelle est la raison pour laquelle ce mode de vie en couple reste le plus populaire?

Infos utiles: La vie en couple (2005)	
Nombre de mariages	276,303
Nombre de divorces prononcés	152,020
Nombre de PACS	59,837

2 **Le mariage est-il démodé? Écoutez l'enregistrement et répondez aux questions qui suivent.**

1 À quelles valeurs prioritaires l'auteur de ce texte fait-il allusion?
2 «Le mariage et les enfants» est l'option la moins populaire auprès de quelle tranche d'âge?
3 Quelle différence constate-t-on entre les aspirations par rapport au mariage des sondés et la réalité?
4 À quel niveau se situe le taux de divorce?
5 En dépit de la réalité du taux de divorce, est-il possible d'affirmer que les Français sont dans l'ensemble plutôt optimistes ou pessimistes vis-à-vis de la vie de famille?
6 Selon le texte, quelle est l'opinion des Français à l'égard de la vie de famille?

3 **Débat et discussion: Le couple à la carte: «se pacser» ou «se marier» ou le concubinage?**
Lisez les définitions ci-dessous et formulez vos propres idées sur la vie de couple. Avec un partenaire, faites une liste des idées en faveur et celles contre les trois formes de vie de couple. Décidez laquelle vous attire le plus et soyez prêt à défendre vos idées. Comme toujours, il vous faut *quatre arguments* afin de soutenir votre point de vue.
Présentez votre choix pendant une minute et ensuite débattez-en!

Infos utiles: Définitions

Le PACS

Le pacte civil de solidarité (PACS) est un contrat entre deux personnes majeures, de sexe différent ou de même sexe, pour organiser leur vie commune. Il a été promulgué par la loi du 15 novembre 1999. Il établit des droits et des obligations entre les deux contractants, en termes de soutien matériel, de logement, de patrimoine, d'impôts et de droits sociaux. Par contre, il est sans effet sur les règles de filiation et de l'autorité parentale si l'un des contractants est déjà parent.

Le PACS peut être dissous par la volonté de l'un ou des deux contractants, qui adresse(nt) une déclaration au tribunal d'instance. Il est automatiquement rompu par le mariage ou par le décès de l'un ou des deux contractants.

Le mariage

Quelques extraits du Code civil relatifs au mariage:
art 212: Les époux se doivent mutuellement fidélité, secours, assistance.
art 213: Les époux assurent ensemble la direction morale et matérielle de la famille. Ils pourvoient à l'éducation des enfants et préparent leur avenir.
art 215: Les époux s'obligent mutuellement à une communauté de vie.

L'union libre (ou concubinage)
Le concubinage est une union de fait:
entre deux personnes de même sexe ou de sexe différent, vivant en couple,
cette union présentant un caractère de stabilité et de continuité.

Les droits et obligations des concubins sont limités, par rapport à ceux des personnes mariées, ou liées par un pacte civil de solidarité (PACS).

Les personnes vivant en union libre ne sont pas soumises en particulier:
à l'obligation d'entretien et d'assistance du concubin,
aux obligations liées aux dettes éventuelles du concubin...

Les biens acquis par les concubins leur sont personnels. Ceux dont on ignore l'origine sont indivis entre eux.

Le PACS, http://www.insee.fr/fr/nom_def_met/definitions/html/pacte-civil-de-solidarite.htm;
Le mariage, http://www.mariage.gouv.fr/rubrique.php3?id_rubrique=11; L'union libre,
http://vosdroits.service-public.fr/particuliers/F1627.xhtml?&n=Famille&l=N10&n=
Union%20libre&l=N143

4 **Dissertation: Écrivez une dissertation entre 240 et 270 mots qui porte sur la déclaration suivante: «Avec les PACS, le mariage ne sert à rien.»**

Le clonage

On s'échauffe

★ Aimeriez-vous vivre longtemps? Accepteriez-vous qu'on vous clone pour prolonger votre existence à perpétuité?
Pensez-vous que le clonage humain est une aspiration légitime de la science?

1 **Lisez le tableau ci-dessous qui porte sur les attitudes idéologiques des Français. Faites ce sondage auprès de votre classe et comparez vos résultats avec ceux-ci.**

Pour chacune des mesures suivantes, dites-moi si vous y êtes plutôt favorable ou plutôt opposé.

	Plutôt favorable %	Plutôt opposé %	NSP %	Total %
La mise en place de distributeurs de préservatifs dans les collèges	**80**	18	2	100
La mise en place de la pilule du lendemain à l'école	**66**	30	4	100
La possibilité d'avoir recours à l'euthanasie	**65**	28	7	100
L'interdiction des films pornographiques à la télévision	**41**	52	7	100
Le remboursement par la sécurité sociale du Viagra	**40**	51	9	100
La possibilité pour les médecins de refuser de pratiquer des avortements	**38**	56	6	100
La poursuite des recherches sur le clonage génétique	**31**	65	4	100
L'adoption d'enfants par les couples homosexuels	**30**	64	6	100
La légalisation des drogues douces	**30**	66	4	100

Source: http://www.ipsos.fr/Canalipsos/poll/398.asp

Vocabulaire utile

NSP: ne se prononce pas	no opinion given
la mise en place	setting up, putting in place
la pilule du lendemain	the "morning after" pill
avoir recours à	to have recourse to, resort to

2 **Lisez le texte à la page suivante qui parle d'un docteur italien qui, aujourd'hui, est mondialement connu. Dans le domaine du clonage humain, il n'a pas peur de la controverse...**

Severino Antinori, concurrent de Dieu le Père

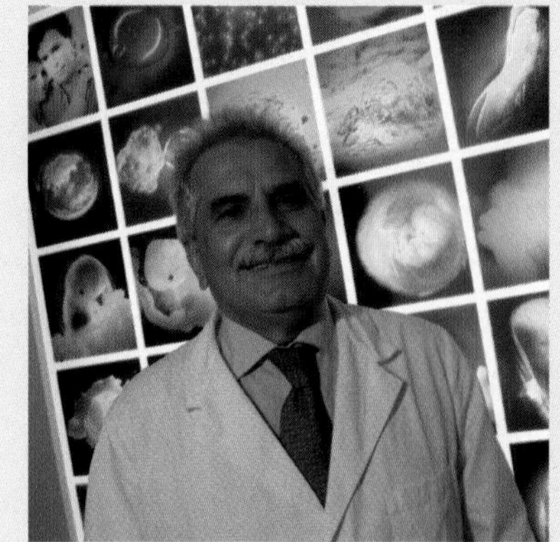

Étudiant en médecine, Severino Antinori se prenait déjà pour Dieu le Père et le surnom de «Docteur Miracle» le comblait d'aise. En 1992, il a aidé une Italienne de 62 ans à devenir maman. Ce succès lui a valu la colère du Vatican et la réputation d'apprenti sorcier. Il semblait aussi assoiffé de publicité. Il y a presque dix ans, il faisait du scandale en proposant le premier clonage humain. Interdite par la plupart des Parlements d'Europe, l'opération était censée avoir lieu dans une contrée méditerranéenne qu'il refusait de préciser. En dépit de maints communiqués de presse promettant la naissance d'un bébé cloné, on attend toujours le résultat.

Ce clonage consiste à prélever sur un mâle adulte une cellule portant sa signature génétique et à la réimplanter dans un ovule préalablement évidé. Si tout se passe bien, on obtiendra ainsi une copie parfaite de l'heureux papa.

L'opération est très difficile. En effet, depuis le clonage de la brebis Dolly, en 1998, nombre de labos ont tenté sans succès de renouveler l'opération. Pourtant, le facsimilé d'un bipède supérieur pose des difficultés autrement plus aiguës. Imperméable aux objections techniques, Severino Antinori n'est pas plus ébranlé par les arguments moraux: la mort de l'individu pour cause de duplication irresponsable; l'avènement d'un monde cauchemardesque de robots dressés à mordre. Le docteur repousse d'un ricanement ces menues critiques. Bienfaiteur du genre humain, il montre les dizaines de photos de parents comblés et de bambins hilares qui tapissent les murs de son cabinet.

A. Analyse et questions: Répondez aux questions suivantes:

1 Pourquoi le surnom de "Dieu le Père" va-t-il bien à Antinori?
2 Comment a-t-il provoqué la colère du Pape?
3 Pourquoi ne savait-on pas où il travaillait?
4 Pourquoi y a-t-il des objections techniques à ce qu'il propose de faire?
5 Comment Antinori repousse-t-il les critiques morales?

B. Regardez le dessin ci-dessous et répondez en français aux questions.

1 Qu'est-ce que vous voyez sur le dessin?
2 Qui est le docteur en question?
3 À qui est-ce qu'il montre l'éprouvette, à votre avis?
4 Quel semble être le but de son travail?
5 Est-ce que vous approuvez personnellement ce que fait le docteur?

Lisez cet article afin de vous faire réfléchir...

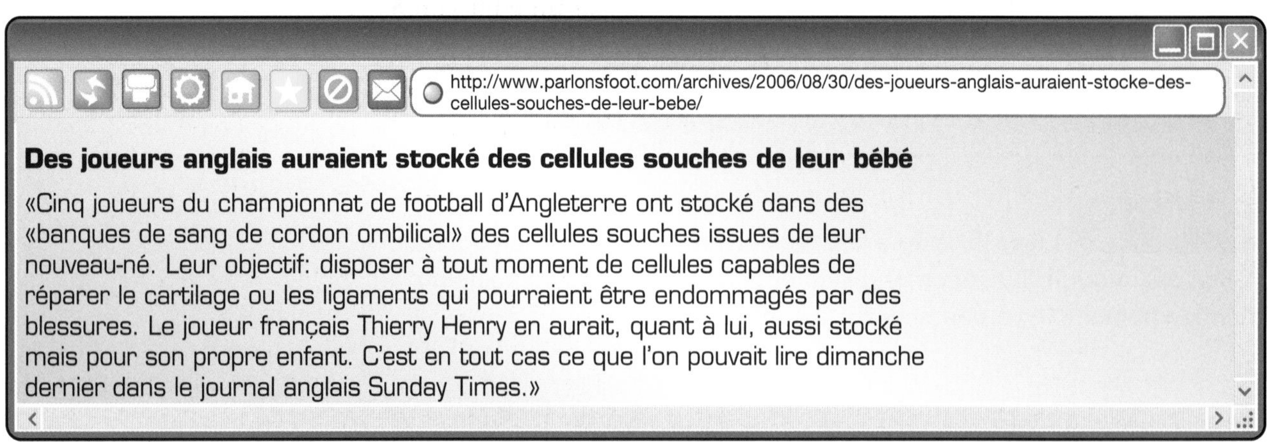

http://www.parlonsfoot.com/archives/2006/08/30/des-joueurs-anglais-auraient-stocke-des-cellules-souches-de-leur-bebe/

Des joueurs anglais auraient stocké des cellules souches de leur bébé

«Cinq joueurs du championnat de football d'Angleterre ont stocké dans des «banques de sang de cordon ombilical» des cellules souches issues de leur nouveau-né. Leur objectif: disposer à tout moment de cellules capables de réparer le cartilage ou les ligaments qui pourraient être endommagés par des blessures. Le joueur français Thierry Henry en aurait, quant à lui, aussi stocké mais pour son propre enfant. C'est en tout cas ce que l'on pouvait lire dimanche dernier dans le journal anglais Sunday Times.»

A. Discussion: Travaillez avec un partenaire. Après avoir lu le texte à la page d'en face, lisez ces opinions sur le clonage humain, puis essayez de formuler vos propres idées. Classez-les en deux groupes: un pour et un contre.

1 On ne sait pas comment la personne clonée va grandir. C'est trop risqué!

2 On peut imaginer un monde de personnes créées et programmées comme des robots. C'est l'eugénisme qui nous attend au coin de la rue.

3 Le clonage touche de façon définitive à l'intégrité de la nature humaine. Ces pratiques sont contraires à la dignité humaine.

4 Il faut distinguer entre le clonage thérapeutique et le clonage reproductif.

5 Le clonage thérapeutique est un moyen quasiment miraculeux pour lutter contre de graves maladies.

6 Le clonage nous permettrait de réparer des brûlures profondes, par exemple. Le clone fournirait des greffes. C'est formidable!

7 Le clonage rendra l'homme enfin immortel. Quelle aubaine!

8 On revient aux expériences des Nazis. N'a-t-on rien appris de cette époque de l'histoire?

9 On entame un processus dont on ignore complètement les conséquences sur le plan physique, psychologique et même juridique!

10 Il faut penser aux bienfaits éventuels. Peut-être que le clonage nous permettra d'éliminer le fléau du cancer.

B. Débat: Formulez quatre arguments en faveur du clonage et quatre contre le clonage. Il faut justifier vos arguments, comme toujours, en utilisant des preuves concrètes. Ensuite, commencez le débat!

4 **A. Écoutez le texte qui porte sur le travail du scientifique Ian Wilmut, le «père scientifique» de «Dolly la brebis», et répondez aux questions qui suivent:**

1 Pour quelle raison Ian Wilmut était-il célèbre?
2 À quoi renonce-t-il et pourquoi?
3 Pourquoi la découverte du professeur Shinya Yamanaka est-elle si intéressante?
4 Quelles en sont les possibilités thérapeutiques?

B. Écoutez la deuxième partie et remplissez les blancs dans le texte:

À l'annonce de ces résultats, l'équipe de Ian Wilmut **1**__________ estimé que ces recherches **2**__________ plus d'avenir que l'utilisation d'embryons. Ian Wilmut **3**__________ **4**__________: «le travail qui nous **5**__________ **6**__________ du Japon utilise une technique de modifications des cellules directement d'un malade, en cellules souches, sans **7**__________ par un embryon **8**__________».

«Le travail de Yamanaka, véritable révolution scientifique, prouve qu'il est possible de reprogrammer des cellules adultes ordinaires et montre que la plasticité des cellules est beaucoup plus **9**__________ qu'on ne le **10**__________», explique Jean-Claude Ameisen, président du comité éthique de l'Inserm. «Avec cette technique, on **11**__________ **12**__________ plus dire: «il n'y a pas moyen de faire autrement»», conclut-il.

Vocabulaire utile	
une souche	stump, stock
une cellule souche	stem cell
la mise au point	the perfecting

5 **D'autant plus inquiétant entre les mains d'une secte, le clonage pourrait amener de graves problèmes. Lisez cet article et répondez aux questions qui suivent.**

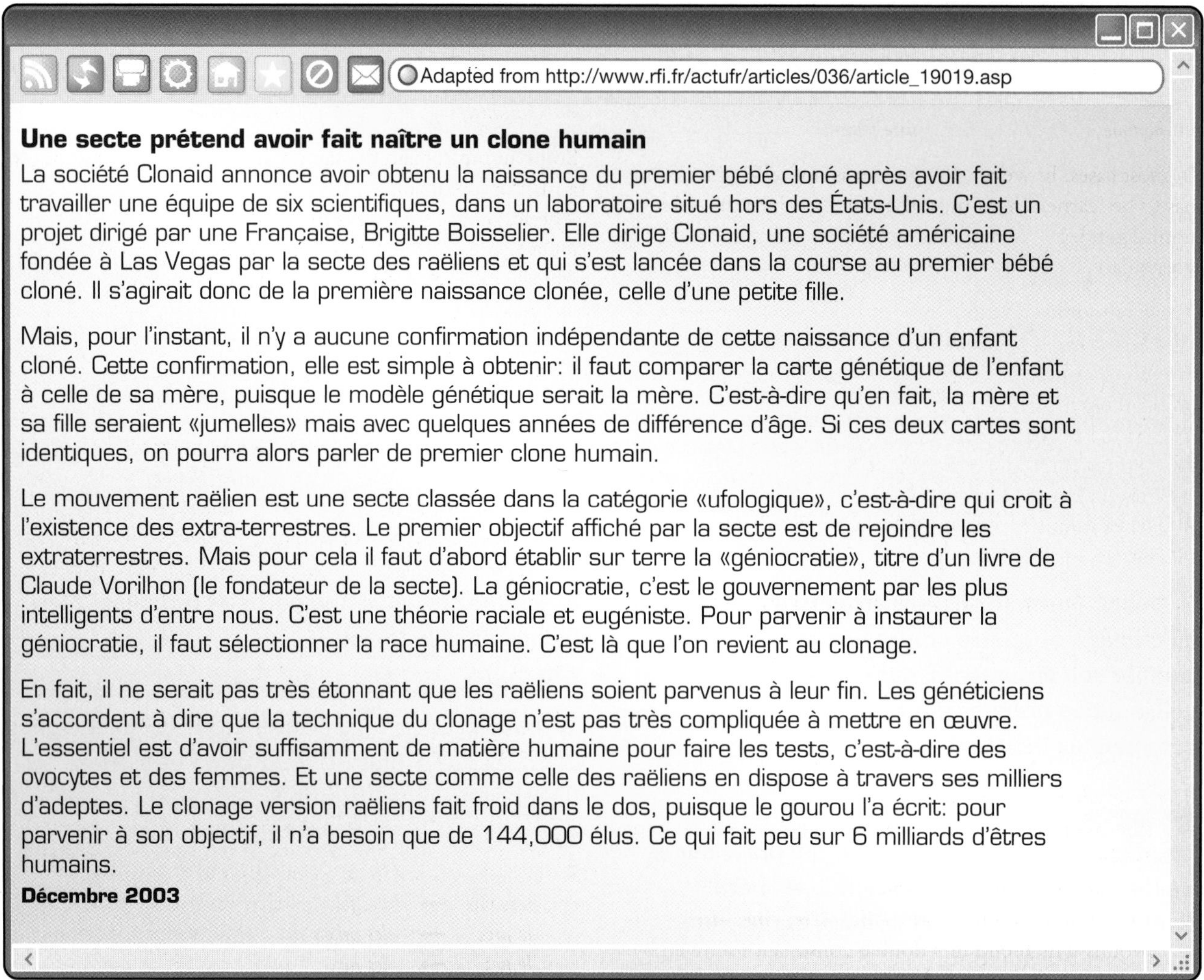

Adapted from http://www.rfi.fr/actufr/articles/036/article_19019.asp

Une secte prétend avoir fait naître un clone humain

La société Clonaid annonce avoir obtenu la naissance du premier bébé cloné après avoir fait travailler une équipe de six scientifiques, dans un laboratoire situé hors des États-Unis. C'est un projet dirigé par une Française, Brigitte Boisselier. Elle dirige Clonaid, une société américaine fondée à Las Vegas par la secte des raëliens et qui s'est lancée dans la course au premier bébé cloné. Il s'agirait donc de la première naissance clonée, celle d'une petite fille.

Mais, pour l'instant, il n'y a aucune confirmation indépendante de cette naissance d'un enfant cloné. Cette confirmation, elle est simple à obtenir: il faut comparer la carte génétique de l'enfant à celle de sa mère, puisque le modèle génétique serait la mère. C'est-à-dire qu'en fait, la mère et sa fille seraient «jumelles» mais avec quelques années de différence d'âge. Si ces deux cartes sont identiques, on pourra alors parler de premier clone humain.

Le mouvement raëlien est une secte classée dans la catégorie «ufologique», c'est-à-dire qui croit à l'existence des extra-terrestres. Le premier objectif affiché par la secte est de rejoindre les extraterrestres. Mais pour cela il faut d'abord établir sur terre la «géniocratie», titre d'un livre de Claude Vorilhon (le fondateur de la secte). La géniocratie, c'est le gouvernement par les plus intelligents d'entre nous. C'est une théorie raciale et eugéniste. Pour parvenir à instaurer la géniocratie, il faut sélectionner la race humaine. C'est là que l'on revient au clonage.

En fait, il ne serait pas très étonnant que les raëliens soient parvenus à leur fin. Les généticiens s'accordent à dire que la technique du clonage n'est pas très compliquée à mettre en œuvre. L'essentiel est d'avoir suffisamment de matière humaine pour faire les tests, c'est-à-dire des ovocytes et des femmes. Et une secte comme celle des raëliens en dispose à travers ses milliers d'adeptes. Le clonage version raëliens fait froid dans le dos, puisque le gourou l'a écrit: pour parvenir à son objectif, il n'a besoin que de 144,000 élus. Ce qui fait peu sur 6 milliards d'êtres humains.

Décembre 2003

1 De quoi s'agit-il la société «Clonaid»?
2 Qui est Brigitte Boisselier?
3 Expliquez le rapport théorique qui existerait entre la mère et sa fille.
4 Quelle est la raison pour laquelle cette secte s'est trouvée mêlée à la course au premier bébé cloné?
5 En quoi consiste la «géniocratie»?
6 Expliquez ce que veut dire «le clonage ... fait froid dans le dos».

6 **Dissertation: Écrivez une dissertation entre un minimum de 240 et un maximum de 270 mots sur le thème suivant: «Tout clonage humain devrait être interdit.»**
Rappel! Comme toujours, mettez en place une structure nette:

1 Introduction
2 Arguments en faveur du thème
3 Arguments contre le thème
4 Conclusion

Grammar Summary

Nouns

Gender

All French nouns have a gender. They are either masculine or feminine.
The gender of some nouns is obvious because of its meaning:

un *homme* ***une*** *femme*

In most cases, however, the gender is not self-evident and has to be learned. You must therefore get into the habit of noting genders systematically when you come across new vocabulary.

There are some rules to help you.
The following are **masculine**:

- Nouns ending in ***-age*** (except *cage*, *image*, *page*, *plage* and *rage*)
- Nouns ending in ***-ment*** (except *la jument*)
- Nouns ending in ***-ail***, ***-eil***, ***-euil***
- Nouns ending in ***-ai***, ***-oi***, ***-at***
- Most nouns ending in ***-acle***, ***-ège***, ***-ème***, ***-é***, ***-asme***, ***-isme***

In addition, nouns from the following categories tend to be **masculine**:

- Days, months and seasons (*lundi*, *janvier*, *printemps*)
- Compass points (*le nord*, *le sud*)
- Animals and trees (*un chat*, *un olivier*)
- Languages (*le français*, *le japonais*)

The following are **feminine**:

- Nouns ending in ***-ance***, ***-anse***, ***-ence*** and ***-ense*** (except *le silence*)
- Nouns ending in ***-sion***, ***-tion***
- Most nouns ending in ***-ie***, ***-uie***, ***-ière***, ***-ine***, ***-ise***
- Nouns which end in a double consonant followed by an unpronounced ***e***: ***-elle***, ***-enne***, ***-esse***, ***-ette***

In addition, nouns from the following categories tend to be **feminine**:

- Continents (*l'Afrique*, *l'Amérique*)
- Fruits ending in ***-e*** (la banane, la fraise)
- Countries and rivers ending in ***-e*** (la France, la Seine)

Some nouns that refer to people have different masculine and feminine forms:

- *un boucher* *une bouchère*
  (Other masculine nouns ending in ***-er*** change to ***-ère*** in the feminine)
- *un informaticien* *une informaticienne*
  (Other masculine nouns ending in ***-ien*** change to ***-ienne*** in the feminine)
- *un sportif* *une sportive*
  (Other masculine nouns ending in ***-if*** change to ***-ive*** in the feminine)
- *un masseur* *une masseuse*
- *un directeur* *une directrice*

Some nouns remain the same whether they are referring to a man or a woman.
The following are always masculine:
un auteur, un bébé, un docteur, un ingénieur, un peintre, un professeur (but the abbreviation *prof* is used in the feminine: *une prof*).
The following are always feminine:
une connaissance, une personne, une recrue, une vedette, une victime.

Some nouns have two distinct meanings according to gender:

- *un livre* – a book *une livre* – a pound
- *le mode* – the way or manner *la mode* – fashion
- *le poste* – a job or TV set *la poste* – the Post Office
- *un tour* – a tour *une tour* – a tower

Plurals

The plural of most nouns is formed by the addition of an ***-s*** to the singular:

le livre → *les livres*

The ***-s*** is not pronounced.
There are some exceptions:

- Nouns ending in ***-s***, ***-x*** or ***-z*** remain unchanged:
  une fois → *des fois*
  le prix → *les prix*
  le nez → *les nez*

- Nouns ending in ***-au***, ***-eau*** and ***-eu*** take an ***-x***:
  un bateau → *des bateaux*

- Most nouns ending in ***-al*** or ***-ail*** change to ***-aux***:
  un journal → *des journaux*
  le travail → *les travaux*

Note also the following:

- Surnames remain unchanged.
  Les Baylis sont d'origine italienne.
- There are no hard and fast rules for the plurals of compound nouns; they should be learned individually.

une pomme de terre → *des pommes de terre*
un chou-fleur → *des choux-fleurs*

- Forms of address such as *Monsieur* need to be made plural in both parts.
  Monsieur → *Messieurs*
  Madame → *Mesdames*
  Mademoiselle → *Mesdemoiselles*
- The plural of *un œil* is *des yeux*.

Articles

As a general rule, French needs some sort of article ("the", "a" or "some") in front of a noun. Articles are omitted far more frequently in English.

The definite article: *le*, *la*, *les*

The definite article is used to say "the" in front of a noun.

- ***le*** is used with masculine singular nouns:
  le Président, le garçon, le livre
- ***la*** is used in front of feminine singular nouns:
  la reine, la fille, la maison
- ***les*** is used in front of plural nouns:
  les étudiants, les actualités

Le and ***la*** are both abbreviated to ***l'*** in front of words beginning with a vowel or the letter **h**.
l'anglais, l'école, l'histoire
However, some words beginning with **h** are aspirated. They are usually indicated in the dictionary by an asterisk. In those cases, ***le*** or ***la*** is used:
le *hockey,* ***le*** *héros*
la *harpe,* ***la*** *haine*

The definite article is used more often in French than it is in English. It should be included when you are:

- making generalisations:
  L'argent ne fait pas le bonheur.
  Money doesn't make you happy.
- with times of day to talk about regular occurrences:
  Je ne travaille pas bien le soir.
  I don't work well in the evenings.
- talking about likes and dislikes:
  J'adore les moules, mais je n'aime pas les huîtres.
  I love mussels, but I don't like oysters.
- referring to the names of countries, regions and languages:
  la France, le Languedoc, le russe
  France, Languedoc, Russian
- talking about school subjects:
  Nous n'étudions plus le latin.
  We don't study Latin any more.

When talking about parts of the body, French usually uses the definite article because the identity of the person is made clear in other parts of the sentence:

Il s'est cassé ***la*** *jambe.*	He has broken his leg.
Levez ***la*** *main!*	Put your hand up!

The definite article combines with the prepositions ***à*** and ***de*** in the following way:

	le	***la***	***l'***	***les***
à	*au*	*à la*	*à l'*	*aux*
de	*du*	*de la*	*de l'*	*des*

The indefinite article: *un*, *une*, *des*

The indefinite article is used to say "a" or "an" in front of a singular noun. With a plural noun, *des* means "some" or "any".

- ***un*** is used with masculine singular nouns:
  un homme, un exemple
- ***une*** is used with feminine singular nouns:
  une fille, une exception
- ***des*** is used with plural nouns:
  des élèves, des erreurs

The indefinite article is used in much the same way as it is in English, but it is not required:

- in front of *cent* or *mille*:
- *Je te l'ai dit mille fois.* I've told you a thousand times.
- when referring to someone's job:
  Il est ingénieur. He's an engineer.
- when referring to someone's religion or political persuasion:
  Il est catholique, mais sa femme est athée.
  He's a Catholic, but his wife's an atheist.
- in exclamations beginning with a form of *quel*:
  Quel idiot! What an idiot!
  Quelle catastrophe! What a catastrophe!

The partitive article: *du, de la, des*

The partitive article is used to say "some" or "any" in front of a noun. It is needed even when the word "some" or "any" is omitted in English.

- ***du*** is used with masculine singular nouns:
  du pain, du charme
- ***de la*** is used with feminine singular nouns:
  de la viande, de la joie
- ***de l'*** is used with singular nouns beginning with a vowel or a mute **h**:
  de l'eau, de l'égoïsme
- ***des*** is used with plural nouns:
  des chips, des problèmes

There are three occasions when ***du***, ***de la***, ***de l'*** and ***des*** change to ***de*** (or ***d'***):

- after a negative:
  Je n'ai pas d'argent.
  I haven't got any money.
  Nous n'avons plus de pain.
  We haven't got any bread left.
- after an expression of quantity:
  beaucoup de fruits et de légumes
  lots of fruit and vegetables

(The exceptions are *bien* when it is used to mean "many" and *encore* when it means "more":

bien des fois	many times
Encore des pâtes?	More pasta?)

- after an intervening adjective (i.e. an adjective that comes before the noun):

de bonnes notes	good marks

Adjectives

Adjectives are words which describe or qualify a noun. They must agree in number and gender with the noun that they describe.
This "agreement" is shown by changes in the ending of the adjective.

The basic rules for changing the adjective are as follows:
Starting from the masculine singular form (which you will find in a dictionary):

- If the noun is feminine singular, add ***-e***.
- If the noun is masculine plural, add ***-s***.
- If the noun is feminine plural, add ***-es***.

masc. sing.	fem. sing.	masc. plural	fem. plural
intelligent	*intelligen**te***	*intelligen**ts***	*intelligen**tes***

If the masculine form of the adjective ends in ***-e***, a further ***-e*** is not required in the feminine, unless the masculine adjective ends in ***-é***.

Note the following slight irregularities:
Adjectives ending in ***-er*** change to ***-ère***:
premier ➞ *première* *cher* ➞ *chère*

- Adjectives ending in ***-eux*** change to ***-euse***:
  généreux ➞ *généreuse*
- Most adjectives ending in ***-eur*** change to ***-euse***:
  travailleur ➞ *travailleuse*
  Exceptions: *meilleur, extérieur, intérieur, supérieur*
- Adjectives ending in ***-f*** change to ***-ve***:
  actif ➞ *active* *neuf* ➞ *neuve*
- Some adjectives ending in a consonant double that consonant before adding the ***-e***.
  This applies to most adjectives ending in:

-el	*natur**el***	➞	*natur**elle***
-eil	*par**eil***	➞	*par**eille***
-on	***bon***	➞	***bonne***
-il	*gent**il***	➞	*gent**ille***
-as	*gr**as***	➞	*gr**asse***
-en	*europé**en***	➞	*europé**enne***
-et	*mu**et***	➞	*mu**ette***

Exceptions: some adjectives ending in ***-et*** change to ***-ète:***
*compl**et*** ➞ *compl**ète*** *inqui**et*** ➞ *inqui**ète***

- Adjectives ending in ***-al*** usually change to ***-aux*** in the masculine plural, but the feminine form is unaltered:
  *soci**al*** ➞ *soci**aux*** (*but soci**ales***)

Note the following irregular adjectives:

masc. sing.	fem. sing.
blanc	*blanche*
beau *	*belle*
doux	*douce*
favori	*favorite*
faux	*fausse*
fou	*folle*
frais	*fraîche*
long	*longue*
nouveau *	*nouvelle*
public	*publique*
roux	*rousse*
sec	*sèche*
vieux *	*vieille*

masc. plural	fem. plural
blancs	*blanches*
beaux	*belles*
doux	*douces*
favoris	*favorites*
faux	*fausses*
fous	*folles*
frais	*fraîches*
longs	*longues*
nouveaux	*nouvelles*
publics	*publiques*
roux	*rousses*
secs	*sèches*
vieux	*vieilles*

* These three adjectives have an additional form which is used before a masculine singular noun that begins with a vowel or ***h***:

un bel homme	a handsome man
un nouvel examen	a new exam
un vieil hôtel	an old hotel

When a noun is used as an adjective, it remains unchanged: *Elle a les yeux marron.*
Compound adjectives (usually involving colour) are also invariable: *une chemise bleu foncé*

Position of adjectives

In English, adjectives come before the noun they describe. In French, the natural position for an adjective is after the noun. However, some common adjectives come before the noun. These include:

- some adjectives indicating age: *jeune, vieux, nouveau, ancien*
- some adjectives indicating size: *grand, petit, gros, haut, court*
- some adjectives indicating appearance or quality: *bon, beau, joli, gentil, excellent, mauvais*

Some adjectives change their meaning depending on whether they come before or after the noun:

Adjective	Before noun	After noun
ancien	former	ancient
brave	good, kind	brave
cher	dear	expensive
dernier	last (in a series)	last (the previous one)
prochain	next (in a series)	next (the following one)
propre	own	clean

If two adjectives are used to describe a noun, they keep their usual position.
un excellent petit vin
un jeune homme intelligent

If both adjectives occur after the noun, they are joined together by ***et***.
une réponse intelligente et amusante

Comparative and superlative

The comparative

The comparative is used to compare one person or thing with another.
That comparison can be expressed in one of three ways:

- ***plus*** + adjective + ***que*** — more . . . than
- ***moins*** + adjective + ***que*** — less . . . than
- ***aussi*** + adjective + ***que*** — as . . . as

Le vélo est plus écologique que la voiture.
Bikes are more environmentally friendly than cars.
Le film était moins émouvant que le livre.
The film was less moving than the book.
Mon fils est aussi grand que moi!
My son is as tall as me!

There are irregular forms for the adjectives *bon* and *mauvais*:

- *bon* → *meilleur*
- *mauvais* → *pire*

Note: The expressions *plus que* and *moins que* are used when a direct comparison is made. *Plus de* and *moins de* are used when "more than" and "less than" are followed by an expression of quantity.

Elle a écrit plus que moi.	She wrote more than me.
Elle a écrit plus de dix pages.	She wrote more than ten pages.

The superlative

The superlative ("the most" or "least" or "the -est") is formed by adding *le*, *la* or *les* as appropriate to the comparative form of the adjective.
The position of the superlative depends on the normal position of the adjective.

le plus grand problème	the biggest problem
la solution la plus rapide	the quickest solution

Note that when the superlative comes after the noun, the definite article is repeated.

Possessive adjectives

These are adjectives which indicate who owns something or to whom something belongs. Like all other adjectives, possessives agree in number and gender with the noun they are describing. The form does not depend on the identity of the owner.

	masc. sing.	fem. sing.	plural
my	*mon*	*ma*	*mes*
your	*ton*	*ta*	*tes*
his / her / its	*son*	*sa*	*ses*
our	*notre*	*notre*	*nos*
you	*votre*	*votre*	*vos*
their	*leur*	*leur*	*leurs*

mon frère	my brother
ma sœur	my sister
mes parents	my parents

Son père can mean either "his father" or "her father". The distinction is often made clear by the context. If further precision is required, emphatic or disjunctive pronouns can be used. (See section on disjunctive pronouns below):
Son père à lui est plus âgé que son père à elle.
His father is older than her father.

In front of feminine singular nouns beginning with a vowel or a mute ***h***, the masculine form *mon*, *ton* or *son* is used:

mon école	my school

French tends to avoid using the possessive adjective with parts of the body:

Je me suis cassé la cheville.	I have broken my ankle.
J'ai les pieds gelés!	My feet are freezing!

(See note on the definite article above.)

Demonstrative adjectives

Demonstrative adjectives are used to point out something or someone. They correspond to the English "this" or "that", "these" or "those".

Like all adjectives, their form changes according to the gender and number of the noun to which they refer:

masc. sing.	**fem. sing.**	**masc. plural**	**fem. plural**
ce / cet *	*cette*	*ces*	*ces*

*This form is used for masculine singular nouns beginning with a vowel or mute **h**.

If it is important to make a clear distinction between "this" and "that", or "these" and "those", you can add the tags ***-ci*** or ***-là*** after the noun:
C'est moi qui paie cette fois-ci.
I'm paying this time.
À ce moment-là, le téléphone a sonné.
At that moment, the phone rang.

Interrogative adjectives

These are used to ask the question "which?" or "what?". They agree with the noun to which they refer.

masc. sing.	**fem. sing.**	**masc. plural**	**fem. plural**
quel	*quelle*	*quels*	*quelles*

Quel film est-ce que tu veux voir?
Which film do you want to see?
Quelle heure est-il?
What time is it?
Quels sont les avantages de ce système?
What are the advantages of this system?
Quelles sont tes premières impressions de la région?
What are your first impressions of the region?

They are also commonly used in exclamations:
Quel vacarme! What a racket!
Quelle horreur! How awful!

Adverbs

Adverbs are used to qualify verbs, adjectives and other adverbs. They require no form of agreement.
There are four groups of adverbs:

- Adverbs of **manner** which answer the question "how?"
- Adverbs of **time** which answer the question "when?"
- Adverbs of **place** which answer the question "where?"
- Adverbs of **degree** which answer the question "to what extent?"

Adverbs of manner

In English, most adverbs of manner are formed by adding "-ly" to an adjective:
slow → slowly

In French, they are generally formed by adding ***-ment*** to the feminine form of the adjective:
lent → *lente* → *lente**ment***
sec → *sèche* → *sèche**ment***

- If the adjective ends in a vowel, you usually add ***-ment*** to the masculine form:
  poli → *poli**ment***
  Exceptions: *fou* → *follement*; *gai* → *gaiement*
- If the adjective ends in ***-ant***, the ending of the adverb is ***-amment***:
  bruyant → *bruy**amment***
- If the adjective ends in ***-ent***, the ending of the adverb is ***-emment***:
  évident → *évid**emment***
- Some adverbs turn the final ***-e*** of the adjective to ***-é*** to make it easier to pronounce:
  énorme → *énorm**é**ment; précis* → *précis**é**ment*

Some adverbs of manner have irregular forms:

- *gentil* → *gentiment*
- *bon* → *bien*
- *mauvais* → *mal*

A few adjectives are sometimes used as adverbs, but such use is usually confined to set expressions. Adjectives used in this way do not agree.

- *coûter cher*
- *parler bas*
- *travailler dur*
- *sentir bon / mauvais*

Some adverbs can become long and unwieldy. French often uses the alternatives *de façon* + adjective or *d'un air* + adjective:

*Il a parlé **de façon inoubliable** sur ses expériences à l'étranger.*
He spoke unforgettably about his experiences abroad.

Adverbs of time, place and degree

These are not usually formed from adjectives. Some of the most common are:

- *avant, après, aujourd'hui, d'abord, déjà, demain, enfin, parfois, quelquefois, soudain, souvent, tôt, tard*
- *ailleurs, dedans, dehors, derrière, devant, dessus, dessous, ici, loin, partout*
- *assez, autant, beaucoup, combien, peu, un peu, plutôt, si, tant, tellement, très, trop*

Position of adverbs

The most usual position for an adverb is immediately after the verb:
J'y vais souvent. I often go there.

In compound tenses, the adverb goes after the auxiliary, unless it is uncomfortably long for that position.

Il a ***bien*** parlé. He spoke well.
Il a parlé ***lentement***. He spoke slowly.

Adverbs of place and some adverbs of time go after the past participle:
Ils sont allés ***trop loin***. They went too far.
Ils sont partis ***tôt***. They left early.

Comparison of adverbs

Comparisons with adverbs are made using the same constructions as are used for adjectives:

- ***plus*** + adverb + ***que***
- ***moins*** + adverb + ***que***
- ***aussi*** + adverb + ***que***

Il joue plus régulièrement que son frère.
He plays more regularly than his brother.
Je les vois moins souvent ces temps-ci.
I see them less often these days.
Il parle le français aussi couramment que l'anglais.
He speaks French as fluently as English.

Similarly, the superlative is formed by the addition of the definite article:

- ***le plus*** + adverb
- ***le moins*** + adverb

C'est Chantal qui roule le plus vite.
It's Chantal who drives the fastest.
Benjamin nous téléphone le moins souvent.
Benjamin phones us the least often.

The other forms of the definite article are not required because adverbs do not agree.

The following adverbs have irregular or unexpected forms:

Adverb	**Comparative**	**Superlative**
bien	*mieux*	*le mieux*
beaucoup	*plus*	*le plus*
mal	*pire*	*le pire*
peu	*moins*	*le moins*

In the construction "the more . . . , the more . . . " French does not include the definite article:
Plus je lis ce livre, plus je comprends la tristesse de la situation.
The more I read this book, the more I understand the sadness of the situation.

Pronouns

Pronouns stand in place of a noun. They can sometimes stand for a whole phrase or an idea.

Subject pronouns

The subject is the person or thing which is doing the action of the verb. A subject pronoun replaces a noun which is the subject of a verb.
The subject pronouns are:

je	I	*nous*	we
tu	you	*vous*	you
il	he / it	*ils*	they (masculine)
elle	she / it	*elles*	they (feminine)
on	one / we		

- The distinction between ***tu*** and ***vous*** is very important in French. ***Vous*** is used for speaking to more than one person, but it is also used to address someone you don't know, or an older person with whom you are not on very familiar terms. ***Tu*** is used for talking to someone your own age (or younger) or to an adult you know very well. If in doubt, use ***vous***: it is far better to be invited to use the ***tu*** form – *tu peux me tutoyer* – than to cause offence by sounding over familiar!
- The masculine plural form ***ils*** is used when the people or objects referred to are of different genders.
- ***On*** is a very useful word and is much more common than its English equivalent "one". It is used to refer to people in general, to an individual who is not defined, and as a neat alternative to *nous*:
  On mange moins de pain maintenant.
  People eat less bread nowadays.
  On m'a dit que c'était impossible.
  Someone told me (or I was told) that it was impossible.
  On y va? Shall we go?
  On s'est bien amusés! We had a great time!

Object pronouns

The object is the person or thing having the action of the verb done to them, either directly or indirectly. An object pronoun replaces a noun which is the object of a verb.

Direct object pronouns

A direct object pronoun replaces a noun that is directly on the receiving end of the action of the verb. They are:

me / m'	me
te / t'	you
le / l'	him / it
la / l'	her / it
nous	us
vous	you
les	them

Direct object pronouns come in front of the verb in French. In compound tenses, they come before the auxiliary verb.
Je mets mes clés toujours au même endroit.
I always put my keys in the same place.
*Je **les** mets là pour ne pas les perdre.*
I put **them** there so as not to lose them.
Je vais chercher Simon à la gare.
I'm going to pick up Simon at the station.
*Je vais **le** chercher en voiture.*
I am going to pick **him** up in the car.
*J'ai acheté deux CDs. Je **les** ai achetés à la Fnac.*
I bought two CDs. I bought them at Fnac.

The direct object pronoun ***le*** can be used to refer back to a previous statement or idea. This often corresponds to the use of "so" in English.
Je vous l'avais dit! I told you so!
This use of ***le*** is particularly common with verbs like *savoir* and *comprendre.*
Je le sais. I know.

Note: ***Le*** is **not** used in French to translate the construction "to find it (adjective) that":
Je trouve difficile d'accepter ton raisonnement.
I find it difficult to accept your reasoning.
Nous avons trouvé nécessaire de licencier trois ouvriers.
We have found it necessary to make three workers redundant.

Indirect object pronouns

Indirect object pronouns replace nouns that are on the receiving end of the action of a verb in an indirect way. The nouns are linked to the verb by a preposition, usually ***à***. The indirect object pronoun has built into it the idea of "to".

The pronouns stand for the preposition and the noun. In other words, the preposition ***à*** is "built-in" to the indirect object pronoun.

me / m'	to me
te / t'	to you
lui	to him / to it
lui	to her / to it
nous	to us
vous	to you
leur	to them

J'ai demandé à mon père de me prêter de l'argent.
I asked my father to lend me some money.
*Je **lui** ai demandé de me prêter cent euros.*
I asked **him** to lend me a hundred euros.

Elle ne parle plus à ses parents.
She doesn't talk to her parents any more.
*Elle ne **leur** parle plus.*
She doesn't talk **to them** any more.

It is not always immediately obvious from the English whether an object is direct or indirect. Compare these two sentences:

I lent him a pen. I lent a pen to him.
The meaning is the same, and in both cases an indirect object pronoun is required in French to translate "him". (*Je lui ai prêté un stylo.*) In English the indirect object pronoun is only obvious in the second sentence.

Note the following verbs which are followed by ***à*** and therefore require indirect object pronouns:

conseiller à qn de faire qch	*demander à qn de faire qch*
dire à qn de faire qch	*donner qch à qn*
écrire à qn	*interdire à qn de faire qch*
offrir qch à qn	*permettre à qn de faire qch*
prêter qch à qn	

Je lui ai demandé de leur téléphoner.
I asked her to phone them.

Disjunctive pronouns

As their name implies, these pronouns do not usually stand in a direct relationship to a verb. They are sometimes referred to as **emphatic pronouns**.
They are:

moi	*nous*
toi	*vous*
lui	*eux*
elle	*elles*
soi (relating to *on*)	

They are used in the following circumstances:

- after prepositions:
  chez moi, à côté de lui, sans eux
- after the preposition *à* to indicate possession:
  Est-ce que c'est à toi, ça? Is that yours?
- in exclamations, or short answers without a verb:
  Qui a fini? Moi. Who's finished? Me.
- after *que* in a comparison:
  Il est aussi grand que moi. He's as tall as me.
- for emphasis:
  Ma soeur aime les sciences, mais moi, je préfère les langues.
  My sister likes science, but I prefer languages.
- after the verb *être*:
  C'est moi qui viens vous chercher à l'aéroport.
  I'm coming to meet you at the airport.
- Wth *-même* to mean "self":
  Il l'a trouvé lui-même. He found it himself.

The pronoun *y*

This pronoun stands for things or places. It is **never** used to refer to people. It remains unchanged whatever the gender or number of the noun it is replacing.

- The primary meaning of ***y*** is "there". It replaces ***à*** + the name of a place.
  It can also replace other prepositions which indicate position or direction (except ***en*** meaning "from"):
  *Je vais à Paris demain. J'**y** vais en avion.*
  I'm going to Paris tomorrow. I'm going (there) by plane.

- ***y*** can stand for ***à*** + a noun or an idea:
  J'ai reçu ta lettre mais je n'ai pas eu le temps d'y répondre.
  I received your letter, but I haven't had the time to reply (to it).
  y stands for ***à*** + *la lettre*.
  Tu penses à tous les préparatifs nécessaires?
  Have you got all the necessary preparations in mind?
  *Oui, j'**y** pense tous les jours.* Yes, I think about them every day.
- ***y*** can stand for ***à*** + an infinitive:
  Tu as réussi à finir à temps?
  Did you manage to finish in time?
  Oui, j'y ai réussi de justesse. Yes, I just managed.
- ***y*** is also used in a number of common set expressions:

On y va?	Shall we go?
Ça y est!	That's it!
Je n'y suis pour rien.	It's nothing to do with me.
Je ne peux rien y faire.	I can't do anything about it.

The pronoun *en*

Like ***y***, the pronoun ***en*** usually refers to things or places. It can occasionally refer to people. It remains the same whatever the gender or number of the noun it is replacing.

- ***en*** replaces *de* + the name of a place:
  Tu es passé par Calais?
  Did you pass through Calais?
  *Oui, j'**en** suis parti ce matin.*
  Yes, I left there this morning.
  en stands for *de Calais*.
- ***en*** replaces the partitive article (*du, de la, de l', des*) + a noun, and means "some" or "any":
  Est-ce qu'il vous reste des feux d'artifice?
  Have you got any fireworks left?
  *Désolé, nous n'**en** avons plus.*
  Sorry, we haven't got any left.
  Il y a des étudiants français à l'école en ce moment.
  There are some French students in the school at the moment.
  *Oui, j'**en** ai vu dans la cantine.*
  Yes, I saw some of them in the canteen.
- ***en*** replaces ***de*** + a noun after verbs like *avoir besoin de, discuter de, parler de:*
  *Est-ce que tu peux ramener mon livre? J'**en** aurai besoin demain.*
  Can you bring my book back? I'll need it tomorrow.
  *J'aimerais participer à l'échange. Il faut que j'**en** parle avec mes parents.*
  I'd like to go on the exchange. I must talk to my parents about it.
- In sentences which express the number or quantity of something, ***en*** must be inserted if the noun is not repeated:
  *Combien de croissants est-ce que vous voulez? J'**en** prends cinq.*
  How many croissants do you want? I'll take five.
- ***en*** is also used in a number of common set expressions:

Va t'en!	Clear off!
Ne t'en fais pas!	Don't worry!
Je n'en reviens pas!	I can't get over it!

Order of personal pronouns

When more than one personal pronoun is required in a sentence, there is a specific pattern for the order:

Subject pronoun	*me*					verb
	te	*le*				
	nous	*la*	*lui*			
	vous	*les*	*leur*	*y*	*en*	

Elle me les a rendus hier.
She gave them back to me yesterday.
Je ne lui en ai pas encore parlé.
I haven't spoken to him about it yet.

Order of pronouns with the imperative

- With a positive command, the pronouns come after the verb. They are attached to the imperative by a hyphen. *Me* and *te* change to *moi* and *toi* to make them easier to pronounce. If there is more than one object pronoun, the direct object comes before the indirect object (which is the same order as we use in English):

Regardez-moi!	Look at me!
Donnez-le-lui tout de suite!	Give it to him straight away!

- With a negative command, the pronouns revert to their normal position in French, in front of the verb. The order set out above applies:
  Ne le leur donne pas! Don't give it to them!

Possessive pronouns

These pronouns stand for a noun together with a possessive adjective:
*C'est mon stylo. C'est **le mien**.* It's my pen. It's mine.

The form of the possessive pronoun depends on the number and gender of the noun to which it refers:

	masc. sing.	**fem. sing.**	**masc. plural**	**fem. plural**
mine	*le mien*	*la mienne*	*les miens*	*les miennes*
yours	*le tien*	*la tienne*	*les tiens*	*les tiennes*
his / hers	*le sien*	*la sienne*	*les siens*	*les siennes*
ours	*le nôtre*	*la nôtre*	*les nôtres*	*les nôtres*
yours	*le vôtre*	*la vôtre*	*les vôtres*	*les vôtres*
theirs	*le leur*	*la leur*	*les leurs*	*les leurs*

J'ai laissé mon portable à la maison.
I've left my mobile at home.
Est-ce que je peux emprunter ***le tien?***
Can I borrow yours?

Le tien stands for *ton* and *portable.*

Demonstrative pronouns

celui, celle, ceux, celles

These pronouns refer to people or things which have already been mentioned. They are used in different ways, but their basic meaning is "the one" or "the ones".
The form of the demonstrative pronoun depends on the number and gender of the noun to which they refer:

masc. sing.	**fem. sing.**	**masc. plural**	**fem. plural**
celui	*celle*	*ceux*	*celles*

Quelles chaussures est-ce que vous préférez?
Which shoes do you prefer?

Celles *à 120 euros en vitrine.*
The ones at 120 euros in the window.

They are often followed by *de* to indicate possession:
Je n'ai pas de voiture, mais je peux prendre ***celle de*** *ma mère quand je veux.*
I haven't got a car, but I can use my mother's whenever I want.

They are often used with *qui, que* and *dont*:
Quel film est-ce que tu veux aller voir?
Which film do you want to go and see?
Celui qui *vient de sortir.*
The one that has just come out.
Celui que *Magali nous a recommendé.*
The one that Magali recommended to us.
Celui dont *tout le monde parle en ce moment.*
The one that everyone is talking about at the moment.

The tags ***-ci*** and ***-là*** are used with demonstrative pronouns to give greater clarity or to mark a contrast:
J'aime bien cette veste, mais je préfère ***celle-là****.*
I like this jacket, but I prefer that one.

ceci and *cela*

If it is not possible to trace "this" or "that" back to a specific noun, then *ceci* or *cela* are used.

Ceci is not very common. It is never abbreviated.
Regardez ceci! Look at this!

Cela is often abbreviated to *ça* in spoken French.
Cela veut dire qu'on ne pourra pas y aller.
That means we won't be able to go.
Ça se comprend. That's understandable.
J'ai horreur de ça! I can't stand that!

Interrogative pronouns

These are pronouns which are used to ask a question.

- *Qui* means "who?" and "whom?". As an interrogative pronoun, it is used both as the subject and the object of the verb:
- *Qui veut faire une partie de pétanque?*
  Who wants to play pétanque?
  Qui est-ce que tu as vu en ville?
  Whom did you see in town?
- *Que* means "what?"
  Que veux-tu?
  What do you want? (What do you expect?)
- *Quoi* is used after a preposition to mean "what?"
  Avec quoi est-ce que tu l'as fait?
  What did you do it with?
  À quoi tu penses?
  What are you thinking about?
- *Qu'est-ce qui* and *qu'est-ce que* both mean "what?" The first is used when "what" is the subject of the verb; the second is used when "what" is the object.
  Qu'est-ce qui s'est passé? What happened?
  Qu'est-ce que vous avez fait pendant les vacances?
  What did you do during the holidays?

Relative pronouns

Relative pronouns are used to make a bridge between a noun or clause and the following clause. They relate to the person or thing that has just been mentioned.

qui, que and *dont*

The choice of pronoun depends on its grammatical function in the sentence.

- ***qui*** is used when it relates to someone or something which is the **subject** of the verb that follows:
  Le garçon ***qui*** *joue de la trompette dans la fanfare est mon fils.*
  The boy who plays the trumpet in the band is my son.
- ***que*** is used when it relates to someone or something that is the **object** of the verb that follows:
  Le garçon ***que*** *tu as rencontré était mon fils.*
  The boy you met was my son.
- ***dont*** means "whose" or "of whom" and indicates possession:
  Voici le garçon dont tu connais le père.
  Here's the boy whose father you know.

  Note the difference in word order between the French and the English. In French, *dont* is always followed by the subject of the verb in the relative clause.
  dont is also used after verbs which are followed by *de*, such as *avoir besoin de, se plaindre de, s'occuper de* and *parler de.*
  Voici le livre dont je parlais hier.
  Here's the book I was talking about yesterday.
  Je ne trouve pas l'outil dont j'ai besoin.
  I can't find the tool that I need.

ce qui, ce que and ce dont

These pronouns mean "what" and are used in circumstances when the word "what" is not asking a question. They do not refer back to one single noun (as *qui*, *que* and *dont* do); instead, they refer back to an idea or perhaps the whole of the previous phrase.

Compare these two sentences:

Nous devons porter un uniforme ***que*** *je n'aime pas.*
Nous devons porter un uniforme, ***ce que*** *je n'aime pas.*
In the first one, the *que* refers back to the specific noun *uniforme*. It is the uniform itself that the speaker doesn't like.

In the second sentence, the *ce que* refers back to the idea contained in the whole of the previous phrase *nous devons porter un uniforme*. This speaker is objecting to the whole notion of having to wear a uniform.

The choice of *ce qui*, *ce que* or *ce dont* depends again on the grammatical function in the sentence.
Raconte-moi ce qui s'est passé.
Tell me what happened.
Je ne comprends pas ce que tu essayais de faire.
I can't understand what you were trying to do.
Ils nous ont donné tout ce dont nous avions besoin.
They gave us everything we needed.

lequel, laquelle, lesquels, lesquelles

These pronouns are used after a preposition. They usually refer to things and mean "which".
Le stylo avec lequel j'écris est un Waterman.
The pen with which I am writing is a Waterman.
La dissertation pour laquelle je fais des recherches est au sujet de Benjamin Franklin.
The essay for which I am doing some research is about Benjamin Franklin.
Les bâtiments vers lesquels il se dirigeait ne semblaient pas habités.
The buildings towards which he was heading didn't seem inhabited.
Les conditions dans lesquelles je suis obligé de travailler ne sont pas idéales.
The conditions in which I am obliged to work are not ideal.

Qui is used after a preposition to refer to people:
La fille ***avec qui*** *je sors s'appelle Chloë.*
The girl I am going out with is called Chloë.

After the prepositions ***à*** and ***de***, the masculine and plural forms of *lequel* change:
after *à*: *auquel* *à laquelle* *auxquels* *auxquelles*
after *de*: *duquel* *de laquelle* *desquels* *desquelles*

Les problèmes auxquels je pense ne datent pas d'aujourd'hui.
The problems I am thinking of are not new.
Au centre du village, il y a un pont, à côté duquel il y a un bon petit café.
At the centre of the village there is a bridge, next to which there is a nice pub.

Lequel, laquelle, lesquels and *lesquelles* can also be used as question words, meaning "which one(s)":
Je ne peux pas me décider entre deux portables.
I can't decide between two mobile phones.
Lequel est le meilleur à ton avis?
Which one is the best in your opinion?

Verbs

Infinitives

The infinitive is the part of the verb that you will find given in a dictionary. It provides a useful indication of the pattern for conjugation (see below).
The infinitive is used in a number of different situations.

- as a verbal noun:
  Conduire la nuit demande plus de concentration.
  Driving at night requires more concentration.
- to ask simple questions:
  Pourquoi changer maintenant? Why change now?
- as an alternative to the imperative in written instructions:
  Ouvrir ici. Open here.
- after adjectives, introduced by ***à*** or ***de***:
  Il est facile à comprendre. He is easy to understand.
  Il est facile de se perdre en ville. It's easy to get lost in town.
- after prepositions:
  Il faut partir maintenant pour être sûr d'arriver à l'heure.
  We must leave now to be sure of arriving on time.
  Je l'ai fait sans réfléchir.
  I did it without thinking.
  Je te téléphonerai au lieu d'écrire.
  I'll phone you instead of writing.
  Tu as vérifié les pneus avant de partir?
  Did you check the tyres before setting off?

  Exceptions:
  The preposition ***en*** is followed by the present participle.
  The preposition ***après*** is followed by a perfect infinitive (see below).
- after verbs of perception (seeing and hearing):
  Je t'ai vu arriver. I saw you arrive (or arriving).

Est-ce que tu as entendu frapper à la porte?
Did you hear someone knocking at the door?

- as the second of two verbs which go together:
  Nous voulons aller en Espagne l'année prochaine.
  We want to go to Spain next year.
  Il a commencé à pleuvoir. It has begun to rain.
  Nous essayons de le finir avant Noël.
  We are trying to finish it before Christmas.

As can be seen from the above examples, some verbs introduce an infinitive directly, others use the preposition ***à*** or ***de***. There are no obvious rules for deciding which verb falls into which category. The most common verbs in each group are shown below.

Verbs followed directly by the infinitive

adorer faire	to adore / love to do
aimer faire	to like to do
aller faire	to go and do
compter faire	to intend to do
désirer faire	to want to do
détester faire	to hate to do
devoir faire	to have to do
entendre faire	to intend doing
espérer faire	to hope to do
falloir faire	to have to do
laisser faire	to let / allow someone to do
oser faire	to dare to do
penser faire	to think of doing
pouvoir faire	to be able to do
préférer faire	to prefer to do
savoir faire	to know how to do
sembler faire	to seem to do
vouloir faire	to want to do

Verbs followed by *à* + infinitive

aider à faire	to help to do
apprendre à faire	to learn to do
arriver à faire	to manage to do
avoir de la peine à faire	to have difficulty in doing
avoir du mal à faire	to have difficulty in doing
avoir de la difficulté à faire	to have difficulty in doing
chercher à faire	to attempt to do
commencer à faire	to begin to do
condamner à faire	to condemn to do
continuer à faire	to continue to do
encourager à faire	to encourage to do
hésiter à faire	to hesitate to do
inviter à faire	to invite to do
passer son temps à faire	to spend one's time doing
perdre son temps à faire	to waste one's time doing
persister à faire	to persist in doing
renoncer à faire	to give up doing
réussir à faire	to succeed in doing
s'amuser à faire	to amuse oneself (by) doing
s'attendre à faire	to expect to do
se borner à faire	to limit oneself to doing
se décider à faire	to make up one's mind to do
s'habituer à faire	to get used to doing
se préparer à faire	to prepare to do
se mettre à faire	to begin to do

Verbs followed by *de* + infinitive

accuser de faire	to accuse of doing
avoir besoin de faire	to need to do
avoir peur de faire	to be afraid to do (of doing)
cesser de faire	to cease doing
craindre de faire	to fear to do
décider de faire	to decide to do
entreprendre de faire	to undertake to do
essayer de faire	to try to do
éviter de faire	to avoid doing
finir de faire	to finish doing
menacer de faire	to threaten to do
mériter de faire	to deserve to do
oublier de faire	to forget to do
promettre de faire	to promise to do
proposer de faire	to propose to do
refuser de faire	to refuse to do
regretter de faire	to regret doing
remercier de faire	to thank for doing
rêver de faire	to dream of doing
risquer de faire	to run the risk of doing
tâcher de faire	to try to do
tenter de faire	to attempt to do
empêcher quelqu'un de faire	to prevent someone from doing
s'arrêter de faire	to stop doing
se contenter de faire	to merely do
se dépêcher de faire	to hurry to do
s'excuser de faire	to apologise for doing
se hâter de faire	to hasten to do

Verbs followed by *à* + person, *de* + infinitive

commander à quelqu'un de faire	to order someone to do
conseiller à quelqu'un de faire	to advise someone to do
déconseiller à quelqu'un de faire	to advise someone against doing
défendre à quelqu'un de faire	to forbid someone to do
demander à quelqu'un de faire	to ask someone to do
dire à quelqu'un de faire	to tell someone to do
interdire à quelqu'un de faire	to forbid someone to do
offrir à quelqu'un de faire	to offer someone to do
ordonner quelqu'un de faire	to order someone to do
pardonner à quelqu'un de faire	to pardon someone for doing
permettre à quelqu'un de faire	to allow someone to do
persuader à quelqu'un de faire	to persuade someone to do
promettre à quelqu'un de faire	to promise someone to do
proposer à quelqu'un de faire	to propose that someone should do

recommander à quelqu'un de faire	to recommend that someone should do
reprocher à quelqu'un de faire	to reproach someone for doing
suggérer à quelqu'un de faire	to suggest that someone should do

Faire + infinitive

This construction is used to describe an action that you get done by someone else:
J'ai fait installer une nouvelle douche.
I had a new shower installed.
Nous ferons repeindre l'extérieur de la maison cet été.
We'll have the outside of the house painted this summer.

For actions that you get done "to yourself" by someone else, *se faire* + infinitive is used. (This is more common than it might sound.)
Ils se sont fait photographier. They had their photo taken.
Elle s'est fait percer les oreilles. She had her ears pierced.

Note that there is no agreement of the past participle *fait* in either case.

If necessary, the person who did the action can be introduced by *par*:
J'ai fait réparer le robinet par Gilles le plombier.
I had the tap repaired by Gilles the plumber.

The perfect infinitive

The perfect infinitive is used to refer to something that took place further back in time than the verb which introduces it. In English we might say "He admits breaking the window", but in French a distinction is made so that it is clear that the window got broken before he owned up!
Il admet avoir cassé la fenêtre.

The perfect infinitive is made up of the infinitive of *avoir* or *être* + the past participle:
Je regrette d'avoir raté l'occasion d'apprendre l'espagnol.
I regret missing the opportunity to learn Spanish.
Je m'excuse d'être arrivé en retard.
I'm sorry to have arrived late.

The most common use of the perfect infinitive is after the preposition *après*:
Après avoir lu cet article, il a complètement changé d'avis.
After reading that article, he completely changed his mind.
Après être parties de bonne heure, elles ont fait bonne route jusqu'à Limoges.
After leaving early, they made good progress through to Limoges.
Après s'être douchés, ils se sentaient beaucoup mieux.
After having a shower, they felt much better.

Impersonal verbs

A small number of verbs exist only in the *il* form. They cannot be used with any other person. They can, of course, be used in the range of tenses. They include:

- verbs describing the weather:
  neiger → *il neige*
  geler → *il gèle*
  pleuvoir → *il pleut*
- *falloir* (to be necessary) and *valoir* (to be worth):
  Il fallait faire la queue.
  We had to queue. (It was necessary to queue.)
  Il vaut la peine d'essayer. It's worth trying.
- *S'agir de* (to be about):
  Il s'agit de la deuxième guerre mondiale.
  It's about the Second World War.

Some other verbs can also be used impersonally, although the other forms exist:
Est-ce qu'il reste du fromage? Is there any cheese left?
Il suffit de me le dire.
All you have to do is tell me. (It is sufficient to tell me.)
Il paraît qu'il n'y a pas d'autre solution.
It seems that there's no other solution.

The present tense

The present tense is used to talk about:

- actions that are taking place now:
  Qu'est-ce que tu fais? What are you doing?
- actions that take place on a regular basis:
  Le samedi je joue au rugby pour l'équipe de l'école.
  On Saturdays, I play rugby for the school team.
- facts that are generally or universally true:
  La région dépend du tourisme.
  The region depends on tourism.

In French, there is only one form of the present tense. In English there are three.
Je travaille can mean:
  – I work
  – I am working
  – I do work
Je travaille à la maison. I work at home.
Je travaille sur un projet en géographie.
I am working on a geography project.
Je ne travaille pas le dimanche. I don't work on Sundays.

To emphasise that someone is in the middle of doing something, the construction *être en train de* + infinitive can be used :
Je te rapellerai. Je suis en train de regarder un film à la télé.
I'll ring you back. I'm in the middle of watching a film on TV.

Formation

For the three groups of regular verbs, you remove the **-*er***, **-*ir*** or **-*re*** and add the endings indicated below:

-*er* verbs	**-*ir*** verbs	**-*re*** verbs
regarder → *regard*	*finir* → *fin*	*descendre* → *descend*
*je regar**de***	*je fin**is***	*je descend**s***

tu regardes	*tu finis*	*tu descends*
il / elle regarde	*il / elle finit*	*il / elle descend*
nous regardons	*nous finissons*	*nous descendons*
vous regardez	*vous finissez*	*vous descendez*
ils / elles regardent	*ils / elles finissent*	*ils / elles descendent*

Many verbs follow irregular patterns. The most common of these verbs are listed in tables at the end of this section. You need to learn them.

Special uses

- To talk about what has just happened in the immediate past, French uses the present tense of *venir* followed by *de* + infinitive.
  In English, we say "I have just done something"; French says "I am coming from doing something":
  Je viens d'arriver. I have just arrived.
  Nous venons de déménager.
  We have just moved house.
- The present tense is used with *depuis* to indicate something that has been going on for some time (and, it is implied, still is):
  J'apprends le français depuis cinq ans.
  I have been learning French for five years.
  Elle fume depuis quelques semaines seulement.
  She has only been smoking for a few weeks.
- To talk about what is going to happen in the not too distant future, French uses the present tense of *aller* followed by an infinitive:
  Je vais m'acheter un nouveau jean ce week-end.
  I'm going to buy some new jeans this weekend.
  (See the section on the future below.)
- Sometimes the present tense is used to refer to the immediate future.
  On y va? Shall we go?
  Je viens avec vous. I'll come with you.

The perfect tense

The perfect tense is used to talk about completed actions and events in the past. Its name comes from the Latin *per* + *fectus* which means "done through to completion". It can be translated in three different ways in English:
Il a mangé can mean:
– He ate
– He has eaten
– He did eat (this is usually found in the question form: did he eat?)
– He has been eating.
J'ai mangé à la cantine à midi.
I ate in the canteen at midday.
Je n'ai rien mangé depuis hier soir.
I haven't eaten anything since last night.
Est-ce que tu as mangé avant de sortir?
Did you eat before you went out?

The perfect is a compound tense, which means that it is made up of two parts: an **auxiliary verb** (which changes according to the subject) and a **past participle** (which by and large stays the same).
The past participle of regular verbs is formed from the infinitive according to a pattern which also holds true for some irregular verbs:

-er verbs → ***é***	***-ir*** verbs → ***i***
regarder → *regardé*	*finir* → *fini*
aller → *allé*	*sortir* → *sorti*

-re verbs → ***u***
descendre → *descendu*
battre → *battu*

Avoir verbs

Most verbs use ***avoir*** as their auxiliary:

j'ai regardé	*nous avons regardé*
tu as regardé	*vous avez regardé*
il a regardé	*ils ont regardé*
elle a regardé	*elles ont regardé*

The past participle of verbs which take *avoir* as the auxiliary must agree with the direct object of the verb, but only if that direct object occurs **before** the auxiliary in the sentence. The direct object usually comes after the verb so, in practice, there is usually no agreement of the past participle. However, there are three occasions when it is possible to find a Preceding Direct Object (PDO):

- if the direct object is in the form of a pronoun:
  Tu as vu mes clés? Oui, tu les as laissées à côté de la photocopieuse.
  Have you seen my keys? Yes, you left them next to the photocopier.
- with the relative pronoun *que*:
  Les livres que tu m'as recommandés étaient très utiles.
  The books you recommended were very useful.
- with some questions:
  Combien de chocolats est-ce que tu as mangés?
  How many chocolates have you eaten?

Être verbs

The following verbs use *être* as the auxiliary to form the perfect tense. There are various ways to remember them.

- They are all verbs which express some form of movement or change.
- The initial letters of the verbs are commonly arranged to form the mnemonic "Mrs Van der Tramp".
- Most of the verbs can be paired off in opposites.

aller	to go	*venir*	to come
arriver	to arrive	*partir*	to leave
monter	to go up	*descendre*	to go down
entrer	to go in	*sortir*	to go out
naître	to be born	*mourir*	to die
tomber	to fall	*rester*	to stay
devenir	to become	*revenir*	to come back
retourner	to return	*rentrer*	to return home

The past participle of verbs which take *être* as the auxiliary agrees in gender and number with the subject:

je suis venu(e)	*nous sommes venu(e)s*
tu es venu(e)	*vous êtes venu(e)s*
il est venu	*ils sont venus*
elle est venue	*elles sont venues*

Verbs which take *être* as the subject are intransitive, which means that they do not take a direct object. However, some of them can occasionally be used with an object. When that happens, they use *avoir* as the auxiliary and follow the pattern of agreement for the past participle outlined for *avoir* verbs.

Où sont les valises? Je les ai déjà montées.
Where are the suitcases? I've taken them up already.
Il a sorti une bouteille de champagne pour faire la fête.
He got out a bottle of champagne to celebrate.

Reflexive verbs

Reflexive verbs also use *être* as the auxiliary to form the perfect tense:

je me suis levé(e)	*nous nous sommes levé(e)s*
tu t'es levé(e)	*vous vous êtes levé(e)s*
il s'est levé	*ils se sont levés*
elle s'est levée	*elles se sont levées*

It appears as if the past participle agrees with the subject, as for other verbs which use *être*.
This is a good rule of thumb, but it is not strictly accurate. The past participle of reflexive verbs actually agrees with the preceding direct object (the PDO).
Normally that PDO is built-in in the form of the reflexive pronoun. However, sometimes the sense of the reflexive pronoun is indirect. Compare these two sentences:

Elle s'est lavée.
Elle s'est lavé les mains.

In the first sentence, she washed herself. The *se* is the direct object of the sentence and, as it precedes the auxiliary, the past participle agrees.
In the second sentence, she washed her hands. The direct object of the sentence is now *les mains*. This does not precede the auxiliary. There is no PDO and so there is no agreement.

The imperfect tense

The imperfect tense is used for:

- continuous or unfinished action in the past ("was . . . ing" and "were . . . ing"):
  Je prenais une douche quand le téléphone a sonné.
  I was having a shower when the phone rang.
  Ils s'endormaient quand ils ont entendu quelqu'un frapper à la porte.
  They were going to sleep when they heard someone knocking at the door.
- habitual or repeated actions in the past; things that used to happen on a regular basis:
  Quand j'étais à l'école primaire, je jouais au foot tous les jours.
  When I was at Junior School, I used to play football every day.
  Quand j'étais petit, nous allions en Cornouailles en vacances.
  When I was small, we used to go to Cornwall on holiday.
- descriptions of states in the past:
  Il faisait froid. It was cold.
  J'étais énervé. I was annoyed.
  This can include states of mind:
  Je voulais vraiment y aller. I really wanted to go.
  Je n'en revenais pas. I couldn't get over it.

Formation

The imperfect is formed by removing the ***-ons*** from the *nous* form of the present tense and adding the following endings:

finir → *nous finissons* → *finiss:*

je finissais	*nous finissions*
tu finissais	*vous finissiez*
il finissait	*ils finissaient*

The future tense

There are three ways of referring to the future. You can use:

- the present tense:
  On arrive à trois heures.
  We'll arrive at three o'clock.
  This use is informal and is usually limited to events in the near future.
- *aller* + an infinitive:
  Nous allons regarder un film ce soir.
  We're going to watch a film this evening.
  This is the most common way of referring to the future in conversation.
- the future tense:
  Il reviendra te voir.
  He will come back to see you.
  This corresponds to the English "shall" or "will".

Formation

The future tense is usually formed by adding the following endings to the infinitive (minus the final *-e* in the case of *-re* verbs).

*je finir**ai***	*nous finir**ons***
*tu finir**as***	*vous finir**ez***
*il / elle finir**a***	*ils / elles finir**ont***

For some irregular verbs, the future stem is not the infinitive. The most common are listed below. Note that the last letter of the infinitive stem, whether it is the infinitive or irregular, is always *r*.

aller	→ *j'irai*		*falloir*	→ *il faudra*	
avoir	→ *j'aurai*		*pouvoir*	→ *je pourrai*	
devoir	→ *je devrai*		*savoir*	→ *je saurai*	
envoyer	→ *j'enverrai*		*venir*	→ *je viendrai*	
être	→ *je serai*		*voir*	→ *je verrai*	
faire	→ *je ferai*		*vouloir*	→ *je voudrai*	

Note the slight variations in spelling for the following groups of verbs:

- the *acheter* group
  The ***è*** is maintained for all persons in the future:
  *j'ach**è**terai* and *nous ach**è**terons*
- the *appeler* group
  The ***ll*** is maintained for all persons in the future:
  *j'appe**ll**erai* and *nous appe**ll**erons*
- the *payer* group
  i replaces ***y*** for all persons in the future:
  *je pa**i**erai* and *nous pa**i**erons*

The future perfect

This tense looks forward to a time when an action that is still in the future will be finished or completed.

It follows the basic pattern of the perfect tense, but the auxiliary verb – either *avoir* or *être* – is conjugated in the future:
Nous aurons fini avant Noël.
We'll have finished before Christmas.
Vous serez partis quand ils arriveront.
You will have left when they arrive.
Ils se seront couchés.
They will have gone to bed.

The "hidden" future

For English speakers, the need for a future tense is sometimes "hidden", because English uses the present tense to refer to the future in phrases which begin with "when" or "as soon as". French more logically requires a future tense:
Quand j'aurai dix-huit ans, je passerai mon permis.
When I am eighteen, I will take my driving test.
Dès que je serai rentré, je te téléphonerai.
As soon as I get back home, I'll give you a ring.

Words that signal the need for this "hidden" future include:
quand *dès que* *lorsque* *aussitôt que*

The conditional

The basic meaning of the conditional is "would". It is sometimes referred to as the "future in the past", because it indicates what you would do (in an imagined future) from the vantage point of the past.

Formation

The formation of the conditional certainly brings together an element of the past and an element of the future: it is made up of the future stem, followed by imperfect endings:

*je voudr**ais***	*nous voudr**ions***
*tu voudr**ais***	*vous voudr**iez***
*il / elle voudr**ait***	*ils / elles voudr**aient***

The conditional is used:

- to indicate what you would do given certain conditions:
  Si je parlais portugais, j'irais voir mon ami au Brésil.
  If I could speak Portugese, I would go to see my friend in Brazil.
- to express a wish or desire:
  J'aimerais voir Venise.
  I would like to see Venice.
- to make a suggestion:
  Tu devrais aller voir un médecin.
  You ought to go to the doctor's.
- to report speech that was originally in the future:
  Il a dit qu'il le ferait cette semaine.
  He said that he would do it this week.
- to soften a statement to make it sound more polite:
  Est-ce que vous pourriez me donner un coup de main?
  Could you give me a hand?
- to distance yourself from responsibility for the accuracy of what is stated:
  Il l'aurait fait tout seul.
  It is thought (or alleged) that he acted alone.

The conditional perfect

The conditional perfect is used to talk about what you "would have done" or what "would have happened" given different circumstances.

Formation

It is made up of the conditional of the auxiliary (*avoir* or *être*) followed by the past participle. The rules for agreement of the past participle are the same as for the perfect.
À ta place, je l'aurais vendu.
If I had been in your shoes, I would have sold it.
Elle serait allée le voir, si elle avait su que Cage jouait le rôle principal.
She would have gone to see it, if she had known that Cage was playing the lead role.
Il se serait énervé.
He would have got annoyed.

The most common verbs in the conditional perfect are *devoir* and *pouvoir*. They express what you should or could have done:
Tu aurais pu me téléphoner au moins!
You could have phoned me at least!
J'aurais dû t'en parler avant.
I should have spoken to you about it earlier.

The pluperfect

The pluperfect is used to refer to actions or events that

happened prior to the main event that is being described in the past. Its basic meaning is conveyed by the English "had (done)".

It is formed in exactly the same way as the perfect tense except that the auxiliary verb – *avoir* or *être* – is in the imperfect tense. Rules for the agreement of the past participle are the same as for the perfect tense:
Quand nous sommes arrivés au péage, je me suis rendu compte que j'avais laissé mon portefeuille à la maison.
When we reached the toll, I realised that I had left my wallet at home.
Il avait du mal à marcher parce qu'il était tombé la veille.
He was having difficulty walking because he had fallen the day before.
Ils ont annoncé qu'ils s'étaient fiancés la semaine d'avant.
They announced that they had got engaged the previous week.

The past historic

The past historic is used to relate a story in the past, but it is not used in conversation. It is a formal, written tense which is found in works of literature, serious newspapers and magazines.
It describes completed events in the past, in much the same way as the perfect tense, but it does not express a link with the present in the same way that the perfect can. *Il arriva*, for example, means "he arrived"; it cannot also mean "he has arrived" (suggesting a link with the present).

The important thing for A-level students is to be able to recognise it. There will be no requirement to use it actively in the examination.

The past historic is formed from a stem (the infinitive minus the *-er*, *-ir* or *-re*) and endings.

Regular verbs fall into two groups:

- ***-er* verbs**

*je demand**ai***	*nous demand**âmes***
*tu demand**as***	*vous demand**âtes***
*il / elle demand**a***	*ils / elles demand**èrent***

- ***-ir*** and ***-re*** verbs

*je descend**is***	*nous descend**îmes***
*tu descend**is***	*vous descend**îtes***
*il / elle descend**it***	*ils / elles descend**irent***

Many irregular verbs use the same pattern of endings as for *-ir* and *-re* verbs. The past historic of *faire*, for example, is *je fis*, etc. Others follow a pattern where the characteristic vowel is ***u***. The past historic of *être*, for example, is:

*je **fus***	*nous **fûmes***
*tu **fus***	*vous **fûtes***
*il / elle **fut***	*ils / elles **furent***

The past historic of all verbs is given in the tables at the end of the grammar section.

The passive

Normally, the subject of a sentence initiates the action of the verb:
Notre prof d'espagnol a organisé un échange.
Our Spanish teacher organised an exchange.

"Our Spanish teacher" is the subject of the sentence and is the one who initiated and carried out the action of the verb in organising the exchange. The sentence is therefore said to be in the **active voice**.

It is possible to reorganise the sentence so that the grammatical subject of the sentence is on the receiving end of the action:
Un échange a été organisé par notre prof d'espagnol.
An exchange has been organised by our Spanish teacher.

This time, the exchange is the grammatical subject of the sentence, but it is not organising anything; it is being organised. The subject of the sentence is having the action done to it. This sentence is said to be in the **passive voice**.

Note that the subject of the passive sentence is the direct object of the equivalent active sentence.

Formation

The formation of the passive in French is very straightforward. You use the appropriate tense of *être* followed by a past participle. The past participle agrees, like an adjective, with the subject of the sentence:
*Les résultats **sont vérifiés** par des experts.*
The results are checked by experts.
*La maison **sera vendue** la semaine prochaine.*
The house will be sold next week.
*Les élèves **étaient logés** chez leurs correspondants.*
The pupils were lodged with their penfriends.
*Trois personnes **ont été tuées** par l'explosion.*
Three people were killed (or have been killed) by the explosion.

Avoiding the passive

The passive is far less common in French than in English, for two reasons.

- There are some neat alternatives:
  ***on* + an active verb:**
  On a construit trois nouvelles salles de classe pendant les vacances.
  Three new classrooms were built during the holidays.
  a reflexive verb:
  Comment ça s'écrit? How is that spelt?
- The passive is impossible with some verbs.
  When a verb does not take a **direct object**, it cannot be used in the passive.
  Many common expressions like "I was asked", "I was told", "I was given" or "I was promised" cannot be directly translated into French. It is grammatically impossible because the person is the **indirect object** of

demander, dire, donner and *promettre.*
It is also logically impossible to the French mind because it was the question that was asked, the information that was told, the present that was given and the pay rise that was promised. Not you!
In these cases ***on*** is used:

On m'a demandé d'y aller.	I was asked to go.

The imperative

The imperative is used to give commands or instructions, and sometimes to make suggestions. It is formed from the *tu, nous* and *vous* forms of the present tense without the subject pronoun *tu, nous* or *vous.* With *-er* verbs, the final *-s* is dropped from the *tu* form.

The choice of form of the imperative depends on who, or how many people, you're talking to.

	tu	***nous***	***vous***
-er	*ferme*	*fermons*	*fermez*
-ir	*choisis*	*choisissons*	*choisissez*
-re	*descends*	*descendons*	*descendez*

Ferme la porte!	Shut the door!
Descendons vite!	Let's go down quickly!
Choisissez ce que vous voulez.	Choose what you want.

Irregular verbs follow the same principle, but there are three exceptions:

avoir	*aie*	*ayons*	*ayez*
être	*sois*	*soyons*	*soyez*
savoir	*sache*	*sachons*	*sachez*

The imperative is always a single word, except for reflexive verbs. In positive commands, the reflexive pronoun is tacked on to the end of the imperative by a hyphen. Note that *te* changes to *toi* to make it easier to pronounce:

Tais-toi!	Shut up!
Asseyons-nous!	Let's sit down!
Calmez-vous!	Calm down!

In negative commands, the reflexive pronoun stays in its normal position in front of the verb. *Te* does not change:

Ne t'inquiète pas.	Don't worry.
Ne nous affolons pas!	Let's not get worked up!
Ne vous couchez pas trop tard!	Don't go to bed too late!

The subjunctive

The subjunctive is a **mood**. It is used to express wishes and feelings, opinions and possibilities, doubts and uncertainties.

It exists in four tenses: the present, perfect, imperfect and pluperfect. Of these, the present is by far the most common. In practice, it is the only tense that you will be required to manipulate for the A-level exam.

The present subjunctive

1. **Formation**
The present subjunctive is based on the third person plural of the present tense. Simply remove the *-ent* and add the endings indicated below:

finir →	*ils finissent* →	*finiss*
je finisse	*nous finiss**ions***	
*tu finiss**es***	*vous finiss**iez***	
il / elle finisse	*ils / elles finiss**ent***	

The following verbs have irregular subjunctive forms:

aller	→ *j'aille, tu ailles, il aille, nous allions, vous alliez, ils aillent*
avoir	→ *j'aie, tu aies, il ait, nous ayons, vous ayez, ils aient*
être	→ *je sois, tu sois, il soit, nous soyons, vous soyez, ils soient*
faire	→ *je fasse, tu fasses, il fasse, nous fassions, vous fassiez, ils fassent*
pouvoir	→ *je puisse, tu puisses, il puisse, nous puissions, vous puissiez, ils puissent*
savoir	→ *je sache, tu saches, il sache, nous sachions, vous sachiez, ils sachent*
vouloir	→ *je veuille, tu veuilles, il veuille, nous voulions, vous vouliez, ils veuillent*

2. **Uses of the subjunctive**
The subjunctive hardly ever starts a phrase. It crops up because it is required after another verb or phrase ending in ***que***.

- After many verbs expressing **emotions**, including the following:

aimer (mieux) que	*s'étonner que*
avoir peur que	*préférer que*
être content que	*regretter que*
être surpris que	*souhaiter que*
craindre que	*valoir mieux que*
désirer que	*vouloir que*

Je suis content que tu sois là.
I am glad that you're here.
Je veux que tu le finisses ce soir.
I want you to finish it this evening.

Note that verbs of fearing require a *ne* before the subjunctive. This does not make the sentence negative:
J'ai peur qu'il n'ait raison. I'm afraid he is right.

- After expressions of **possibility** and **doubt**, including the following:

il est possible que	*il est impossible que*
il se peut que	*il semble que* (but **not** *il me semble que*)
douter que	*ne pas penser que*
ne pas croire que	

Il est possible que j'aille à Chicago ce week-end.
It's possible that I might go to Chicago this weekend.
Il se peut que tu le fasses pour rien.
You might be doing it for no purpose.

Note that with verbs of thinking, the subjunctive is only required when they are in the negative or interrogative forms. Compare these two sentences:

Je crois que c'est vrai.	I think it's true.
Je ne crois pas que ce soit vrai.	I don't think it is true.

- After certain **conjunctions**, including the following:

afin que	in order that
à moins que (+ *ne*)	unless
avant que (+ *ne*)	before
bien que	although
jusqu'à ce que	until
pour que	so that
pourvu que	provided that
quoique	although
sans que	without

  Je te le dis pour que tu comprennes pourquoi je l'ai fait.
  I am telling you so that you understand why I did it.
  Bien qu'il soit intelligent, son travail est faible.
  Although he is intelligent, his work is weak.
- After expressions of **necessity**, including the following:
  il faut que
  il est essentiel que
  il est nécessaire que
  Il faut qu'il se rende compte qu'il n'est pas trop tard.
  He must realise that it isn't too late.
  Il est essentiel que je sois là.
  It's essential that I should be there.
- After verbs which express **permission** or **prohibition**, including the following:

défendre que	*dire que*
empêcher que	*exiger que*
ordonner que	*permettre que*

  Il a dit que je l'attende.
  He told me to wait for him.
  Est-ce que vous permettez que je finisse?
  Will you allow me to finish?
- After a **relative pronoun** when it follows a **superlative** or a **negative**:
  C'est le meilleur restaurant que je connaisse.
  It's the best restaurant I know.
  Il n'y a rien qui me plaise.
  There is nothing I like.
  (Literally: There is nothing which pleases me.)
- After the following **indefinite** forms:

où que	wherever
qui que	whoever
quel que	whatever
quoi que	whatever
où que j'aille . . .	wherever I go . . .

  Il faut l'acheter, quel que soit le prix.
  We must buy it, whatever the price.

The perfect subjunctive

This is formed in exactly the same way as the perfect tense except that the auxiliary verb – *avoir* or *être* – is in the subjunctive. All the normal rules for agreement of the past participle still apply.

It is used in all the circumstances outlined above when there is a need to refer to the past.

Il se peut que ses parents soient déjà arrivés.
His parents may well have already arrived.

Je ne pense pas qu'il ait compris la question.
I don't think he understood the question.

The imperfect subjunctive

The imperfect subjunctive is very rarely used now. A-level students will certainly not be required to use it actively, but may need to be able to recognise it. Its formation is based on the *tu* form of the past historic. Remove the final *-s* of the past historic form and add the following endings:

*je regard**asse***	*nous regard**assions***
*tu regard**asses***	*vous regard**assiez***
*il regard**ât***	*ils regard**assent***

The characteristic vowel of the imperfect subjunctive endings can be either *a*, *i*, or *u* depending on the past historic form:
descendre → *que je descend**isse***
être → *que je **fusse***

Sequence of tenses with the subjunctive

Je regrette qu'il soit malade. I am sorry that he is ill.
Je regrette qu'il ait été malade.
I am sorry that he has been ill.
Je regrettais qu'il fût (commonly *soit*) *malade.*
I was sorry that he was ill.
Je regrettais qu'il eût été (commonly *ait été*) *malade.*
I was sorry that he had been ill.

The present participle

The present participle means "-ing", but is used in specific circumstances and is not required every time "-ing" is used in English. It is formed from the *nous* form of the present tense. The ***-ons*** is simply replaced by ***-ant***:

manger	→	*nous mangeons*	→	*mangeant*
finir	→	*nous finissons*	→	*finissant*
descendre	→	*nous descendons*	→	*descendant*
faire	→	*nous faisons*	→	*faisant*

- As an adjective, it agrees with the noun it describes:

un escalier roulant	an escalator
l'année suivante	the following year

- As a verb, it remains invariable:
  Sortant de son examen, elle se sentait soulagée.
  Coming out of her exam, she felt relieved.

Its main use is in the construction ***en* + present participle**. This is used in the following ways:
- to mean on / while / by doing something:

En arrivant à l'aéroport, ils ont découvert qu'ils avaient oublié leurs passeports.
On arriving at the airport, they discovered that they had forgotten their passports.

- to add colour or detail to a basic verb of motion:
  Elle est sortie de la maison en courant.
  She ran out of the house.
- to underline the fact that two things are going on at the same time:
  Il écoute de la musique en travaillant.
  He listens to music while he works.
  The addition of the word *tout* in front of *en* suggests an element of contradiction between two things going on at the same time:
  Tout en sachant qu'il y avait des travaux sur l'autoroute, j'ai pris la voiture.
  Knowing that there were roadworks on the motorway, I still took the car.
  (Even though I knew there were roadworks on the motorway, I took the car.)

Negatives

To make a statement negative, you put ***ne*** in front of the verb and the second element of the verb immediately after it. Before a vowel or a silent ***h***, ***ne*** changes to ***n'***.

In spoken French, *ne* is often omitted altogether.

The simple negative "not" is *ne . . . pas*, but there are others. It is useful to divide these into two groups because of variations in word order.

- The **first group** contains most of the common negatives:

ne . . . pas	not
ne . . . jamais	never
ne . . . plus	no more / no longer
ne . . . point	not (emphatic)
ne . . . rien	nothing
ne . . . guère	hardly / scarcely

- The **second group** includes the following negatives:

ne . . . personne	nobody
ne . . . ni . . . ni	neither, nor
ne . . . aucun(e)	no / not any / none

Use of the negative

- In the **present tense** and all other simple tenses (i.e. those that are **not** formed with an auxiliary verb), the word order is the same for both groups:
  – The *ne* comes before the verb and the second element of the negative immediately after it.
  – Pronouns (including reflexive pronouns) remain within the negative sandwich.
  Je ne bois pas d'alcool.
  I don't drink alcohol.
  Ils ne sortent jamais.
  They never go out.
  Elle ne va plus à la messe.
  She doesn't go to church any more.
  Je n'accepte point ton raisonnement.
  I don't accept your argument at all.
  Nous ne les voyons guère ces temps-ci.
  We scarcely see them these days.
  Je ne reconnais personne.
  I don't recognise anyone.
  Je n'aime ni les moules ni les huîtres.
  I don't like either mussels or oysters.
  Je n'ai aucune idée. I have no idea.
- In **compound tenses** or in situations where there is a second verb in the infinitive, the negatives in the **first group** go round the auxiliary or round the first verb:
  Ils ne sont jamais allés en France.
  They have never been to France.
  Il ne voulait rien manger. He didn't want to eat anything.

  Negatives in the **second group** go round the whole of the compound verb, or round the verb and its dependent infinitive:
  Nous n'avons croisé personne en rentrant.
  We didn't meet anyone on the way home.
  Ils ne pouvaient inviter personne à leur mariage.
  They couldn't invite anyone to their wedding.
- For the negatives in the **first group**, both parts come together in front of an infinitive:
  Être ou ne pas être: voilà la question.
  To be or not to be, that is the question.
  Il est bien triste de ne plus les voir.
  It's really sad not to see them any more.

  Negatives in the **second group** go round the infinitive:
  J'étais étonné de ne voir personne.
  I was astonished not to see anyone.
- *Personne*, *rien* and *aucun* can be the subject of the sentence. In that case, *ne* is still required, but there is no need for *pas* because the negative is already resolved.
  Personne n'est venu. Nobody came.
  Rien n'a bougé. Nothing moved.
  Aucun ministre n'a donné sa démission.
  No minister resigned.
- ***Ne . . . que*** is often included in lists of negatives, even though it does not really negate the sentence.
  There is a significant difference between *je n'ai pas d'argent* and *je n'ai que cent francs.*
  The word *que* is a limitor and its correct position in the sentence is immediately in front of the thing it limits. In practice, this means that it follows the rules for word order for the negatives in the second group.

Je n'achète que la qualité.
I only buy quality.
Il n'a mangé que la moitié de son repas.
He only ate half his meal.

With expressions of time, *ne . . . que* can mean "not until".
Il ne revient que demain.
He doesn't get back until tomorrow.
Ils ne sont rentrés qu'à une heure du matin.
They didn't get back until one o'clock in the morning.

Question forms

There are three main ways to construct a question in French.

1. Use tone of voice (a rising inflection at the end of the sentence) to indicate that you are asking a question. The word order stays the same and all you do is add a question mark at the end of the sentence:
   Tu as bien dormi? Did you sleep well?
2. Add *est-ce que* or *est-ce qu'* at the beginning of the sentence:
   Est-ce qu'ils sont arrivés? Have they arrived?
3. Invert the subject and the verb, to reverse the normal word order. This is more formal than the first two methods.
   – It is simple when the subject of the sentence is a pronoun:
   Savez-vous si c'est ouvert?
   Do you know if it's open?
   – If the subject is a noun rather than a pronoun, you have to supply an extra pronoun for the inversion:
   Le musée, est-il ouvert le dimanche?
   Is the museum open on Sundays?
   – If two vowels come together as a result of inversion, you add ***-t-*** to aid pronunciation:
   il a → *a-t-il?*
   elle joue → *joue-t-elle?*

Inversion

The subject and the verb are also inverted in the following circumstances:

- after direct speech:
  «Qui en est responsable?» a-t-il demandé.
  "Who is reponsible for it?" he asked.
  «Moi,» a répondu Marie.
  "Me," replied Marie.
  «C'est incroyable!» s'est-il exclamé.
  "It's incredible!" he exclaimed.
- after certain adverbs, including the following:

peut-être	perhaps	*aussi*	therefore / and so
à peine	hardly	*du moins*	at least
ainsi	thus	*sans doute*	no doubt

Peut-être faudrait-il trouver un compromis.
Perhaps we ought to find a compromise.
Sans doute va-t-on finir par acheter un ordinateur.
No doubt we'll end up buying a computer.
The style here is quite formal. In speech, these inversions are often avoided.

With *peut-être* and *à peine*, the use of *que* after the adverb removes the need to invert. In other cases, the adverb can be moved from the beginning of the sentence:

On va sans doute finir par acheter un ordinateur.

Prepositions

Prepositions are words that indicate the relation of a noun or a pronoun to another word. They express notions such as position, direction or possession. They have all sorts of meanings and can be translated in various ways. By and large, French prepositions can be translated literally into English and vice versa, but there are some special uses which require care.

What follows is a quick over-view of the most common prepositions.

The preposition *à*

- Means "at" or "to":
  Je suis allé à Paris. I went to Paris.
  J'ai fait des études à l'université de la Sorbonne.
  I studied at the university of the Sorbonne.
- Indicates position:
  à la campagne in the country
  à gauche on the left
  J'ai mal à la tête. I've got a headache.
- Introduces a distinguishing characteristic:
  la fille aux cheveux de lin
  the girl with the flaxen hair
  un immeuble à dix étages a ten-storey building
- Indicates ownership (after the verb *être*):
  Ce stylo est à moi. That pen is mine.
- Indicates the purpose that a given item serves:
  une tasse à café a coffee cup
  une boîte à lettres a letter box
- Indicates distance ("away from"):
  J'habite à cent mètres de l'école.
  I live 100 metres away from the school.

The preposition *de*

- Means "from" or "of":
  Il est originaire de Barcelone.
  He's from Barcelona.
  C'est le portrait de son père.
  He's the image of his father.
- Indicates the way something is done (particularly with the words *façon* and *manière*):

Cela nous a aidé d'une façon inattendue.
It helped us in an unexpected way.

- Indicates what something contains:
  une tasse de café a cup of coffee
- To introduce adjectives of dimension:
  C'est une pièce qui mesure six mètres de long et quatre mètres de large.
  It's a room which is six metres long by four metres wide.
- Means "in" or "of" after a superlative:
  La France est le plus beau pays du monde.
  France is the most beautiful country in the world.

Other prepositions

après	*après le match*	after the match
avant	*avant minuit*	before midnight
	avant tout	above all / more than anything
avec	*avec ma sœur*	with my sister
chez	*chez moi*	at my house
	chez le médecin	at (or to) the doctor's
dans	*dans le jardin*	in the garden
	dans une heure	in an hour's time
depuis	*depuis cinq ans*	for five years
	depuis l'enfance	since childhood
derrière	*derrière l'église*	behind the church
dès	*dès à présent*	from now on
	dès son arrivée	as soon as he arrives
en	*en France*	in France
	en été / juillet	in summer / in July
	en dix minutes	in ten minutes (time taken)
	en pure laine	made of pure wool
	en voiture	by car
entre	*entre Paris et Dakar*	between Paris and Dakar
	entre eux	among themselves
	entre midi et deux	between midday and 2 o'clock
outre	*outre-Atlantique*	on the other side of the Atlantic (in the USA)
	outre-Manche	on the other side of the Channel (in the UK)
	outre-Rhin	on the other side of the Rhine (in Germany)
	outre-mer	overseas
par	*par avion*	by plane
	par la fenêtre	through the window
	par curiosité	out of curiosity
pendant	*pendant les vacances*	during the holidays
	pendant un mois	for a month
pour	*pour toi*	for you
	pour la peine de mort	in favour of capital punishment
	pour quinze jours	for a fortnight (in the future)
sans	*sans rendez-vous*	without an appointment
sous	*sous la table*	under the table
	sous Chirac	under Chirac
sur	*sur la table*	on the table
	fabriqué sur commande	made to order
	un mariage sur deux	one in two marriages
vers	*vers trois heures*	at about (towards) three o'clock
	vers la maison	towards the house

When something is being moved from one place to another, French uses a preposition which indicates its original position:
Il a pris les clés dans sa poche.
He took the keys out of his pocket.

Useful prepositional expressions

à l'insu de	without the knowledge of
au lieu de	instead of
lors de	at the time of
à partir de	as from
à force de	by dint of
au dessous de	below
au dessus de	above
à cause de	because of
pour qui	for whom
à propos de	about
grâce à	thanks to
loin de	far from
vis-à-vis de	opposite, in relation to

Conjunctions

Conjunctions are words which link words, clauses or sentences together. The simplest conjunction is *et*. Others demand more care because they require the use of the subjunctive.

Some of the most common conjunctions are:

alors que	while
bien que *	although
car	for / because
cependant	however
comme	as
dès que	as soon as
depuis que	since
jusqu'à ce que *	until
mais	but
à moins que *	unless
ou	or
parce que	because
pendant que	while

pour que ⋆	so that
pourtant	however
pourvu que ⋆	provided that
puisque	since
quand	when
de sorte que ⋆	so that
tandis que	while
toutefois	however

The conjunctions marked with an asterisk (⋆) are followed by the subjunctive.

Si

The conjunction ***si*** can mean "whether" or "if". When it means "if", specific tenses are required to indicate the different conditions you are describing.

The sequence of tenses in the *si* clause and the main clause is as follows (see also the section on the conditional above):

1. ***Si*** + present, future in the main clause:
   Si je travaille un peu plus, je le finirai ce soir.
   If I work a bit more, I'll finish it this evening.
2. ***Si*** + imperfect, conditional in the main clause:
   Si je travaillais un peu plus, je le finirais ce soir.
   If I worked a bit more, I would finish it this evening.
3. ***Si*** + pluperfect, conditional perfect in the main clause:
   Si j'avais travaillé un peu plus, je l'aurais fini ce soir-là.
   If I had worked a bit harder, I would have finished it that evening.

Acknowledgements

The Publishers would like to thank the following for permission to reproduce copyright material:

Photo credits: © PhotoAlto/Alamy, p.3, p.4 (d), p.12; © Ana Delgado, p.4 (a) and (e); © Andia.fr/Still Pictures, p.4 (b); © Gabe Palmer/Alamy, p.4 (c); © Catherine Weiss, p.5, p.54 (bottom five), p.57, p.65, p.150 (both), p.151 (all), p.161, p.201, p.207, p.220 (both), p.225 (both); © Robert Baylis, p.10 (all), p.11, p.86 (top centre left and bottom centre left), p.133 (number 2), p.229; © Michael Prince/Corbis, p.14 (left); © 2008 photolibrary.com, p.14 (centre); © Clarissa Leahy/Getty, p.14 (right); © Matthew Driver, p.25 (left), p.33 (top left and top right); © Mónica Morcillo Laiz, p.25 (centre and right), p.208; © Blend Images/Alamy, p.32 (top), p.33 (bottom left), p.36 (centre left), p.175 (top left); © Fancy/Veer/Corbis, p.32 (centre left and bottom), p.40 (left), p.42 (right); © 81a/Alamy, p.32 (centre right); © moodboard/Alamy, p.33 (bottom centre left), p.52; © Jack Hollingsworth/Corbis, p.33 (bottom centre right); © Purestock/photolibrary.com, p.33 (bottom right), p.42 (left), p.113; © ImageShop/Corbis, p.36 (left); © Kevin R Morris/Bohemian Nomad Picturemakers/Corbis, p.36 (centre right); © Kevin Dodge/Corbis, p.36 (right), p.42 (centre right); © OJO Images Ltd/Alamy, p.40 (centre), p.205 (bottom left); © moodboard/Corbis, p.40 (right), p.76 (bottom right); © ROB & SAS/Corbis, p.42 (centre left); © Content Mine International/Alamy, p.43; © Phillipa Allum/Paul Skillicorn, p.46, p.86 (top left and centre left), p.92 (top right), p.133 (number 1), p.133 (number 4); © Sipa Press/Rex Features, p.51, p.86 (top right), p.136 (2nd from bottom and bottom), p.137, p.190; © dmac/Alamy, p.53; © guichaoua/Alamy, p.54 (top); © Norma Allen, p.54 (centre left), p.133 (number 3); © D Venturelli/Rex Features, p.59; © Alibi Productions/Alamy, p.63 (left), p.66 (bottom); © Chuck Pefley/Alamy, p.63 (centre left), p.92 (bottom left); © eddie linssen/Alamy, p.63 (centre right); © Dennis Chang – France/Alamy, p.63 (right); © GERARD JULIEN/AFP/Getty Images, p.66 (top); © Rick Gayle Studio/Corbis, p.73 (top left); © Blush Red/Alamy, p.73 (top right); © PurestockX/photolibrary.com, p.73 (bottom left); © bilderlounge/Alamy, p.73 (bottom right); © Robert Fried/Alamy, p.76 (top left and top right), p.85, p.197 (centre right); © 2008 Creatas/photolibrary.com, p.76 (bottom left); © Stijn Verrept/Alamy, p.83; © Mike Booth/Alamy, p.86 (top centre right); © Zoe Wong, p.86 (centre right), p.87 (right); © Edward Lawrence, p.86 (bottom centre right); © allfive/Alamy, p.86 (bottom left); © images-of-france/Alamy, p.86 (bottom right), p.87 (left); © JOEL ROBINE/AFP/Getty Images, p.87 (centre); © Mike Thacker, p.92 (top left and top centre); © Edward Baggs, p.92 (centre left); © Nick Hanna/Alamy, p.92 (centre right), p.97 (left); © Tim Graham/Alamy, p.92 (bottom right); © Tor Eigeland/Alamy, p.100; © STOCKFOLIO/Alamy, p.105; © Debbie Allen, p.109; © Ingram Publishing (Superstock Limited)/Alamy, p.114; © John Eccles/Alamy, p.117; © Jochen Tack/Alamy, p.126; © David E. Scherman/Time Life Pictures/Getty Images, p.127; © PHOTOGRAPH BY ROBERT DOISNEAU/RAPHO/EYEDEA, CAMERA PRESS LONDON, p.132 (top); © Estate of André Kertész/Higher Pictures, p.132 (bottom); © DAVID NOBLE PHOTOGRAPHY/Alamy, p.133 (number 5); © John Maclean/View Pictures/Rex Features, p.134; © Miquel Benitez/Rex Features, p.136 (top); © STAN HONDA/AFP/Getty Images, p.136 (2nd from top); © Glow Images/Alamy, p.141; © Rolf Richardson/Alamy, p.146; © Alexei Fateev/Alamy, p.152; © Roger-Viollet/Rex Features, p.155, p.156 (left), p.186; © M. VIZO/Rex Features, p.156 (centre); © Bettmann/CORBIS, p. 156 (right), p.163; © Jean-Michel Turpin/Corbis, p.157, p.222; © MARTIN BUREAU/AFP/Getty Images, p.159; © David Nivière/Kipa/Corbis, p.164; © BE&W agencja fotograficzna Sp. z o.o./Alamy, p.168 (top); © Ron Chapple Stock/Alamy, p.168 (bottom); © Design Pics Inc./Alamy, p.170; © JUPITERIMAGES/Thinkstock/Alamy, p.175 (top right); © Oleg Shpak/Alamy, p.175 (centre left); © Hisham Ibrahim/Corbis, p.175 (centre right); © UpperCut Images/Alamy, p.175 (bottom left); © Colin Walton/Alamy, p.175 (bottom right); © William Campbell/Sygma/Corbis, p.176; © Pascal Deloche/Godong/Corbis, p.193; © image100/Corbis, p.194 (top); © ColorBlind Images/Blend Images/Corbis, p.194 (bottom); © kolvenbach/Alamy, p.197 (top left); © Celia Mannings/Alamy, p.197 (top right); © RubberBall/Alamy, p.197 (centre left); © David Halbakken/Alamy, p.197 (bottom left); © amana images inc./Alamy, p.197 (bottom right); © imagebroker/Alamy, p.198 (top); © mediacolor's/Alamy, p.198 (bottom), p.205 (top left); © Image Source/Rex Features, p.202, p.205 (top centre and top right); © Aidon/Getty, p.204; © Design Pics Inc./Alamy, p.205 (bottom right); © Bernard Bisson/Sygma/Corbis, p.215; © Photos 12/Alamy, p.223; © FogStock/Alamy, p.230 (number 1); © JUPITERIMAGES/Polka Dot/Alamy, p.230 (number 2); © Corbis, p.230 (number 3); © Peter Titmuss/Alamy, p.230 (number 4); © Johner Images/Alamy, p.230 (number 5); © G P Bowater/Alamy, p.230 (number 6); © Flora Torrance/Life File, p.232; © FORESTIER YVES/CORBIS SYGMA/Corbis, p.237 (top); © artpartner-images.com/Alamy, p.237 (bottom left) © JEWEL SAMAD/AFP/Getty Images, p.237 (bottom right); © Frederic Sierakowski/Rex Features, p.241; © Erin Patrice O'brien/Getty, p.245; © Nick Cornish/Rex Features, p.252.

Realia credits: © Facebook, p.1; © l'École branchée, p.29; © Fédération Française de Tennis, p.54; © RTL, p.58; © www.paris.fr, p.93, p.97, p.106; © www.news.bbc.co.uk, p.98; © EDF, p.118; © POWEO, p.118; © www.ipsos.com, p.124; © www.france-adot.org, p.209; © L'Homme Debout, p.216; © www.secourspopulaire.fr, p.219; © www.atd-quartmonde.org, p.226.

Acknowledgements: © Editions Gallimard, p.13; © Nouvel Observateur, p.27, p.50; © www.lequipe.fr, p.51; © Fédération Française de Tennis, p.54; © www.dvdrama.com, p.59; © Editions La Découverte, p.66; © www.inpes.sante.fr, p.68; © www.lefigaro.fr, p.77, p.94, p.157, p.239, p.241, p.243; © www.paris.fr, p.96, p.97; Table © TNS Sofres study Les Français et l'utilisation du vélo for Club des villes cyclable, 2 April 2003, p.96; © www.news.bbc.co.uk, p.98; © www.cea.fr, p.103; © http://ec.europa.eu, p.105; © www.ademe.fr, p.107; © www.tf1.fr, p.111; © www.industrie.gouv.fr, p.113, p.116; © www.enr.fr, p.116; © www.solargie.com, p.116; © http://blog.voynet2007.fr, p.121; © www.ipsos.com, p.124, p.200, p.245, p.251; © www.melty.fr, p.125; © www.lexpress.fr, p.126; © Editions Gallimard, p.128, p. 167; © Les Editions de Minuit, p.130; © www.leviaducdemillau.com, p.133; © La Tribune de Genève, p.139; © Editions Bernard Grasset, p.142; Pascal Farcy, © Univers-nature.com, p.144; © www.touteleurope.fr, p.152; © www.vie-publique.fr, p.154; © www.allocine.fr, p.160; © www.afrik.com, p.172; © www.sos-racisme.org, p.180; © Livre de Poche Jeunesse, p.187; © www.crif.org, p.189; © Ministère de la Santé et des Solidarités, p.192; © www.lepoint.fr, p.193; © www.stethonet.fr, p.195; © www.doctissimo.fr, p.198, p. 199, p.202, p.204, p.210, p.212; © www.france-adot.org, p.209; © www.secourspopulaire.fr, p.219; © Hachette Littératures, p.221; © www.atd-quartmonde.org, p.226; © www.paris-msf.org, p.227; © www.ladepeche.fr, p.231; © www.diplomatie.gouv.fr, p.236; © www.premier-ministre.gouv.fr, p.237; © www.mix-cite.org, p.244; © http://la_pie.club.fr, p.246; © www.oboulo.com, p.247; © www.lemoneymag.fr, p.249; © www.mariage.gouv.fr, p.250; © http://vosdroits.service-public.fr, p.250; © www.parlonsfoot.com, p.252; © www.rfi.fr, p.254.